EXPLORACIONES

Custom Second Edition

Blitt | Casas

Australia • Brazil • Japan • Korea • Mexico • Singapore • Spain • United Kingdom • United States

EXPLORACIONES: Custom Second Edition	EXPLORACIONES, Second Edition Blitt | Casas
	© 2016, 2012 Cengage Learning. All rights reserved.

Senior Manager, Student Engagement:
Linda deStefano

Manager, Student Engagement:
Julie Dierig

Marketing Manager:
Rachael Kloos

Manager, Premedia:
Kim Fry

Manager, Intellectual Property Project Manager:
Brian Methe

Senior Manager, Production:
Donna M. Brown

Manager, Production:
Terri Daley

ALL RIGHTS RESERVED. No part of this work covered by the copyright herein may be reproduced, transmitted, stored or used in any form or by any means graphic, electronic, or mechanical, including but not limited to photocopying, recording, scanning, digitizing, taping, Web distribution, information networks, or information storage and retrieval systems, except as permitted under Section 107 or 108 of the 1976 United States Copyright Act, without the prior written permission of the publisher.

> For product information and technology assistance, contact us at
> **Cengage Learning Customer & Sales Support, 1-800-354-9706**
> For permission to use material from this text or product,
> submit all requests online at **cengage.com/permissions**
> Further permissions questions can be emailed to
> **permissionrequest@cengage.com**

This book contains select works from existing Cengage Learning resources and was produced by Cengage Learning Custom Solutions for collegiate use. As such, those adopting and/or contributing to this work are responsible for editorial content accuracy, continuity and completeness.

Compilation © 2015. Cengage Learning.

ISBN: 978-1-305-75618-2

WCN: 01-100-101

Cengage Learning
20 Channel Center Street
Boston, MA 02210
USA

Cengage Learning is a leading provider of customized learning solutions with office locations around the globe, including Singapore, the United Kingdom, Australia, Mexico, Brazil, and Japan. Locate your local office at:
www.international.cengage.com/region.

Cengage Learning products are represented in Canada by Nelson Education, Ltd.

For your lifelong learning solutions, visit **www.cengage.com/custom.**

Visit our corporate website at **www.cengage.com.**

Brief Contents

Chapter 1	Hola ¿qué tal?	2
Chapter 2	¿Cómo es tu vida?	38
Chapter 3	¿Qué tiempo hace hoy?	76
Chapter 4	¿Dónde vives?	112
Chapter 5	¿Estás feliz en el trabajo?	150
Chapter 6	¿Cómo pasas el día?	186
Chapter 7	¿Qué te gusta comer?	224
Chapter 8	¿Qué haces dentro y fuera de la casa?	260
Chapter 9	¿Qué pasó?	298
Chapter 10	¿Adónde vas a viajar?	334
Appendix B: Partner Activities		570
Appendix C: Acentuación		586
Appendices D-G: Verb Charts		587
Functional Glossary		604
Spanish-English Glossary		607
Index		619

DEDICATORIA

To my parents and closest friends, I am forever grateful for your unconditional love and support

To the Spanish faculty at MCC, thank you for all of your encouragement

Para los estudiantes de español, que aprendan a apreciar el idioma y sus culturas
(Mary Ann)

A mi queridísima familia: A Gordon, a mis padres, a mis hermanos Luis, Alfonso y Fer, a Paty y a mis sobrinos. Gracias por su apoyo y cariño incondicional.

To all my professors and friends at the Foreign Language Department of Colorado State University.

To all our Spanish students!
(Margarita)

Scope and Sequence

Chapter	Objectives	Vocabulary
CAPÍTULO 1 Hola ¿qué tal? 	At the end of the chapter, you will be able to: - Greet and say goodbye to people in formal and informal situations - Describe your classroom, your friends, and other people - Use numbers up to 101, exchange telephone numbers - Spell names	**Exploraciones léxicas 1** Greetings, introductions, and goodbyes 4 Classroom 4 Alphabet 5 Numbers 0–101 9, 12 **Exploraciones léxicas 2** Descriptive adjectives 18
CAPÍTULO 2 ¿Cómo es tu vida? 	At the end of the chapter, you will be able to: - Describe your family and tell their age - Talk about your classes - Discuss your routine - Express ownership	**Exploraciones léxicas 1** Family members and pets 40 **Exploraciones léxicas 2** Academic subjects 54
CAPÍTULO 3 ¿Qué tiempo hace hoy? 	At the end of the chapter, you will be able to: - Talk about the weather and seasons - Discuss clothing - Express likes and dislikes - Communicate dates and time - Tell what you and others are going to do in the near future	**Exploraciones léxicas 1** Seasons 78 Weather 78 Clothing 78 Colors 78 **Exploraciones léxicas 2** Days of the week 92 Months 92 Time 92

To the student xiv   Acknowledgments xvi

Grammar	Reading/Listening	Culture
Exploraciones gramaticales 1 Gender and number of nouns 8 **Exploraciones gramaticales 2** Definite and indefinite articles and **hay** 11 **Exploraciones gramaticales 3** The verb **ser** 23 **Exploraciones gramaticales 4** Gender and number of adjectives 25	**En vivo** Comprando artículos escolares 15 Nuevo programa busca talentos 31 **Lectura** La escuela es para todos 17 Personas famosas de Latinoamérica 28 ▶ **Exploraciones profesionales** Narración fuera de cámara 32	**Conexiones culturales** Latinos e hispanos en el mundo 6 La diversidad del mundo hispanohablante 20
Exploraciones gramaticales 1 Possessive adjectives 44 **Exploraciones gramaticales 2** Regular **-ar** verbs 47 **Exploraciones gramaticales 3** The verb **tener** 58 **Exploraciones gramaticales 4** Adjective placement 61	**En vivo** Celebrando a la familia 51 Un plan de estudios 67 **Lectura** Una familia típica latinoamericana 52 Otros sistemas universitarios 64 ▶ **Exploraciones profesionales** La administración 68 **Exploraciones literarias** "¿Qué es poesía?" de Gustavo Adolfo Bécquer 74 "Niños de Somalia" de Gloria Fuertes 75	**Conexiones culturales** El papel y el valor de las familias 42 La educación 56
Exploraciones gramaticales 1 The verb **gustar** 82 **Exploraciones gramaticales 2** Regular **-er** and **-ir** verbs 85 **Exploraciones gramaticales 3** The verb **ir** 96 **Exploraciones gramaticales 4** Expressing future with **ir + a +** infinitive 99	**En vivo** De compras 89 Vacaciones de Semana Santa 105 **Lectura** La ropa tradicional 90 La Navidad en algunos países hispanos 102 ▶ **Exploraciones profesionales** El turismo 106	**Conexiones culturales** El clima y la ropa 80 Las celebraciones 94

Scope and Sequence

Chapter	Objectives	Vocabulary
CAPÍTULO 4 **¿Dónde vives?** 	At the end of the chapter, you will be able to: - Describe your town or city - Describe your home - Tell where things are located - Request information about the cost of things - Use question words to ask for specific information	**Exploraciones léxicas 1** Places in a city 114 **Exploraciones léxicas 2** Rooms of a house 128 **Exploraciones léxicas 3** Furniture and appliances 128
CAPÍTULO 5 **¿Estás feliz en el trabajo?** 	At the end of the chapter, you will be able to: - Describe your feelings, emotions, and physical states - Talk about ongoing actions - Discuss abilities needed for certain jobs and professions	**Exploraciones léxicas 1** Adjectives of emotion and physical states 152 **Exploraciones léxicas 2** Professions 166
CAPÍTULO 6 **¿Cómo pasas el día?** 	At the end of the chapter, you will be able to: - Talk about your daily routine - Discuss your hobbies and pastimes - Tell when and how often you do things - Talk about sports - Discuss events that occurred in the past	**Exploraciones léxicas 1** Parts of the body 188 **Exploraciones léxicas 2** Sports 202 Sporting equipment 202

Grammar	Reading/Listening	Culture
Exploraciones gramaticales 1 Stem-changing verbs 1: (o→ue) 118 **Exploraciones gramaticales 2** The verb **estar** with prepositions 121 **Exploraciones gramaticales 3** Question formation 132 **Exploraciones gramaticales 4** Stem-changing verbs 2: (e→ie; e→i) 135	**En vivo** Turismo local en Ecuador 125 Casas en venta 141 **Lectura** Algunas ciudades únicas en Latinoamérica 126 Soluciones a la vivienda 138 ● **Exploraciones profesionales** La arquitectura 142 **Exploraciones literarias** "Ida de otoño" de Juan Ramón Jiménez 148 "Canción de invierno" de Juan Ramón Jiménez 149	**Conexiones culturales** Ciudades fuera de lo común 116 Casas únicas 130
Exploraciones gramaticales 1 **Estar** with adjectives and present progressive 156 **Exploraciones gramaticales 2** **Ser** and **estar** 159 **Exploraciones gramaticales 3** Verbs with changes in the first person 170 **Exploraciones gramaticales 4** **Saber** and **conocer** 173	**En vivo** Entrevista a un actor 163 Solicitudes de trabajo 179 **Lectura** ¿Quiénes son más felices? 164 Trabajos poco comunes 176 ● **Exploraciones profesionales** El trabajo social 180	**Conexiones culturales** Las emociones y el bienestar 154 Las profesiones y la economía 168
Exploraciones gramaticales 1 Reflexive verbs 192 **Exploraciones gramaticales 2** Adverbs of time and frequency 195 **Exploraciones gramaticales 3** The preterite 206 **Exploraciones gramaticales 4** Stem-changing verbs in the preterite 209	**En vivo** Cómo mantenernos sanos 199 Un reportaje biográfico 215 **Lectura** La siesta 200 Deportistas famosos 212 ● **Exploraciones profesionales** La educación física 216 **Exploraciones literarias** "Cántico" de Donato Ndongo 222	**Conexiones culturales** La vida diaria 190 Los deportes en España y Latinoamérica 204

Scope and Sequence

Chapter	Objectives	Vocabulary
CAPÍTULO 7 ¿Qué te gusta comer? 	At the end of the chapter, you will be able to: • Talk about food • Order food in a restaurant • Use numbers above 100	**Exploraciones léxicas 1** Fruit, vegetables, and condiments 226 **Exploraciones léxicas 2** Meals and utensils 240 **Exploraciones léxicas 3** Numbers above 100 226
CAPÍTULO 8 ¿Qué haces dentro y fuera de la casa? 	At the end of the chapter, you will be able to: • Talk about household chores • Talk about your hobbies and pastimes • Describe what you used to do in the past	**Exploraciones léxicas 1** Household chores 262 **Exploraciones léxicas 2** Hobbies and pastimes 276
CAPÍTULO 9 ¿Qué pasó? 	At the end of the chapter, you will be able to: • Describe in detail past events • Talk about holidays and celebrations • Give the details of an accident	**Exploraciones léxicas 1** Parties and celebrations 300 **Exploraciones léxicas 2** Navigating the city 314

Grammar	Reading/Listening	Culture
Exploraciones gramaticales 1 Irregular verbs in the preterite 230 **Exploraciones gramaticales 2** **Por** and **para** and prepositional pronouns 233 **Exploraciones gramaticales 3** Direct object pronouns 1 (3rd person) 244 **Exploraciones gramaticales 4** Direct object pronouns 2 (1st and 2nd person) 247	**En vivo** Las compras en el supermercado 237 Guía gastronómica: Comida criolla 253 **Lectura** Los alimentos del Nuevo Mundo 238 La comida rápida en Latinoamérica y España 250 ▶ **Exploraciones profesionales** La cocina 254	**Conexiones culturales** La comida y la identidad cultural 228 El negocio de la comida 242
Exploraciones gramaticales 1 The imperfect 266 **Exploraciones gramaticales 2** Indefinite and negative expressions 269 **Exploraciones gramaticales 3** Indirect object pronouns 280 **Exploraciones gramaticales 4** Double object pronouns 283	**En vivo** Un programa de televisión sobre la limpieza 273 El nuevo centro comercial Siglo 22 289 **Lectura** La ciudad es nuestra casa 274 Todos necesitamos un pasatiempo 286 ▶ **Exploraciones profesionales** La mercadotecnia 290 **Exploraciones literarias** "Versos sencillos" de José Martí 296	**Conexiones culturales** Los deberes de la casa 264 El entretenimiento 278
Exploraciones gramaticales 1 A comparison of the preterite and the imperfect 304 **Exploraciones gramaticales 2** Uses of the preterite and the imperfect 307 **Exploraciones gramaticales 3** Preterite and imperfect with emotions and mental states 318 **Exploraciones gramaticales 4** Preterite and imperfect: A summary 321	**En vivo** La farándula 311 Aprenda a caminar seguro por ciudad y por carretera 327 **Lectura** El Día de los Muertos 312 Leyendas urbanas 324 ▶ **Exploraciones profesionales** El órden público 328	**Conexiones culturales** Festivales y celebraciones 302 El tráfico y los accidentes 316

Scope and Sequence

Chapter	Objectives	Vocabulary
CAPÍTULO 10 ¿Adónde vas a viajar? 	At the end of the chapter, you will be able to: • Give and receive directions • Make travel arrangements • Book and talk about hotel accommodations • Suggest activities • Make informal and formal requests	**Exploraciones léxicas 1** Taking a trip 336 **Exploraciones léxicas 2** Hotel 350
CAPÍTULO 11 ¿Es la moda arte? 	At the end of the chapter, you will be able to: • Express preferences and make comparisons • Describe the state of objects and people • Inform and give instructions • Talk about unplanned occurrences	**Exploraciones léxicas 1** Shopping for clothing 374 **Exploraciones léxicas 2** Art 388

To the student

Most people who study another language would like to be able to speak it. **Exploraciones** will help you do just that. You'll learn to talk about yourself, your community, and the world around you. You'll start out asking and answering questions, then you'll narrate events and make comparisons, and eventually you'll be able to express your opinions. At the same time, you'll read and listen to real-world samples of the language such as radio announcements, interviews, flyers, and magazine articles, and you'll write emails and blog entries in Spanish.

To become a successful language learner, it's important to learn to analyze the language and figure out the rules for yourself. In the grammar sections of **Exploraciones**, you'll be guided through a process of observing the language in use and recognizing the patterns. Eventually, you'll sharpen this skill and be able to use it beyond this textbook.

You can't learn a language without studying the cultures of the people who speak it. In every chapter, you'll learn about the practices of Spanish speakers from around the world and the countries they live in. This will enable you to make cultural comparisons: finding both similarities and differences between these cultures and your own. We hope that you'll find the study of the Spanish language exciting and fun, and that it opens many doors in your future explorations.

Organization of Exploraciones

Exploraciones has fourteen chapters, each consisting of two independent parts that are identical in organization. Each chapter starts with the chapter outline and provides a learning strategy. The remainder of each of the chapters is set up in the following manner:

Exploraciones léxicas

You will be introduced to vocabulary through illustrations and lists. Then, in the **A practicar** section, you will work through a series of activities that will require you to speak minimally at first and then progress to more open-ended communicative activities.

Conexiones culturales

This section has short cultural information pieces and tasks that encourage you to go beyond the reading and research various aspects of the Spanish-speaking world. You will have the opportunity to share some of your findings online with your classmates in Share it!

Exploraciones gramaticales

Through a series of video vignettes, you will meet eight characters from different parts of the Spanish-speaking world. After watching the video you will be asked to analyze a segment of the video transcript to discover the patterns and rules of Spanish grammar in the **A analizar** section. This section is followed by **A comprobar,** in which you can compare your conclusions with the explanation of the rules. Then in the **A practicar** section, you will practice the grammar concept in a variety of activities.

Lectura

This section allows you to learn more about the culture of Spanish-speaking countries while improving your reading skills. Each section starts with a strategy to help you improve your reading in Spanish.

Redacción

At the end of each chapter, you will develop your writing skills through a process-writing exercise in which you are guided to brainstorm, write a draft, and revise it.

En vivo
In the first half of the chapter, you will improve your listening skills as you listen to audio segments that you are likely to hear in a Spanish-speaking country, such as commercials and public service announcements. In the second half of the chapter, you will enhance your reading skills through readings from a variety of sources such as magazines and websites.

Exploraciones profesionales
These short career-focused video vignettes allow you to observe the Spanish language within a professional context. The **Vocabulario** section provides useful Spanish vocabulary and expressions that you are likely to use in a field in which you currently work or in which you may intend to work, while the **Datos importantes** feature gives important information about the career such as education, salary and work environment.

Exploraciones de repaso
At the end of each chapter, there are two pages of review activities. The **Exploraciones de repaso: estructuras** provides a structured review of the grammar concepts from the chapter while the **Exploraciones de repaso: comunicación** lets you practice the vocabulary and grammar through communicative partner activities.

Exploraciones literarias
After every second chapter, there is a literary selection that will introduce you to different writers from throughout the Spanish-speaking world and a sample of their work. You will also learn the basics of literary analysis through the **Investiguemos la literatura** box accompanying each selection.

Study Suggestions

1. Study every day. For most students, it is more effective to study for 15–20 minutes 3 times a day, than to spend one full hour on the subject.
2. Listen to the audio recordings. When studying the vocabulary, take time to listen to the pronunciation of the words. It will help your pronunciation, as well as help you learn to spell them properly.
3. Get help when you need it. Learning a foreign language is like learning math; you will continue to use what you have already learned and to build upon that knowledge. So, if you find you don't understand something, be sure to see your instructor or a tutor right away.
4. Participate actively in class. In order to learn the language, you have to speak it and to learn from your mistakes.
5. Make intelligent guesses. When you are reading, listening to your instructor, or watching a video make intelligent guesses as to the meaning of words you do not know. Use the context, cognates (words that look or sound like English words), intonation, and if possible visual clues such as body language, gestures, facial expressions and images, to help you figure out the meaning of the word.
6. Study with a friend or form a study group. Not only might you benefit when your friend understands a concept that you have difficulty with, but you will have more opportunities to practice speaking as well as listening.
7. Find what works for you. Use a variety of techniques to memorize vocabulary and verbs until you find the ones that are best for you. Try writing the words, listening to recordings of the words, and using flash cards.
8. Review material from previous lessons. Because learning a language is cumulative, it is important to refresh your knowledge of vocabulary, verbs, and structures learned in earlier lessons.
9. Avoid making grammar comparisons. While it is helpful to understand some basic grammar concepts of the English language, such as pronouns and direct objects, it is important not to constantly make comparisons, but rather to learn the new structures.
10. Speak Spanish. Try to use Spanish for all your classroom interactions, not just when called on by the instructor or answering a classmate's question in a group activity. Don't worry that your sentence may not be structurally correct; the important thing is to begin to feel comfortable expressing yourself in the language.

Acknowledgments

We would like to express our most sincere gratitude and appreciation to everybody who has played a role in the making of **Exploraciones,** and to those who have supported us on this edition. In particular, we are grateful to the instructors and students who used **Exploraciones** in its previous edition, and helped us to improve it.

We wish to thank everybody who has worked so hard at Cengage to make this project a success. In particular we would like to give thanks Kim Beuttler, our content developer, Heather Bradley Cole, our product manager, and Beth Kramer, our product director. A huge thank you goes to Esther Marshall—we do not know how the project would have been completed without her. Our thanks also go to Michelle Williams, Linda Jurras, and Julie Allen; Hermann Mejia for his superb illustrations, Katy Gabel from Lumina Datamatics for her dedicated work and professional contribution; Lupe Ortiz, the copyeditor; Margaret Hines, the proofreader; and the skilled freelance professionals who worked on this project: Photo researcher Poyee Oster, and text permissions researcher Melissa Flamson.

Reviewers and Contributors

Special thanks go to the following instructors who have written the outstanding supplements to accompany the text:

Clara Burgo, *Loyola University Chicago* – Composition activities
Clara Vega, *Alamance Community College* – PowerPoint presentations, games, worksheet activities
Christina García – Testing Program

We are thankful to the following members of the **Exploraciones** Advisory Board who provided thoughtful commentary on the manuscript through detailed reviews during its development.

Frances Alpren, *Vanderbilt University*
Shannon Hahn, *Durham Technical Community College*
Martine Howard, *Camden County College*
Yolanda González, *Valencia College*
Todd Hernández, *Marquette University*
Joshua Hoekstra, *Bluegrass Community College*
Mercedes Meier, *Miami Dade College*
José Morillo, *Marshall University*
Dolores Pons, *University of Michigan – Flint*
Laura Ruiz-Scott, *Scottsdale Community College*
José Sandoval, *Coastal Carolina Community College*
Bethany Sanio, *University of Nebraska – Lincoln*
Roger Simpson, *Clemson University*

We are also grateful for the valuable feedback and suggestions offered by the following professors through their participation in live and virtual focus groups, one-on-one interviews, and chapter reviews.

Claudia Acosta, *College of the Canyons*
Maria Luisa Akrabova, *Metropolitan State University of Denver*
Susana Alaiz Losada, *Queensborough Community College*
Alma Alfaro, *Walla Walla University*
Frances Alpren, *Vanderbilt University*
Tim Altanero, *Austin Community College*
Elizabeth Amaya, *Millikin University*
Sandra Anderson, *College of DuPage*
Gunnar Anderson, *SUNY Potsdam*
Lisette Balabarca, *Siena College*
Susan Bangs, *Harrisburg Area Community College*
Vania Barraza, *University of Memphis*
Philip Benfield, *Horry Georgetown Technical College*

Patricia Betancourt, *Palm Beach State College*
Georgia Betcher, *Fayetteville Technical Community College*
Rosa Bilbao, *Alamance Community College*
Marie Blair, *University of Nebraska*
Silvia Bliss, *Morrisville State College*
Graciela Boruszko, *Pepperdine University*
Ana J. Caldero Figueroa, *Valencia College*
Wendy Caldwell, *Francis Marion University*
Aurelie Capron, *McKendree University*
Lindsey Carpenter, *Durham Technical Community College*
F. Eduardo Castilla Ortiz, *Missouri Western State University*
Esther Castro, *San Diego State University*
Thomas Claerr, *Henry Ford Community College*
Sheri Cochran-Alejo, *Utah State University / Cottonwood HS*
Judy Cortes, *California State University Monterey Bay*
David Counselman, *Ohio Wesleyan University*
Angela Cresswell, *Holy Family University*
Daniel D'Arpa, *Mercer County College*
Luis Delgado, *Olive-Harvey College*
Lisa DeWaard, *Clemson University*
Oscar Díaz, *Middle Tennessee State University*
Conxita Domenech, *University of Wyoming*
Indira Dortolina, *Lone Star College - Cy Fair*
Jabier Elorrieta, *New York University*
Luz Marina Escobar, *Tarrant County College – Southeast*
Erin Farb, *Community College of Denver*
Ronna Feit, *Nassau Community College*
Arlene Fuentes, *Southern Virginia University*
Elena Gandía García, *University of Nevada, Las Vegas*
Gerardo García-Muñoz, *Prairie View A&M University*
Margarita Garcia-Notario, *SUNY Plattsburgh*
Christina Garitselov, *State University of New York College at Brockport*
Deborah Gill, *Penn State DuBois*
Sara Goke, *Massasoit Community College*
Inmaculada Gómez Soler, *University of Memphis*
Arcides Gonzalez, *California University of Pennsylvania*
Marvin Gordon, *University of Illinois at Chicago*
Manuel Guzman, *Imperial Valley College*
Sergio Guzmán, *College of Southern Nevada*
Shannon Hahn, *Durham Technical Community College*
Patricia Harrigan, *Community College of Baltimore County*
Ruth Heath, *MCC Penn Valley*
Florencia Henshaw, *University of Illinois at Urbana-Champaign*
Todd Hernández, *Marquette University*
Suzanna Hernandez, *Wilson Community College*
Joshua Hoekstra, *Bluegrass Community and Technical College*
Esther Holtermann, *American Univesity*
Walter Hopkins, *Michigan State University*
Martine Howard, *Camden County College*
Casilde Isabelli, *University of Nevada, Reno*
Becky Jaimes, *Austin Community College*
Roberto Jiménez-Arroyo, *University of South Florida Sarasota-Manatee*
Hilda M. Kachmar, *St. Catherine University*
Esther Kahn, *North Virginia Community College*
Laura Kahn, *Suffolk Community College*
Brian Keady, *Linn-Benton Community College*

Kristin Kiely, *Francis Marion University*
Kelly Kingsbury Brunetto, *University of Nebraska-Lincoln*
Julie Kleinhans-Urrutia, *Austin Community College*
Melissa Knosp, *Johnson C. Smith University*
Kevin Krogh, *Utah State University*
Barbara Kruger, *Finger Lakes Community College*
Carol Kuznacic, *Metropolitan Community College - Longview*
Luis Latoja, *Columbus State Community College*
Alejandro Lee, *Central Washington University*
Jessica Lee, *Utah State University*
Lucy Lee, *Truman State University*
Roxana Levin, *St. Petersburg College*
Clara Lipszyc-Arroyo, *Case Western Reserve University*
Regina Lira, *Imperial Valley College*
Domenico Maceri, *Allan Hancock College*
Jorge Majfud, *Jacksonville University*
Debora Maldonado-DeOliveira, *Meredith College*
Marilyn Manley, *Rowan University – Glassboro*
Donna Marques, *Cuyamaca College*
Carol Marshall, *Truman State University*
Karen Martin, *Texas Christian University*
Francisco Martinez, *Northwestern Oklahoma State University*
Carlos Martinez, *New York University*
Mercedes Meier, *Miami Dade College*
Marco Mena, *MassBay Community College*
Ana Menendez-Collera, *Suffolk County Community College Ammerman Campus*
Joseph Menig, *Valencia College*
Jerome Miner, *Knox College*
Nancy Minguez, *Old Dominion University*
Geoff Mitchell, *Maryville College*
José Morillo, *Marshall University*
Melissa Murphy, *University of Texas*
Jerome Mwinyelle, *East Tennessee State University*
Rosalinda Nericcio, *San Diego State University*
Christine Núñez, *Kutztown University*
Jeffrey Oxford, *Midwestern State University*
Yelgy Parada, *Los Angeles City College*
Anne Pasero, *Marquette University*
Teresa Perez-Gamboa, *University of Georgia*
Inma Pertusa, *Western Kentucky University*
Ana Piffardi, *Eastfield College*
Dolores Pons, *University of Michigan-Flint*
Sofia Ramirez Gelpi, *Allan Hancock College*
Alma Ramirez-Trujillo, *Emory & Henry College*
Gladys Robalino, *Messiah College*
Jennifer Rogers, *Metropolitan Community College - Blue River*
Marta Rosso-O'Laughlin, *Marta Rosso-O'Laughlin*
David Rubi, *Paradise Valley Community College*
Laura Ruiz-Scott, *Scottsdale Community College*
Josue Sanchez, *Paine College*
Jaime Sanchez, *Volunteer State Community College*
Alex Sandoval, *Coastal Carolina Community College*
Lester Sandres Rapalo, *Valencia College*
Bethany Sanio, *University of Nebraska-Lincoln*
Roman Santos, *Mohawk Valley Community College*
Sarah Schaaf, *College of Saint Benedict & Saint John's University*

Nina Shecktor, *Kutztown University*
Roger Simpson, *Clemson University*
Andrea M Smith, *Shenandoah University*
Michael Smith, *Norfolk State University*
Stuart Smith, *Austin Community College*
Alfredo Sosa-Velasco, *Southern Connecticut State University*
Stacy Southerland, *University of Central Oklahoma*
Maria Luisa Spicer-Escalante, *Utah State University*
Kathleen Sullivan, *Marquette University*
March Sustarsic Harvey, *Pikes Peak Community College*
Joe Terantino, *Kennesaw State University*
Silvina Trica-Flores, *Nassau Community College*
Luziris Turi, *Rice University*
Felix Versaguis, *North Hennepin Community College*
Bernardo Viano, *CUNY-Lehman College*
Oswaldo Voysest, *Beloit College*
Sandra Watts, *University of North Carolina at Charlotte*
Valerie Watts, *AB Technical Community College*
Carolyn Woolard, *Milligan College*
Renee Wooten, *Vernon College*
Mary Yetta McKelva, *Grayson County College*
Itzá Zavala-Garrett, *Morehead State University*

In addition to the instructors listed above, hundreds of additional instructors took the time to respond to surveys gathering information about preferred supplementary items, product packaging formats, and other critical issues. We appreciate their time and advice.

We are especially grateful for the feedback and suggestions we have received from thousands of students who used the book in the classroom. Their comments and suggestions have informed every aspect of this program. In addition to students who learned from the first edition, students from the following schools offered extremely useful suggestions about preferences on content, design and the use of technology during focus groups and surveys:

Austin Community College, Bradley University, Butler University, Central Michigan University, Central Piedmont Community College, Cincinnati State and Technical College, Clemson University, College of Charleston, DePaul University, George Washington University, Kansas State University, Minnesota State University, North Lake College, Oklahoma University, Rock Valley College, Saint Louis University, Temple University, Trinity College, University of Maryland—College Park, University of Wisconsin—Milwaukee, University of Dallas, University of Texas—Arlington, Washington State University

CAPÍTULO 1

Learning Strategy

Study frequently

When learning a foreign language it is important to study every day. Aside from any written homework you may have, plan to spend some time each day learning the current vocabulary and verbs. For most students, it is more effective to study for 15–20 minutes three times a day than to spend a full hour on the subject. It might also be a lot easier for you to find time to study if you break it into smaller periods of time.

In this chapter you will learn how to:
- Greet and say goodbye to people in formal and informal situations
- Describe your classroom, your friends, and other people
- Use numbers up to 100 and exchange telephone numbers
- Spell names

Hola, ¿qué tal?

Exploraciones gramaticales
Gender and number of nouns 8
Definite/indefinite articles and the use of **hay** 11
The verb **ser** 23
Adjective agreement 25

En vivo
Comprando artículos escolares 15
Nuevo programa busca talentos 31

Conexiones culturales
Latinos e hispanos en el mundo 6
La diversidad del mundo hispanohablante 20

Lectura
La escuela es para todos 17
Algunos famosos de Latinoamérica 28

Exploraciones profesionales
Narración de voz en off 32

1 Exploraciones léxicas

Este es el salón de clases de Mariana. ¿Qué hay en la clase?

Saludos formales
Buenos días.
Buenas tardes.
Buenas noches.
¿Cómo está (usted)?

Respuestas
Buenos días.
Buenas tardes.
Buenas noches.
Bien, gracias. / Mal. / Regular, gracias.
¿Y usted?

Saludos informales
¡Hola!
¿Cómo estás (tú)?
¿Qué tal?
¿Qué hay de nuevo?
¿Qué pasa?

Respuestas
¡Hola!
Bien, gracias. / Mal. / Regular, gracias. ¿Y tú?
Nada.
Nada.

Despedidas
Adiós. — Goodbye.
Chao. — Goodbye. (informal)
Hasta luego. — See you later.
Hasta pronto. — See you soon.
Hasta mañana. — See you tomorrow.
¡Nos vemos! — See you later!
¡Que tengas un buen día! — Have a nice day! (informal)

Presentaciones
¿Cómo te llamas? — What is your name? (informal)
Me llamo… — My name is . . .
Le presento a… — I'd like to introduce you to . . . (formal)
Te presento a… — I'd like to introduce you to . . . (informal)

Encantado(a). — Nice to meet you.
Mucho gusto. — Nice to meet you.
¿Cómo se escribe…? — How do you spell . . . ?

Palabras interrogativas
¿Dónde? — Where?
¿Cuándo? — When?
¿Cuántos(as)? — How many?
¿Qué? — What?
¿Quién? — Who?
¿Por qué? — Why?

INVESTIGUEMOS EL VOCABULARIO

Vocabulary often varies from one Spanish-speaking country to another. For example, here are three different terms for the word for *pen:*

el bolígrafo (Spain) **la pluma** (Mexico) **el lapicero** (Peru)

Another word that has variations is *computer:*

la computadora (Latin America) **el ordenador** (Spain)

4 cuatro | Capítulo 1

A practicar

1.1 Escucha y responde Listen to the following list of common classroom items. If the item is in your classroom, give a thumbs-up; if it is not, give a thumbs-down.

1.2 En la mochila Indicate which of these items could go into a student's backpack: **la pizarra, el cuaderno, el papel, la silla, el bolígrafo, el escritorio, la puerta, los lápices**

1.3 Un poco de lógica Match each question or statement with a logical response.

1. ¿Cómo te llamas?
2. ¿De dónde eres?
3. ¿Cómo estás?
4. ¿Qué hay de nuevo?
5. Te presento a Jairo.

a. Soy de California.
b. Me llamo Marcos.
c. Nada.
d. Mucho gusto.
e. Bien, gracias. ¿Y tú?

> **INVESTIGUEMOS EL VOCABULARIO**
> When making introductions, male speakers use the form **encantado**. Female speakers use the form **encantada**.

1.4 Mucho gusto Read the dialogue aloud with a partner. Then, read it again, substituting all the parts in italics with your own information or greetings/farewells.

Estudiante 1: *¡Hola!*
Estudiante 2: *¡Hola!*
Estudiante 1: Me llamo *Rafael.* ¿Y tú? ¿Cómo te llamas?
Estudiante 2: Me llamo *Carlos.*
Estudiante 1: Mucho gusto, *Carlos.* ¿De dónde eres?
Estudiante 2: Soy de *México.* ¿Y tú?
Estudiante 1: Yo soy de *Argentina.*
Estudiante 2: ¡Qué bien!
Estudiante 1: Bueno... *¡adiós!*
Estudiante 2: *¡Chao!*

> **INVESTIGUEMOS EL VOCABULARIO**
> According to the Real Academia, **ch, ll,** and **rr** are not independent letters, so they are not listed as part of the Spanish alphabet. Additional changes made to the alphabet are the names of the letters **v, w,** and **y.** However, it is likely to hear the former letter names used as well.

El alfabeto

Letra	Nombre de la letra	Letra	Nombre de la letra	Letra	Nombre de la letra	Letra	Nombre de la letra
A	a	H	hache	Ñ	eñe	U	u
B	be	I	i	O	o	V	uve
C	ce	J	jota	P	pe	W	doble uve
D	de	K	ka	Q	cu	X	equis
E	e	L	ele	R	ere	Y	ye
F	efe	M	eme	S	ese	Z	zeta
G	ge	N	ene	T	te		

1.5 Correo electrónico You and your partner are in charge of your school's Club Internacional. You have information for half of the new members on this page and your partner has the other half in Appendix B. Ask each other questions to complete the tables. You will need the following words: **arroba** (@) and **punto** (dot).

Modelo Estudiante 1: *¿Cuál es el correo electrónico de Pilar?*
Estudiante 2: *pilybonita@uden.es → p-i-l-y-b-o-n-i-t-a, arroba, u-d-e-n, punto, e-s*

Nombre	Correo electrónico
1. Marina	
2. Gabriel	gabmuñoz@inter.cl
3. Alejandro	
4. Valeria	valelapeña@clarotodo.pr

Conexiones culturales
Latinos e hispanos en el mundo

Conexiones... a la geografía

Look at the map and write the names of all Spanish-speaking countries that you can locate. Then indicate in what region each country is located: North America (**América del Norte**), Central America (**América Central**), South America (**América del Sur**), the Caribbean (**el Caribe**), Europe (**Europa**), or Africa (**África**). When you finish your list, match each of the countries with its capital city from the box below. **¡OJO!** One of the countries has two capital cities.

- Asunción
- Bogotá
- Buenos Aires
- Caracas
- Ciudad de Guatemala
- Ciudad de México
- Ciudad de Panamá
- La Habana
- La Paz
- Lima
- Madrid
- Malabo
- Managua
- Montevideo
- Quito
- San José
- San Juan
- San Salvador
- Santiago
- Santo Domingo
- Sucre
- Tegucigalpa

You can learn more about these countries in **Appendix A: Exploraciones del mundo hispano**.

Comparaciones

How different is the Spanish used in Spain from the Spanish spoken in Latin American countries? It is important to understand that it is the same language and both will be understood in every country where Spanish is spoken. However, there are regional differences in vocabulary as well as accents, just as there are between the English spoken in England and the English used in the United States. Come up with a list of five or six regional vocabulary variations in English and compare your list with a partner's. Do your words fit into specific categories (food, clothing, etc.)? What factors do you think influence differences in vocabulary within the same language? Write five words that you would expect to vary in Spanish-speaking countries. For some variations, check **Investiguemos el vocabulario** on page 4.

Cultura

Cultural practices and products of Spanish-speaking countries vary from country to country. Putting aside preconceived ideas will help you gain a better understanding of these cultures. Work in groups of three or four to determine if the statements below are true or false. Then, search the Internet to correct the false statements.

1. All Latin Americans speak Spanish.
2. Flamenco is a popular dance throughout South America.
3. The majority of the population in Spanish-speaking countries is Catholic.
4. **Tortillas** are a typical dish in Spain.
5. Some indigenous people in Mexico and Guatemala still wear traditional clothing.
6. Chiles are a cooking staple in Paraguay, Uruguay, and Argentina.
7. Soccer is the most popular sport in South America.
8. In many Spanish-speaking countries, children can attend school in the morning or the afternoon.
9. Bullfighting is a popular sport in Cuba.
10. In most Spanish-speaking countries, the main meal is between 5:00 and 7:00 P.M.

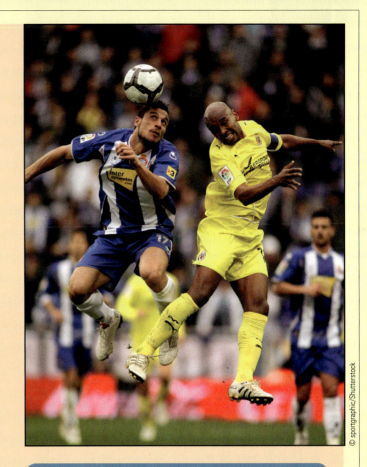

Many people assume that the same foods are eaten in all of Latin America and Spain. Choose a country from the **Exploraciones del mundo hispano** section in **Appendix A** and research some of the typical dishes from that country. Share an image and the name of a dish you'd like to try and list the ingredients needed.

Comunidad

If there are any international students or ESL students in your school that are native Spanish speakers, introduce yourself to one of them and find out where he or she is from. You may want to become conversation partners.

INVESTIGUEMOS LA MÚSICA
Find the song "Latino" by Adolescent's Orquesta on the Internet and listen to it. What Latin American countries are named?

Exploraciones gramaticales

Throughout the program, you will be given examples of grammatical structures in Spanish and asked to discover the patterns of use based on those examples. This process not only helps you to remember how to use particular structures but will also help you to develop important skills such as inference and pattern recognition, which will make you a better language learner.

A analizar

Professor Tobar is in his classroom making sure he has everything ready for the first day of classes. Watch the video and note whether there is one or more than one of everything you see. Read the passage and underline the vocabulary words. Then answer the questions.

Este es el salón de clases. Hay muchos estudiantes en la clase. Hay una pizarra. No hay carteles, pero hay un mapa. Hay muchas sillas. También hay un escritorio, hay lápices y bolígrafos en el escritorio... ¡no hay una computadora!

1. Which words that you underlined refer to more than one item (are plural)? How do you know?
2. Find the word above that is similar to **lápiz**. What differences do you notice?

A comprobar

Gender and number of nouns

1. A noun (**sustantivo**) is a person, place, or thing. In order to make a noun plural:

   - add an **-s** to words ending in a vowel
     - libro → libros
     - silla → sillas
   - add an **-es** to words ending in a consonant
     - profesor → profesores
     - papel → papeles
   - change a final **-z** to **-c** and add an **-es**
     - lápiz → lápices

2. You will notice that some nouns lose an accent mark or gain an accent mark when they become plural. You will learn more about accent marks in **Capítulo 2**.

   - televisión → televisiones
   - salón → salones
   - examen → exámenes

3. In Spanish, nouns have a gender. In other words, they are either masculine or feminine.

   The endings of nouns not referring to people often indicate a word's gender.

   Masculine nouns:
   - often end in **-o**, such as **el libro** and **el cuaderno**
   - can refer to a man, such as **el profesor** and **el estudiante**

   Feminine nouns:
   - often end in **-a**, such as **la silla** and **la pizarra**
   - can refer to a woman, such as **la profesora** and **la estudiante**

   There are some exceptions such as:

Masculine	Feminine
el día	la mano
el mapa	la foto
el problema	la moto

4. Here are the numbers from 0 to 20.

Los números

0	cero	7	siete	14	catorce
1	uno	8	ocho	15	quince
2	dos	9	nueve	16	dieciséis
3	tres	10	diez	17	diecisiete
4	cuatro	11	once	18	dieciocho
5	cinco	12	doce	19	diecinueve
6	seis	13	trece	20	veinte

A practicar

1.6 De singular a plural Change the following vocabulary words from singular to plural.

Modelo cuaderno → *cuadernos*

1. mochila
2. lápiz
3. papel
4. pupitre
5. reloj
6. bandera
7. libro
8. cartel
9. televisor
10. examen

1.7 Género Using the rules that you have learned, decide whether the following words are masculine (**M**) or feminine (**F**).

	M	F
1. saludo	__	__
2. actriz	__	__
3. cafetería	__	__
4. rosa	__	__
5. doctor	__	__
6. teatro	__	__
7. día	__	__
8. supervisora	__	__
9. mapa	__	__
10. autor	__	__

1.8 En la clase Listen to Carolina describe how many of the following items are in her classroom. As you listen, write the number next to each item. Then tell how many of each of the items there are in your classroom.

Modelo You will hear: *Hay once escritorios.*
You will write: __11__ escritorios

1. _____ estudiantes
2. _____ pizarras
3. _____ sillas
4. _____ ventanas
5. _____ mapas
6. _____ computadoras

1.9 Los útiles Look at the pictures below and identify the plural classroom items you have learned, telling how many there are. Then work with a partner and take turns identifying the school supplies you each have. **¡OJO!** Pay attention to singular and plural forms of the vocabulary words.

1.10 La clase de matemáticas Work with a partner and take turns saying the following mathematical equations in Spanish and giving their solutions. You will need the following words: **más (+), menos (−),** and **son (=).**

Modelo 6 + 10 =
Seis más diez son dieciséis.

1. 4 + 5 =
2. 16 − 6 =
3. 20 − 2 =
4. 7 + 9 =
5. 3 + 12 =
6. 11 − 4 =
7. 13 + 1 =
8. 14 + 5 =

Exploraciones gramaticales 2

A analizar

Profesor Tobar is in his classroom. Watch the video again. Then read the paragraph below and answer the questions that follow.

Este es el salón de clases. Hay muchos estudiantes en la clase. Hay una pizarra. No hay carteles, pero hay un mapa. Hay muchas sillas. También hay un escritorio, hay lápices y bolígrafos en el escritorio... ¡no hay una computadora! ¡¿Donde está la computadora?! Necesito hablar con el director.

1. Write the word that comes before each of the following nouns. Do these words change according to the nouns that follow? Explain.

    _____ salón de clase   _____ escritorio

    _____ pizarra   _____ computadora

    _____ mapa   _____ director

2. What do you think **hay** means?

A comprobar

Definite and indefinite articles and **hay**

1. The definite article *the* is used with a specific noun or a noun that has previously been mentioned. In Spanish, the definite article indicates whether a noun is masculine or feminine as well as whether it is singular or plural. It can be expressed in four different ways.

    Artículos definidos

	masculino	femenino
singular	**el**	**la**
plural	**los**	**las**

    ¿De dónde es **el** profesor?
    Where is **the** professor from?

2. The indefinite articles *a/an* or *some* are used when referring to a noun that is not specific or that has not previously been mentioned. They also indicate gender (masculine/feminine) and number (singular/plural), and can be expressed in four different ways in Spanish.

    Artículos indefinidos

	masculino	femenino
singular	**un**	**una**
plural	**unos**	**unas**

    ¿Hay **una** ventana en el salón de clases?
    Is there **a** window in the classroom?

3. **Hay** means *there is* or *there are*. It is used with the indefinite article to talk about singular nouns and to indicate *some* with plural nouns. The indefinite article is often omitted after **hay** in plural expressions.

    Hay un escritorio.   No hay lápices.
    There is a desk.   *There are no pencils.*

    Hay (unas) ventanas.   No hay una pizarra.
    There are (some) windows. *There isn't a board.*

4. When using **hay** with numbers, do not use an article. You already know numbers 0–20; numbers 21 through 101 are below.

No hay tres libros.   Hay cinco libros.
There aren't three books.   *There are five books.*

21	veintiuno	28	veintiocho	60	sesenta
22	veintidós	29	veintinueve	70	setenta
23	veintitrés	30	treinta	80	ochenta
24	veinticuatro	31	treinta y uno	90	noventa
25	veinticinco	40	cuarenta	100	cien
26	veintiséis	50	cincuenta	101	ciento uno
27	veintisiete				

Numbers below 30 are only one word, whereas numbers above 30 take the word **y** *(and),* for example, **treinta y uno.** With the numbers 21, 31, etc., **uno** changes to **un** when followed by a masculine noun: **Hay treinta y un libros** and **una** when followed by a feminine noun: **Hay treinta y una sillas.** Note that **veintiún** has an accent over the letter **u.**

A practicar

1.11 ¿Lógico o no? Read the statements and decide if they are logical or not.

1. Hay un cuaderno en la mochila.
2. No hay una puerta en la clase.
3. Hay una estudiante en la clase.
4. Hay cinco libros en el escritorio.
5. Hay unos papeles en la mesa.
6. Hay una pizarra en la silla.

1.12 Los artículos Read the paragraph and decide if you need the definite article or the indefinite article. Circle the correct answer.

David es estudiante en (**1.** una / la) universidad de los Estados Unidos. En su salón de clases hay (**2.** unos / los) carteles y (**3.** una / la) ventana. (**4.** Una / La) ventana es muy grande. En (**5.** una / la) mochila de David hay (**6.** unos / los) libros. También hay (**7.** un / el) cuaderno para (**8.** una / la) clase de español de David.

David es estudiante.

1.13 ¿Cuántos hay? Look at the picture below and take turns answering the following questions.

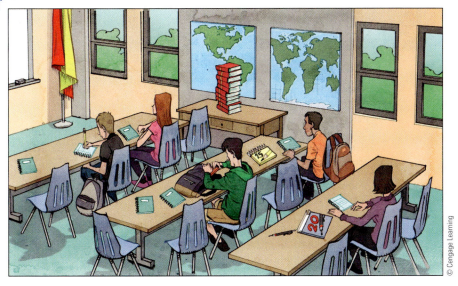

1. ¿Cuántos mapas hay?
2. ¿Cuántas sillas hay?
3. ¿Cuántos libros hay?
4. ¿Cuántos lápices hay?
5. ¿Cuántas banderas hay?
6. ¿Qué más hay? (*What else is there?*)

1.14 ¿Qué hay? With a partner, take turns asking and answering the questions about the items in your classroom. If you have them in your classroom, tell how many there are. Remember, if there is only one item, you must use **un** or **una**.

Modelo ¿Hay mesas?
　　　　Estudiante 1: *¿Hay mesas?*
　　　　Estudiante 2: *Sí, hay una mesa. / Sí, hay dos mesas. / No, no hay mesas.*

1. ¿Hay relojes?
2. ¿Hay pizarras?
3. ¿Hay banderas?
4. ¿Hay mapas?
5. ¿Hay ventanas?
6. ¿Hay carteles?
7. ¿Hay computadoras?
8. ¿Hay sillas?

1.15 El número, por favor Look at the directory for a university in Nicaragua. Tell what numbers you would need to call to reach the following areas.

1. la oficina de admisión
2. las diferentes facultades *(departments)*
3. para participar en actividades

INVESTIGUEMOS EL VOCABULARIO

Phone numbers in most Spanish-speaking countries are often given in pairs. If a number is not even, only the first number is given separately, for example, 5-93-34-76.

Contáctenos

Oficina de admisión 2214 7300

Facultades
Ciencia y Tecnología 2297 7210
Psicología. 2249 3765
Sociología. 2278 4403
Humanidades y Filosofía 2251 2030
Arquitectura 2259 8215

Deportes y cultura
Fútbol. 2264 3911
Karate 2255 1290
Volibol 2213 8616
Ballet folclórico. 2233 0961
Grupo de teatro. 2292 4718

1.16 En la librería It is the end of the year, and employees are taking inventory at the bookstore. Tell how many items they have using the verb **hay**.

1. 50 cuadernos
2. 85 diccionarios
3. 100 bolígrafos
4. 78 lápices
5. 21 computadoras
6. 94 paquetes de papel
7. 31 libros de español
8. 62 mapas
9. 49 calculadoras
10. 51 mochilas

En vivo

Entrando en materia
Where do you buy your school supplies?

Comprando artículos escolares

🔊 Maricarmen will start school next week, and she is looking for supplies at good
1-5 prices. Listen to two commercials where she can buy what she needs: the first one for Papelería El Gigante and the second one for La Bodega.

Vocabulario útil

los artículos escolares	*school supplies*	**gratis**	*for free*
la copiadora	*copier*	**la impresora**	*printer*
el descuento	*discount*		

Comprensión

Listen to the commercials again and indicate where Maricarmen would get a better price for the following articles.

Maricarmen needs . . .   She should buy at . . .

1. cuadernos   Papelería El Gigante   La Bodega
2. lápices   Papelería El Gigante   La Bodega
3. papel   Papelería El Gigante   La Bodega
4. una computadora   Papelería El Gigante   La Bodega
5. bolígrafos   Papelería El Gigante   La Bodega
6. una mochila   Papelería El Gigante   La Bodega

Más allá

What supplies do you use for your classes? Using the vocabulary in this chapter, make a list in Spanish and use Share It! to post a written or recorded list to share with the class.

Lectura

Reading Strategy: Cognates

Look at the following list of words: **elefante, fotografía, oficina, bicicleta.** Chances are you have never seen them before but that you can figure out what they mean because they look similar to English words. Words that are similar in two languages are called cognates (**cognados**). While there are some false cognates (words that look like English words but have different meanings), most of the time, the meaning will be the same. When you are reading, you will not understand every word, but use cognates to help you understand the general idea.

Antes de leer

Look at the advertisement for a school. Using the cognates to help you, answer the questions.

LINGUAMAX

Establecido en 1980, **Linguamax** ofrece clases de inglés y francés para adolescentes y adultos.

- Profesores nativos con mucha experiencia
- Clases con un máximo de 5 estudiantes
- Precios razonables

Los cursos comienzan el 1° de junio

Para más información llame al 951-23-45-67 o visite **Linguamax** en la Avenida Bolívar, 203

¡Cursos de lenguas con garantía de calidad!

Obtenga un descuento del 10% al mencionar este anuncio.

---

1. When was the school established?
2. What classes are offered at the school?
3. Who can take classes?
4. What are three benefits of taking classes at this school?
5. When do classes begin?
6. How can you get more information?
7. How can you receive a discount?

Now look at the reading on the next page. The red, bold words are cognates. What do they mean?

A leer

La escuela es para todos

En los **países** latinoamericanos y en España, **la educación** es un **derecho** de los niños. En unos países la escuela **primaria** y la **secundaria** son **obligatorias.** En otros países la **preparatoria** es obligatoria. Para satisfacer la **demanda,** muchas escuelas tienen dos **turnos:** unos niños **asisten** a la escuela por la mañana, y otros por la tarde.

countries/right

3 year pre-university course
shifts/attend

> la educación es un derecho de los niños

Por lo **general**, los libros de texto son **gratuitos**, pero las familias **deben comprar** otros **útiles** escolares. También en muchos **casos** las **familias** necesitan comprar **uniformes** para los niños porque es **común** usarlos.

free
must buy
supplies

Una escuela en Cuba

Comprensión

Decide whether the following statements are true (**cierto**) or false (**falso**).
1. En Latinoamérica la escuela primaria es obligatoria.
2. Todos *(All)* los niños están en la escuela por la mañana.
3. Es necesario comprar *(to buy)* los libros para la escuela.
4. Muchos niños usan uniformes.

Después de leer

Even though school is free, there are many expenses associated with it, such as purchasing uniforms, lab coats, fees for special equipment, etc. What expenses are associated with K–12 in the United States? Can you think of other hidden expenses?

Exploraciones léxicas

Estrategia

Study Frequently

It is impossible to memorize all the vocabulary words the night before the exam; instead, plan to spend 15-20 minutes two or three times a day memorizing the vocabulary.

Las descripciones de la personalidad

bueno(a) / malo(a)	**Más adjetivos**		guapo(a)	good-looking	**Palabras adicionales**	
cruel / cariñoso(a)	agresivo(a)	aggressive	honesto(a)	honest	muy	very
generoso(a) / egoísta	atlético(a)	athletic	largo(a)	long	pero	but
idealista / realista	antipático(a)	unfriendly	nuevo(a)	new	un poco	a little
inteligente / tonto(a)	amable	kind	perezoso(a)	lazy	también	also
interesante / aburrido(a)	corto(a)	short (length)	pobre	poor	y	and
optimista / pesimista	difícil	difficult	rico(a)	rich		
liberal / conservador(a)	divertido	funny; fun	simpático(a)	nice		
paciente / impaciente	fácil	easy	trabajador(a)	hardworking		
serio(a) / cómico(a)	famoso(a)	famous				
tímido(a) / sociable	gordo(a)	fat				

INVESTIGUEMOS EL VOCABULARIO

The word **gordo** is often used in Spanish endearingly, such as between spouses, and parents often call their children **gordito** or **gordita**. People often describe themselves using the diminutive as well: **Soy (un poco) gordito.** Another word commonly used instead of **delgado** is **flaco**.

A practicar

1.17 1-6 **Escucha y responde** Look at the picture and listen to the different adjectives. Write the letter **D** on one piece of paper and the letter **S** on another. If the adjective you hear describes Don Quijote, hold up the **D**. If it describes Sancho Panza, hold up the **S**.

1.18 Identificaciones Look around the classroom and identify someone that fits the following descriptions.

1. pelirrojo
2. alto
3. joven
4. guapo
5. moreno
6. rubio
7. bajo
8. delgado

1.19 Sinónimos Identify a word from the vocabulary list that has a similar meaning.

1. afectuoso
2. introvertido
3. sincero
4. tolerante
5. complicado
6. atractivo
7. simple
8. positivo

1.20 La personalidad y las profesiones Make a list of the ideal personality traits for the following jobs.

Modelo profesor
paciente, interesante, inteligente

1. policía
2. estudiante
3. actor
4. espía *(spy)*
5. político
6. doctor

1.21 Veinte preguntas Follow the steps below to play "twenty questions."

Paso 1 In groups of three, write a list of names of famous men who are familiar to everybody in the group.

Paso 2 One person in the group chooses a name from the list but doesn't say which name it is. The other two members of the group guess the name by asking yes/no questions.

Modelo ¿*Es* (Is he) *joven?*   ¿*Es rubio?*   ¿*Es alto?*

1.22 La fila Work with a partner to figure out the names of the people in the stands. One of you will look at this page, and the other will look at the picture in Appendix B. Take turns giving the name of a person and a description, so your partner will know who it is.

Conexiones culturales
La diversidad del mundo hispanohablante

Cultura

Francisco de Goya was a Spanish painter who made a living for many years painting portraits of the Spanish royal family. Goya painted *La familia de Carlos IV,* shown below, in 1800.

Pick three different people in the painting and describe them in Spanish using vocabulary from the chapter. You might speculate what their personalities are like.

La familia de Carlos IV, por Francisco de Goya

> Research a different portrait painter from a Spanish-speaking country. Find a painting you like and upload the image to Share It! along with a description in Spanish of one of the people in the painting.

Comparaciones

There is great cultural diversity among Spanish-speaking countries. One thing all Hispanic countries have in common is that Spanish is spoken by the majority of the population, although it is not always an official language, and in most cases, it is not the only language. Why do you think there are "official" languages, and what impact do they have on communities? Look at the information below. How can you explain the variety of languages in these countries? What do you think is the difference between a "national" language and an "official" language?

SPAIN
Official language:	Spanish
Official regional languages:	Galician, Basque (Euskara), Catalan, Valenciano
Other languages spoken:	14

MEXICO
National language:	Spanish
Other languages spoken:	298 (nahuatl is the only one spoken by over one million speakers)

GUATEMALA
Official language:	Spanish
Other languages spoken:	55

BOLIVIA
Official languages:	Spanish, Quechua, Aymara
Other languages spoken:	45

UNITED STATES
National languages:	English (official in some states)
Regional languages:	Hawaiian, Spanish (in New Mexico)
Other languages spoken:	178

Sources: *The Ethnologue Report, Almanaque Mundial 2010*

> **INVESTIGUEMOS EL MUNDO HISPANO**
>
> You can learn more about these countries and their Spanish-speaking populations in Appendix A: **Exploraciones del mundo hispano**.

Conexiones... a la geografía

The people in the photos are all from Latin America. In Spanish, tell what country each person is from and describe him or her. If possible, locate the countries using Google Earth. Why do you think there is such great ethnic diversity in Latin America?

Rigoberta Menchú, Guatemala, activista política

Paulina Rubio, México, cantante

Evo Morales, Bolivia, presidente

David Ortiz, República Dominicana, beisbolista

Keiko Fujimori, Perú, política

Lionel "Leo" Messi, Argentina, futbolista

Comunidad

Interview a Spanish speaker from your school or community. Introduce yourself and ask him/her to describe the diversity in his/her home country. You may want to start by asking: **¿Cómo es la gente** *(people)* **en tu país?**

Exploraciones gramaticales

A analizar

Rosa is going to introduce herself and her friend Santiago. After watching the video, read the following paragraph, paying attention to the words in bold.

Yo **soy** Rosa y **soy** de El Salvador. Mi mejor amigo **es** de España y se llama Santiago. Yo **soy** muy sociable, pero Santiago no; él **es** un poco tímido, pero nosotros **somos** muy buenos amigos… ¿Y tú? ¿Cómo **eres** tú?

1. In the paragraph, who does **yo** refer to? Who does **él** refer to? Does **nosotros** refer to one person or more than one person?

2. The verb **ser** *(to be)* is used throughout the paragraph. Its forms are in bold. Write the appropriate form that is used with each of the following pronouns.

   yo _____   él _____

   tú _____   nosotros _____

3. Look at the following conversations, paying attention to the use of **tú** and **usted**. Both mean *you* in English. What do you think the difference is?

A comprobar

Subject pronouns and the verb ser

singular		plural	
yo	*I*	nosotros/nosotras	*we*
tú	*you (familiar)*	vosotros/vosotras	*you (familiar in Spain)*
usted	*you (formal)*	ustedes	*you*
él	*he*	ellos	*they (group of males or a mixed group)*
ella	*she*	ellas	*they (group of females)*

1. When addressing one person, Spanish speakers use either **tú** or **usted** (sometimes abbreviated **Ud.**). **Tú** is informal. It is used with family, friends, classmates, and children. It denotes familiarity. **Usted** is formal. It is used with people in a position of authority, older people, strangers, and people in a professional setting. It denotes respect and more distance.

2. When referring to groups of females, use **nosotras** and **ellas,** and when referring to groups of males, use **nosotros** and **ellos.** When the groups are mixed, use the masculine forms **nosotros** and **ellos,** as they have a generic meaning that implies the presence of both genders.

3. In Spain, **vosotros** and **vosotras** are used to address a group of people and denote familiarity, and follow the same rules as **nosotros** and **nosotras** with regard to gender; **ustedes** is used to address a group of people and denotes respect. In Latin America, **ustedes** (sometimes abbreviated **Uds.**) is used to address any group of people, regardless of the relationship.

4. The verb **ser** means *to be.* Just as there are different forms of the verb *to be* in English (*I am, you are,* etc.), there are also different forms of the verb **ser** in Spanish. Changing a verb into its different forms to indicate who is doing the activity is called *conjugating.*

> **INVESTIGUEMOS LA GRAMÁTICA**
> In Spanish **ser** and **estar** both mean *to be.* You will learn more about **estar** in **Capítulo 4.**

ser

yo	soy	*I am*	nosotros/nosotras	somos	*we are*
tú	eres	*you are*	vosotros/vosotras	sois	*you (all) are*
usted	es	*you are*	ustedes	son	*you all are*
él/ella	es	*he/she is*	ellos/ellas	son	*they are*

5. Use **ser**
   - to describe what someone is like.
     Él **es** alto, pero ellos **son** bajos.
     *He **is** tall, but they **are** short.*
   - to identify someone or something
     Yo **soy** Manolo.   *I **am** Manolo.*
   - to ask or say where someone is from.
     ¿De dónde **eres** tú?   Yo **soy** de Lima, Perú.
     Where are you from?   *I **am** from Lima, Peru.*

A practicar

1.23 **¿Tú o usted?** Which pronoun would you use **to address** each of the following people?

Modelo un niño → *tú*

1. un policía
2. un profesor
3. mamá
4. un amigo
5. el presidente
6. un estudiante en la clase de español

1.24 Sustituciones
Which pronoun would you use **to talk about** the following people?

Modelo Rebeca → *ella*

1. Felipe
2. Silvia y Alicia
3. tu amigo y Ricardo
4. Regina
5. la señora Marcos
6. Javier y yo
7. Lola, Ana, Sara y Luis
8. Miguelito

1.25 Parejas
Match the subject with the remainder of the sentence.

1. Yo
2. Rafael y Carlos
3. La profesora
4. Tú
5. Maite y yo

a. es joven.
b. somos trabajadores.
c. soy optimista.
d. eres inteligente.
e. son guapos.

1.26 El verbo ser
Complete the paragraph with the necessary form of the verb **ser**.

¡Hola! Yo (1) _____ Antonio y (2) _____ de Santiago, Chile. Mis amigos (3) _____ Laura y Víctor. Nosotros (4) _____ estudiantes en la Universidad de Santiago. Laura (5) _____ estudiante de biología y Víctor y yo (6) _____ estudiantes de ciencias políticas. Y tú, ¿también (7) _____ estudiante?

1.27 ¿De dónde son?
In groups of three, look at the map and complete the following sentences telling where the different people are from. Then, find out from the other members of your group where they are from. Be sure to use the correct forms of the verb **ser**.

Modelo Carolina...
Carolina es de Chile.

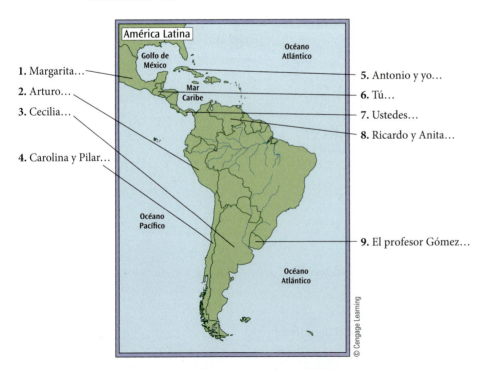

1. Margarita…
2. Arturo…
3. Cecilia…
4. Carolina y Pilar…
5. Antonio y yo…
6. Tú…
7. Ustedes…
8. Ricardo y Anita…
9. El profesor Gómez…

Exploraciones gramaticales

A analizar

Rosa is going to introduce herself and her friend Santiago. Watch the video. Then read the paragraph that follows and underline the adjectives.

Yo soy Rosa y soy de El Salvador. Mi mejor amigo es de España y se llama Santiago. Yo soy muy sociable, pero Santiago no; él es un poco tímido, pero nosotros somos muy buenos amigos. Santiago es inteligente, muy simpático e idealista. Yo también soy inteligente y simpática pero no soy idealista. Soy realista, muy trabajadora y también soy liberal. Además, Santiago es alto, rubio y atlético, y yo soy baja y morena. Santiago y yo somos muy diferentes, pero lo importante es que somos buenos amigos.

Note the forms already filled in the chart and use the adjectives you underlined as well as what you learned about **encantado** and **encantada** in the box on page 5, to complete the chart.

masculine singular	masculine plural	feminine singular	feminine plural
bajo	_____	_____	_____
_____	inteligentes	_____	_____
_____	_____	idealista	_____
liberal	_____	_____	_____
_____	_____	_____	trabajadoras

A comprobar

Adjective agreement

Adjectives describe a person, place, or thing. In Spanish, adjectives must agree with the person or the object they describe both in gender (masculine/feminine) and in number (singular/plural).

Singular masculine adjectives		singular	plural
ending in **-o**	**masculine**	simpático	simpáticos
	feminine	simpática	simpáticas
ending in **-a**	**masculine**	idealista	idealistas
	feminine	idealista	idealistas
ending in **-e**	**masculine**	sociable	sociables
	feminine	sociable	sociables
ending in a consonant*	**masculine**	ideal	ideales
	feminine	ideal	ideales
*exception: ending in **-or**	**masculine**	trabajador	trabajadores
	feminine	trabajadora	trabajadoras

Mi amigo es simpático, sociable e idealista.
Mi amiga también es simpática, sociable e idealista.
Mis amigos son simpáticos, sociables e idealistas.

INVESTIGUEMOS LA PRONUNCIACIÓN

For pronunciation purposes, **y** *(and)* becomes **e** when followed by a word beginning with the letter(s) **i** or **hi.**

A practicar

1.28 **¿Quién es?** Listen to the six descriptive statements and decide which person is being described. In some cases, the description may apply to both. Place a check mark in the appropriate blanks. ¡OJO! Pay attention to the adjective endings!

1. _____ Jennifer López   _____ Pitbull
2. _____ Lorena Ochoa   _____ Rafael Nadal
3. _____ Sofía Vergara   _____ George López
4. _____ Isabel Allende   _____ Gabriel García Márquez
5. _____ Christina Aguilera   _____ Gael García Bernal
6. _____ Penélope Cruz   _____ Mario López

1.29 **La atracción de los opuestos** Complete each sentence with an adjective that has the opposite meaning of the underlined word. ¡OJO! Be sure the adjectives agree with the subject they are describing.

1. Susana es <u>generosa</u> y su esposo (*spouse*) es _____.
2. Fernando es <u>tímido</u> y su esposa es _____.
3. Mis amigas son <u>delgadas</u> y sus esposos son _____.
4. Marcos es <u>trabajador</u> y su esposa es _____.
5. Mis amigos son <u>cómicos</u> y sus esposas son _____.
6. Mi amigo es _____ y su esposa es _____.
   (Choose adjectives not used in the sentences above.)

1.30 **En el café** Work with a partner and take turns giving true/false statements about the people in the drawing. You should correct any false statements. ¡OJO! Be sure the adjectives agree with the subject they are describing.

Modelo Estudiante 1: *Vicente es calvo.*
         Estudiante 2: *Falso, él es rubio.*

1.31 Los ideales Complete the following statements expressing your own opinion regarding the ideal characteristics of each subject. Then compare your list with a partner's and come to an agreement on two characteristics for each.

1. La profesora ideal es… No es…
2. El estudiante ideal es… No es…
3. Los amigos ideales son… No son…
4. La madre *(mother)* ideal es… No es…
5. Los políticos ideales son… No son…
6. Las mascotas *(pet)* ideales son… No son…

1.32 El horóscopo Find your astrological sign below and read the descriptions. Choose two characteristics that describe you. You may use those listed for your sign or choose others that are more accurate. Then, talk to three classmates and find out their signs and the characteristics that describe them.

Modelo Estudiante 1: *¿Cuál es tu signo?*
Estudiante 2: *Yo soy Aries.*
Estudiante 1: *¿Cómo eres tú?*
Estudiante 2: *Yo soy extrovertido y muy emocional.*

Los signos zodiacales y la personalidad

Aries 21 de marzo – 20 de abril — extrovertido, obstinado
Leo 24 de julio – 23 de agosto — creativo, vanidoso
Sagitario 23 de noviembre – 21 de diciembre — idealista, indiscreto
Tauro 21 de abril – 21 de mayo — paciente, perezoso
Virgo 24 de agosto – 23 de septiembre — organizado, perfeccionista
Capricornio 22 de diciembre – 20 de enero — práctico, calculador
Géminis 22 de mayo – 21 de junio — intelectual, impaciente
Libra 24 de septiembre – 23 de octubre — activo, indeciso
Acuario 21 de enero – 19 de febrero — independiente, rebelde
Cáncer 22 de junio – 23 de julio — trabajador, emocional
Escorpión 24 de octubre – 22 de noviembre — introvertido, posesivo
Piscis 20 de febrero – 20 de marzo — generoso, dependiente

Lectura

Reading Strategy: Cognates
Read the first time through without using a dictionary. Underline any cognates that you see, as they will help you to understand the reading. Remember not to get hung up on understanding everything, but rather read for the general meaning.

Antes de leer

Write a list of names of famous contemporary U.S. citizens in the fields of pop culture, politics, movies, and sports. Why are they famous? Compare lists with a classmate. Together, try to come up with names of famous contemporary citizens of Spanish-speaking countries. What are their professions?

A leer

Algunos famosos de Latinoamérica

Muchas personas de países hispanos se distinguen en todas las áreas y es difícil escribir una lista corta. A continuación hay descripciones de algunas personas muy populares en el mundo contemporáneo.

Deportes
Manu Ginóbili (julio 1977), deportista argentino, es un excelente jugador de básquetbol de la NBA de los Estados Unidos. Habla fluidamente español, inglés e italiano y tiene su propia página en el Internet.

> Muchas personas de países hispanos se distinguen en todas las áreas y es difícil escribir una lista corta.

Cine
Gael García Bernal (noviembre 1978) es actualmente uno de los actores latinoamericanos más famosos, gracias a su participación en filmes como *Los diarios de motocicleta* (2004), *El crimen del Padre Amaro* (2002) y *Babel* (2006). Un dato interesante es que Gael participó en campañas para **enseñar a leer** a los indígenas huicholes en el norte de México.

teach reading

Música

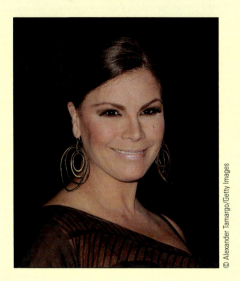

Olga Tañón (abril 1967) es una cantante y actriz de Puerto Rico. Es famosa en Latinoamérica por su música rítmica, y ahora planea **grabar** música en inglés. Tañón participó en la controversial versión en español del himno estadounidense en 2006.

to record

Política

Michelle Bachelet (septiembre 1951) es presidente de Chile, doctora pediatra y también la primera mujer presidente de este país (2006–2010; 2014–2018). Es muy popular entre los chilenos y es la **segunda vez** que es elegida presidente. *Forbes* la considera una de las mujeres más influyentes del mundo. Bachelet se distingue por su trabajo para conseguir la **igualdad** entre hombres y mujeres.

second time

equality

Comprensión

To which of the people mentioned in the reading does the statement refer?

1. Es famosa por su música.
2. Estudió medicina.
3. Es un actor popular.
4. Es atlético.
5. Es puertorriqueña.
6. Juega al básquetbol.

Después de leer

What other famous people do you know from Spanish-speaking countries? Work with a partner to come up with a list of names, then choose one of the people on your list and write a short description of him/her. Read your description to the class and have them guess whom you are describing.

INVESTIGUEMOS LA MÚSICA

Find the Mocedades song "Eres tú" on the Internet and listen to it. Write down as many cognates as you can as well as words you recognize. What do you think the theme of the song is?

Redacción

Write a paragraph in which you describe yourself and your best friend.

Paso 1 Create a Venn diagram such as the one below. In the middle section where the circles overlap, write any adjectives that are common to both yourself and your best friend. Write any adjectives that are unique to yourself in the circle on the left and adjectives that are unique to your best friend in the circle on the right.

```
        yo                    mi mejor amigo

      liberal    simpático    conservador
```

Estrategia
Be sure to brainstorm in Spanish rather than English to make the writing of the paragraph easier.

Paso 2 Write a sentence in which you introduce your reader to yourself and to your best friend.

Paso 3 Using the information you generated in **Paso 1**, continue your paragraph with two or three sentences in which you describe the qualities that you and your friend have in common and another two or three sentences where you describe the qualities that are unique to you and unique to your best friend.

Paso 4 Write a conclusion sentence that wraps up the paragraph.

Paso 5 Edit your paragraph:

1. Do the adjectives agree with the person they describe?
2. Check your spelling, including accent marks.
3. Are there any sentences that could be joined with either **y** or **pero**?
4. Can you vary some of the sentences by using expressions like **también** and **los/las dos** *(both of us)*?

En vivo

Entrando en materia

Look at the following sketches of people. Write down two or three adjectives that describe each person.

A   B   C   D   E   F

En busca de talento

A television network is looking for talent to participate in a new sitcom. The show requires several Hispanic characters, and they have a very specific idea of what they should look like. The descriptions that follow have been distributed to agents in the hopes of finding an exact match. Match the headshots to the descriptions.

NUEVO PROGRAMA BUSCA TALENTOS

Buscamos nuevos talentos para actuar en una comedia original. Es indispensable hablar español e inglés.

Leyre Morales Blanco
Edad: 5 años
Estatura: 1.10 **mts.**   *meters*
Descripción: Delgada, morena, **pelo** largo. Leyre es   *hair*
tímida y seria, pero aventurera.

Rocío Leyva Zamora
Edad: 30 años
Estatura: 1.55 mts.
Descripción: Delgada, con pelo corto. Rocío es bonita, extrovertida y amable.

Aymar Ibañez Sodi
Edad: 12 años
Estatura: 1.50 mts.
Descripción: Alto para su edad, pelo negro y corto. Aymar es atlético, independiente y muy sociable. Es alérgico a los animales.

Florián González Calva
Edad: 75 años
Estatura: 1.60 mts.
Descripción: Bajo, calvo y un poco gordito. Carácter tímido y serio.

Comprensión

Which headshot corresponds to which description?

Más allá

 Think of a person you know well and describe that person to your partner, who will draw a portrait according to your description. Be sure to include the person's name and key identifiers such as height, hair color, etc. Switch roles so that you each have a turn to describe and draw.

> Now use the drawing you have just created to post a brief corresponding description to Share It! Don't forget to use correct adjective forms!

Exploraciones profesionales
Narración de voz en off

Vocabulario

Sustantivos
el acento	accent
la grabación	recording
el guión	script
el/la hablante nativo(a)	native speaker
la lengua meta	target language

Adjetivos
bilingüe	bilingual
neutro(a)	neutral

Verbos
ensayar	to practice
grabar	to record
hablar	to speak

Frases útiles
¡Grabando!	Recording!
¡Probando!	Testing!
Más despacio, por favor.	Slowly, please.
Repite la última oración.	Repeat the last sentence.

Más despacio, por favor.

DATOS IMPORTANTES

Educación: Título universitario en comunicación; Los hablantes nativos de la lengua meta tienen preferencia; Es necesario producir un acento neutro en inglés y español

Salario: Promedio: $45.000/año – $33–50/hora

Dónde se trabaja: Empresas de publicidad, canales de televisión, editoriales, estudios de grabación

---

Vocabulario nuevo Choose the most logical answer.

1. Yo hablo *(I speak)* español pero mi _____ es muy fuerte.
   a. grabación
   b. acento
   c. lengua
2. Cuando hablo otro idioma, no hablo *(I don't speak)* rápido, hablo _____.
   a. bilingüe
   b. neutro
   c. despacio
3. Jorge habla italiano y español. Él es _____.
   a. acento
   b. meta
   c. bilingüe

Elisa Solís, voz en off

Elisa Solís, a voiceover professional, is going to work at a recording studio. Felipe Hernández is the studio technician. In the video, you will watch a segment of Elisa's recording session and observe Felipe's instructions.

Antes de ver

Bilingual voiceover professionals deliver messages and announcements and narrate videos, documentaries, and commercials. Voiceover narrators are heard but never seen. They must be professionally trained and speak the target language, such as Spanish, perfectly. What type of instruction do you think a voiceover professional receives at the recording studio? How long do you think it takes to record a one-minute commercial? Do you believe that voiceover professionals should be native speakers of English or of the target language? Why?

Comprensión

Decide whether the following statements are true (**cierto**) or false (**falso**).

1. El técnico se llama José.
2. Elisa no habla inglés.
3. Elisa es de Cuba.
4. El video es sobre *(about)* un festival.
5. Elisa quiere *(wants)* ensayar.

Después de ver

With a partner, play the roles of a voiceover professional and a recording studio technician. Write a short recording script using the vocabulary and expressions on page 32. The technician should give instructions and correct the voiceover professional when needed. Include both English and Spanish in the script. Determine who is the target audience and what is the message. Be creative!

Exploraciones de repaso: estructuras

1.33 ¿Qué hay? A student is in her room studying. Mention five items that are in the room, and then mention one thing that is not.

Modelo *Hay unos libros.*

1.34 Los famosos Tell where the following famous people are from. Search online for information on anyone you don't know.

1. Enrique y Julio Iglesias
2. Ricky Martin
3. Salma Hayek
4. Daisy Fuentes y Gloria Estefan
5. Carlos Mencia
6. Shakira y Juanes

1.35 Mi amiga Mónica Complete the paragraph with the appropriate forms of the verb **ser** and the adjectives, as indicated by the words in parentheses.

¡Buenos días! Yo (**1.** ser) _____ Jacobo y ella (**2.** ser) _____ Mónica. Nosotros (**3.** ser) _____ estudiantes en la Universidad Central de Venezuela. Mónica (**4.** ser) _____ estudiante de literatura, y es muy (**5.** inteligente) _____ y (**6.** trabajador) _____. Las clases (**7.** ser) _____ muy (**8.** difícil) _____, pero los profesores son (**9.** bueno) _____ y (**10.** simpático) _____.

Exploraciones de repaso: comunicación

1.36 Entrevista Talk to three different classmates to gather the following information about them.

1. What are their first and last names and how are they spelled?
2. Where they are from?
3. What they are like? (two descriptions each)

1.37 Diferencias Working with a partner, one of you will look at the picture on this page, and the other will look at the picture in Appendix B. Take turns describing the pictures using the expression **hay,** numbers, and the classroom vocabulary. Find the eight differences.

Modelo Estudiante 1: *En A hay una computadora.*
           Estudiante 2: *Sí. En B, hay una silla.*
           Estudiante 1: *No, en A no hay una silla.*

1.38 Somos similares Work with a partner to identify the personality traits that you have in common.

Paso 1 Make a list of 7–8 adjectives that describe your personality. **¡OJO!** Pay attention to the adjective endings.

Paso 2 Take turns describing your personalities using the adjectives on your lists. Be sure to use complete sentences. When you determine a trait that you both have in common, circle it on your lists.

Paso 3 Report to the class on how you are similar by sharing the characteristics that you have in common.

CAPÍTULO 1

Vocabulario 1

Saludos

bien	*fine*		mal	*bad*
Buenas noches.	*Good night.*		nada	*nothing*
Buenas tardes.	*Good afternoon.*		¿Qué hay de nuevo?	*What's new?*
Buenos días.	*Good morning.*		¿Qué pasa?	*What's going on?*
¿Cómo estás (tú)?	*How are you? (informal)*		¿Qué tal?	*How's it going?*
¿Cómo está (usted)?	*How are you? (formal)*		regular	*so-so*
gracias	*thank you*		¿Y tú?	*And you? (informal)*
hola	*hello*		¿Y usted?	*And you? (formal)*

Presentaciones

Encantado(a).	*Nice to meet you.*		Te presento a...	*I'd like to introduce you to . . . (informal)*
Me llamo...	*My name is . . .*			
Mucho gusto.	*Nice to meet you.*			
Le presento a...	*I'd like to introduce you to . . . (formal)*			

Despedidas

Adiós.	*Goodbye.*		Hasta pronto.	*See you soon.*
Chao.	*Bye.*		Nos vemos.	*See you later.*
Hasta luego.	*See you later.*		¡Que tengas un buen día!	*Have a nice day!*
Hasta mañana.	*See you tomorrow.*			

El salón de clases

la bandera	*flag*		la mochila	*backpack*
el bolígrafo	*pen*		el papel	*paper*
el cartel	*poster*		la pizarra	*chalkboard*
la computadora	*computer*		el (la) profesor(a)	*professor*
el cuaderno	*notebook*		la puerta	*door*
el diccionario	*dictionary*		el pupitre	*student desk*
el escritorio	*teacher's desk*		el reloj	*clock*
el (la) estudiante	*student*		el salón de clases	*classroom*
el lápiz	*pencil*		la silla	*chair*
el libro	*book*		el televisor	*television set*
el mapa	*map*		la ventana	*window*
la mesa	*table*			

Palabras interrogativas

¿Dónde?	*Where?*		¿Qué?	*What?*
¿Cuándo?	*When?*		¿Quién?	*Who?*
¿Cuántos(as)?	*How many?*		¿Por qué?	*Why?*

Los números   See pages 9, 12

Palabras adicionales

¿De dónde eres tú?	*Where are you from?*		Yo soy de...	*I am from . . .*
hay	*there is/there are*			

Vocabulario 2

Adjetivos para describir la personalidad

aburrido(a)	*boring*		interesante	*interesting*
agresivo(a)	*aggressive*		liberal	*liberal*
amable	*kind*		malo(a)	*bad*
antipático(a)	*unfriendly*		optimista	*optimist*
atlético(a)	*athletic*		paciente	*patient*
bueno(a)	*good*		perezoso(a)	*lazy*
cariñoso(a)	*loving*		pesimista	*pessimist*
cómico(a)	*funny*		pobre	*poor*
conservador(a)	*conservative*		realista	*realist*
cruel	*cruel*		rico(a)	*rich*
egoísta	*selfish*		serio(a)	*serious*
famoso(a)	*famous*		simpático(a)	*nice*
generoso(a)	*generous*		sociable	*sociable*
honesto(a)	*honest*		tímido(a)	*timid, shy*
idealista	*idealist*		tonto(a)	*dumb*
impaciente	*impatient*		trabajador(a)	*hardworking*
inteligente	*intelligent*			

Adjetivos para describir el aspecto físico

alto(a)	*tall*		guapo(a)	*good-looking*
bajo(a)	*short*		joven	*young*
bonito(a)	*pretty*		moreno(a)	*dark-skinned/ dark-haired*
calvo(a)	*bald*			
delgado(a)	*thin*		pelirrojo(a)	*red-haired*
feo(a)	*ugly*		pequeño(a)	*small*
gordo(a)	*fat*		rubio(a)	*blond(e)*
grande	*big*		viejo(a)	*old*

Otros adjetivos

corto(a)	*short (length)*		fácil	*easy*
difícil	*difficult*		largo(a)	*long*

Verbos

ser	*to be*

Palabras adicionales

el hombre	*man*		pero	*but*
la mujer	*woman*		un poco	*a little*
muy	*very*		también	*also*
el (la) niño(a)	*child*		y	*and*

Diccionario personal

_____

_____

CAPÍTULO 2

Learning Strategy

Listen to and repeat vocabulary

When studying vocabulary, take time to listen to and repeat the pronunciation of the words. It will help your pronunciation, which in turn will help you learn to spell the words properly. You may click on the vocabulary in the eBook to hear it pronounced or you may want to download the audio files onto your MP3 player or cell phone, so they will be more accessible.

In this chapter you will learn how to:
- Describe your family and talk about ages
- Discuss your classes
- Discuss your routine
- Express ownership

¿Cómo es tu vida?

Exploraciones gramaticales
Possessive adjectives 44
Regular **-ar** verbs 47
The verb **tener** 58
Adjective placement 61

En vivo
Celebrando a la familia 51
Un plan de estudios 67

Conexiones culturales
El papel de la familia y su valor 42
La educación 56

Lectura
La familia típica latinoamericana 52
Otros sistemas universitarios 64

Exploraciones profesionales
La administración 68

1 Exploraciones léxicas

Esta es la familia de Hernán. ¿Cuántas personas hay en la familia?

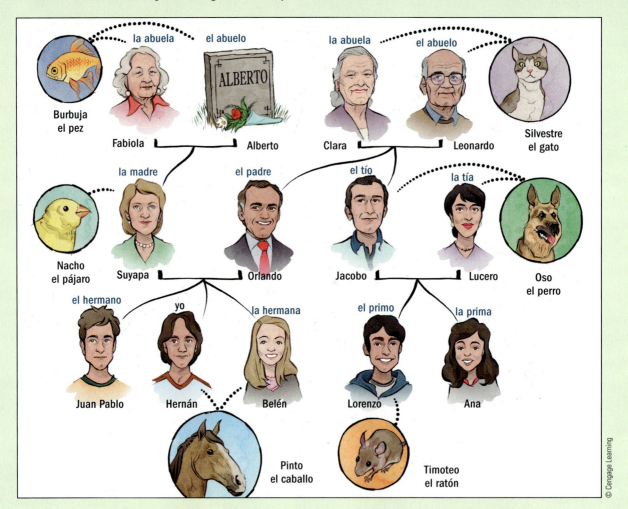

La familia

los parientes	relatives
esposo(a)	spouse
hijo(a)	son / daughter
nieto(a)	grandson / granddaughter
sobrino(a)	nephew / niece
hermanastro(a)	stepbrother / stepsister
madrastra	stepmother
padrastro	stepfather
medio(a) hermano(a)	half brother / half sister
suegro(a)	father-in-law / mother-in-law

Palabras adicionales

(mejor) amigo(a)	(best) friend
¿Cómo se llama…?	What is the name of . . . ?
la mascota	pet
novio(a)	boyfriend / girlfriend

Estrategia

Listen to and repeat vocabulary

Be sure to listen to and repeat the pronunciation of the vocabulary words. Download the audio files onto your MP3 player or cell phone so they will be more accessible.

INVESTIGUEMOS EL VOCABULARIO

Remember that most of the words in the vocabulary can be used to refer to a female by changing the final **o** to an **a**. When talking about a mixed group, the masculine plural form is used:

hijos *sons and daughters*
hermanos *brothers and sisters*
padres *parents*

La mascota is used for both male and female pets.

A practicar

2.1 Escucha y responde Listen to the following statements about Hernán's family. Based on the drawing, give a thumbs up if the statement is true or a thumbs down if it is false.
(1-10)

2.2 ¿Cómo se llama...? Give the names of the following people using the information provided in the drawing on p. 40.

1. la madre de Suyapa
2. el padre de Lorenzo
3. los padres de Orlando y Jacobo
4. la hermana de Juan Pablo
5. los tíos de Lorenzo
6. la mascota de Hernán

2.3 ¿Quién es? Complete the following sentences about Hernán's family with the appropriate vocabulary word.

1. Suyapa es la _____ de Lorenzo.
2. Fabiola es la _____ de Suyapa.
3. Hernán es el _____ de Orlando.
4. Belén es la _____ de Lorenzo.
5. Jacobo y Orlando son _____.
6. Hernán es el _____ de Jacobo.
7. Clara es la _____ de Leonardo.
8. Fabiola es la _____ de Juan Pablo.

2.4 En busca de... Circulate throughout the classroom and find students to whom the following statements apply. Find a different student for each statement. **¡OJO!** Remember that the masculine word is used in a generic sense. For example **¿Tienes hermanos?** is asking if you have any siblings, which could include sisters as well as brothers.

Modelo Tiene gatos. *(Has cats.)*
Estudiante 1: *¿Tienes gatos?* (Do you have cats?)
Estudiante 2: *No, no tengo gatos. / Sí, tengo un gato.*
(No, I don't have cats. / Yes, I have a cat.)

1. Tiene hijos.
2. Tiene hermanos.
3. Tiene primos.
4. Tiene caballos.
5. Tiene abuelos.
6. Tiene mascotas.
7. Tiene tíos.
8. Tiene sobrinos.

INVESTIGUEMOS LA CULTURA
In most countries where Spanish is spoken, families use two last names. Typically the first last name comes from the father's side, and the second last name comes from the mother's side. These are not middle names.

INVESTIGUEMOS LA MÚSICA
Pimpinela is an Argentine brother-sister duo whose songs are often conversations between a man and a woman. Find their song "Señorita" online and write down any family vocabulary words you hear in the song. Then, look up the words of the song online and check your understanding. To find lyrics, just type the word **letra** after the title of the song.

2.5 Una familia You and your partner each have half of the information about the Sofía Navarro family. One of you will look at the drawing on this page, the other one will look at the drawing in Appendix B. Take turns asking the names of the different people.

Modelo
Estudiante 1: *¿Cómo se llama la madre de Sofía?*
Estudiante 2: *Se llama Gloria.*

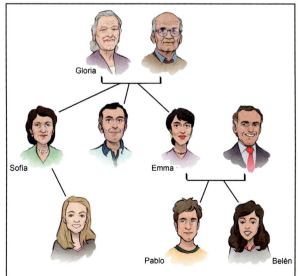

Conexiones culturales
El papel de la familia y su valor

Cultura

What determines whether a group is considered a family? The painting entitled *La familia presidencial* (1965) was created by Colombian artist Fernando Botero. With this painting, the artist consolidated his now famous signature style of inflated, round figures. Look at the painting. Do you think that they are blood relatives, or are they related in a different way? Can you think of any other groups of people who are considered to be like families?

 Discover some other famous Colombians and identify their professions in **Exploraciones del mundo hispano.**

 Carmen Lomas Garza has painted numerous works depicting Hispanic families in the U.S. Find a painting you like. Why do you like it? Post the painting and your opinion on Share It!

familia presidencial, Fernando Botero

Comunidad

Find a native speaker of Spanish in your university or community who is willing to be interviewed and ask the following questions: **¿Tu familia es grande o pequeña? ¿Cuántas personas hay en tu familia? ¿Quiénes son? ¿Cuántos primos hay en tu familia extendida?**

 Post your findings to Share It! and read the information posted by your classmates.

Comparaciones

What are some of the important events that bring families together in the United States? In Spain and Latin America, numerous events allow families to get together. Some are religious celebrations such as Christmas (**Navidad**) and Holy Week (**Semana Santa**); others are non-religious occasions such as Mother's Day, Father's Day, Children's Day, and any family birthday or anniversary. The **quinceañera** celebration or **los quince años,** which marks a girl's 15th birthday, is a particularly important celebration.

Fiesta de quince años

While many of these days are also observed in the U.S., there are some important differences. For example, in Mexico, El Salvador, and Guatemala, Mother's Day is always on May 10, so it could fall on any day of the week. Paraguay and Nicaragua also have set dates in May, and Costa Rica in August. Many companies organize activities to honor mothers, and often allow employees to leave early so they can take their mothers out to eat. If the date falls on a weekend, many people will have a larger celebration with food and music.

The date to mark Children's Day also varies. For example, it is celebrated on June 1 in Ecuador and Nicaragua, April 12 in Bolivia, August 16 in Paraguay, and December 25 in Guinea Ecuatorial. It is usually celebrated with big parties at schools, city parades for children, and other types of entertainment. Many organizations will give away toys or other items for children on this day. This photo and the one on the previous page are of family events in Latin America. How are these photos similar to ones you might take during your own family events? How are they different?

Conexiones... a la sociología

In Spanish-speaking countries the family is very important and people tend to dedicate a lot of time to their family members. It is not uncommon for children to live with their parents until they marry. How can this impact other areas of society (for example, housing, jobs, eating habits, etc.)? Does it have any impact on the life of college students? What do you think are some advantages and disadvantages of living with your family until getting married?

Es común vivir con la familia hasta casarse.

Exploraciones gramaticales

A analizar

Rosa talks to Paula about her family. After watching the video, read part of their conversation, and note the words in bold. Then answer the questions below.

Paula: ¿Es esta una foto de **tu** familia, Rosa?

Rosa: Sí. Esa foto es del Día de la Madre. Aquí está **mi** hermano Miguel y aquí está **mi** hermana Susana con **su** esposo Jaime. Este es **su** hijo Tomás. Y ellos son **mis** padres...

Paula: ¡¿Y este gato en la mesa?!

Rosa: Es Bibi, **nuestra** gata. Es cómica y muy cariñosa... ¡pero muy mala con **nuestro** pobre perro!

The words in bold are used to show possession.

1. What are the two ways of expressing *my* in Spanish in the conversation above? What is the difference between the two forms? Why do you think they are different?
2. What are the two forms of **nuestro** in the conversation? What is the difference between the two forms? Why do you think they are different?
3. In the conversation the word **su** has two different meanings. Find the two uses of **su** above. How are they different?

A comprobar

Possessive adjectives

mi(s)	my	**mi** hermano, **mis** hermanos
tu(s)	your	**tu** primo, **tus** primos
su(s)	his, her, its, your	**su** mascota, **sus** mascotas
nuestro(s), nuestra(s)	our	**nuestro** primo, **nuestros** primos, **nuestra** prima, **nuestras** primas
vuestro(s), vuestra(s)	your	**vuestro** tío, **vuestros** tíos, **vuestra** tía, **vuestras** tías
su(s)	their, your	**su** abuelo, **sus** abuelos

INVESTIGUEMOS LA GRAMÁTICA

When using possessive adjectives in Spanish, keep in mind that the subject pronouns **tú, usted, vosotros,** and **ustedes** all mean *you*. Each of the possessive adjectives that indicate *your* corresponds to a different subject pronoun.

tú → tu(s)
usted → su(s)
vosotros/vosotras → vuestro(s)/vuestra(s)
ustedes → su(s)

1. Similar to other adjectives, possessive adjectives agree in number (singular / plural) with the noun they modify (that is, the object that is owned or possessed).

   Mi familia es muy grande.
   My family is very large.

   Sus padres hablan italiano.
   His parents speak italian.

2. **Nuestro** and **vuestro** agree in gender (masculine / feminine) as well as in number.

   Nuestra gata se llama Lili.
   Our cat is named Lili.

   ¿Cómo se llaman **vuestras hijas**?
   What are your daughters' names?

3. In Spanish, the 's does not exist. Instead, if you want to be more specific about who possesses or owns something, it is necessary to use **de** *(of)*. Notice that in this structure the item owned comes before the person who owns it.

> Es la casa **de mi hermano**. Es **su** casa.
> *It is **my brother's** house.* *It is **his** house.*
>
> Ellas son las hijas **de Patricia**. Ellas son **sus** hijas.
> *They are **Patricia's** daughters.* *They are **her** daughters.*

4. Just as there are contractions in English (can't, don't), there are also contractions in Spanish. However, these contractions are not optional. When using **de** in front of the masculine article **el**, it forms the contraction **del** (**de + el = del**).

> Macarena es la esposa **del** profesor.
> *Macarena is the professor's wife.*

De does not contract with the other articles.

> Max es el perro **de la** familia Pérez.
> *Max is the Pérez family's dog.*

A practicar

2.6 Mi familia Indicate whether each of the sentences requires **mi** or **mis**.

1. (Mi/Mis) madre es bonita.
2. (Mi/Mis) padre es alto.
3. (Mi/Mis) hermanas son cómicas.
4. (Mi/Mis) perro es pequeño.
5. (Mi/Mis) abuelos son simpáticos.
6. (Mi/Mis) amigos son inteligentes.

2.7 Su familia Complete the following paragraph with the correct form of **su** or **sus**.

Alberto, David y Óscar son hermanos y tienen un apartamento en Lima. **(1.)** _____ apartamento es pequeño, pero confortable. Alberto y David comparten *(share)* un cuarto *(bedroom)* y hay muchos carteles en **(2.)** _____ cuarto. **(3.)** _____ hermano, Óscar, tiene un cuarto pequeño. Él tiene dos gatos y un perro. **(4.)** _____ mascotas molestan *(bother)* mucho a **(5.)** _____ hermanos porque **(6.)** _____ perro siempre está en el sofá y **(7.)** _____ gatos siempre están en la mesa.

El perro siempre está en el sofá.

2.8 ¿Qué tienen? With a partner, take turns completing the sentences to tell what your friends and family have. You may complete the sentences with a person (**un hermano, un novio**, etc.), a pet (**un perro, un gato**, etc.), or an object (**una casa, un auto, una clase**, etc.). Then describe the person, pet, or object using a possessive pronoun and an adjective, as in the model.

Modelo La profesora tiene...
   La profesora tiene un gato. Su gato es bonito.

1. Yo tengo...
2. Mi amigo tiene...
3. Mi familia tiene...
4. Mis amigos tienen..

2.9 Andrés y Ana Andrés and Ana are siblings, and they have left their things in the living room. Tell whether the items belong to Andrés or Ana.

Modelo los CDs   *Los CDs son de Andrés.*

1. la pizza
2. los bolígrafos
3. el diccionario
4. la mochila
5. el cuaderno
6. los libros
7. los papeles
8. el cartel
9. la soda

2.10 ¿De quién es? Andrés' mother is cleaning the living room where her children have left their things. She is unsure about what belongs to him and what belongs to his sister, Ana. With a partner, take turns playing Andrés and his mother. Look at the picture in Activity 2.9 to decide how Andrés answers her questions. Be sure to use the correct possessive adjective in the proper form.

Modelo Estudiante 1 (madre): ¿De quién (Whose) es el cuaderno?
Estudiante 2 (Andrés): *Es su cuaderno.*
Estudiante 2 (madre): ¿De quién son los papeles?
Estudiante 1 (Andrés): *Son mis papeles.*

1. ¿De quién es la mochila?
2. ¿De quién son los libros?
3. ¿De quién es el diccionario?
4. ¿De quién es el cartel?
5. ¿De quién son los bolígrafos?
6. ¿De quién es la soda?
7. ¿De quién es la pizza?
8. ¿De quién son los CDs?

2.11 ¿Cómo son? Describe the following items that your family owns and ask your partner about the items his/her family owns.

Modelo el televisor
Estudiante 1: *Nuestro televisor es nuevo. ¿Cómo es su televisor?*
Estudiante 2: *Nuestro televisor es pequeño.*

1. la casa/el apartamento
2. el auto/los autos
3. la mascota
4. la computadora
5. los primos
6. la familia

2
Exploraciones gramaticales

A analizar

Rosa talks about her family with Paula. After watching the video, read part of their conversation, paying attention to the endings of the words in bold. Then answer the questions.

Paula: ¿Dónde **trabajan** ellos?

Rosa: Mi madre **trabaja** en la universidad. Ella es profesora de historia. Y mi padre **trabaja** en una compañía internacional y viaja a los Estados Unidos con frecuencia.

Paula: ¡Qué interesante! ¿Tú **trabajas** también?

Rosa: No, yo no **trabajo**.

1. What does the word **trabajar** mean?
2. You have learned that the verb **ser** has different forms depending upon the subject. The verb **trabajar** also has different forms. Looking at the forms of the verb **trabajar** in the conversation, complete the following chart.

   yo _____   nosotros(as) trabajamos
   tú _____   vosotros(as) trabajáis
   él, ella, usted _____   ellos, ellas, ustedes _____

A comprobar

Regular -ar verbs

1. An infinitive is a verb in its simplest form. It conveys the idea of an action, but does not indicate who is doing the action. The following are verbs in their infinitive form. You will notice that their English translations are all *to _____*.

ayudar	to help	**estudiar**	to study	**necesitar**	to need
bailar	to dance	**hablar (por**	to talk (on	**practicar**	to practice; to
buscar	to look for	**teléfono)**	the phone)	**(deportes)**	play (sports)
caminar	to walk	**limpiar**	to clean	**preguntar**	to ask
cantar	to sing	**llamar**	to call	**regresar**	to return
cocinar	to cook	**llegar (a)**	to arrive (at)	**(a casa)**	(home)
comprar	to buy	**mandar (un**	to send (a	**tomar**	to take; to drink
desear	to want, to desire	**mensaje)**	message)	**(café)**	(coffee)
		manejar	to drive	**trabajar**	to work
enseñar	to teach	**mirar (la tele)**	to look, to	**usar**	to use
escuchar	to listen		watch (TV)	**viajar (a)**	to travel (to)
esquiar	to ski	**nadar**	to swim		

2. Although it also means *to drink*, the verb **tomar** is used in many of the same ways that the verb *to take* is used in English.

tomar un examen *to take a test*	**tomar una siesta** *to take a nap*
tomar fotos *to take photos*	**tomar un taxi** *to take a taxi*
tomar notas *to take notes*	**tomar vacaciones** *to take a vacation*

3. You learned that the verb **ser** must be conjugated in agreement with the subject. In other words, different forms of the verb indicate who the subject is. The verbs in the list on page 47 all end in **-ar** and are all conjugated in the same way. To form a present tense verb, the **-ar** is dropped from the infinitive and an ending is added that reflects the subject (the person doing the action).

llegar

yo	-o	llego	nosotros(as)	-amos	llegamos
tú	-as	llegas	vosotros(as)	-áis	llegáis
él, ella, usted	-a	llega	ellos, ellas, ustedes	-an	llegan

4. When using two verbs together that are dependent upon each other, the second verb remains in the infinitive.

>   Él **necesita viajar** mucho.
>   *He **needs to travel** a lot.*

>   Ellas **desean estudiar** inglés.
>   *They **want to study** English.*

However, notice that both verbs are conjugated in the following sentences because they are not dependent on each other.

>   Yo **estudio** en la universidad y **trabajo** en un restaurante.
>   *I **study** in the university and **work** in a restaurant.*

>   Édgar **nada, esquía** y **practica** el tenis.
>   *Édgar **swims, skis,** and **plays** tennis.*

5. When creating a negative statement, place the word **no** in front of the verb.

>   Ella **no** baila bien.
>   *She **doesn't** dance well.*

>   No, yo **no** trabajo.
>   *No, I **don't** work.*

6. In order to create a simple yes/no question, it is not necessary to use helping words. Simply place the subject after the verb and change the intonation, raising your voice at the end.

>   ¿Estudias tú mucho?
>   *Do you study a lot?*

>   ¿Habla usted español?
>   *Do you speak Spanish?*

INVESTIGUEMOS LA GRAMÁTICA

When the recipient of the action (direct object) is a person or a pet, an **a** is used in front of the object. This is known as the **a personal**. It is not translated into English. You will learn more about this concept in **Capítulo 5**.

Los estudiantes buscan **a** la profesora.
Los niños llaman **a** los perros.

A practicar

2.12 Mi familia y yo Decide which of the two phrases best completes the sentences. ¡OJO! You must decide which verb ending agrees with the subject.

1. Mi padre...
   a. mira la tele mucho
   b. miran la tele mucho
2. Mis padres...
   a. manejamos un auto viejo
   b. manejan un auto viejo
3. Mi esposo...
   a. baila bien
   b. bailo bien
4. Mi hermana y yo...
   a. tomamos mucho café
   b. toman mucho café
5. ¿Tú...?
   a. estudia mucho
   b. estudias mucho

2.13 La familia de Gabriela Complete the paragraph with the appropriate form of the verb in parentheses.

Yo (**1.**) _____ (ser) Gabriela. Mi esposo se llama Nicolás y él (**2.**) _____ (trabajar) en un hospital. Él (**3.**) _____ (pasar – *to spend*) mucho tiempo en el trabajo. Nuestros dos hijos Dora y Ernesto (**4.**) _____ (estudiar) en la universidad. Mi esposo necesita (**5.**) _____ (trabajar) mucho, pero nosotros siempre *(always)* (**6.**) _____ (tomar) vacaciones en julio. La familia (**7.**) _____ (viajar) a Bariloche, Argentina, y nosotros (**8.**) _____ (esquiar). Yo no (**9.**) _____ (esquiar) muy bien, pero es muy divertido.

2.14 El fin de semana Working in pairs, find out if your partner does the following activities on the weekend.

Modelo hablar por teléfono
Estudiante 1: *¿Hablas por teléfono?*
Estudiante 2: *Sí, hablo por teléfono. / No, no hablo por teléfono.*

1. trabajar
2. estudiar español
3. limpiar la casa
4. tomar una siesta
5. practicar deportes
6. bailar en un club
7. mirar la tele
8. cantar en un coro *(choir)*
9. cocinar para *(for)* amigos
10. caminar con *(with)* el perro

2.15 En los Estados Unidos The following statements describe what some Spanish speakers in different countries often do. Using the **nosotros** form, state what we generally do in the United States.

Modelo Los colombianos practican fútbol.
Nosotros practicamos fútbol americano.

1. Los argentinos hablan español.
2. Los chilenos estudian inglés.
3. Los españoles viajan a Francia de vacaciones.
4. Los mexicanos escuchan música en inglés y español.
5. Los cubanos bailan salsa.
6. Los paraguayos esquían en Argentina.

Los cubanos bailan salsa.

2.16 Un día ocupado Fedra and Bruno are very busy. Look at the drawings and describe what they do on a typical day.

Modelo *Fedra y Bruno toman un café.*

1.

2.

3.

4.

5.

6.

2.17 ¡Yo también! Place a check mark next to four of the following activities that you do. Then, find four different classmates, each of whom also does one of those activities. When you are finished, report to the class something that you and another classmate both do using the **nosotros** form.

____ buscar un trabajo
____ viajar con frecuencia *(frequently)*
____ mirar la tele mucho
____ trabajar en un restaurante
____ cantar bien
____ cocinar
____ mandar muchos mensajes

____ llamar a un amigo con frecuencia
____ escuchar la radio
____ usar la computadora
____ nadar
____ comprar muchos regalos *(gifts)*
____ esquiar
____ ¿?

2.18 ¿Quién? Interview your partner to find out if he/she or someone he/she knows does the following activities. **¡OJO!** When asking the question you will need to use the **él/ella** form of the verb. When answering, be sure that the verb agrees with the subject.

Modelo viajar mucho
Estudiante 1: *¿Quién viaja mucho?*
Estudiante 2: *Mis padres viajan mucho. / Mi mejor amigo y yo viajamos mucho.*

1. manejar un auto nuevo
2. trabajar en un restaurante
3. practicar tenis
4. enseñar
5. estudiar biología
6. escuchar música clásica
7. cocinar bien
8. mandar muchos textos

En vivo 🔊

Entrando en materia
¿Celebras tú el Día de la Madre ¿y el Día del Niño?

Celebrando a la familia

🔊 You are going to hear a fragment of a radio show. Listen carefully, then answer the questions below.
1-11

Vocabulario útil

fecha fija	*fixed date*	**razón**	*reason*
mayo	*May*	**tercer domingo**	*third Sunday*
junio	*June*		

Comprensión

After listening to the radio announcers, read the statements below and decide if each one is true (**cierto**) or false (**falso**).

1. Hoy es 30 de mayo.
2. El 30 de mayo es el Día del Padre en Nicaragua.
3. En Nicaragua no celebran el Día de la Suegra.
4. En Argentina el Día de la Suegra es el 17 de octubre.
5. En Perú, Colombia y Ecuador no celebran el Día del Padre.

Más allá

Look for another date that is celebrated in a Spanish-speaking country. What is the celebration? Where does it take place? When? Here are a few keywords to help with your search: **Independencia, Acción de Gracias, Día Nacional.**

Record your findings and post a brief summary to Share It!

El día de la Madre es importante en muchos países.

Lectura

Reading Strategy: Predicting
Read through the comprehension questions before reading the article. This will help give you a better idea as to what to expect.

Antes de leer

What does the modern American family look like? What do you think the modern Latin American family looks like?

A leer

La familia típica latinoamericana

Es difícil hablar de una familia típica latinoamericana, especialmente porque Latinoamérica es una región muy grande que comprende muchos países diferentes. Sin embargo, en todas las sociedades las familias **cambian** para adaptarse a los tiempos modernos. La familia típica latinoamericana urbana tiene pocos hijos, y el hombre y la mujer trabajan. Las familias extendidas son muy importantes, pero en la mayoría de las casas no **viven** muchos familiares. Por ejemplo, en Chile viven un **promedio** de 3.5 personas por casa; en México, viven 3.9 y en Colombia viven 4.2. En Colombia y en México en el 74% de las casas viven solamente los padres y los hijos o una pareja sin hijos. Solo en el 24% de las casas viven otros miembros de la familia **como** abuelos, nietos u otros familiares. **Es decir**, para muchos latinoamericanos es muy importante ayudar a los miembros de la familia, solo en una de cuatro casas vive un miembro de la familia extendida. Ahora también hay muchas familias donde los hijos viven con solo uno de sus padres, o **ninguno**. También hay muchas casas donde dos adultos cohabitan (viven **juntos** pero no están **casados**). En Colombia el 39% cohabitan, en México el 21% y en Chile el 12%.

change
live
average
such as
In other words
neither
together
married

> las familias extendidas son muy importantes

Otro cambio importante en toda la región es el del **papel** de la mujer. La mayoría de las familias **está encabezada por** hombres, pero el número de familias encabezadas por mujeres **está aumentando** rápidamente.

En varios países latinoamericanos el divorcio es **cada vez más frecuente**. En Chile el divorcio es legal desde 2004 y ahora hay más divorcios que **casamientos**. En 2013 Chile fue el 3ᵉʳ país con más divorcios en el mundo con una tasa de 170% de divorcios. En México la tasa de divorcios es 16%, y en Colombia 24%.

Otra estadística interesante que habla de la importancia de la familia es la frecuencia con que las familias comen juntas. En toda Latinoamérica comer juntos es importante. En Argentina el 86% de las familias come junta, en contraste con Perú, donde solo el 69% come junta. En Estados Unidos el número es aproximadamente el 65%.

role
is headed by

is increasing

increasingly more frequent

marriages

Sources: Sistema Nacional para el Desarrollo Integral de la Familia; Instituto Nacional de Estadística y Geografía; Instituto Nacional de Estadísticas; RevistaCredencial.com

Comprensión

Decide whether the following statements are true (**cierto**) or false (**falso**). Correct any false statements.

1. Las mujeres latinoamericanas no trabajan.
2. La familia extendida es muy importante en Latinoamérica.
3. Ahora hay más *(more)* familias encabezadas por mujeres.
4. En la mayoría de las casas viven tres generaciones (los abuelos, los padres y los hijos).
5. En Chile pocos matrimonios terminan *(end)* en divorcio.
6. En Colombia muchos adultos prefieren vivir juntos sin *(without)* estar casados.

Después de leer

1. In groups of three or four, discuss the following questions in English.
    - Did any information surprise you? Why?
    - How does this information about Latin American families compare with U.S. families in general?

2. In the same groups, discuss the following questions in Spanish.
    - ¿Es importante la familia para ti?
    - ¿Qué personas consideras tú como parte de tu familia?
    - ¿Qué actividades haces *(do you do)* con tu familia?

Exploraciones léxicas

¿Cómo es tu universidad?

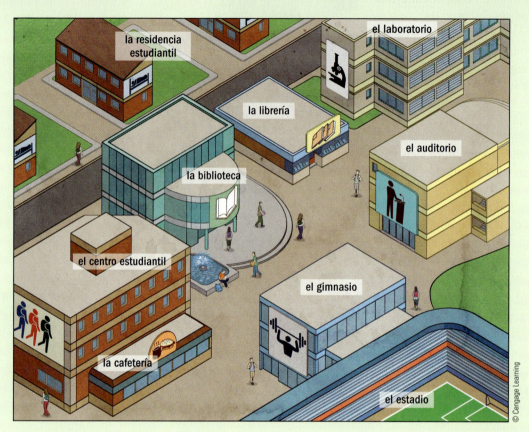

Las materias académicas	Academic subjects
el álgebra	algebra
el arte	art
el cálculo	calculus
la criminología	criminology
la educación física	physical education
la expresión oral	speech
la filosofía	philosophy
la geografía	geography
la informática	computer science
la ingeniería	engineering
la literatura	literature
las matemáticas	mathematics
la música	music
los negocios	business
el periodismo	journalism
la redacción	writing, composition
el teatro	theater

Las ciencias naturales	Natural science
la biología	biology
las ciencias políticas	political science
las ciencias sociales	social studies
la física	physics
la economía	economics
la geografía	geography
la historia	history
la psicología	psychology
la química	chemistry

Las lenguas	Languages
el alemán	German
el español	Spanish
el francés	French
el inglés	English
el italiano	Italian

Palabras adicionales	
el/la compañero(a) de clase	classmate
la nota	grade
el semestre	semester
la tarea	homework
el trimestre	quarter

Estrategia

Listen to and repeat vocabulary

When studying vocabulary, take time to listen to and repeat the pronunciation of the words included on the audio recordings. It will help your pronunciation, which in turn will help you learn to spell the words properly. You may want to download the audio files onto your MP3 player or cell phone so they will be more accessible.

A practicar

2.19 Escucha y responde Listen to the statements about activities that can be done at the university. Raise your right hand if the activity typically occurs in the classroom; raise your left hand if it typically occurs in another part of the campus, such as the cafeteria, gym, or stadium.

2.20 Relaciones Match each course from the first column with a related topic from the second column.

1. _____ periodismo
2. _____ ciencias políticas
3. _____ química
4. _____ alemán
5. _____ veterinaria
6. _____ informática

a. los animales
b. la computadora
c. los eventos internacionales
d. los elementos
e. los verbos
f. los presidentes

2.21 En la universidad Look at the list and determine where on campus students would do each activity.

1. tomar una siesta
2. escuchar un concierto
3. comprar libros
4. mirar un partido *(match)* de fútbol
5. tomar café con unos amigos
6. estudiar en silencio
7. usar un microscopio
8. practicar deportes

2.22 Opiniones With a classmate, take turns completing the sentences with a word from the vocabulary list and finishing the sentences logically.

1. Me gusta *(I like)* la clase de _____ porque *(because)* es…
2. No me gusta mucho la clase de _____ porque es…
3. El profesor/La profesora de la clase de _____ es…
4. Los exámenes en la clase de _____ son…
5. El libro para la clase de _____ es…
6. La tarea de la clase de _____ es…

INVESTIGUEMOS LA GRAMÁTICA

In order to talk about a specific class or a specific instructor, you can use the expressions **La clase de…** or **El profesor de…**
El profesor de historia es inteligente.
The history instructor is intelligent.

2.23 La graduación In order to graduate, each student must take one class in each of the following categories: natural science, social science, math, humanities (**las humanidades**), and language. You and your partner must check the transcripts of four students to determine which courses they have taken, and which ones they need. One of you will look at the information on this page and the other will look at Appendix B.

Modelo Estudiante 1: *¿Tiene (has) Raúl Ruiz Costa una clase de ciencias naturales?*
Estudiante 2: *Sí, Raúl tiene una clase de biología.*

Ramón Ayala Pérez	Andrea Gómez Ramos	Diana Salazar Casas	Hugo Vargas Díaz
	ingeniería		biología
	física		geometría
	alemán		economía
	cálculo		negocios

Conexiones culturales
La educación

Cultura

One of the largest universities in the world is the **Universidad Nacional Autónoma de México (UNAM).** The university is so large that the applicants have to take their admission exam in a sports stadium. UNAM is considered one of the best universities in the world and is free for Mexican citizens.

The Central University City Campus of UNAM is one of three universities in the world that was designated as a World Heritage site by UNESCO in 2007. It was designed by over 60 architects, engineers, and artists, and is an exceptional display of twentieth-century modernism. The campus has numerous impressive works of art, and is known especially for its murals and mosaics.

Is there art at your school or university? Where? What do you think of it? How many students attend your university?

Sources: Times Higher Education; UNESCO; www.topuniversities.com

Do an online search to explore a historic university in Spain or Latin America. Find out when it was built and what makes it special. Post an image of it on Share It! and share what you learned. Here are some keywords to help with your search: **universidad, histórica, primera, fundada, establecida.**

Comunidad

Find an international student from a Spanish-speaking country and ask him or her for additional information about their school system. Ask which subjects they study, the price of textbooks, and the number of hours they spend at school every day. The following are some possible questions for your interview:

¿De dónde eres?
¿Qué clases tienes?
¿Es similar la universidad en _____(country)_____?
¿Cuántas horas están en la escuela los estudiantes de primaria/secundaria/preparatoria?

¿Qué clases tienes?

Comparaciones

While in the United States students are required by law to attend school until they are 16, in Chile students are legally required to attend school only until they complete **nivel básico** at age 14. After that, students can choose the type of **liceo** they want to attend. Those who continue to **educación superior** can attend an **instituto profesional** and learn a trade, or attend university. Recently, however, several reforms have been introduced and are being implemented. These reforms call for a redistribution of the number of years spent in **nivel básico** and **enseñanza media**, and seek to update the system, improve the quality of education, and provide better access to education for everyone. How does the education system of the United States compare to the Chilean system? Complete the table with the U.S. equivalents.

Edad	Chile	Estados Unidos
2–6 años	preescolar (kinder)*	_____
6–14 años	nivel básico (8 años)*	_____
14–18 años	enseñanza media (liceo) (4 años)**	_____
18+	educación superior (instituto profesional/universidad) (2–4 años)	_____
	diplomados	_____
	maestría	_____
	doctorado	_____

* Compulsory
** Education can become specialized at this point. Students can choose between Humanities and Sciences, technical programs, or the Arts.

For more information on Chile, refer to Appendix A: **Exploraciones del mundo hispano.**

Conexiones... a la educación

In Spanish-speaking countries, elementary and secondary students commonly wear uniforms to school. What are the advantages and disadvantages of using them? Did you ever wear a uniform to school? Are uniforms popular in the United States? Why?

Niñas cubanas en sus uniformes

3
Exploraciones gramaticales

A analizar

Paula and Santiago are talking about their classes. After watching the video, read Paula's comments, paying particular attention to the forms of the verb **tener** in bold. Then answer the questions below.

Tengo dos clases de psicología este semestre y son muy difíciles. **Tengo** que estudiar mucho. Nosotros **tenemos** mucha tarea y hay varios estudiantes que **tienen** miedo de recibir una mala nota. ¿**Tienes** tú una clase difícil este semestre?

1. What does the verb **tener** mean?
2. Using the examples in the paragraph, complete the chart with the forms of the verb **tener**.

   yo _____   nosotros, nosotras _____
   tú _____   vosotros, vosotras **tenéis**
   él, ella, usted _____   ellos, ellas, ustedes _____

3. Using context clues to help you, what does the expression **tener miedo** mean?

   a. to have to   **b.** to need   **c.** to be afraid

A comprobar

The verb **tener**

tener *(to have)*

yo	**tengo**	nosotros(as)	**tenemos**
tú	**tienes**	vosotros(as)	**tenéis**
él, ella, usted	**tiene**	ellos, ellas, ustedes	**tienen**

*Notice that the original vowel **e** changes to **ie** in some of the forms. This is what is known as a stem-changing verb. You will learn more about stem-changing verbs in **Capítulo 3**.

1. There are a number of expressions in which the verb **tener** is used where *to be* would be used in English. The following are noun expressions with the verb **tener**:

tener... años	to be ... years old
tener (mucho) calor	to be (very) hot
tener (mucho) cuidado	to be (very) careful
tener (mucho) éxito	to be (very) successful
tener (mucho) frío	to be (very) cold
tener ganas de + infinitive	to feel like doing something
tener (mucha) hambre	to be (very) hungry
tener (mucho) miedo	to be (very) afraid
tener (mucha) prisa	to be in a (big) hurry
tener que + infinitive	to have to do something
tener (mucha) razón	to be right
tener (mucha) sed	to be (very) thirsty
tener (mucho) sueño	to be (very) sleepy
tener (mucha) suerte	to be (very) lucky

2. Unlike adjectives, noun expressions do not change in gender and number.

   Mis hermanos tienen frío.
   My brothers are cold.

   Mi hermana tiene sueño.
   My sister is sleepy.

A practicar

2.24 ¿Qué tienen? Match the sentences to the appropriate picture.

a.

b.

c.

d.

e.

f.

1. _____ Tenemos hambre.
2. _____ Tienen miedo.
3. _____ Tengo 5 años.
4. _____ Tiene sed.
5. _____ ¿Tienes sueño?
6. _____ Tiene prisa.

2.25 ¿Tienes ganas? Read the the list of activities that Carla will do this week and decide whether each one is something she feels like doing (**tiene ganas de**) or has to do (**tiene que**).

1. estudiar para el examen de español hasta *(until)* las tres de la mañana
2. hablar con unos amigos en el centro estudiantil
3. trabajar por 18 horas
4. comprar los libros para sus clases en la librería
5. viajar a España
6. limpiar la casa
7. bailar en el club
8. mirar la tele con un amigo

2.26 ¿Cuántos años tienes? Complete the paragraph with the correct forms of the verb **tener**.

Yo soy estudiante en la Universidad de Salamanca y (1.) _____ 20 años. Mis amigos Sara y Fernando (2.) _____ 19 años. Sara y yo (3.) _____ nuestros cumpleaños *(birthday)* en noviembre. Fernando (4.) _____ su cumpleaños en diciembre. ¿Y tú? ¿Cuántos años (5.) _____?

> **INVESTIGUEMOS LA MÚSICA**
>
> Find the song "Tengo tu love" by Puerto Rican singer and songwriter El Sie7e online and listen to it. What does he say that he has? What are some of the things he mentions that others have?

2.27 ¿Cuántos años tiene? Ask your partner how old the following people are. If you are not sure, guess and use the expression **probablemente.**

Modelo tu profesor de inglés
Estudiante 1: *¿Cuántos años tiene tu profesor de inglés?*
Estudiante 2: *Mi profesor (probablemente) tiene 35 años.*

1. tú
2. tu mejor amigo
3. tu profesor de la clase de español
4. el presidente de los Estados Unidos
5. tu actor favorito (¿Cómo se llama?)
6. tu actriz favorita (¿Cómo se llama?)

2.28 ¿Qué tienen? Describe the scenes using expressions with **tener.**

Modelo Ronaldo
Ronaldo tiene razón.

1. Lola y yo

2. Marcia

3. yo

4. Isabel y Mar

5. tú

6. Rosario

2.29 Entrevista Interview a classmate using the questions below.

En la casa
1. ¿Tienes mucho sueño en la noche?
2. ¿Tienes ganas de invitar a amigos a tu casa?
3. ¿Quién *(Who)* tiene que cocinar?

En la universidad
4. ¿En qué clase tienes éxito en los exámenes?
5. ¿Tienes miedo de un profesor? ¿Cómo se llama?
6. ¿Para qué clases tienes que estudiar mucho?

Exploraciones gramaticales

A analizar

Paula and Santiago are talking about their classes. Watch the video again. Then read part of the conversation between Paula and Santiago and identify the adjectives. Then, answer the questions below.

Paula: Tengo dos clases de psicología este semestre y son muy difíciles. Tengo que estudiar mucho. Nosotros tenemos mucha tarea y hay varios estudiantes que tienen miedo de recibir una mala nota. ¿Tienes tú una clase difícil este semestre?

Santiago: Para mí, historia es una clase interesante pero muy difícil. ¡Tenemos exámenes muy largos! Afortunadamente tengo un buen profesor con mucha experiencia. Además es un hombre simpático e inteligente.

1. List all the adjectives you identified.

_____ _____ _____ _____

_____ _____ _____ _____

_____ _____ _____ _____

2. Where are the adjectives placed in relation to the noun they describe? What are the exceptions?

A comprobar

Adjective placement

1. In Spanish, adjectives are generally placed *after* the nouns they describe.

    El cálculo es una clase **difícil**.
    *Calculus is a **difficult** class.*

    La señora Muñoz es una profesora **interesante**.
    *Mrs. Muñoz is an **interesting** professor.*

2. However, adjectives such as **mucho** *(a lot)*, **poco** *(few)*, and **varios** *(several)* that indicate quantity or amount are placed in front of the object.

    Muchos estudiantes estudian francés.
    ***Many** students study French.*

    Tengo **varios** libros para esta clase.
    *I have **several** books for this class.*

    Hay **pocos** estudiantes en clase hoy.
    *There are **few** students in class today.*

3. **Bueno** and **malo** are likewise generally placed in front of the noun they describe. They drop the **o** when used in front of a masculine singular noun.

    Él es un **buen** estudiante.   Ellos son **buenos** estudiantes.
    *He is a **good** student.*   *They are **good** students.*

    Es una **mala** clase.   Son **malas** clases.
    *It's a **bad** class.*   *They are **bad** classes.*

4. When using more than one adjective to describe an object, use commas between adjectives and **y** *(and)* before the last adjective.

    Tengo un cuaderno pequeño **y** rojo.
    *I have a small, **red** notebook.*

    El profesor es un hombre honesto, serio **e** inteligente.
    *The professor is an honest, serious, **and** intelligent man.*

A practicar

2.30 Mi clase de español Listen to the statements about your Spanish class and decide whether they are true (**cierto**) or false (**falso**).

Modelo *(you hear)* La clase de español tiene estudiantes simpáticos.
Cierto

2.31 ¿Cómo son? Complete the sentences with a logical adjective from the list on the right.

Modelo Eva Longoria es una actriz... talentosa.
Eva Longoria es una actriz talentosa.

1. Victor Cruz es un hombre...
2. Santana es un grupo...
3. Sofía Vergara es una mujer...
4. "Bésame mucho" es una canción *(song)*...
5. *Don Quijote de la Mancha* es un libro...
6. Buenos Aires es una ciudad...
7. Puerto Rico es una isla...
8. Manu Ginobili y Rudy Fernández son basquetbolistas...

a. largo.
b. atlético.
c. guapa.
d. musical.
e. argentina.
f. mexicana.
g. altos.
h. pequeña.

2.32 Mis clases With a classmate, complete each of the following sentences with the name of a class and an appropriate adjective.

Modelo En la clase de _____ hay un profesor _____.
En la clase de historia hay un profesor inteligente.

1. El profesor de _____ es un hombre _____.
2. La profesora de _____ es una mujer _____.
3. En la clase de _____ tenemos un libro _____.
4. En la clase de _____ hay unos estudiantes _____.
5. En la clase de _____ tenemos exámenes _____.
6. _____ es una clase _____.
7. En la clase de _____ tenemos tarea _____.
8. En la clase de _____ hay un estudiante _____.

> **¿TE ACUERDAS?**
>
> Remember that adjectives must agree in both number (singular and plural) and gender (masculine and feminine) with the object they describe.

2.33 En busca de... Circulate throughout the classroom and find eight different students to whom one of the following statements applies. Be ready to report to the class; so remember to ask for the names of your classmates if you don't know them.

Modelo Tiene un lápiz nuevo
Estudiante 1: *¿Tienes un lápiz nuevo?*
Estudiante 2: *Sí tengo un lápiz nuevo.*

1. Tiene una clase difícil.
2. Tiene mucha tarea este semestre.
3. Tiene un profesor rubio.
4. Tiene una computadora nueva.
5. Tiene pocos libros en la mochila hoy *(today)*.
6. Siempre *(Always)* tiene notas excelentes.
7. Tiene un muy buen profesor este semestre.
8. Tiene un compañero de clase muy inteligente.

2.34 ¿Cierto o falso? Complete the statement below to form four true / false statements that describe the people and objects in the classroom. Then read your statements to your partner, who will tell you whether they are true (**cierto**) or false (**falso**). ¡**OJO**! Pay attention to the position of the adjective.

En la clase hay...

Modelo Estudiante 1: *En la clase hay un estudiante calvo.*
Estudiante 2: *Falso.*

2.35 Hablemos de las clases Interview a classmate with the following questions.

1. ¿Tienes muchas clases hoy? ¿Qué clases tienes?
2. ¿Tienes un profesor muy simpático este semestre? ¿Cómo se llama?
3. ¿Tienes una clase con pocos estudiantes? ¿Cuántos estudiantes hay?
4. ¿Tienes una clase favorita? ¿Qué clase es?
5. ¿En qué clase tienes exámenes muy largos?
6. ¿En qué clase tienes tarea difícil?

2.36 ¿Tienes...? Use different adjectives to talk about the following items with a partner. Possible adjectives: **inteligente, simpático, viejo, nuevo, grande, pequeño, difícil, fácil, interesante, aburrido, largo, corto.**

Modelo una computadora
Estudiante 1: *¿Tienes una computadora?*
Estudiante 2: *Sí, tengo una computadora nueva.*
Estudiante 1: *Yo tengo una computadora vieja. / Yo también tengo una computadora nueva.*

1. una casa / un apartamento
2. un auto
3. clases
4. profesores
5. una familia
6. un amigo

Lectura

Reading Strategy: Predicting
Before you read a text, pay attention to the title and any visual clues there might be. You might want to write three possible topics based on the title or list adjectives in Spanish to describe photos. This will help you anticipate the kind of ideas that might be mentioned.

Antes de leer

1. The title of this article is **"Otros sistemas universitarios."** Use your knowledge of cognates to deduce what it means, and then mention three ideas that you would expect to find in a text with this title.
2. Work with a partner to ask and answer the following questions.
   a. ¿Cuántas clases tienes este semestre?
   b. ¿Qué clases tomas?

A leer

Otros sistemas universitarios

Las universidades en diferentes partes del **mundo** usan diversos sistemas de educación. En muchas universidades de España y Latinoamérica los estudiantes no necesitan obtener un cierto número de créditos para graduarse. **En vez de** usar créditos tienen un "plan de estudios", que es una lista de las clases que los estudiantes tienen que tomar **cada** semestre. A veces las universidades combinan el plan de estudios con el sistema de créditos, especialmente para ayudar a los estudiantes internacionales.

world — mundo
Instead of — En vez de
each — cada

La Universidad de la Habana en Cuba

[en muchas universidades no hay clases de educación general]

En muchas universidades no hay clases de educación general. Un estudiante de literatura tiene diferentes clases de literatura y otras materias relacionadas, pero no necesita estudiar matemáticas ni ciencias si no son parte de su plan de estudios. En consecuencia, cuando un estudiante inicia **la licenciatura,** tiene que especializarse inmediatamente en su área y toma casi todas sus clases en una sola **facultad.** Cuando un estudiante **termina** la licenciatura, puede usar el título de licenciado. En muchas partes del mundo, la educación universitaria es un **derecho** y es prácticamente **gratuita.** Sin embargo, un estudiante **puede** asistir a una universidad privada si lo prefiere y si tiene suficiente dinero.

bachelor's degree

department / finishes

right / free
can

Comprensión

Decide whether the statements are true (**cierto**) or false (**falso**). Correct the false statements.
1. En muchas universidades hispanas no existen los créditos.
2. La lista de clases que los estudiantes necesitan tomar se llama "el plan de estudios".
3. Los estudiantes en Latinoamérica y España necesitan tomar clases de educación general.
4. Normalmente los estudiantes tienen clases en diferentes facultades.
5. Las universidades privadas son gratuitas.

Después de leer

Look for a university in a Spanish-speaking country. Then find your major in the index and answer the following questions.
1. ¿Cuántos años de estudios son necesarios para completar la carrera?
2. ¿Qué cursos necesitan tomar?

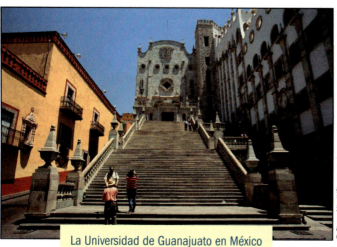

La Universidad de Guanajuato en México

Redacción

Write an email to a new friend and tell him or her about your family and your classes.

Paso 1 Jot down a list of the members of your family.

Paso 2 Choose two family members and beside each one, write down his or her age and two adjectives that describe the person. Be sure to use different adjectives for each person so your paragraph will not be repetitive.

Paso 3 Jot down a list of the classes you are taking.

Paso 4 Choose one of the classes in the list and write an adjective to describe it (**fácil, difícil, aburrido, interesante,** etc). Then jot down a series of phrases about it including the following: how many students are in the class and what they are like, and who the teacher is and what he or she is like.

Paso 5 Start your email with **Hola** or **¿Qué tal?** *(How's it going?)* and introduce yourself. Tell him/her something about yourself, such as where you are from, your age, or what you are like.

Paso 6 Tell him/her whether you have a large or small family. Then tell who each of the members of your family are and give details about two of them using the ideas you generated in **Paso 2**.

Paso 7 Begin a second paragraph telling your friend that you are a student and where you are studying.

Paso 8 Tell your friend what classes you have this semester. Then introduce the class you brainstormed ideas for in **Paso 4**, giving your opinion of the class.

Paso 9 Using the information you generated in **Paso 4**, describe the class.

Paso 10 Finish the letter with **Hasta pronto** or **Tu amigo(a)**.

Paso 11 Edit your letter:
1. Are there any sentences that are irrelevant to the topic? If so, get rid of them.
2. Are there any spelling errors?
3. Do adjectives agree with the person or object they describe?
4. Do verbs agree with the person doing the action?
5. Are there any sentences you can join using **y** or **pero**?

En vivo

Entrando en materia
How many classes does a full-time student in the United States usually take?

Un plan de estudios
Look at the plan of study for a technical program from a school in Colombia.

Programas técnicos: Auxiliar de oficina

Plan de estudios

Semestre 1: Recepción de Información (336 horas, 7 créditos)
1. Desarrollo de habilidades comunicativas.
2. Utilización de los equipos de oficina.
3. Digitación de textos.
4. Manipulación y aplicación de herramientas informáticas I.
5. Formación Humana: Conciencia e identidad del ser integral.

Semestre 2: Procesamiento y disposición de la información (336 horas, 7 créditos)
1. Aplicación de técnicas de archivo.
2. Aplicación de las técnicas de correspondencia comercial.
3. Manipulación y aplicación de herramientas informáticas II.
4. Manejo de bases de datos en Access.
5. Construcción de valores para la vida, el liderazgo y la autonomía.

Semestre 3: Manejo de la información (288 horas, 6 créditos)
1. Aplicación de técnicas comerciales de oficina.
2. Servicio al cliente.
3. Etiqueta y protocolo empresarial.
4. El emprendedor y la empresa.

Semestre 4: Formación y práctica laboral (672 horas, 14 créditos)
1. Proyecto empresarial.
2. Práctica laboral.

Intensidad horaria semanal:
Estudia entre 14 y 16 horas semanales de **clase presencial**.

contact hours

Comprensión
1. ¿Qué programa es?
2. ¿Cuántas clases hay en el primer *(first)* semestre? ¿y en el tercer *(third)* semestre?
3. ¿Cuántas horas de clases hay por semana?

Más allá
Choose another major or technical program and list classes you think would be appropriate for the first two semesters of study. Post your major and list of classes to Share It! and find out what your classmates have chosen.

Exploraciones profesionales
Asistente de oficina

Vocabulario

Sustantivos
buena presencia	good appearance
la cita	appointment
el formulario	form
la oficina	office
la reunión	meeting

Verbos
contestar el teléfono	to answer the phone
inscribir	to register
interpretar	to interpret
preparar informes	to prepare reports

Frases útiles

¿En qué puedo servirle?
How can I help you?

Un momento, por favor.
One moment, please.

Está ocupado. ¿Desea hacer una cita?
He is busy right now. Would you like to make an appointment?

¿Cuál es su número de teléfono?
What is your phone number?

Más despacio, por favor.
Slower, please.

Disculpe.
Excuse me. / I'm sorry.

Necesita hablar con...
You need to speak to . . .

¿Con quién quiere hablar?
Whom do you want to speak to?

Tiene que ver a...
You have to see . . .

DATOS IMPORTANTES

Educación: Escuela secundaria con entrenamiento especial en tecnología o *community college;* algunos puestos *(some positions)* requieren una licenciatura *(bachelor's degree)*

Salario: Entre $23 000 y $36 000

Dónde se trabaja: Variedad de organizaciones; aproximadamente 90% de los asistentes trabajan en la industria de servicio, como *(like)* la educación, el gobierno *(government),* la salud *(health)* y ventas *(retail)*

Vocabulario nuevo Match the comments or questions from the first column with a logical response from the second column.

1. ¿En qué puedo servirle?
2. ¿Con quién quiere hablar?
3. ¿Cuál es su número de teléfono?
4. Tengo que ver al señor Gómez.
5. Disculpe...

a. Está ocupado.
b. Tengo una cita con el señor Pérez.
c. Necesito hablar con la Sra. Ávila.
d. Un momento, por favor.
e. Es el 555-333-2222.

María Bravo, secretaria ejecutiva

María Bravo es secretaria ejecutiva y trabaja en una escuela privada. Allí hay muchos estudiantes de otros países *(countries)*. Ella necesita comunicarse en inglés y en español continuamente. María se encarga de *(is in charge of)* los trabajos administrativos de la escuela y ayuda a los padres y estudiantes que necesitan información. En el video, María habla con el padre de un estudiante que no habla inglés.

Antes de ver

Administrative assistants and executive secretaries are the connections between a company and their clients. What questions do you think a parent would ask a secretary at a private school? How important do you think it is to have bilingual administrative personnel in a school? Why?

Comprensión

Answer the following questions according to the video.

1. ¿Qué tiene que hacer *(to do)* el Sr. Molina?
2. ¿De dónde son el Sr. Molina y su familia?
3. ¿Cuántos años tiene el hijo del Sr. Molina?
4. Según la Sra. Bravo, ¿a qué grado entra el hijo del Sr. Molina?
5. ¿Cuántos maestros *(teachers)* bilingües hay?

Después de ver

With a partner, play the roles of the parent of a Latin American student who has just arrived in the United States and the secretary of a school. Greet and introduce yourself to the secretary. The secretary should ask how he/she can help you. Explain what you need.

Begin your answer with this phrase.

Quiero inscribir a...   *I want to register . . .*

Exploraciones de repaso: estructuras

2.37 La Universidad de Puerto Rico Complete the paragraph with the appropriate form of the verb or the possessive in parentheses.

(**1.**) _____ (mi) hermana Victoria y yo (**2.**) _____ (estudiar) en la Universidad de Puerto Rico. (**3.**) _____ (nuestro) clases son difíciles y nosotras (**4.**) _____ (tener) mucha tarea. Los profesores son muy amables y (**5.**) _____ (ayudar) mucho. Yo (**6.**) _____ (tener) tres clases: cálculo, biología e inglés. La clase de inglés es muy interesante, y yo (**7.**) _____ (hablar) bien. Victoria (**8.**) _____ (tener) cuatro clases. Ella (**9.**) _____ (tomar) historia, filosofía, literatura y francés. (**10.**) _____ (su) clases favoritas son las de historia y de literatura.

2.38 Así es mi familia Add the adjectives in parentheses to the sentences. Be sure to put them in the proper place and in the proper form (masculine, feminine, singular, plural).

1. Tengo una familia. (interesante)
2. Tengo dos hermanas. (pequeño)
3. No tenemos mascotas. (mucho)
4. Tenemos un perro. (cariñoso)
5. Tenemos una gata. (perezoso)
6. Tengo parientes en la ciudad *(city)* donde vivo. (varios)

2.39 ¿Cómo son? Using the descriptive adjectives in parentheses and the possessive adjectives (**mi, tu, su,** etc.), tell what the family members and pets of the people below are like. ¡OJO! Be sure to use the correct form of the possessive and descriptive adjectives.

Modelo Natalia tiene perros. (agresivo) *Sus perros son agresivos.*
Mi hermano tiene una esposa. (rubio) *Su esposa es rubia.*

1. Geraldo tiene una hermana. (simpático)
2. Mis abuelos tienen gatos. (cariñoso)
3. Nosotros tenemos un caballo. (viejo)
4. Tú tienes primos. (cómico)
5. Yo tengo una sobrina. (bonito)
6. Rufina tiene hijos. (grande)

Mi caballo es bonito.

Exploraciones de repaso: comunicación

2.40 En familia In groups of three, each student chooses a different photo to describe to the rest of the group. Imagine the following about the people in the photo: their names, what their relationship is, how old they are, what they are like, and what they are doing.

2.41 Datos personales Working with a partner, look at the chart below while your partner looks at the chart in Appendix B. Take turns asking questions to fill in the missing information.

Modelo ¿Cuántos años tiene Diego?   Diego tiene veinte años.
  ¿Qué parientes hay en la familia de Diego? Diego tiene dos hermanos.
  ¿Qué clase tiene Diego?   Diego tiene informática.

Nombre	Edad	Familia	Clase
Diego	20	dos	informática
Alonso	18		química
Magdalena	22	padrastro	
Cristina			historia
Pablo		dos hijos	arte
Gabriel		una hermana	
Rufina	41		

2.42 Buscando un amigo You are looking to find some new friends to do things with.

Paso 1 Circle 5 or 6 activities below that you like to do.

bailar en un club   escuchar un concierto   nadar
caminar en el parque   esquiar   practicar deportes
cantar karaoke   hablar por teléfono   tomar café
cocinar   manejar una motocicleta   tomar fotos
comprar ropa *(clothing)* mirar la tele   viajar

Paso 2 Interview your partner to find out whether he/she does the activities that you have circled.

Paso 3 Decide whether you and your partner are compatible and would be good friends. Share your decision with the class.

CAPÍTULO 2

🔊 Vocabulario 1
1–14

La familia

el (la) abuelo(a)	*grandfather / grandmother*	el (la) nieto(a)	*grandson / granddaughter*
el (la) amigo(a)	*friend*	el (la) novio(a)	*boyfriend / girlfriend*
el (la) esposo(a)	*spouse*	el padrastro	*stepfather*
el (la) hermanastro(a)	*stepbrother / stepsister*	el padre (papá)	*father*
el (la) hermano(a)	*brother / sister*	la pareja	*couple; partner*
el (la) hijo(a)	*son / daughter*	el pariente	*relative*
la madrastra	*stepmother*	el (la) primo(a)	*cousin*
la madre (mamá)	*mother*	el (la) sobrino(a)	*nephew / niece*
el (la) medio(a) hermano(a)	*half brother / half sister*	el (la) suegro(a)	*father-in-law / mother-in-law*
		el (la) tío(a)	*uncle / aunt*

Las mascotas

el caballo	*horse*	el (la) perro(a)	*dog*
el (la) gato(a)	*cat*	el pez	*fish*
el pájaro	*bird*	el ratón	*mouse*

Los verbos

ayudar	*to help*	mandar (un mensaje)	*to send (a message)*
bailar	*to dance*	manejar	*to drive*
buscar	*to look for*	mirar (la tele)	*to look, to watch (TV)*
caminar	*to walk*	nadar	*to swim*
cantar	*to sing*	necesitar	*to need*
cocinar	*to cook*	practicar (deportes)	*to practice; to play (sports)*
comprar	*to buy*	preguntar	*to ask*
desear	*to wish*	regresar (a casa)	*to return (home)*
enseñar	*to teach*	tomar (café)	*to take; to drink (coffee)*
escuchar	*to listen*	trabajar	*to work*
esquiar	*to ski*	usar	*to use*
estudiar	*to study*	viajar	*to travel*
hablar (por teléfono)	*to talk (on the phone)*		
limpiar	*to clean*		
llamar	*to call*		
llegar	*to arrive*		

Diccionario personal

_____
_____
_____
_____

Vocabulario 2

Las materias académicas

el alemán	*German*	la historia	*history*
el álgebra	*algebra*	la informática	*computer science*
el arte	*art*		
la biología	*biology*	la ingeniería	*engineering*
el cálculo	*calculus*	el inglés	*English*
las ciencias naturales	*natural science*	el italiano	*Italian*
las ciencias políticas	*political science*	las lenguas	*languages*
las ciencias sociales	*social science*	la literatura	*literature*
la criminología	*criminology*	las matemáticas	*mathematics*
la economía	*economics*	la música	*music*
la educación física	*physical education*	los negocios	*business*
la expresión oral	*speech*	el periodismo	*journalism*
la filosofía	*philosophy*	la psicología	*psychology*
la física	*physics*	la química	*chemistry*
el francés	*French*	la redacción	*writing, composition*
la geografía	*geography*	el teatro	*theater*
la geometría	*geometry*	la veterinaria	*veterinary medicine*

Los lugares en la universidad

el auditorio	*auditorium*	el gimnasio	*gymnasium*
la biblioteca	*library*	el laboratorio	*laboratory*
la cafetería	*cafeteria*	la librería	*bookstore*
el centro estudiantil	*student center*	la residencia estudiantil	*residence hall*
el estadio	*stadium*		

Expresiones con *tener*

tener… años	*to be . . . years old*	tener (mucho) miedo	*to be (very) afraid*
tener (mucho) calor	*to be (very) hot*		
tener (mucho) cuidado	*to be (very) careful*	tener (mucha) prisa	*to be in a (big) hurry*
tener (mucho) éxito	*to be (very) successful*	tener que + infinitive	*to have to do something*
tener (mucho) frío	*to be (very) cold*	tener (mucha) razón	*to be right*
tener ganas de + infinitive	*to feel like doing something*	tener (mucha) sed	*to be (very) thirsty*
		tener (mucho) sueño	*to be (very) sleepy*
tener (mucha) hambre	*to be (very) hungry*	tener (mucha) suerte	*to be (very) lucky*

Palabras adicionales

el (la) compañero(a) de clase	*classmate*	poco	*few*
		el semestre	*semester*
el examen	*exam*	la tarea	*homework*
mucho	*a lot*	el trimestre	*quarter*
la nota	*grade*	varios	*several*

Exploraciones literarias

Gustavo Adolfo Bécquer

Biografía
Gustavo Adolfo Bécquer (1836–1870) was a Spanish writer associated with the post-romanticism movement. Some of his recurrent topics are the night, love, human fragility, and death. His best known book, *Rimas y leyendas*, is a collection of poems and tales that has become essential reading for anyone studying Spanish literature.

Antes de leer

1. In your opinion, what is poetry?
2. Have you ever written a poem?
3. Based on the title, what do you think this poem is going to be about?

¿Qué es poesía?

you say while you pierce

¿Qué es poesía?, **dices mientras clavas**
En mi pupila tu pupila azul.
¡Qué es poesía! ¿Y tú me lo preguntas?
Poesía eres tú.

Source: Gustavo Adolfo Bécquer, "Rima XXI," *Rimas*.

Después de leer

A. Comprensión

1. To whom is the poetic voice talking?
2. In your opinion, what is meant by the last line, "Poesía eres tú"?

B. Conversemos

Why do people write poetry?

Investiguemos la literatura: La voz poética

The poetic voice is the person that speaks in the poem. It would be incorrect to say that the poet is actually speaking. He or she usually takes on the persona of someone in a particular situation. As you read through a poem, it is important to ask yourself who is speaking.

Gloria Fuertes
Biografía
Gloria Fuertes (1917–1998) was a Spanish writer born in Madrid. She wrote her first poem at the age of 14 and published her first poems in 1935. She continued writing during the Spanish Civil War (1936–1939) while working as an accountant and a secretary. The civil war had a profound effect on her as she struggled to understand how modern civilizations could go to war over things of little importance and with no concern for the children destroyed by it. As a result, a large percentage of her works were written for children.

Antes de leer

1. What do you know about Somalia?
2. What would you expect a poet to write about children in Somalia?

Niños de Somalia

eat   Yo **como**
Tú comes
Él come
Nosotros comemos
Vosotros coméis
¡Ellos no!

Source: Authorized by Luz María Jimenez, heiress of Gloria Fuertes.

Después de leer

A. Comprensión

1. According to the poem, who eats? Who does not?
2. What do you think is the message of the poem?

B. Conversemos

1. Both Becquer's and Fuertes' poems are simple, but they are very different in style. Which poem do you prefer? Why?
2. Do you enjoy reading poetry? Why?

Investiguemos la literatura: Interpretación

It is important to realize that there are often multiple interpretations of a literary piece. Each reader brings his or her own experiences to the reading, and these experiences influence his or her interpretation. So don't be afraid to express your ideas. Look for ways to support them with a part or parts of the text.

CAPÍTULO 3

Learning Strategy

Understand before moving on

Learning a foreign language is like learning math: you will continue to use what you have already learned and will build upon that knowledge. Therefore, if you find you don't understand something, make an appointment to see your instructor or a tutor right away in order to get some extra help. For help with grammar topics, you can also watch the tutorials in iLrn.

In this chapter you will learn how to:
- Talk about the weather and seasons
- Discuss clothing
- Express likes and dislikes
- Communicate dates and times
- Tell what you and others are going to do in the near future

¿Qué tiempo hace hoy?

Christopher Pillitz/Getty Images

Exploraciones gramaticales
The verb **gustar** 82
Regular **-er** and **-ir** verbs 85
The verb **ir** 96
Ir + **a** + *infinitive* 99

En vivo
De compras 89
Vacaciones de Semana Santa 105

Conexiones culturales
El clima y la ropa 80
Las celebraciones 94

Lectura
La ropa tradicional 90
La Navidad en algunos países hispanos 102

Exploraciones profesionales
El turismo 106

1 Exploraciones léxicas

¿Qué estación es? ¿Qué ropa llevas?

El tiempo

Hace (muy) buen tiempo.	The weather is (very) nice.
Hace (muy) mal tiempo.	The weather is (very) bad.
Hace (mucho) calor.	It's (very) hot.
Hace fresco.	It is cool.
Hace (mucho) frío.	It's (very) cold.
Hace sol.	It's sunny.
Hace (mucho) viento.	It's (very) windy.
Está nublado.	It is cloudy.
Está despejado.	It is clear.
Llueve.	It's raining. / It rains.
Nieva.	It's snowing. / It snows.

La ropa

la bolsa	handbag
los calcetines	socks
el cinturón	belt
la corbata	tie
el impermeable	raincoat
los lentes	glasses
los pantalones	pants
la pijama	pajamas
el traje	suit
el vestido	dress

Verbos

llevar	to wear; to carry; to take
llevar puesto(a)	to be wearing
tomar el sol	to sunbathe

Palabras adicionales

cómodo(a)	comfortable

Los colores

amarillo(a)	yellow
anaranjado(a)	orange
azul	blue
blanco(a)	white
café	brown
gris	gray
morado(a)	purple
negro(a)	black
rojo(a)	red
rosado(a)	pink
verde	green

INVESTIGUEMOS EL VOCABULARIO

Many Latin Americans use the word **el clima** to refer to the weather. Additionally, it is possible to say either **llevar** or **llevar puesto(a)** to say what you wear.

The following are lexical variations for clothing items:

handbag	**el bolso** (Spain), **la cartera**	tennis shoes	**las zapatillas de deportes** (Spain), **los campeones** (Paraguay)
jacket	**la chamarra** (Mexico)		
glasses	**las gafas** (Spain), **los anteojos**	jeans	**los pantalones de mezclilla** (Mexico), **los mahones** (Puerto Rico), **los vaqueros** (Spain)
socks	**las medias** (Central and South America)		
skirt	**la pollera** (Panama and South America)		

A practicar

3.1 Escucha y responde You are going to hear a list of different articles of clothing. If you wear the clothing when it is hot, give a thumbs up. If not, give a thumbs down.

3.2 ¿Qué tiempo hace? Which season do you associate with each of the weather conditions?

1. Hace viento.
2. Nieva.
3. Hace mucho calor.
4. Está despejado.
5. Hace fresco.
6. Llueve.
7. Hace mucho sol.
8. Hace mucho frío.

3.3 Identificaciones Find a classmate who is wearing one of the articles of clothing in the list. For number 10, choose another item of clothing. Then, report to the class who is wearing what.

1. unos calcetines blancos
2. una chaqueta
3. un suéter
4. unas botas
5. una camiseta
6. una falda
7. unos pantalones negros
8. un vestido
9. unos tenis
10. ¿?

> **INVESTIGUEMOS LA GRAMÁTICA**
> Notice that the indefinite article is used when talking about what you are wearing, not the definite article. Articles can be omitted altogether if the clothing item is plural.
> **Llevo pantalones y una camisa.**

> **INVESTIGUEMOS LA MÚSICA**
> El Grupo Niche is a Colombian salsa band. Listen to their song "Gotas de lluvia" and write down any vocabulary words you hear.

3.4 De vacaciones With a partner, take turns asking about the weather in the following destinations, and the clothing that you need.

Modelo Cancún / julio
Estudiante 1: *¿Qué tiempo hace en Cancún en julio?*
Estudiante 2: *Hace mucho calor y está despejado.*
Estudiante 1: *¿Qué ropa necesitas?*
Estudiante 2: *Necesito pantalones cortos, sandalias y un traje de baño.*

1. Buenos Aires / diciembre
2. Anchorage / abril
3. Miami / agosto
4. Londres / junio
5. La Habana / septiembre
6. Chicago / marzo

3.5 Los regalos A friend sent a care package for the rest of your friends but forgot to label who everything was for, so you and a classmate need to clarify. One of you will look at the drawing on this page, and the other at the drawing in Appendix B.

Modelo Estudiante 1: *¿Para quién (For whom) son los calcetines rojos?*
Estudiante 2: *Los calcetines rojos son para Emilia.*

Conexiones culturales
El clima y la ropa

Cultura

Write a list in Spanish of colors and other things you associate with spring. Then read aloud the first verse of "De colores," a popular song in many Spanish-speaking countries. Afterward, answer the questions that follow.

> De colores, de colores se visten los **campos**[1] en la primavera
>
> De colores, de colores son los pajaritos que vienen de afuera
>
> De colores, de colores es el **arco iris**[2] que vemos **lucir**.[3]
>
> Y por eso los grandes amores de muchos colores me gustan a mí.[4]
> Y por eso los grandes amores de muchos colores me gustan a mí.

Write your own one-stanza poem about colors and post to Share It!

[1] fields [2] rainbow [3] to shine [4] I like

1. In your opinion, which of the following words best describe the song? Why?

   triste *(sad)*   alegre *(happy)*   nostálgica   rítmica   rápida   lenta *(slow)*

2. Go back to your list of associations for spring. Did any of the words appear in the song? If so, what words?

Comunidad

Find a native Spanish speaker in your community who is open to answering a few questions. Remember to use **usted** forms if you don't know the person. Ask the person where he/she is from, and what words from the lexical variations shown in **Investiguemos el vocabulario** on page 78 are most used in that country. Ask questions such as these:

> ¿De dónde eres? / ¿De dónde es usted?
>
> En Puerto Rico, ¿cómo se dice...?

En Granada, España

Comparaciones

Clothing in different regions of the Spanish-speaking world varies widely depending on a number of factors such as age, socioeconomic status, community size, and rural versus urban locations. The photographs below show two groups of college students. Read the information, study the photos, and answer the questions that follow.

1. ¿Qué ropa llevan los estudiantes en las fotos? ¿Es similar a la ropa que llevan los estudiantes en tu universidad? ¿Piensas que *(Do you think that)* los españoles y los latinoamericanos usan ropa similar a la tuya *(yours)*? Describe las similitudes *(similarities)* y diferencias.

2. La segunda foto es de una celebración. ¿Hay diferencias entre *(between)* la ropa que llevan a la universidad y la ropa que llevan a la fiesta? ¿Tu ropa es diferente cuando *(when)* estás en una fiesta? ¿Cuáles son las diferencias?

Conexiones... a la redacción

With a partner, choose a season and write a list of adjectives, activities, and expressions that you associate with it. Then, write a stanza of four lines dedicated to that season. Remember that poems normally don't have complete sentences and that it isn't necessary to have a rhyme.

Exploraciones gramaticales

A analizar

Nicolás is going to introduce himself and talk about his likes and dislikes. Watch the video, then read his introduction, paying particular attention to the verb **gustar,** and answer the questions that follow.

Me gusta la universidad y también **me gustan** las clases... son muy interesantes y mis profesores son buenos. ¡Pero no **me gusta** el frío en el invierno! ¡Tampoco **me gusta** caminar en la nieve ni llevar abrigo, gorro, guantes, bufanda, botas... ¡uy! **Me gustan** más el sol y el calor de Puerto Rico.

1. The verb **gustar** is used to express likes and dislikes. What do you think **me gusta** means?
2. Notice that **gusta** and **gustan** are both used. Now find the words that follow **gustan** each time it is used. How are these words different from the ones that follow **gusta**?

A comprobar

The verb **gustar**

1. The Spanish equivalent of *I like* is **me gusta,** which literally means *it pleases me*. The expression **me gusta** is followed by singular nouns.

    Me gusta tu vestido.
    I like your dress. (Your dress pleases me.)

    Me gusta el verano.
    I like summer. (Summer pleases me.)

2. When followed by a plural noun or multiple nouns, it is necessary to use **gustan.**

    Me gustan los zapatos negros.
    I like black shoes. (Black shoes please me.)

    Me gustan el otoño y la primavera.
    I like spring and fall. (Spring and fall please me).

3. When followed by a verb or a series of verbs, the singular form **gusta** is always used.

    Me **gusta** nadar y esquiar. *I like to swim and ski.*
    No me **gusta** llevar lentes. *I don't like wearing glasses.*

4. **Gustar** can also be used to ask about or indicate what other people like.

me gusta(n)	*I like*	nos gusta(n)	*we like*
te gusta(n)	*you like*	os gusta(n)	*you like (plural, Spain)*
le gusta(n)	*he/she likes*	les gusta(n)	*they, you (plural) like*

   ¿**Te gustan** mis botas?
   Do you like my boots?

   Nos gusta el otoño.
   We like fall.

5. Contrary to English, when using **gustar** with a noun, you must use the definite article as well.

    Le gustan **los bluyines.**
    He likes blue jeans.

    ¿Les gusta **el invierno**?
    Do you (all) like winter?

6. When clarifying who *he, she* or *they* are, it is necessary to use **a** in front of the name.

    A Mario le gustan los pantalones cómodos.
    Mario likes comfortable pants.

7. To express different degrees, use the terms **mucho** (*a lot*), **un poco** (*a little*), and **para nada** (*not at all*).

    Me gusta **mucho** el color rojo.
    *I like the color red **a lot**.*

    A Alba le gustan **un poco** las sandalias.
    *Alba likes the sandals **a little bit**.*

    ¡No nos gusta el frío **para nada**!
    *We don't like the cold **at all**!*

> **INVESTIGUEMOS EL VOCABULARIO**
>
> When using **gusta** with people, it has a romantic implication. In **Capítulo 8** you will learn the expression **caer bien,** which is used to say that you like a person.
>
>   **Me gusta Juan.**
>   *I like Juan (as a romantic interest).*

A practicar

3.6 Me gusta el verano Renata loves everything about summer in her home country, Argentina, but doesn't like anything about winter. Listen to her statements and decide if they are logical or not by replying **lógico** or **ilógico**.

3.7 Combinaciones lógicas Decide which phrases in the second column best complete those in the first column.

1. En el restaurante me gustan...
2. En el restaurante no me gusta...
3. En la universidad me gusta...
4. En la universidad no me gustan...
5. En casa me gusta...
6. En casa no me gustan...

a. la clase de inglés.
b. los menús variados.
c. ayudar a mis hijos con su tarea.
d. el servicio malo.
e. los exámenes difíciles.
f. las tareas domésticas (*chores*).

3.8 ¿Qué te gusta? Complete the following mini-dialogues with **me** or **te** and **gusta** or **gustan**.

1. Elena: Sonia, ¿_____ _____ comprar zapatos?
   Sonia: Sí, _____ _____ mucho comprar zapatos.
   Elena: ¿_____ _____ los tenis?
   Sonia: No, _____ _____ más las sandalias.

2. Hugo: ¿_____ _____ esquiar, Raúl?
   Raúl: No, para nada. No _____ _____ el frío.
   Hugo: ¿_____ _____ practicar deportes en verano?
   Raúl: Sí, _____ _____ el golf y el tenis.

3.9 ¿Te gusta... ? Circulate throughout the classroom and talk with 10 different students about their likes and dislikes. Be sure to use some of the following expressions: **mucho, un poco,** and **para nada.**

Modelo bailar
Estudiante 1: *¿Te gusta bailar?*
Estudiante 2: *Sí, me gusta (mucho) bailar. No, no me gusta bailar (para nada).*

1. el color azul
2. las clases de ciencias
3. llevar tenis
4. la música rock
5. los caballos
6. hablar por teléfono y mandar mensajes
7. los chocolates
8. las novelas románticas
9. el invierno
10. ¿?

¿Te gusta el invierno?

3.10 Nuestros gustos Look at the pictures below and, using the expression **le(s) gusta(n)**, tell what Octavio and Olivia like and don't like.

Modelo *A Octavio no le gusta estudiar.*

1.
2.
3.
4.
5.
6.

3.11 En común Choose four of the following items that you like. Then circulate throughout the classroom and interview your classmates to find out if they like the same things. For each of the items you chose, find at least one other classmate who shares your opinion.

Modelo Estudiante 1: *¿Te gusta cantar?*
 Estudiante 2: *Sí, me gusta (mucho) cantar. / No, no me gusta cantar.*

____ los colores pastel   ____ la primavera
____ esquiar   ____ los deportes de invierno
____ la ropa de verano   ____ el fútbol y el béisbol
____ los bluyines de marca *(name brand)*   ____ nadar y tomar el sol
____ llevar pantalones cortos   ____ ¿?

3.12 La universidad You are going to find out what both you and your partner like about your school.

Paso 1 Write a list of 6 items or activities that you like at your school.

Paso 2 With a partner, take turns asking if the other likes the items or activities on the list and check the items that you both like.

Paso 3 Using **Nos gusta(n)…** report to the class the items you have in common.

Modelo *Nos gustan la historia, la geografía y el español.*

Exploraciones gramaticales

A analizar

Now watch again as Nicolás introduces himself and talks about his likes and dislikes. Then read his introduction and this time pay attention to the forms of the verb **vivir** that he uses.

Me llamo Nicolás y soy de Puerto Rico. Mi familia **vive** en San Juan, bueno, mis padres **viven** en San Juan con mi hermana, pero yo **vivo** en Nueva York con mis tíos porque estudio en la Universidad de Nueva York. Nosotros **vivimos** en un apartamento en el Bronx.

Vivir is an **-ir** verb. Use what you have learned about **-ar** verbs on page 48 and the examples in the paragraph above to complete the chart.

yo _____   nosotros(as) _____
tú _____   vosotros(as) vivís
él, ella, usted _____   ellos, ellas, ustedes _____

A comprobar

Regular -er and -ir verbs

1. In **Capítulo 2** we learned the forms of verbs whose infinitives end in **-ar.** The following are regular **-er** and **-ir** verbs:

Los verbos -er

aprender (a + *infinitive*)	*to learn (to do something)*	creer	*to believe*
beber	*to drink*	deber (+ *infinitive*)	*should (do something)*
comer	*to eat*	leer	*to read*
comprender	*to understand*	vender	*to sell*
correr	*to run*		

Los verbos -ir

abrir	*to open*	escribir	*to write*
asistir (a)	*to attend*	recibir	*to receive*
decidir	*to decide*	vivir	*to live*

2. Regular **-er** and **-ir** verbs follow a pattern very similar to regular **-ar** verbs.

beber

yo	**-o**	beb**o**	nosotros(as)	**-emos**	beb**emos**
tú	**-es**	beb**es**	vosotros(as)	**-éis**	beb**éis**
él, ella, usted	**-e**	beb**e**	ellos, ellas, ustedes	**-en**	beb**en**

escribir

yo	**-o**	escrib**o**	nosotros(as)	**-imos**	escrib**imos**
tú	**-es**	escrib**es**	vosotros(as)	**-ís**	escrib**ís**
él, ella, usted	**-e**	escrib**e**	ellos, ellas, ustedes	**-en**	escrib**en**

Remember the following rules:

a. To form negative sentences, the word **no** is placed in front of the conjugated verb.

Los niños **no comprenden** inglés. *The children **don't understand** English.*

b. When using two verbs together, the second verb stays in the infinitive.

Debemos **estudiar** en la biblioteca. *We should **study** in the library.*

Los estudiantes aprenden a **hablar** español. *The students are learning **to speak** Spanish.*

c. To form simple questions, place the subject after the conjugated verb and add the question marks at the beginning and end of the question.

¿Vive Alfredo en Bogotá? *Does Alfredo live in Bogota?*

A practicar

3.13 ¿Qué tienen? Choose the most logical verb to complete the sentence.

1. Cuando tengo hambre, yo _____ un sándwich.
   a. como **b.** creo **c.** corro
2. Vanesa y Nelson tienen prisa y _____ a clase.
   a. comprenden **b.** escriben **c.** corren
3. Cuando tienen calor, mis padres _____ las ventanas.
   a. deciden **b.** asisten a **c.** abren
4. Belinda y yo tenemos éxito en la clase de cálculo y _____ buenas notas.
   a. vendemos **b.** recibimos **c.** aprendemos
5. Cuando Leopoldo tiene sed, _____ agua.
   a. debe **b.** come **c.** bebe

3.14 Mis amigos y yo Complete the sentences with the forms of the verbs indicated.

1. **(leer)** Mi amigo Gustavo y yo **(a.)** _____ muchos libros. Yo **(b.)** _____ novelas de ciencia ficción y él **(c.)** _____ novelas de suspenso.
2. **(vender)** Mi amiga Patricia y yo trabajamos en una tienda *(store)* y nosotros **(a.)** _____ ropa para mujeres. Yo **(b.)** _____ vestidos y Patricia **(c.)** _____ zapatos.
3. **(abrir)** En clase, la profesora **(a.)** _____ su libro. Los estudiantes **(b.)** _____ sus libros también. A Elena no le gusta estudiar y no desea **(c.)** _____ su libro.

3.15 Un día en la vida de Antonio With a partner, take turns describing Antonio's activities. Use the **-er** and **-ir** verbs from this lesson as well as other verbs you have learned.

3.16 En busca de... Find classmates who do the following activities. Be sure to find a different person for each activity.

1. leer novelas románticas
2. recibir buenas notas
3. correr en la mañana
4. beber mucho café
5. vivir en un apartamento
6. escribir muchos mensajes de texto
7. asistir a conciertos
8. comer en la cafetería

3.17 ¿Qué hacen? Tell your partner about the things you and others do. Choose a subject from the first column and combine it with a verb from the second column. Be sure to add a phrase from the parentheses to complete your sentence. **¡OJO!** Pay attention to the form of the verb.

yo	deber (estudiar, escribir la tarea, leer el libro)
mis compañeros de clase	recibir (buenas notas, muchos mensajes, cartas)
mis amigos y yo	asistir a (clase de español, muchos conciertos, muchas fiestas)
mi mejor amigo	vivir en (una casa, un apartamento, el campus)
mi profesor de español	comprender (el español, las matemáticas, el inglés)
mi familia	comer (en restaurantes, en la cafetería, mucha pizza)

3.18 Entrevista Take turns asking and answering the following questions.

1. Normalmente ¿asistes a clases en el verano?
2. ¿Comprendes al profesor de español?
3. ¿Lees mucho? ¿Lees novelas o revistas *(magazines)*?
4. ¿Dónde vives? ¿Vives con otra persona?
5. ¿Bebes mucho café?
6. ¿Recibes muchos mensajes? ¿De quién? *(From whom?)*
7. ¿Debes escribir muchas composiciones para *(for)* tus clases? ¿Para qué clases?
8. ¿Crees que *(that)* aprender español es fácil o difícil? ¿Por qué?

3.19 ¿Qué debe hacer? With a partner, come up with recommendations for what the following people should do. Use the verb **deber** and one of the following verbs.

| aprender | asistir | buscar | comer | correr | decidir |
| estudiar | hablar | practicar | ser | trabajar | viajar |

Modelo Carla tiene problemas con su novio.
  Ella debe hablar con su novio.

1. Julio y Claudia tienen malas notas en sus clases.
2. A Mónica no le gusta su ropa pero no tiene dinero para comprar ropa nueva.
3. Me gusta el frío pero vivo en Puerto Rico.
4. El señor Ortíz desea estar más sano *(healthy)*.
5. Pablo y yo no tenemos muchos amigos.
6. La señorita García desea ser doctora.

3.20 Yo también Using some of the verbs below, tell your partner what you do. Your partner will tell you if he or she does the same activities or not. Then report to the class the activities that you and your partner both do.

| abrir | aprender | asistir | beber | comer | comprender |
| correr | deber | decidir | leer | recibir | vender |

Modelo correr
  Estudiante 1: *Yo corro en el gimnasio.*
  Estudiante 2: *¡Yo también! / Yo no corro. No me gusta correr.*

Estrategia

Understand before moving on

Do you feel comfortable using **gustar** as well as **-er** and **-ir** verbs? If there is anything you're still not sure about, now is a good time to check in with your instructor for help. For more support, you can also view the tutorials for **gustar**, **-er** verbs and **-ir** verbs in iLrn.

En vivo 🔊

Entrando en tema

¿Te gusta ir de compras *(to go shopping)*? ¿Dónde prefieres comprar ropa? ¿Por qué?

Estrategia

Before you listen, look at the **Vocabulario útil** and anticipate what the commercial might be about.

De compras

🔊 You are going to hear a commercial. Listen carefully and then answer the comprehension questions.
1-18

Vocabulario útil

ahora mismo	*right now*	el precio	*price*
barato(a)	*cheap*	¿Vienes conmigo?	*Would you come with me?*
de moda	*fashionable*		

Comprensión

1. ¿De qué es el comercial?
2. ¿Qué ropa lleva puesta la chica? ¿Le gusta esa *(that)* ropa a su amigo?
3. ¿Qué otros artículos de ropa compró *(bought)* la chica?
4. ¿Cuánto cuesta *(costs)* la blusa?

Más allá

Write your own commercial for a store. Keep it simple! Just give the name of the store, a couple of reasons to buy there, and three or four examples of items they sell. Once you are satisfied with your commercial, record it and post to Share It! and find out what your classmates are advertising.

Lectura

Reading Strategy: Skimming
Skim through the text before reading it thoroughly. You can skim by reading the first sentence of each paragraph and also by looking only for the most important information in the text such as names, places, and events. You will notice certain key ideas. Without looking up any words, try to identify three main ideas.

Antes de leer

The people in the photos below are wearing traditional clothing. With a classmate match the photos with the country where you think they are from (**Argentina, Perú,** or **Cuba**). Then answer the questions below based on your own experience.

1. ¿Qué factores consideran para relacionar las fotografías con los países?
2. ¿Hay ropa tradicional en el estado / la región donde vives? ¿Cómo es?

A leer

La ropa tradicional

Muchas regiones del mundo hispano tienen una gran variedad de trajes tradicionales que **muestran** su cultura y sus tradiciones, y también reflejan su historia y su clima. En muchas culturas es posible determinar de qué región o comunidad es una persona solamente por el traje y los colores que lleva, como es el caso de Guatemala.

show

> En muchas culturas es posible determinar de dónde es una persona solamente por el traje

Sin embargo, no todas las personas llevan sus trajes tradicionales todo el tiempo. En las **ciudades** las personas prefieren usar ropa moderna como camisas, faldas, vestidos y bluyines. Muchos indígenas que van a vivir a las ciudades prefieren no usar su ropa tradicional para **evitar** la discriminación.

Nevertheless
cities
avoid

Sin embargo, es posible ver la **belleza** de la ropa tradicional en muchas partes. Por ejemplo, a muchas mujeres en la región andina de Bolivia y Ecuador les gusta llevar puesta su ropa tradicional: una pollera (falda) larga, una blusa en color **llamativo** y un **sombrero de bombín**. Este **conjunto** es un signo de distinción y elegancia. Gracias a esta ropa, estas mujeres, **conocidas como** Cholitas, se identifican como un grupo, **fomentando** la solidaridad y su identidad cultural.

beauty

flashy
bowler hat
outfit
known as
promoting

Otro ejemplo de ropa tradicional es el de las blusas de las mujeres Kuna Yala, en la costa de Panamá. Sus blusas se llaman molas y están decoradas con **motivos** geométricos del océano y de animales, pero las molas **están cambiando** y ahora muchos **diseños** reflejan la interacción con el mundo moderno.

motifs
are changing
designs

La ropa indígena refleja las **creencias** y los valores de una comunidad, y muchas veces el estado civil o social de una persona. Para muchos indígenas, la ropa tradicional es una parte vital de su identidad, y una conexión a sus **antepasados**. ¿Qué valores refleja tu ropa?

beliefs

ancestors

Comprensión

1. ¿Qué reflejan los trajes tradicionales?
2. ¿Qué ropa prefieren llevar las personas en las ciudades?
3. ¿Qué ropa llevan las Cholitas de Bolivia?
4. ¿Qué son las molas? ¿Quiénes usan las molas?

Después de leer

With a partner, describe a traditional outfit that reflects the climate, culture, and history of a region of your country. What would the men wear? And the women? What colors are the outfits? What do the colors represent?

2 Exploraciones léxicas

¿Cuál es la fecha? ¿Qué día es hoy?

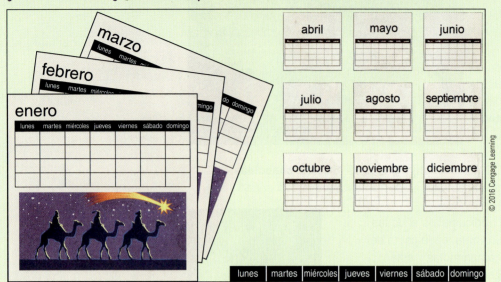

Estrategia

Understand before moving on Be sure to make an appointment to see your instructor or a tutor right away in order to get some extra help if you don't understand something.

Palabras adicionales

ahora	now	la fecha	date	por la tarde	in the afternoon	terminar	to end
el Año Nuevo	New Year	hoy	today	por la noche	in the evening	todos los días	every day
el día feriado	holiday	mañana	tomorrow	Navidad	Christmas		
el cumpleaños	birthday	por la mañana	in the morning				

1. To tell time, the verb **ser** is used. Use **es la** with **una** and **son las** with all other hours.
   ¿Qué hora es? *What time is it?*
   Son las tres. *It's three o'clock.*   **Es** la una. *It's one.*

2. To tell time from the hour to the half hour (1–30 minutes), use **y** between the hour and the minutes. To tell time after the half hour (31–59 minutes), use **menos** and the minutes until the next hour.
   Son las siete **y** cinco.   Son las tres **menos** veinte.
   It's 7:05.   *It's 2:40.*

3. Use **cuarto** to express a quarter before or after the hour, and use **media** to express half past the hour.
   Son las diez y **cuarto**.   Son las once menos **cuarto**.   Son las ocho y **media**.
   It's 10:15.   *It's 10:45.*   *It's 8:30.*

4. It is also common to express time as read on a digital clock.
   Es la una y cincuenta.   *It's 1:50.*   **Son las seis y quince.**   *It's 6:15.*

5. To ask or tell at what time something is done, use the preposition **a.**
   ¿A qué hora trabajas?   *At what time do you work?*
   Trabajo **a** las cuatro de la tarde.   *I work at 4:00 in the afternoon.*

6. To express that an event goes from a certain time to another specific time, use **de las… a las…**
   Trabajo **de las** 2:00 **a las** 5:00 de la tarde.   *I work from 2:00 to 5:00 in the afternoon.*

7. To express A.M. or P.M., use the following expressions: **de la mañana** (*in the morning*), **de la tarde** (*in the afternoon*), and **de la noche** (*in the evening*). To express *noon* use **mediodía** and to express *midnight* use **medianoche.**

8. When talking about dates, use the phrase:
   Es *(number)* **de** *(month).*
   Hoy **es** once **de** julio.   *Today is the eleventh of July.*

9. To talk about the first of the month use **primero.**
   Es **primero** de julio.   *It is the first of July.*

Notice that the names of the months and days of the week are not capitalized in Spanish.

INVESTIGUEMOS EL VOCABULARIO

When talking about days and dates:
- use the definite article (**el** or **los**) to talk about something that happens on a particular day or days.

  El examen es **el** miércoles.
  The test is on Wednesday.

  Trabajo **los** viernes y sábados.
  I work on Fridays and Saturdays.

- other than **sábado** and **domingo**, the plural form for other days of the week is the same as the singular form.

el sábado	los sábados
el lunes	los lunes

In some Spanish-speaking countries, calendars show the first day of the week as Monday (**lunes**).

A practicar

3.21 Escucha y responde Escribe la palabra **mes** en un papel y **día** en otro. Escucha la lista de meses y días. Si escuchas un mes, levanta el papel que dice **mes.** Si escuchas un día, levanta el papel que dice **día.** *(Write the word mes on one piece of paper and día on another. Listen to a list of months and days. If you hear a month hold up mes; if you hear a day of the week, hold up día.)*

3.22 En orden Completa las secuencias con la palabra que falta. *(Complete the following sequences with the missing word.)*

1. enero, febrero, marzo, _____
2. viernes, sábado, _____
3. lunes, miércoles, _____
4. septiembre, octubre, _____
5. lunes, martes, _____
6. junio, julio, _____
7. jueves, sábado, _____
8. mayo, agosto, noviembre, _____

3.23 ¿Qué hora es? Mira los celulares y di qué hora es. *(Look at the cell phones and tell what time it is.)*

1. 2. 3. 4. 5. 6.

3.24 Entrevista En parejas túrnense para preguntar y responder las siguientes preguntas. *(Working with a partner, take turns asking and answering the following questions.)*

1. ¿Cuándo es tu cumpleaños? Y el cumpleaños de tu mejor *(best)* amigo?
2. ¿Cuál es tu día feriado *(holiday)* favorito? ¿En qué mes es?
3. ¿Cuál es tu mes favorito? ¿Por qué?
4. ¿Qué días tienes clases? ¿A qué hora es tu primera clase de la semana?
5. ¿Trabajas? ¿Qué días trabajas? ¿A qué hora trabajas normalmente?

INVESTIGUEMOS LA CULTURA

Here are some holidays that are commonly celebrated in most Spanish-speaking countries: **el Día de los Muertos** *(Day of the Dead),* **el Día de los Reyes Magos** *(Three Kings Day),* **la Pascua** *(Easter, Passover),* **la Navidad** *(Christmas),* **la Nochebuena** *(Christmas Eve),* **la Semana Santa** *(Holy Week).*

3.25 La tele En parejas túrnense para preguntar a qué hora son los programas y en qué canal son. Uno mira la programación y las preguntas aquí y el otro mira el **Apéndice B.** *(With a partner, take turns asking what times the shows are on and on what channel. One will look at the guide and questions here, and the other will look at Appendix B.)*

Modelo Estudiante 1: *¿A qué hora es* Veredicto final*?*
Estudiante 2: Veredicto final *es a las dos de la tarde.*
Estudiante 1: *¿En qué canal es?*
Estudiante 2: *Es en Canal 5.*

INVESTIGUEMOS EL VOCABULARIO

In Spain and in many parts of Latin America, the 24-hour clock is used when posting hours for businesses and for schedules, such as school schedules, flight schedules, and movie and television schedules. To convert the 24-hour clock, subtract 12:00 from 13:00 and later, so that 14:30 would be 2:30 in the afternoon.

PROGRAMACIÓN
● Películas ● Especiales ● Deportes ● Nuevos

Jueves 10 de agosto		14:00	14:30	15:00	15:30	16:00	16:30	17:00	17:30	18:00	18:30	19:00
	Galavisión	Cable 10	Héroe	El Amor no	El Chapulín Colorado		Laura en América			La Oreja		
	Canal 22	Cable 22	TV UNAM	De Cine	Película se Anunciará			México	La Magia de la Naturaleza	Ciencia Cierta		
	Movie City	Digital 480	(1:40) ★★ "Dos Ilusiones" (2004)			(:35) "A los 30 Años" (Francia, 2004)			(:20) ★ "Gritos del Más Allá" (2005)			
	Canal 5		Veredicto final		Será anunciada				Difícil de creer		Quiero amarte	

¿A qué hora es... ?

1. *Los Archivos del FBI*
2. *Adictos*
3. *Aprendiendo a vivir*
4. *Durmiendo con el enemigo*

Conexiones culturales
Las celebraciones

Cultura

José Guadalupe Posada was a Mexican artist who produced numerous engravings depicting skeletons in everyday scenes, usually having fun. Although Posada's intention originally was satirical, as his work dealt with political and social issues, his art has been consistently used by Mexicans to decorate and celebrate **el Día de los Muertos.**

 Find out when *El Día de los Muertos* is celebrated and learn more about Mexico in **Exploraciones del Mundo Hispano** in Appendix A.

INVESTIGUEMOS LA MÚSICA
"La Llorona" is a well-known Mexican legend associated with the Day of the Dead. Listen to the song "La Llorona" sung by Lila Downs, a Mexican-American artist whose music is influenced by the music of Mixtec, Zapotec, Maya, and Nahuatl cultures. What is the tone of the song? What words can you understand?

Explore other works by José Guadalupe Posada. Choose a favorite, then post to Share It! with a caption. Tell the class what you like about it in Spanish. Here are some keywords to help with your search: **grabado** *(engraving)*, **ilustración**, **caricatura**.

Comparaciones

The following are celebrations in Spain or Latin American countries. Are there similar celebrations in the United States? If so, when are they celebrated? Can you think of holidays that are unique to the United States?

San Fermín	el 7 de julio	Los españoles corren con los toros.
El Día de los Muertos	el 1 y 2 de noviembre	Los mexicanos honran *(honor)* a sus antepasados.
El Día de los Inocentes	el 28 de diciembre	Los hispanos hacen bromas *(jokes)*.
El Carnaval	la semana antes *(before)* del Miércoles de Cenizas *(Ash Wednesday)*	Los hispanos cantan y bailan en las calles.
San Juan	el 24 de junio	Los paraguayos juegan *(play)* con fuego *(fire)*.
El Año Nuevo	el 1° de enero	Los latinos celebran la llegada del nuevo año.
La Tomatina	el último *(last)* miércoles de agosto	Los españoles pelean *(fight)* con tomates.
El Día del Estudiante	el 21 de septiembre	Los estudiantes argentinos tienen fiestas en el parque y juegan al fútbol.

Conexiones... a la religión

Another Catholic tradition widely observed throughout the Spanish-speaking world is the celebration of **el santo.** Each day of the year is attributed to a particular saint, and it is common practice to give a baby the name of the saint of the day when he or she was born. For babies who do not share the name of the patron saint of their birthday, their **santo** is celebrated like a second birthday. For example, suppose a child born on October 31 is named Fernando. Fernando will always celebrate his birthday on October 31 as well as his **santo** on May 30, **día de San Fernando.**

Look at the calendar and determine when these people would celebrate their **santo.**

Óscar de la Renta (diseñador *[designer]*, República Dominicana, 1932)
Rómulo Gallegos (autor, Venezuela, 1884–1969)
Gilberto Santa Rosa (cantante, Puerto Rico, 1962)
Marta Sánchez (cantante, España, 1966)
Rufino Tamayo (pintor, México, 1899–1991)

If someone in your family has a Christian name, find out when you would celebrate his/her **santo.**

Óscar de la Renta

Febrero

1. San Cecilio
2. San Cornelio
3. San Óscar
4. San Gilberto
5. Santa Felicia
6. Santa Dorotea
7. Santa Juliana
8. San Lucio
9. San Abelardo
10. San Jacinto
11. Nuestra Sra. de Lourdes
12. San Damián
13. Santa Maura
14. San Valentín
15. San Faustino
16. San Elías
17. San Rómulo
18. San Eladio
19. San Gabino
20. San Eugenio
21. San Pedro Damián
22. Santa Leonor
23. Santa Marta de Astorga
24. San Sergio
25. San Valerio
26. San Alejandro
27. San Basilio
28. San Rufino
29. Santa Emma

Comunidad

 Find a native Spanish speaker in your community who is willing to answer your questions. Ask him/her what holidays are celebrated in his/her country of origin and which are his/her favorites. Post your findings on Share It!

Ask questions such as these:

¿Qué días festivos celebran en su país?
¿Cuál es su favorito? / ¿Cuáles son sus favoritos?

3
Exploraciones gramaticales

A analizar

Rosa y Paula hablan de su día. Después de ver el video, lee su conversación y observa las formas del verbo **ir**. Luego contesta las preguntas que siguen. *(Rosa and Paula talk about their day. After watching the video, read their conversation and observe the forms of the verb **ir**. Then answer the questions that follow.)*

Rosa: ¡Hola Paula! ¿Cómo estás?
Paula: Bien, ¿y tú Rosa?
Rosa: Bien. ¿Adónde **vas**?
Paula: **Voy** a clase ahora. Después **voy** a la biblioteca porque tengo que estudiar para un examen de historia…
Rosa: ¿Y si tú y yo **vamos a comer** al Café Rústico? Tienen muy buenas pizzas.
Paula: ¡Qué buena idea… **vamos**!
Rosa: ¡Excelente! ¡Hasta luego!

1. The forms **voy, vas,** and **vamos** in the conversation are forms of the verb **ir.** Is the verb regular like **vivir** or irregular like **ser**? Explain why.

2. Using the forms presented in the conversation and what you already know about verbs, complete the chart.

   ir

   yo _____   nosotros _____
   tú _____   vosotros vais
   él, ella, usted _____   ellos, ellas, ustedes _____

3. Why do you think the verb **ir** is not conjugated in the phrase **necesito ir?**

A comprobar
The verb **ir**

ir *(to go)*			
yo	**voy**	nosotros(as)	**vamos**
tú	**vas**	vosotros(as)	**vais**
él, ella, usted	**va**	ellos, ellas, ustedes	**van**

1. The verb **ir** is used to tell where someone goes and often requires the preposition **a** *(to)*. When asking where someone goes, the preposition **a** is added to the word **dónde** *(adónde)*.

   ¿Adónde van ustedes después de la clase?
   Where do you go after class?
   Vamos a la biblioteca. *We go to the library.*

2. Just as there are contractions in English *(can't, don't)*, there are also contractions in Spanish. In Spanish, however, these contractions are not optional. Similar to the contraction **del**, when using the preposition **a** in front of a masculine definite article, it combines with **el** to form the contraction **al (a + el = al)**. The **a** does not contract with the other articles.

   Los sábados yo voy **al** estadio con mis amigos.
   *Saturdays I go **to the** stadium with my friends.*

   Al mediodía mis amigos van **a la** cafetería.
   *At noon my friends go **to the** cafeteria.*

3. It is common to use the verb **ir** in the present tense to tell where someone is going at that moment.

> Mi amiga **va** a la universidad ahora.
> My friend **is going** to the university now.
>
> Nosotros **vamos** al gimnasio.
> We **are going** to the gym.

4. The verb **ir** is used in a variety of expressions.

ir de compras	to go shopping
ir de excursión	to go hiking
ir de paseo	to go for a walk
ir de viaje	to take a trip

A practicar

INVESTIGUEMOS LA MÚSICA
Julieta Venegas is a popular Mexican singer, songwriter, and musician. Listen to her song "Me voy." Why do you think she is leaving?

3.26 Las vacaciones de verano Todos viajan este verano. Lee las siguientes oraciones y di qué países van a visitar. Sigue el modelo. *(Everyone is traveling this summer. Read the following sentences and tell which countries they will visit. Follow the model.)*

Modelo Adriana va a Santiago.
Adriana va a Chile.

Argentina	Costa Rica	España
Perú	Puerto Rico	la República Dominicana

1. Yo voy a San Juan.
2. Manuela va a Buenos Aires.
3. Jorge y Horacio van a San José.
4. Marina y yo vamos a Santo Domingo.
5. La familia Montalvo va a Lima.
6. Los hermanos Castro van a Madrid.

3.27 Después de las clases Completa el párrafo con la forma apropiada del verbo **ir**. *(Complete the paragraph with the appropriate form of the verb **ir**.)*

Después de *(After)* las clases, mis compañeros **(1)** _____ a casa, y yo **(2)** _____ a la biblioteca con mi amigo Fernando. Nosotros **(3)** _____ al café después para tomar algo. Luego, él **(4)** _____ a su casa, y yo **(5)** _____ al centro estudiantil para trabajar. ¿Adónde **(6)** _____ tú después de las clases?

3.28 A clase Usando el vocabulario de las clases del **Capítulo 2** y el verbo **ir**, explica adónde van las siguientes personas para hacer las actividades indicadas. *(Using class subject vocabulary from **Capítulo 2** and the verb **ir**, explain where the following people go to do the indicated activities.)*

Modelo Tú aprendes a escribir bien.
Vas a la clase de redacción.

1. Yo estudio los mapas y aprendo las capitales.
2. Elisa tiene que hablar enfrente de sus compañeros de clase hoy.
3. Gael y Damián leen una novela de Mario Vargas Llosa.
4. Tú estudias los elementos y haces experimentos.
5. Valentín y yo aprendemos de las plantas y los animales.
6. La profesora Arango enseña las teorías de Freud.
7. Paolo es actor en el nuevo drama de la universidad.
8. Tú estudias los eventos importantes del pasado *(past)*.
9. Yo tengo que analizar figuras como el triángulo.
10. Germán y tú aprenden de Sócrates y Platón.

3.29 ¿Adónde van? Usando la forma apropiada del verbo **ir**, di adónde van las siguientes personas. **¡OJO!** Usa la contracción **al** cuando sea necesario. *(Using the appropriate form of the verb **ir**, tell where the following people are going. **¡OJO!** Remember to use the contraction **al** when necessary.)*

1. yo

2. el profesor Rosales

3. Ricardo y yo

4. tu amigo y tú

5. mis amigos

6. tú

3.30 ¿Adónde vas? Escribe adónde vas para hacer las siguientes actividades. Usa palabras del vocabulario o el nombre del lugar. Luego busca compañeros que vayan a los mismos lugares. *(Write down where you go to do the following activities. Use vocabulary words or the name of the place. Then find classmates who go to the same places.)*

Modelo para *(in order to)* nadar
        Estudiante 1: *¿Adónde vas para nadar?*
        Estudiante 2: *Yo voy a City Fitness. / Yo voy al gimnasio. / Yo no nado.*

1. para comer
2. para estudiar
3. para tomar un café
4. para leer
5. para mirar la tele
6. para escuchar música
7. para caminar o correr
8. para bailar

Exploraciones gramaticales

A analizar

Rosa y Paula hablan de sus actividades. Después de ver el video, lee su conversación y observa las expresiones en negritas. Luego contesta las preguntas que siguen. *(Rosa and Paula are talking about their activities. Watch the video again. Then read their conversation and look at the boldface expressions. Then answer the questions that follow.)*

> Paula: Voy a clase ahora. Después voy a la biblioteca porque tengo que estudiar para un examen de historia.
>
> Rosa: Yo también tengo que ir a la bibioteca hoy. **Voy a buscar** unos libros para una investigación. ¿Qué **vas a hacer** después?
>
> Paula: Nada. **Voy a comer** en la cafetería.
>
> Rosa: ¿Y si tú y yo **vamos a comer** al Café Rústico? Tienen muy buenas pizzas.
>
> Paula: ¡Qué buena idea… vamos!

1. Do the phrases in bold express past, present, or future?
2. What patterns do you notice?

A comprobar

Ir + a + *infinitive*

1. Similar to the English verb *to go*, the verb **ir** can be used to talk about the future. To tell what someone is *going to do*, use the following structure:

ir	+ a +	*infinitive*
Voy	a	viajar.
Van	a	trabajar.

   Vamos a estudiar esta noche.
   We are going to study tonight.

   Juan **va a ir** al café con Elena.
   Juan is going to go to the café with Elena.

2. To ask what someone is going to do, use the verb **hacer** in the question. When responding, the verb **hacer** is not necessary.

   ¿Qué vas a hacer (tú)?
   What are you going to do?

   (Yo) Voy a estudiar (trabajar, comer, etcétera).
   I am going to study (work, eat, etc.).

   Note: You will learn the forms of the verb **hacer** in **Capítulo 5**.

A practicar

3.31 Un poco de lógica Varias personas van a diferentes lugares en el campus. Selecciona la respuesta apropiada de la segunda columna para indicar lo que van a hacer cuando llegan. *(Various people are going to different places on campus. Select the appropriate answer from the second column to tell what they are going to do when they get there.)*

1. Yo voy a la librería.
2. Raquel va al gimnasio.
3. Mis amigos van a la cafetería.
4. Sergio va a clase.
5. Paloma y yo vamos al estadio.
6. Agustina y Octavio van a la biblioteca.

a. Van a comer.
b. Vamos a mirar fútbol
c. Voy a comprar un libro.
d. Va a tomar un examen.
e. Van a estudiar.
f. Va a correr.

3.32 El cumpleaños de Merche Hoy es el cumpleaños de Merche y tiene un día muy ocupado. Usando **ir** + **a** + infinitivo, explica lo que va a hacer hoy y a qué hora. *(Today is Merche's birthday, and she has a busy day. Using **ir** + **a** + infinitive, tell what she is going to do today and what time she is going to do it.)*

3.33 ¿Qué vas a hacer mañana? Pregúntale a tu compañero qué va a hacer mañana a las siguientes horas. *(Ask your partner what he/she is going to do tomorrow at the following times.)*

Modelo 2:00 P.M.
　　Estudiante A: *¿Qué vas a hacer mañana a las dos de la tarde?*
　　Estudiante B: *(Yo) Voy a correr en el parque.*

1. 8:00 A.M.
2. 10:30 A.M.
3. 12:00 P.M.
4. 1:15 P.M.
5. 3:30 P.M.
6. 6:45 P.M.
7. 8:15 P.M.
8. 10:00 P.M.

3.34 **¿Qué vas a hacer?** Trabaja con un compañero para preguntarse sobre sus planes. *(Work with a partner asking about each others' plans.)*

Modelo ahora
Estudiante 1: *¿Qué vas a hacer ahora?*
Estudiante 2: *Voy a comer en la cafetería, ¿y tú?*
Estudiante 1: *Voy a estudiar.*

1. esta *(this)* noche
2. mañana por la mañana
3. mañana por la noche
4. el sábado
5. el domingo
6. la próxima *(next)* semana
7. este verano
8. el próximo semestre

3.35 **De vacaciones** El curso de primavera terminó y vas a ir de vacaciones con un amigo. Mira el anuncio y con un compañero decidan cómo van a contestar las siguientes preguntas. *(The spring semester is ending and you are going to go on vacation with a friend. With a classmate, look at the advertisement and decide how you will answer the following questions.)*

Modelo Estudiante 1: *¿Adónde vamos a ir?*
Estudiante 2: *Vamos a Puerto Rico.*
Estudiante 1: *No me gusta el calor. Vamos a...*

1. ¿Adónde van a ir?
2. ¿Cuándo van a viajar?
3. ¿Qué ropa van a necesitar?
4. ¿Qué van a hacer?
5. ¿Cuándo van a regresar?

Agencia de Viajes Vagabundo

San Juan, Puerto Rico (5 días) $650
Hotel Miramar ★ ★ ★ ★
Playa *(beach)* privada

Bariloche, Argentina (7 días) $1850
Hotel Nevada ★ ★ ★
Estación de esquí a 5 kilómetros

Cuzco, Perú (8 días) $1475
Hotel Tierra Andina ★ ★ ★
En el centro, cerca del *(near)* mercado y tiendas *(stores)*

Madrid, España (9 días) $1995
Hotel Príncipe ★ ★ ★
Cerca de museos y teatros

3.36 **Tiempo libre** En parejas túrnense para preguntar lo que van a hacer en las siguientes situaciones. *(In pairs take turns asking what you are going to do in the following situations.)*

Modelo Es domingo y no tienes mucha tarea.
Estudiante 1: *¿Qué vas a hacer?*
Estudiante 2: *Voy a tomar un café con mi amiga.*

1. Mañana no hay clases y no necesitas trabajar.
2. La clase de español termina a las diez y tu siguiente *(next)* clase es a las doce.
3. Son las vacaciones de primavera y vas a recibir un cheque de $800 de los impuestos *(taxes)*.
4. Es sábado y hace buen tiempo.
5. Recibes un cheque de 50 dólares por tu cumpleaños.
6. Es viernes por la noche.

Lectura

Reading Strategy: Underlining words

In **Paso 1** you learned how to skim through a text looking for general ideas. When you do a second reading, underline any words that you do not understand but believe are key to understanding the reading. Look them up and write down what they mean. Then you will be ready for a final reading.

Antes de leer

In many countries there are important celebrations and holidays that are unique to the country. Make a list of the holidays that are important in the United States. Which ones do you celebrate and why? Look back at the celebrations mentioned in **Conexiones culturales.** Do you know other celebrations from a Spanish-speaking country? The following reading is about Christmas, a particularly important celebration because the majority of the population in Spain and Latin America is Catholic.

A leer

La Navidad en algunos países hispanos

Muchas de las tradiciones en Latinoamérica son religiosas y tienen sus orígenes en tradiciones españolas. Una de estas tradiciones es la de la Navidad. Para muchos, la celebración de la Navidad se inicia *antes* del 25 de diciembre. Desde noviembre es posible escuchar **villancicos** en los comerciales de televisión y de la radio. En varios países las fiestas inician el 16 de diciembre y continúan todas las noches hasta el 24 de diciembre. Estas fiestas se llaman *posadas*. En las posadas muchas personas visitan otras casas en la comunidad.

[...les gusta cantar villancicos, comer comida tradicional y romper piñatas.]

before — antes
Christmas carols — villancicos
food — comida
plays — obras de teatro

Durante estas fiestas, a las personas les gusta cantar villancicos y comer **comida** tradicional. A los niños les gusta mucho romper piñatas. A veces también hay *pastorelas*, que son similares a pequeñas **obras de teatro** con lecciones religiosas o morales.

En muchos países las personas van a la **iglesia** el 24 de diciembre (Nochebuena), comen con su familia y, a la medianoche, abren los regalos de Navidad. Las celebraciones de Navidad terminan el 6 de enero, el Día de los Reyes Magos. En algunos países los niños reciben regalos de los **Tres Reyes Magos,** y todos comen la famosa **rosca** de reyes.

Rosca de reyes

church

the Three Kings
ring-shaped bread

Comprensión

Decide si las siguientes afirmaciones son ciertas o falsas. Corrige las oraciones falsas. *(Decide whether the following statements are true or false. Correct any false statements.)*

1. En toda Latinoamérica las celebraciones de Navidad inician el 25 de diciembre.
2. Las pastorelas son fiestas en las que las personas cantan villancicos.
3. Es tradicional ir a la iglesia en Nochebuena.
4. En algunos países, los niños reciben regalos el Día de los Reyes Magos.
5. La rosca de reyes es una comida tradicional.

> **INVESTIGUEMOS LA MÚSICA**
> "Los peces en el río" is a simple Christmas carol. Find the version by the Gipsy Kings on the Internet and listen to it.

Después de leer

En el Diccionario personal al final del capítulo escribe una lista de 5 palabras en inglés que asocias con Navidad, Jánuca, Kuanza, otra celebración del solsticio invernal o el Año Nuevo. Después, usa un diccionario para saber cómo se dice en español y comparte tu vocabulario nuevo en Share It! y lee las palabras de tus compañeros. *(In the personal dictionary at the end of the chapter, write 5 words in English that you associate with Christmas, Hanukkah, Kwanzaa, another winter solstice celebration or the New Year. After, use a dictionary to look up how to say the words in Spanish and share your new vocabulary words on Share It! and read your classmates' words.)*

En Jánuca, celebramos con la familia.

Redacción

An international student from a Spanish-speaking country is going to attend your university. Write an e-mail to the student explaining what the climate in your area is like, what people often do, and advise him/her as to what clothing he or she will need.

Paso 1 Write down the current season. Then write a list of the types of weather you experience in your area during that time.

Paso 2 Jot down things people do in your area during that time.

Paso 3 Decide whether you are writing to a male or a female student. Then write down a list of clothing items that people wear in your area. Think about what they would wear to school, to go out, and to do any of the activities you wrote down in **Paso 2**.

Paso 4 Start your e-mail by writing the date in Spanish and greeting the student using the expression **Querido(a)** *(Dear)*. Remember to use **Querido** if it is a male student and **Querida** if it is a female student.

Paso 5 Begin your first paragraph by introducing yourself to the international student and telling him or her where you study. Then, using the information you generated in **Pasos 1** and **3**, tell him or her what season it is, what the weather is like in your area, and what particular clothing items he/she needs for that climate.

Paso 6 Using the information you generated in **Pasos 2** and **3**, begin a second paragraph and tell him or her what students usually wear to class. Then explain what kinds of activities people do in their free time and any particular clothing items he or she would need.

Paso 7 Conclude your letter with **Hasta pronto** or **Tu nuevo(a) amigo(a)**.

Paso 8 Edit your e-mail:

1. Do your sentences use a friendly, inviting, and conversational tone?
2. Are your paragraphs logically organized or do you skip from one idea to the next?
3. Are there any short sentences you can combine by using **y** or **pero**?
4. Are there any spelling errors?
5. Do adjectives agree with the objects they describe?
6. Does each verb agree with its subject?

En vivo

Entrando en materia

¿En qué meses hay muchos anuncios de agencias de viajes?

Un anuncio de una agencia de viajes

Lee el anuncio y contesta las preguntas que siguen.

VACACIONES DE SEMANA SANTA

Muy pronto van a comenzar las vacaciones de Semana Santa. ¿Ya tiene usted reservaciones? ¿no? **¡No se preocupe!**[1] En la Agencia de Viajes Araucana tenemos paquetes familiares con todo incluído, **para que usted y su familia disfruten**[2] sus vacaciones. Nuestros precios son **los más bajos**[3] y nuestro servicio es **el mejor**[4]. Usted solo tiene que decidir adónde ir. Tenemos paquetes para destinos nacionales e internacionales para todos los **presupuestos**[5].

Opción 1: El Calafate, Argentina
(4 días/3 noches), desde 300,000 CLP (pesos chilenos)
Incluye:
Pasaje aéreo[6] desde Santiago
Traslados[7]
3 noches de **alojamiento**[8] en el Hotel Alto Calafate, con desayunos
Excursión Parque Nacional Perito Moreno

Opción 2: Viña del Mar, paquete **de lujo**[9]
(4 días/3 noches), desde 150,000 CLP (pesos chilenos)
Incluye:
Autobús desde Santiago
Traslados
3 noches de alojamiento en el Hotel del Mar, con desayunos
Entrada[10] al Casino Viña del Mar y a la discoteca del hotel

Opción 3: Patagonia Chilena (Punta Arenas)
(4 días/3 noches), desde 250,000 CLP (pesos chilenos)
Incluye:
Pasaje aéreo desde Santiago
3 noches de alojamiento en el Hotel Punta Arenas
Excursión de un día completo al Parque Nacional Torres del Paine

Opción 4: Machu Picchu, Perú
(6 días/5 noches), desde 430,000 CLP (pesos chilenos)
Incluye:
Pasaje aéreo Santiago-Cusco-Santiago
Tren a Aguascalientes y autobús a Machu Picchu
3 noches de alojamiento en el Hotel Cusco,
2 noches en el Hotel Machu Picchu
Tenemos descuentos para grupos de 3 personas o más

[1]*Don't worry!* [2]*so that you and your family enjoy* [3]*the lowest* [4]*the best* [5]*budgets*
[6]*airfare* [7]*transfers* [8]*lodging* [9]*luxury* [10]*admittance*

Comprensión

1. ¿Cómo se llama la Agencia de Viajes?
2. ¿A qué lugares *(places)* sugiere viajar la agencia?
3. ¿Cuál es el viaje más barato *(least expensive)*?
4. De los cuatro destinos ¿cuál te gusta más y por qué?

Más allá

Investiga otro destino turístico interesante en Sudamérica. ¿En qué país está? ¿Qué atracciones turísticas hay? ¿Cuántos días recomiendas para visitarlo? ¿En qué mes o estación es mejor ir? Comparte tus recomendaciones en Share It! *(Explore another interesting tourist destination in South America. What country is it in? What attractions are there? How many days do you you recommend visiting? What month or season is best to go? Share your recommendations on Share It!)*

Exploraciones profesionales

El turismo

Vocabulario

Sustantivos

el clima	climate
el descuento	discount
la devolución	return
el ecosistema	ecosystem
el ecoturismo	ecotourism
el medio ambiente	environment
la naturaleza	nature
el pago	payment
la reserva	reservation
el seguro	insurance
la temporada	season

Adjetivos

caluroso(a)	hot
diligente	diligent
educado(a)	polite
húmedo(a)	humid
lluvioso(a)	rainy
responsable	responsible
seco(a)	dry

Verbos

averiguar	to find out
cobrar	to charge
confirmar	to confirm
devolver	to return
pagar	to pay
recorrer	to go through

Frases útiles

Tenemos descuento para grupos familiares.
We have family discount plans.

Es temporada alta/baja.
This is high/low season.

¿Me da su número de tarjeta de crédito?
May I have your credit card number?

Este es su número de confirmación.
This is your confirmation number.

DATOS IMPORTANTES

Educación: Estudios secundarios. Certificación de agente de turismo por escuelas privadas o universidades. Algunas universidades ofrecen licenciatura en viajes y turismo. Se requieren conocimientos *(knowledge)* de computación y se prefieren estudios complementarios en negocios.

Salario: Promedio *(Average)* de $50 000, comisiones de hasta 25% y bonos

Dónde se trabaja: Agencias de viaje, corporaciones, hoteles y oficinas nacionales de turismo

Vocabulario nuevo Completa las oraciones con la palabra apropiada de la lista de vocabulario. *(Complete the sentences with the appropriate vocabulary word from the list.)*

1. Muchos turistas visitan España en el verano porque es _____ alta.
2. Debes tener un paraguas porque España tiene un clima _____.
3. No llueve mucho en esa parte de México porque tiene un clima _____.
4. Costa Rica tiene una gran diversidad de plantas y animales y por eso _____ es muy popular.
5. Si pagas antes de ir, recibes _____ del 10%.

Marcela Díaz, agente de turismo

Marcela Díaz trabaja en una importante agencia de turismo. Vende paquetes de ecoturismo a distintos lugares de Latinoamérica. En el video vas a ver a Marcela preparando un viaje por teléfono para un nuevo cliente. *(Marcela works at an important travel agency. She sells ecotourism packages to different places in Latin America. In the video you are going to see Marcela on the phone planning a trip with a new client.)*

Antes de ver

Muchos vendedores trabajan por comisión y reciben dinero extra por cada venta que hacen. Para ellos, los clientes son muy importantes. Necesitan ser educados y diligentes con ellos. Según tu experiencia si una persona habla con una agente de viajes, ¿qué tipo de preguntas específicas hace? *(Many salespeople work on commission and receive extra money for each sale they make. For them, clients are very important and salespeople must be polite and diligent with them. Based on your experience, what specific questions does the agent ask?)*

Comprensión

1. ¿Qué mira Carlos en la televisión normalmente?
2. ¿Qué país le recomienda Marcela?
3. ¿Qué animal especial vive en El Yunque?
4. ¿Cómo es el clima en Puerto Rico en esa temporada?
5. ¿Qué hacen en Luquillo?
6. ¿Adónde van el último *(last)* día?

Después de ver

En parejas, representen a un agente de viajes y a un cliente que quiere hacer ecoturismo por un país de Latinoamérica. El agente recomienda un lugar de acuerdo con los gustos del cliente. Consideren el clima y hagan recomendaciones de ropa para llevar. *(In pairs, role-play a travel agent and a client that wants to do ecotourism in a Latin American country. The agent should recommend a place according to the client's tastes. Think about the climate and make recommendations of what clothing to wear.)*

Exploraciones de repaso: estructuras

3.37 Un día en el centro Escoge el verbo apropiado y completa los párrafos con la forma necesaria. *(Choose the appropriate verb and complete the paragraphs with the necessary form.)*

A Teresa le (**1.**) _____ (gusta/gustan) mucho comprar ropa y (**2.**) _____ (tener/ser) que buscar un vestido porque ella (**3.**) _____ (abrir/deber) asistir a un evento importante el viernes. Ella (**4.**) _____ (ir/vivir) a una tienda *(store)* con ropa bonita. A Teresa le (**5.**) _____ (gusta/gustan) los zapatos y al final compra unos zapatos y un vestido elegante.

   Después de sus compras, Teresa (**6.**) _____ (tener/ser) hambre. Ella y su amiga van a (**7.**) _____ (comer/beber) en el restaurante Río Grande. Ellas (**8.**) _____ (correr/creer) que el restaurante (**9.**) _____ (vende/leer) los mejores *(best)* tacos. Las dos chicas (**10.**) _____ (decidir/recibir) comer tacos y (**11.**) _____ (deber/beber) agua.

3.38 ¿Qué van a hacer? Di lo que van a hacer estas personas según el tiempo que hace donde viven. Debes usar el futuro (**ir** + **a** + infinitivo). *(Indicate what the following people are going to do according to the weather where they live. You should use the future [**ir** + **a** + infinitive].)*

1. Yo vivo en Antigua y hoy llueve.
2. Carla vive en Santo Domingo y hoy hace buen tiempo.
3. Yago y Matilde viven en Granada y hoy nieva.
4. Zoila y yo vivimos en Tegucigalpa y hoy hace calor.
5. Hugo y Marisabel viven en Caracas y hoy hace mal tiempo.
6. Cándido vive en Asunción y hoy hace mucho frío.
7. Yo vivo en Bogotá y hoy hace fresco.
8. Ulises vive en La Paz y hoy hace viento.
9. Renata y yo vivimos en San Juan y hoy hace sol.
10. ¿Dónde vives tú? ¿Qué tiempo hace? ¿Qué vas a hacer hoy?

3.39 Explicaciones Lee las oraciones y usa **gustar** para explicar por qué estas personas no hacen ciertas actividades. *(Read the sentences and then, using the verb **gustar**, explain why these people don't do certain activities.)*

Modelo Frank no estudia. → *No le gustan sus clases.*
   Miguel y Ofelia no miran la tele. → *Les gusta leer en la noche.*

1. Yo no como chocolates.
2. Tú no comes en restaurantes.
3. Laura y Ángel no limpian su casa.
4. Tomasa no lleva pantalones cortos.
5. Felipe no recibe muchos mensajes electrónicos.
6. Nuria y yo no estudiamos en la biblioteca.

Exploraciones de repaso: comunicación

3.40 Descripción de fotos Escoge una de las fotos y contesta las siguientes preguntas. *(Choose one of the photos and answer the following questions.)*

1. ¿Qué estación es?
2. ¿Qué tiempo hace?
3. ¿Cuál es la relación entre las personas?
4. ¿Qué ropa llevan?
5. ¿Qué hacen? *(What are they doing?)*

Estrategia

Understand before moving on

When did you use this strategy in Chapter 3? Go to Share It! and explain how it helped you.

3.41 Ocho diferencias Trabaja con un compañero. Uno mira la ilustración aquí y el otro mira la ilustración en el Apéndice B. Túrnense para describir su ilustración y buscar las ocho diferencias. *(Work with a partner. One of you will look at the illustration on this page and the other will look at the illustration in Appendix B. Take turns describing the illustrations to find the eight differences.)*

3.42 Mi agenda Tu compañero y tú tienen que encontrar una hora para estudiar español. *(You and your partner have to find a time to study Spanish.)*

Paso 1 On a piece of paper write down your schedule for the week (Monday through Friday). You should include your classes, work, and other activities.

Paso 2 Work with a partner to find a time to study Spanish together. Using the expression **¿Qué tal...?** *(How about...?)*, take turns asking if a free time will work for the other. Continue until you find a time.

Paso 3 Share with the class the day and time you will study together.

CAPÍTULO 3

🔊 Vocabulario 1
1-20

La ropa y los accesorios

el abrigo	coat	el impermeable	raincoat
la blusa	blouse	los lentes	glasses
los bluyines	blue jeans	los pantalones	pants
la bolsa	purse	los pantalones cortos	shorts
las botas	boots	el paraguas	umbrella
la bufanda	scarf	la pijama	pajamas
los calcetines	socks	las sandalias	sandals
la camisa	shirt	el sombrero	hat
la camiseta	T-shirt	el suéter	sweater
la chaqueta	jacket	los tenis	tennis shoes
el cinturón	belt	el traje	suit
la corbata	tie	el traje de baño	swimming suit
la falda	skirt	el vestido	dress
el gorro	cap	los zapatos	shoes
los guantes	gloves		

El tiempo

Está despejado.	It is clear.	Hace mal tiempo.	The weather is bad.
Está nublado.	It is cloudy.	Hace sol.	It's sunny.
Hace buen tiempo.	The weather is nice.	Hace viento.	It is windy.
Hace calor.	It's hot.	Llueve.	It rains. / It is raining.
Hace fresco.	It is cool.	Nieva.	It snows. / It is snowing.
Hace frío.	It's cold.		

Las estaciones

el invierno	winter	la primavera	spring
el otoño	fall	el verano	summer

Los verbos

abrir	to open	deber	should, ought to
aprender (a + infinitive)	to learn (to do something)	decidir	to decide
		escribir	to write
asistir (a)	to attend	leer	to read
beber	to drink	recibir (un regalo)	to receive (a gift)
comer	to eat		
comprender	to understand	tomar el sol	to sunbathe
correr	to run	vender	to sell
creer	to believe	vivir	to live

Los colores see p. 78

Expresiones importantes

me gusta	I like	os gusta	you (plural) like (Spain)
te gusta	you like		
le gusta	he/she likes	les gusta	they, you (plural) like
nos gusta	we like		

Palabras adicionales

cómodo(a)	comfortable	llevar puesto(a)	to be wearing
llevar	to wear, to carry; to take		

Vocabulario 2

Los días de la semana

el lunes	*Monday*	el viernes	*Friday*
el martes	*Tuesday*	el sábado	*Saturday*
el miércoles	*Wednesday*	el domingo	*Sunday*
el jueves	*Thursday*		

Los meses

enero	*January*	julio	*July*
febrero	*February*	agosto	*August*
marzo	*March*	septiembre	*September*
abril	*April*	octubre	*October*
mayo	*May*	noviembre	*November*
junio	*June*	diciembre	*December*

Los verbos

ir	*to go*	terminar	*to finish*

Palabras adicionales

ahora	*now*	la medianoche	*midnight*
el Año Nuevo	*New Year*	el mediodía	*noon*
el cumpleaños	*birthday*	Navidad	*Christmas*
el día	*day*	la semana	*week*
el día feriado	*holiday*	por la mañana / tarde / noche	*in the morning / afternoon / evening*
la fecha	*date*		
el fin de semana	*weekend*		
hoy	*today*	todos los días	*every day*
mañana	*tomorrow*		

Diccionario personal

_____
_____
_____
_____
_____
_____
_____

CAPÍTULO 4

Learning Strategy

Participate

Participate in class. You cannot learn another language simply by observing. You must be willing to use the language actively, and to learn from the mistakes you make.

In this chapter you will learn how to:
- Describe your town or city
- Describe your home
- Tell where things are located
- Request information about the cost of things
- Use question words to ask for specific information

¿Dónde vives?

Exploraciones gramaticales
Stem-changing verbs 1: **(o → ue)** 118
The verb **estar** with prepositions 121
Question formation 132
Stem-changing verbs 2: **(e → ie, e → i)** 135

En vivo
Turismo local en Ecuador 125
Casas en venta 141

Conexiones culturales
Ciudades fuera de lo común 116
Casas únicas 130

Lectura
Algunas ciudades únicas de Latinoamérica 126
Soluciones a la vivienda 138

Exploraciones profesionales
La arquitectura 142

Exploraciones léxicas

El señor Ramírez tiene media hora para ir al banco y hacer otras diligencias *(errands)*. ¿Qué más puede hacer en el centro de la ciudad?

Otros lugares	Other places			Los verbos	
el aeropuerto	airport	el negocio	business	depositar dinero	to deposit money
el bar	bar	la oficina	office	mandar una carta /	to send a letter /
el café	cafe	la playa	beach	un paquete	a package
el club	club	el templo	temple	mirar una película	to watch a movie
el edificio	building	el zoológico	zoo	rezar	to pray
el mercado	market				

INVESTIGUEMOS EL VOCABULARIO

The suffix **-ería** is often used to indicate stores where certain products are sold. What is sold in the following stores?

chocolatería   **frutería**   **papelería**   **tortillería**

INVESTIGUEMOS EL VOCABULARIO

In the Spanish-speaking world, there are variations in the words that describe places to shop. For example, a department store could be referred to as **el almacén** or **la tienda de departamentos**. A supermarket could be **la bodega, el supermercado**, or **la tienda de autoservicio**.

A practicar

4.1 Escucha y responde Vas a escuchar una lista de lugares. Indica con el pulgar hacia arriba si es posible comprar un producto en el lugar. Si no es posible, indica con el pulgar hacia abajo.

4.2 ¿Cierto o falso? Decide si las oraciones son ciertas o falsas. Corrige las oraciones falsas.

1. En la playa compramos ropa.
2. En la discoteca miramos animales.
3. Nadamos en la piscina.
4. Miramos películas en el cine.
5. En el parque compramos medicinas.
6. Estudiamos y aprendemos en la tienda.
7. En la plaza rezamos.
8. Mandamos cartas en el banco.

4.3 ¿Con qué frecuencia... ? Para cada actividad, habla con un compañero diferente y pregúntale con qué frecuencia hace la actividad.

Modelo ir a la playa
Estudiante 1: *¿Con qué frecuencia vas a la playa?*
Estudiante 2: *Voy a la playa una vez al año.*

1. comprar comida en el mercado
2. rezar en el templo
3. caminar en el parque
4. mirar películas en el cine
5. enviar cartas en el correo
6. depositar cheques en el banco
7. ir al zoológico
8. bailar en una discoteca

> **INVESTIGUEMOS EL VOCABULARIO**
>
> When saying how often you do something, use the word **vez**.
>
> **una vez a la semana**
> *once a week*
>
> **dos veces al mes**
> *two times a month*
>
> To say you never do something, use the word **nunca** in front of the conjugated verb.
>
> Yo **nunca** voy al museo.
> *I **never** go to the museum.*

4.4 Conversemos Entrevista a tu compañero. Túrnense con las siguientes preguntas.

1. ¿Cuál es tu supermercado favorito?
2. ¿Hay un banco cerca de *(nearby)* tu casa? ¿Cómo se llama?
3. ¿Te gusta ir al cine?
4. ¿Cuál es tu restaurante favorito?
5. ¿En qué tienda prefieres comprar tu ropa?
6. ¿Adónde prefieres ir con tus amigos?
7. ¿Te gusta ir a museos? ¿Cómo se llama tu museo favorito?
8. ¿Te gusta ir al parque? ¿Por qué?

Estrategia

Participate in class.

The activities on this page offer many opportunities to use Spanish actively in class and to learn from your mistakes instead of worrying about making one.

4.5 Planes para el fin de semana Trabaja con un compañero. para descubrir cuáles son las actividades de Jazmín, Lila y Arturo durante el fin de semana y dónde las hacen. Uno de ustedes va a ver la información en esta página, y el otro va a ver la información en el **Apéndice B**.

Modelo Estudiante 1: *¿Qué hace Jazmín el sábado por la mañana?*
Estudiante 2: *Jazmín compra fruta.*
Estudiante 1: *¿Dónde compra fruta?*
Estudiante 2: *En el mercado.*

	Jazmín	Lila	Arturo
sábado por la mañana	comprar fruta (mercado)		rezar (la sinagoga)
sábado por la tarde		comprar ropa (el centro comercial)	
sábado por la noche			mirar una película (el cine)
domingo por la mañana	nadar (la playa)	visitar a un amigo (el hospital)	

Conexiones culturales
Ciudades fuera de lo común

Cultura

Las grandes ciudades del mundo generalmente tienen museos muy importantes. Dos museos de fama internacional son El Prado en Madrid, España, y el Museo del Oro *(Gold)* en Bogotá, Colombia. El Museo del Prado tiene una de las colecciones de arte más importantes del mundo, especialmente de pintores europeos de los siglos *(centuries)* XVI al XIX. El Museo del Oro tiene una colección impresionante de artículos prehispánicos hechos de *(made of)* oro y otros metales, con instalaciones modernas y exposiciones con multimedia.

¿De qué artistas crees que hay cuadros en El Prado?
¿Qué civilizaciones prehispánicas crees que están representadas en el Museo del Oro?
¿Qué otros museos de todo el mundo son muy famosos y por qué?

 Busca los nombres de artistas españoles y colombianos en **Exploraciones del mundo hispano** en el **Apéndice A**.

Investiga en Internet los sitios web oficiales del Museo del Prado y del Museo del Oro. Identifica una obra que te guste de uno de los museos. Sube *(Upload)* a Share It! la obra que te gusta y comparte *(share)* el nombre del artista y de la obra.

Comunidad

Busca a una persona de un país donde se habla español y haz una entrevista con las siguientes preguntas: **¿Dónde compras comida generalmente? ¿Dónde prefieres comprar ropa? ¿Son diferentes las tiendas en tu país?** Repórtale la información a la clase.

Comparaciones

Las ciudades pequeñas son diferentes a las grandes ciudades no solo por su tamaño *(size)*. Observa el mapa de Puno, una pequeña ciudad al lado del lago Titicaca, en Perú. ¿Hay algún edificio que no haya en tu ciudad? ¿Cuál? ¿Cuáles son los lugares turísticos principales?

Si llegas a Puno por tren, ¿debes caminar mucho para ver los lugares de interés?

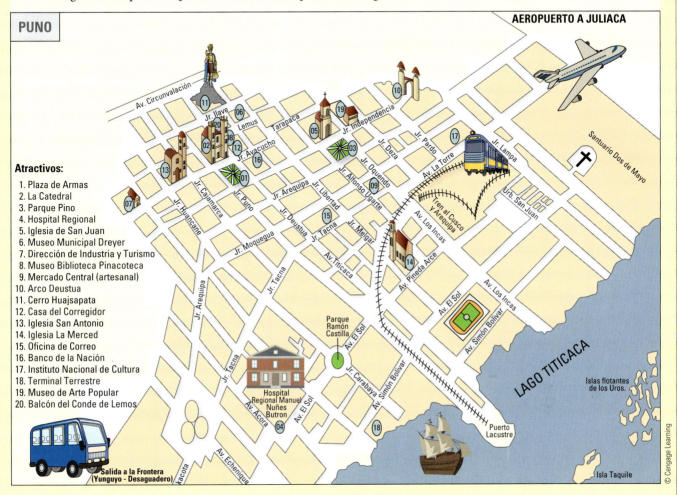

Conexiones... a las relaciones internacionales

Muchas ciudades del mundo participan en un programa de ciudades hermanas. La Asociación Internacional de Ciudades Hermanas es una organización que promueve el respeto mutuo, la comprensión y la cooperación. Por ejemplo, Miami, Florida, es ciudad hermana de Managua, Nicaragua. El objetivo del programa es conectar a dos ciudades semejantes *(similar)* en superficie que están en diferentes zonas del mundo para fomentar *(to encourage)* el contacto humano. ¿Cuál es la ciudad hermana de la capital de tu estado? ¿Qué actividades y eventos tienen?

Managua, la capital de Nicaragua, es ciudad hermana de Miami.

Exploraciones gramaticales

A analizar

Nicolás y Santiago hablan de sus planes. Después de ver el video, lee parte de su conversación y observa las formas del verbo **poder.**

Nicolás: ¿**Puedes** ir conmigo? Como está cerca del restaurante cubano, **podemos** comer después.

Santiago: Uy, me gustaría, pero no **puedo.** Tengo que ir a la biblioteca ahora. Voy a estudiar con Paula para el examen de ciencias políticas.

1. Using your knowledge of verb conjugation and the forms in the conversation, complete the chart with the correct forms of the verb **poder.**

   poder

   yo _____   nosotros(as) _____
   tú _____   vosotros (as) podéis
   él, ella, usted _____   ellos, ellas, ustedes _____

2. Now look at the conjugated forms of **poder** above. Which forms have a stem (the first part of the verb) that is different from the infinitive? How do they change?

A comprobar

Stem-changing verbs (o → ue)

1. There are a number of verbs that have changes in the root or stem. They are called stem-changing verbs. Notice in the verbs below, that the **o** changes to **ue** in all forms except the **nosotros** and **vosotros** forms. The endings are the same as other **-ar, -er,** and **-ir** verbs.

almorzar *(to eat lunch)*

yo	alm**ue**rzo	nosotros(as)	almorzamos
tú	alm**ue**rzas	vosotros(as)	almorzáis
él, ella, usted	alm**ue**rza	ellos, ellas, ustedes	alm**ue**rzan

volver *(to return)*

yo	v**ue**lvo	nosotros(as)	volvemos
tú	v**ue**lves	vosotros(as)	volvéis
él, ella, usted	v**ue**lve	ellos, ellas, ustedes	v**ue**lven

dormir *(to sleep)*

yo	d**ue**rmo	nosotros(as)	dormimos
tú	d**ue**rmes	vosotros(as)	dormís
él, ella, usted	d**ue**rme	ellos, ellas, ustedes	d**ue**rmen

Los niños **duermen** en este dormitorio.
*The children **sleep** in this bedroom.*

Gloria y yo **almorzamos** en la cafetería.
*Gloria and I **eat lunch** in the cafeteria.*

The verbs listed below are also **o → ue** stem-changing verbs.

costar	to cost
devolver	to return (something)
encontrar	to find
llover	to rain
morir	to die
poder	to be able to
recordar	to remember
soñar (con)	to dream (about)

2. The verb **jugar** is conjugated similarly to the **o → ue** stem-changing verbs, changing the **u** of its stem to **ue**.

jugar *(to play)*

yo	j**ue**go	nosotros(as)	jugamos
tú	j**ue**gas	vosotros(as)	jugáis
él, ella, usted	j**ue**ga	ellos, ellas, ustedes	j**ue**gan

A practicar

4.6 Un poco de lógica ¿Qué verbo completa mejor la oración?

1. Matilde siempre _____ a la casa después de trabajar.
   a. llueve b. vuelve c. almuerza
2. Los niños _____ con el perro en el parque.
   a. juegan b. sueñan c. encuentran
3. Nosotros _____ en el café.
   a. dormimos b. volvemos c. almorzamos
4. Renata no _____ un vestido bonito en la tienda.
   a. sueña b. encuentra c. vuelve
5. Mis amigos _____ mirar una película en el cine.
   a. juegan b. cuestan c. pueden
6. Mi esposo y yo _____ en un hotel en Montevideo.
   a. dormimos b. podemos c. encontramos
7. Yo _____ el libro a la biblioteca.
   a. encuentro b. vuelvo c. devuelvo
8. La ciudad es confusa y no _____ dónde está el hotel.
   a. recuerdo b. puedo c. duermo

La ciudad es confusa.

4.7 Nuestros sueños Completa el siguiente párrafo con las formas necesarias del verbo **soñar**.

Todos tienen sueños *(dreams)* para el año nuevo. Yo (1) _____ con un trabajo y mi esposo (2) _____ con comprar un auto nuevo. Nosotros también (3) _____ con comprar una casa nueva. Mis hermanos (4) _____ con unas vacaciones en la playa. Y tú ¿con qué (5) _____?

¿Sueñas con comprar un auto?

4.8 ¿Cuánto cuesta? Estás en una tienda de ropa en España. Con un compañero, túrnense para preguntar cuánto cuestan los objetos.

Modelo Estudiante 1: *¿Cuánto cuesta el sombrero negro?*
Estudiante 2: *Cuesta treinta y cinco euros.*

1.

2.

3.

4.

4.9 ¿Quién puede? Usando el verbo **poder**, explícale a tu compañero quién puede o no puede hacer las siguientes actividades.

Modelo viajar este verano
Yo puedo viajar este verano.
Mi esposo no puede viajar este verano.

1. tocar el piano
2. bailar bien
3. jugar al golf
4. hablar francés
5. nadar
6. ir a bares
7. votar *(to vote)*
8. comer mucho
9. cocinar bien

4.10 En busca de… Busca a ocho compañeros diferentes que hagan una de las siguientes actividades.

1. Normalmente (dormir) ocho horas.
2. (Volver) a casa después de las clases.
3. (Almorzar) en un restaurante una vez a la semana.
4. (Jugar) al tenis.
5. (Soñar) con un auto nuevo.
6. (Poder) cantar muy bien.
7. (Devolver) ropa a la tienda con frecuencia.
8. (Encontrar) a amigos en el cine.

INVESTIGUEMOS LA MÚSICA

Rakim y Ken-Y es un grupo de reggaetón de Puerto Rico. Escucha su éxito "Un sueño" en Internet. ¿Cuál es el sueño del que hablan?

2
Exploraciones gramaticales

A analizar

Santiago le explica a Nicolás dónde está el correo. Mira el video otra vez. Después lee parte de su conversación y observa las formas del verbo **estar**.

Nicolás: ¡Hola Santiago! ¿Cómo **estás**?
Santiago: **Estoy** muy bien, ¿y tú?
Nicolás: Bien, pero no sé dónde **está** el correo y tengo que mandar este paquete a mis padres.
Santiago: No **está** muy lejos. Mira, **estamos** en la calle San Pedro y el correo **está** en la calle Santa Rosa, enfrente del restaurante cubano.

1. You learned some of the forms of the verb **estar** in **Capítulo 1**. The boldfaced verbs are also forms of the verb **estar**. From what you have already learned and by looking at the examples above, fill in the following chart.

   estar

   yo _____   nosotros(as) _____
   tú _____   vosotros(as) _____
   él, ella, usted _____   ellos, ellas, ustedes _____

2. **Estar** is used in the conversation for two different purposes. Can you identify them?

A comprobar

The verb **estar** with prepositions of place

Las preposiciones de posición

a la derecha de	to the right of	**dentro de**	inside	**enfrente de**	in front of, facing
a la izquierda de	to the left of	**detrás de**	behind	**entre**	between
al lado de	beside, next to	**en**	in, on, at	**fuera de**	outside
cerca de	near	**encima de**	on top of	**lejos de**	far from
debajo de	below				

1. Notice that most of the prepositions include the word **de** (of).

   You will remember from **Capítulo 2** that the **de** in front of a masculine noun combines with **el** to become **del (de + el = del),** and that it does not contract with the other articles.

   Mi casa está al lado **del** café.
   My house is next to the café.

   El cine está a la derecha **de** la tienda.
   The movie theater is to the right of the store.

2. The verb **estar** is used to express position; therefore, it is used with all prepositions of place.

   estar *(to be)*

yo	**estoy**	nosotros(as)	**estamos**
tú	**estás**	vosotros(as)	**estáis**
él, ella, usted	**está**	ellos, ellas, ustedes	**están**

A practicar

4.11 Actividades en la ciudad Lee las oraciones. ¿Qué actividades pueden hacer *(do)* las personas en el lugar donde están?

1. Yo estoy en la plaza.
2. Mis hijos están en la escuela.
3. Tú estás en el aeropuerto.
4. Mi esposa está en la oficina.
5. Mis amigos están en el café.
6. Mi hermano está en el correo.
7. Mi madre y yo estamos en el parque.
8. Tú estás en el banco.

4.12 En la capital Completa las oraciones con la forma necesaria del verbo **estar**. Luego identifica los países donde están las ciudades.

Modelo Mario ___está___ en Santiago. *Está en Chile.*

1. Yo _____ en Lima.
2. Usted _____ en San José.
3. Gloria y yo _____ en La Habana.
4. Joaquín y Héctor _____ en San Juan.
5. Hugo _____ en Caracas.
6. Tú _____ en Tegucigalpa.
7. Cristina _____ en Quito.
8. Los Gardel _____ en Buenos Aires.

4.13 ¿Dónde están? Usa la forma apropiada del verbo **estar** y el vocabulario para explicar dónde están las diferentes personas. Luego explica qué hacen *(they do)* allí.

Modelo los niños
Los niños están en el zoológico. Miran los animales.

1. Ricardo

2. mis amigos

3. la señora Montero

4. mis amigos y yo

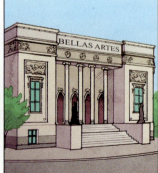

5. tú

6. tu perro y tú

4.14 En la ciudad Mira el plano, escucha la descripción de la ciudad y decide si cada oración es cierta o falsa. Corrige las oraciones falsas.

1-23

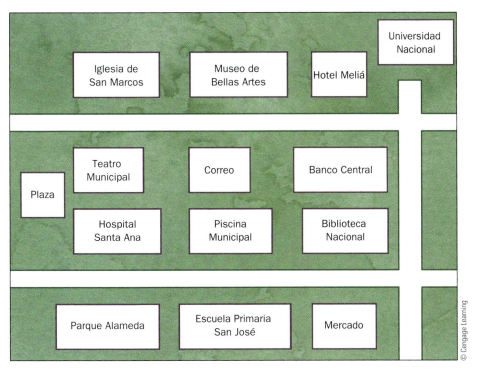

4.15 El plano En parejas inventen tres oraciones más sobre el plano. Las oraciones pueden ser ciertas o falsas y deben incluir las preposiciones. Después van a leer las oraciones para la clase y los otros compañeros van a decidir si son ciertas o falsas.

4.16 ¿Dónde está… ? En parejas túrnense para hacer y contestar preguntas sobre el dibujo. Usen todas las preposiciones posibles para cada pregunta.

Modelo el café
    Estudiante 1: *¿Dónde está el café?*
    Estudiante 2: *El café está al lado de la librería.*

1. el banco
2. la librería
3. el automóvil
4. la bicicleta
5. el gimnasio
6. el perro
7. el parque
8. la tienda

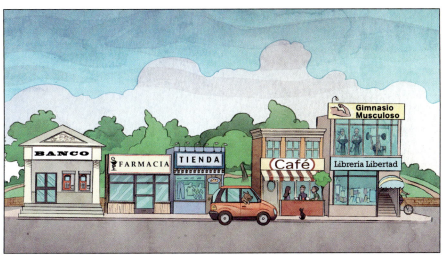

4.17 Creando una ciudad Con un compañero túrnense para decidir dónde están los edificios en la ciudad en el plano *(city map)* abajo. Después de describir dónde están, escriban los nombres de los edificios en el plano. Al final tu plano y el plano de tu compañero deben ser idénticos.

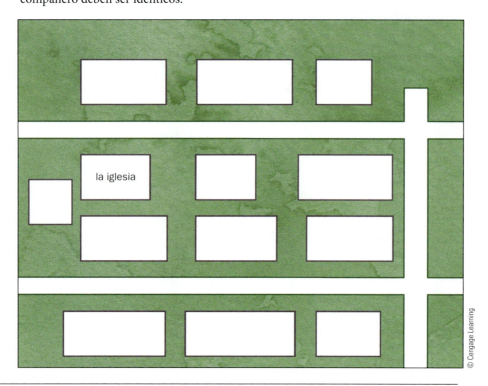

4.18 ¿Es cierto? En parejas túrnense para hacer oraciones ciertas o falsas sobre las posiciones de los edificios, los coches y la piscina en la ilustración. El otro estudiante debe decidir si la afirmación es cierta y corregir las afirmaciones falsas.

Modelo Estudiante 1: *Hay un coche detrás del banco.*
Estudiante 2: *Falso, está enfrente del banco.*

En vivo

Entrando en materia
¿Adónde te gusta ir en la ciudad o pueblo donde vives?

Turismo local en Ecuador

🔊 1-24 Escucha el reportaje *(news report)* sobre los esfuerzos *(efforts)* para promover el turismo local en Ecuador.

Vocabulario útil

la comida	*food*	los eventos	*events*
compartir	*to share*	las noticias	*news*
disfrutar	*to enjoy*	el portal	*web page*

Comprensión
Decide si las afirmaciones son ciertas o falsas. Corrige las oraciones falsas.

1. Según las noticias, a muchos habitantes de Quito les gusta pasar tiempo en las calles de la ciudad.
2. La Compañía de Turismo de Ecuador tiene un nuevo portal en Internet.
3. En el portal las personas pueden compartir recomendaciones.
4. El fin de semana hay un concierto en el cine frente a la plaza principal.
5. El locutor *(announcer)* piensa que el portal es una mala idea.

Más allá

Escribe una reseña *(review)* de un lugar que te gusta visitar en tu ciudad. ¿Qué tipo de lugar es? ¿Cómo se llama? ¿Dónde está? ¿Por qué es bueno?

Comparte tu reseña en Share It! y, si es posible, incluye fotos. Luego lee las recomendaciones de los otros estudiantes.

Lectura

Reading Strategy: Re-read

Don't think that you need to understand everything the first time. In fact, it is a very good idea to read a text several times. You will understand a bit more each time. In your first reading you may also skip a paragraph if you find it particularly difficult. You can always go back to it later.

Antes de leer

¿Qué cosas hay en todas las grandes ciudades? ¿Cómo imaginas que son las capitales de España y los países latinoamericanos?

A leer

Algunas ciudades únicas de Latinoamérica

were / before

La mayoría de las grandes ciudades latinoamericanas combina lo moderno con lo histórico. Algunas de las ciudades **fueron** fundadas mucho **antes** de la llegada de los españoles, como es el caso de Cuzco, la capital del imperio Inca en Perú, y de la Ciudad de México, fundada por los aztecas con el nombre de Tenochtitlán. Hoy día en las dos ciudades se pueden ver ruinas de civilizaciones indígenas al lado de edificios coloniales de hasta 400 años de antigüedad. Por supuesto, en España y Latinoamérica también hay muchas ciudades modernas, con **rascacielos** y otras maravillas de la ingeniería, como **puentes** y avenidas de circulación rápida.

skyscrapers
bridges

[Un elegante ejemplo de modernidad se encuentra en Buenos Aires…]

Un elegante ejemplo de modernidad se encuentra en Buenos Aires, la capital de Argentina y su ciudad más importante. Con más de doce millones de habitantes. "Baires", **como** la llaman los argentinos, **fue** fundada en 1536 con el nombre original de "Puerto de Nuestra Señora Santa María del Buen Aire". Los **barrios** de la ciudad reflejan su pasado de inmigrantes. Es una ciudad cosmopolita y llena de cultura. Es famosa por sus monumentos, como

as
was
subdivisions

Puerto Madero, en Buenos Aires

el Obelisco, y por tener la avenida **más ancha** del mundo: la Avenida 9 de julio.

Otra ciudad moderna y de **hermosa** arquitectura es Bogotá. La ciudad de Bogotá es la capital de Colombia y en 2006 fue declarada "capital del libro del mundo" por la UNESCO, gracias a las increíbles bibliotecas de la ciudad.

Cada una de estas ciudades es especial por su arquitectura, sus monumentos, parques, restaurantes, cafés, tiendas y boutiques. Sin duda, como muchas otras ciudades latinoamericanas, son muy atractivas para el turismo.

widest

beautiful

La ciudad de Bogotá

Comprensión

Contesta las preguntas.
1. ¿Qué combinan muchas de las ciudades de Latinoamérica?
2. ¿Cómo se llamaba la capital del imperio Inca en Perú?
3. ¿Cómo llaman los argentinos a su capital?
4. ¿Por qué es famosa Buenos Aires?
5. ¿Por qué fue declarada "la capital del libro del mundo" Bogotá?

Después de leer

Busca una página en Internet con información para turistas en una ciudad de España o Latinoamérica. Después contesta las preguntas.
1. ¿Qué actividades puedes hacer?
2. ¿Te gustaría visitar la ciudad? ¿Por qué?

La ciudad de Cuenca, en Ecuador, es famosa por sus iglesias.

2 Exploraciones léxicas

Esta es la casa de Lola. ¿Qué hay en su casa?

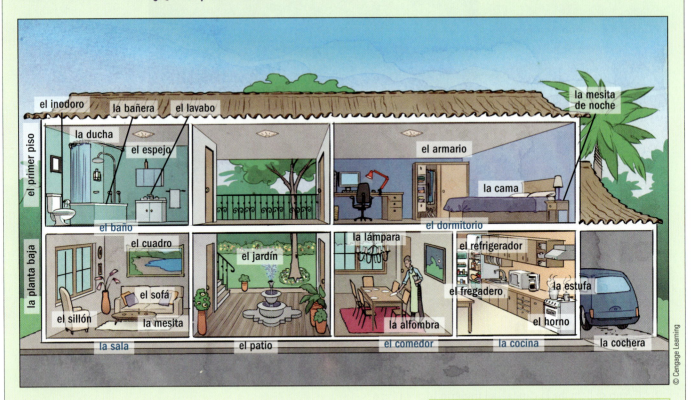

alquilar	to rent
el apartamento	apartment
la cafetera	coffee maker
las cortinas	curtains
la dirección	address
el electrodoméstico	appliance
la flor	flower
la habitación	room

el (horno de) microondas	microwave (oven)
la lavadora	washer
el lavaplatos	dishwasher
los muebles	furniture
las plantas	plants
la secadora	dryer

INVESTIGUEMOS LA GRAMÁTICA

You learned in **Capítulo 2** that adjectives that express quantity, such as **mucho, poco,** and **varios,** are placed in front of the noun they describe. **Primero** is another adjective that precedes nouns. Notice that in the masculine singular form it becomes **primer** when in front of a noun.

Mi dormitorio está en el **primer** piso.
*My bedroom is on the **first** floor.*

Es la **primera** casa en la calle.
*It is the **first** house on the street.*

INVESTIGUEMOS EL VOCABULARIO

Notice that **el primer piso** refers to what people in the United States would call the second floor. In many Spanish-speaking countries the first floor is referred to as the ground floor, or **la planta baja.**

A practicar

4.19 Escucha y responde Vas a escuchar algunas oraciones. Indica con el pulgar hacia arriba si la oración es lógica. Si no es lógica, indica con el pulgar hacia abajo.
CD 1-25

4.20 ¿Dónde están? ¿En qué habitación de la casa están los siguientes muebles o aparatos?

1. el horno
2. el sillón
3. el lavabo
4. el lavaplatos
5. el armario
6. la cafetera
7. la mesita de noche
8. la cama
9. el inodoro

4.21 ¡Qué desastre! La casa es un desastre y no puedes encontrar nada. Con un compañero, túrnense para preguntar dónde están los objetos perdidos *(lost)*.

Modelo la corbata
  Estudiante 1: *¿Dónde está la corbata?*
  Estudiante 2: *Está encima de la cama.*

1. el teléfono
2. el libro
3. la bota
4. el suéter
5. el paraguas
6. el cuaderno
7. los peces
8. el gato

> **INVESTIGUEMOS EL VOCABULARIO**
>
> While **el dormitorio** is a standard word for *bedroom*, there are many other terms:
>
> **el cuarto** (Latin America)
> **la habitación** (Mexico, Spain)
> **la pieza** (Mexico, Chile)
> **la alcoba** (South America)
> **la recámara** (Latin America)
>
> **La sala** is the most commonly used term for *living room*, but in Argentina and Chile it is called **el living**. In other countries it is called **el recibidor** or **el cuarto de estar**.
>
> A refrigerator is **la nevera** or **la heladera** in South America but **el frigorífico** in Spain.

4.22 Adivinanza Mira el dibujo al inicio de la lección. Vas a elegir y a describir tres objetos en dos o tres oraciones. No debes mencionar el objeto en tu descripción. Usa **es para** para describir la función del aparato. Con un compañero túrnense para adivinar el objeto que el otro describe.

Modelo Estudiante 1: *Está en la cocina. Está debajo de la estufa. Es para cocinar.*
  Estudiante 2: *¡Es el horno!*

4.23 Comparemos Trabaja con un compañero. Uno de ustedes mira la casa en esta página mientras el otro mira la casa en el **Apéndice B.** Túrnense para describir las casas y busquen las seis diferencias.

la casa de Alberto

Conexiones culturales
Casas únicas

Cultura

Entre las atracciones turísticas de cada ciudad, es común que haya alguna casa en donde vivió *(lived)* una persona destacada para la historia o la cultura de ese país. Muchas de las casas de personas famosas son transformadas en *(are converted into)* museos. Por ejemplo, Pablo Neruda, el famoso poeta de Chile, tuvo casas en Santiago de Chile, en Valparaíso y en Isla Negra. Hoy en día todas sus casas son museos que se pueden visitar. En ellas hay muchas obras de arte y objetos que pertenecieron a *(belonged to)* Neruda.

Otra casa muy visitada es la de Ernesto "Ché" Guevara, famoso revolucionario que participó en la Revolución Cubana. Al igual que Neruda el Che vivió en varias casas que ahora lo homenajean *(pay tribute to him)*. Una de las más populares es el Museo Casa del Ché en Alta Gracia, Argentina donde vivió de niño *(as a child)*.

La siguiente es una lista de otras casas de personas famosas. Busca en Internet para decir quiénes fueron *(were)* estas personas y dónde están sus casas.

La Casa-Museo de Federico García Lorca

El Museo Casa natal de Rubén Darío

La Casa-Museo Quinta de Simón Bolívar

 Busca a un escritor colombiano en **Exploraciones del mundo hispano** en el **Apéndice A** y después investiga si tiene una casa-museo.

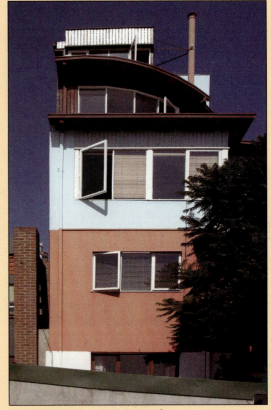
Casa de Pablo Neruda en Valparaíso

Comunidad

Entrevista a una persona de un país hispanohablante acerca de su casa. ¿Qué habitaciones hay? ¿Qué hay en las habitaciones? Toma notas y luego observa qué variaciones léxicas de la página 129 usa la persona que entrevistas. ¿Notas otras variaciones? Repórtale a la clase la información más relevante.

Casa de Ernesto Guevara

Comparaciones

Una expresión común en la cultura hispana es una que se usa para dar la bienvenida a un visitante: "Está usted en su casa", o "Mi casa es su casa". Hay muchas expresiones en español que hablan de la casa. Otro ejemplo es "Candil (*lamp*) de la calle, obscuridad de su casa", una expresión que se usa para hablar de una persona que es muy amable con las personas fuera de su casa, pero no con las de su familia. Los siguientes son otros refranes (*proverbs*) que se refieren a la casa. ¿Cuál de las fotos asocias con cada refrán? ¿Por qué? ¿Qué valores reflejan? ¿Estás de acuerdo con ellos? ¿Hay equivalentes en inglés?

Casa sin hijos, higuera (*fig tree*) sin higos (*figs*).
Cuando de casa estamos lejanos, más la recordamos.
En la casa en que hay un viejo, no faltará (*lack*) un buen consejo (*advice*).
La ropa sucia (*dirty*) se lava en casa.

¿Cuáles son algunos refranes en inglés que hablan de la casa? ¿Qué valores reflejan?
¿Reflejan valores semejantes o diferentes a los refranes en español?

Conexiones... a la arquitectura

Algunos de los arquitectos más famosos del mundo son españoles. Un ejemplo histórico es el de Antonio Gaudí (1852–1926) y un ejemplo moderno es el de Santiago Calatrava (1951– ...). Gaudí era un hombre muy sencillo y religioso. Su obra maestra (*masterpiece*) es la Catedral de la Sagrada Familia, en Barcelona, que todavía está en construcción. Su arquitectura es considerada modernista, pero su estilo es único en el mundo. Por otra parte está Santiago Calatrava. Aunque no es arquitecto sino (*but*) ingeniero, sus edificios se caracterizan por conjuntar (*bring together*) la ingeniería y la arquitectura. Calatrava es particularmente famoso por sus puentes (*bridges*), estaciones de trenes y estadios. ¿Qué estilo prefieres? ¿Tienes un arquitecto o un estilo arquitectónico favorito? ¿Quién o cuál?

Casa Milá en Barcelona, una obra de Gaudí

Museo diseñado por Santiago Calatrava, Valencia, España

3
Exploraciones gramaticales

A analizar

Santiago habla con una señora sobre un apartamento que ella desea alquilarle. Después de ver el video, lee parte de su conversación y contesta las preguntas que siguen.

Santiago:	¿Cómo es el apartamento?
Señora:	Bueno, la sala es bonita y muy grande. Hay un dormitorio con una cama matrimonial y un escritorio donde puede estudiar. También hay una cocina pequeña y un cuarto de baño con ducha y lavabo.
Santiago:	¿Qué electrodomésticos hay en la cocina?
Señora:	Hay una estufa, un refrigerador y una lavadora.
Santiago:	¿Cuánto cuesta al mes?
Señora:	$750 e incluye el gas pero no el agua.
Santiago:	Y ¿cuál es la dirección?
Señora:	Está en la calle 8, número 53, cerca del hospital.

1. Punctuation for questions is different in Spanish and English. What is the difference?
2. Identify the interrogatives (question words) in the conversation. What do all of the question words have in common?

A comprobar

Interrogatives

¿cómo?	how?	¿adónde?	to where?	¿quién(es)?	who?	¿cuántos(as)?	how many?
¿cuándo?	when?	¿de dónde?	from where?	¿qué?	what?	¿cuánto(a)?	how much?
¿dónde?	where?	¿por qué?	why?	¿cuál(es)?	which?		

*Notice that all question words have an accent.

1. In most questions:
   - the subject is placed after the verb.
   - the question word is often the first word of the question.
   - it is not necessary to have a helping word such as *do* or *does*.
   - it is necessary to have an inverted question mark at the beginning of the question and another question mark at the end.

interrogative	+ verb	+ subject
¿Cuál	es	tu casa?
¿Dónde	vives	tú?

2. Prepositions (**a, con, de, en, por, para,** etc.) cannot be placed at the end of the question as is often done in English. They *must* be in front of the question word.

   ¿**Con** quién vives?
   Who (Whom) do you live with?

3. **Quién** and **cuál** must agree in number with the noun that follows, and **cuánto** and **cuántos** must agree in gender.

   ¿**Cuántas** habitaciones tiene la casa?
   How many rooms does the house have?

   ¿**Quiénes** son tus compañeros de casa?
   Who are your roommates?

4. There are two ways to express *What?* or *Which?*

When asking *which*, use **qué** in front of a noun and **cuál** in front of a verb or with the preposition **de**.

> ¿**Qué** electrodomésticos necesitas?
> *What (Which) appliances do you need?*
>
> ¿**Cuáles** son sus camas?
> *Which (ones) are their beds?*
>
> ¿**Cuál** de estos apartamentos te gusta?
> *Which of these apartments do you like?*

When asking *what*, use **cuál** with the verb **ser** with the exception of the question ¿**Qué es?** *(What is it?)*. Use **qué** with all other verbs.

> ¿**Cuál** es tu número de teléfono?
> *What is your phone number?*
>
> ¿**Qué** buscas en la sala?
> *What are you looking for in the living room?*

A practicar

4.24 La respuesta lógica Lee las preguntas y decide cuál es la respuesta más lógica.

1. _____ ¿Cómo es la casa?
2. _____ ¿Cuántos baños hay?
3. _____ ¿Dónde está la casa?
4. _____ ¿Qué hay en la cocina?
5. _____ ¿Quién vive en la casa ahora?
6. _____ ¿Por qué venden la casa?

a. Uno.
b. Hay una estufa y un refrigerador.
c. Ella tiene un nuevo trabajo en otra ciudad.
d. Es pequeña, pero muy cómoda.
e. Una madre con sus dos hijos.
f. Está en el centro.

4.25 ¿Qué o cuál? Decide si debes usar ¿**Qué?** o ¿**Cuál(es)?** para completar las preguntas.

1. ¿_____ dormitorio te gusta más?
2. ¿En _____ calle está el apartamento?
3. ¿_____ es tu casa, la casa blanca o la casa azul?
4. ¿_____ muebles hay en la sala?
5. ¿_____ son los electrodomésticos que necesitas?
6. ¿En _____ piso están los dormitorios?
7. ¿_____ de los apartamentos está más cerca?
8. ¿_____ es la dirección de la casa?

4.26 Una conversación por teléfono Escuchas parte de una conversación telefónica entre el señor Ruiz y Magdalena sobre un apartamento que él tiene para alquilar. Completa la conversación telefónica con las preguntas lógicas de ella. Inventa la última pregunta y la respuesta.

Señor Ruiz: ¿Bueno?
Magdalena: Buenos días. 1. ¿_____?
Señor Ruiz: Estoy bien, gracias.
Magdalena: 2. ¿_____?
Señor Ruiz: El apartamento está en la calle Montalvo.
Magdalena: 3. ¿_____?
Señor Ruiz: Hay tres dormitorios.
Magdalena: 4. ¿_____?
Señor Ruiz: Cuesta 2000 pesos al mes.
Magdalena: 5. ¿_____?
Señor Ruiz: Usted puede visitar el apartamento hoy mismo.
Magdalena: 6. ¿...?
Señor Ruiz: _____ Bueno, adiós.

¿Bueno?

4.27 Una casa Trabaja con un compañero. Mira la foto e inventa preguntas sobre la casa y las personas que viven allí. Luego inventa respuestas para las preguntas de tu compañero.

Modelo *¿Cuántas personas viven aquí?*

Las casas en Valaparaíso, Chile, son famosas por sus colores.

4.28 Información, por favor Imagínate que trabajas en una oficina dónde alquilan apartamentos y necesitas completar el formulario con la información de un cliente nuevo. Debes hacerle algunas preguntas a tu compañero para completar el formulario. En donde dice preferencias, el cliente debe imaginar dos o tres características que quiere en una casa, por ejemplo **Necesita tener dos baños.** Cuando terminen, cambien de papel *(change roles)*.

Modelo Nombre
  Estudiante A: *¿Cómo se llama Ud.?*
  Estudiante B: *Me llamo…*

FORMULARIO PARA ALQUILAR UN APARTAMENTO

Nombre	
Edad *(Age)*	
Dirección	
Origen	
Nombre de esposo(a)	
Número de hijos	
Trabajo	
Preferencias	

Exploraciones gramaticales

A analizar

Santiago habla con una señora sobre un apartamento que ella tiene para alquilar. Después de ver el video lee esta parte de su conversación y observa las formas del verbo **preferir**.

Santiago: Me gustaría ver *(see)* el apartamento.

Señora: Bueno, mi esposo y yo **preferimos** recibir a las personas interesadas durante el fin de semana. ¿Qué día **prefiere** usted, el sábado o el domingo?

Santiago: **Prefiero** el sábado por la mañana si es posible.

Señora: Bueno, ¿qué tal el sábado a las once?

Santiago: ¡Perfecto! Hasta el sábado.

1. Using the examples from the conversation and your knowledge of conjugating stem-changing verbs, complete the table with the verb **preferir**.

   preferir

   yo _____   nosotros(as) _____
   tú _____   vosotros(as) _____
   él, ella, usted _____   ellos, ellas, ustedes _____

2. How do the **nosotros** and **vosotros** forms of the verb differ from the other forms?

A comprobar

Stem-changing verbs e → ie and e → i

1. In **Exploraciones gramaticales 1** you learned that some verbs have changes in the stem. Notice that in the verbs below the **e** changes to **ie** and that the endings are the same as other **-ar, -er,** and **-ir** verbs.

cerrar *(to close)*

yo	cierro	nosotros(as)	cerramos
tú	cierras	vosotros(as)	cerráis
él, ella, usted	cierra	ellos, ellas, ustedes	cierran

querer *(to want)*

yo	quiero	nosotros(as)	queremos
tú	quieres	vosotros(as)	queréis
él, ella, usted	quiere	ellos, ellas, ustedes	quieren

mentir *(to lie)*

yo	miento	nosotros(as)	mentimos
tú	mientes	vosotros(as)	mentís
él, ella, usted	miente	ellos, ellas, ustedes	mienten

Exploraciones gramaticales 4 | *ciento treinta y cinco* **135**

The verbs listed below are also **e → ie** stem-changing verbs.

comenzar (a)	to begin (to do something)
nevar	to snow
empezar (a)	to begin (to do something)
pensar	to think
encender	to turn on
perder	to lose
entender	to understand
preferir	to prefer

2. **Pensar en** means *to think about* and **pensar de** means *to think of* (opinion). **Pensar** + an infinitive means *to plan to do something*.

> Ella **piensa** mucho **en** sus hijos.
> *She thinks about her children a lot.*

> ¿Qué **piensas de** la casa?
> *What do you think of the house?*

> Yo **pienso** buscar un apartamento.
> *I plan to look for an apartment.*

3. There are some **-ir** verbs in which the **e** in the stem changes to **i**. As with the **e → ie** stem-changing verbs, these verbs also change in all forms except **nosotros** and **vosotros,** and the endings are the same as regular **-ir** verbs.

repetir *(to repeat)*

yo	rep**i**to	nosotros(as)	repetimos
tú	rep**i**tes	vosotros(as)	repetís
él, ella, usted	rep**i**te	ellos, ellas, ustedes	rep**i**ten

The verbs listed below are **e → i** stem-changing verbs like **repetir.**

competir	to compete	servir	to serve
pedir	to ask for	sonreír	to smile
reír	to laugh		

4. Notice that the verb **reír** requires an accent mark on the **i** when it is conjugated. The same rule applies for **sonreír.**

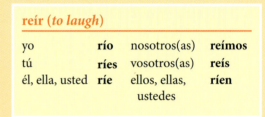

reír *(to laugh)*

yo	r**í**o	nosotros(as)	re**í**mos
tú	r**í**es	vosotros(as)	re**í**s
él, ella, usted	r**í**e	ellos, ellas, ustedes	r**í**en

5. **Pedir** means *to ask for (something)* and **preguntar** means *to ask (a question)*. The preposition *for* is part of the verb **pedir,** so you should not use **por** or **para** with it.

> Los niños **piden** permiso de sus padres.
> *Children ask permission from their parents.*

> Él **pregunta** si van a vender su casa.
> *He is asking if they are going to sell their house.*

A practicar

4.29 En la tienda de muebles Todos quieren comprar algo nuevo. ¿Para qué habitación son los objetos que quieren comprar?

1. Mi esposo y yo queremos comprar una cama.
2. Raúl quiere comprar un auto.
3. Carlota y Esteban quieren comprar una mesa con cuatro sillas.
4. Jimena quiere comprar un sofá.
5. Yo quiero comprar un horno de microondas.

4.30 ¿Qué piensan hacer más tarde? Usando el verbo **pensar,** explica qué piensan hacer las personas, cuándo y dónde.

Modelo mi hermana
Mi hermana piensa leer un libro en el patio a las dos y media.

1. yo **2.** mi esposa **3.** mis hijos

4. mi esposa y yo **5.** mi abuelo **6.** Y tú ¿qué piensas hacer más tarde?

4.31 Somos iguales Marca cuatro de las siguientes oraciones que sean ciertas *(are true)* para ti. Después, busca cuatro diferentes compañeros para quienes una de las oraciones también sea cierta.

__ Sirvo la comida en mi casa.
__ Quiero viajar a otro país.
__ Sonrío en las fotos.
__ No miento.
__ Enciendo la radio cuando estudio.
__ Normalmente empiezo a estudiar después de (*after*) las ocho de la noche.
__ A veces (*Sometimes*) pierdo la tarea.
__ Pienso comer en un restaurante hoy.
__ Entiendo otra lengua.
__ Pido ayuda con la tarea de español.

4.32 Entrevista Con un compañero túrnense para entrevistarse con las siguientes preguntas.

Los estudios

1. ¿Dónde prefieres estudiar?
2. Normalmente ¿a qué hora empiezas a estudiar?
3. ¿Entiendes al profesor de español?
4. ¿A veces pides ayuda con la tarea de español? ¿A quién?

El tiempo libre

5. ¿Enciendes la tele en la noche? ¿Qué te gusta mirar?
6. ¿Compites en un deporte? ¿Cuál?
7. ¿Qué piensas hacer este fin de semana?
8. ¿Quieres viajar en el verano? ¿Adónde?

¿Adónde quieres viajar?

Lectura

Reading Strategy: Review strategies

Remember to keep using the reading strategy presented in the previous **Lectura** as well as those in previous chapters. Here are the strategies that have been presented:

1. Because cognates are words that are similar to English words, use them to help you better understand the text.
2. Pay attention to the title and any visual clues that may be offered to anticipate the content.
3. Skim through the text before reading it thoroughly in order to get the general idea of the text.
4. Read the text more than once. With each new reading you will understand more.

Antes de leer

¿Cómo crees que van a ser las casas en el futuro?

A leer

Soluciones a la vivienda

Debido a las diferencias en el clima y la cultura de los diferentes países, las viviendas pueden ser muy diferentes. A continuación aparecen algunos ejemplos.

Los palafitos

Los palafitos (casas hechas sobre pilares) se pueden ver en países como Argentina, Chile, Colombia, Perú y Venezuela. Son comunes en zonas **fluviales** *(of rivers)* de corrientes tranquilas, donde el nivel del agua varía notablemente durante el año. En el caso de Venezuela, los palafitos son unas de las viviendas más antiguas del país. De hecho, el nombre de este país viene del nombre Venecia, ya que el descubridor Alonso de Ojeda observó este tipo de casa a su llegada a la región, en 1499.

Chile

Las columnas sobre las que se construyen las casas generalmente están hechas de **madera** *(wood)*, aunque en algunos lugares se usan ahora materiales sintéticos prefabricados y **acero** *(steel)*, para alargar la **vida** *(life)* de las casas. La arquitectura de estas casas permite habitar regiones que de otra forma serían inhabitables. Sin embargo, existen algunas desventajas, como problemas de **salud** *(health)* a causa de la contaminación del agua o la humedad.

La ruca mapuche

Los mapuches son los habitantes originales del territorio que hoy es Chile. La Ruca es la construcción más importante dentro de la arquitectura mapuche y está fabricada con materiales de la región. Las rucas tradicionales son **redondas** *(round)* u ovaladas, aunque también pueden ser rectangulares. Son muy grandes, pero tienen solo una habitación. A los

Ruca en Chile

lados están las camas y provisiones y en el centro se pone un fogón para cocinar; algunos utensilios **cuelgan del techo**. En la actualidad se están **desarrollando** programas de etno-turismo que permitirán conocer la cultura mapuche conviviendo y **hospedándose** con ellos.

hang from the ceiling
developing

lodging

Las islas flotantes de los uros

Este tipo de vivienda es única de los uros, un grupo étnico del Perú que vive en el lago Titicaca. Puede decirse que estas casas son una combinación de palafitos y rucas. Desde hace cientos de años los uros viven en islas flotantes construidas a base de una planta de la región (la totora). Encima de las islas están sus casas, una especie de cabañas similares a las rucas mapuches (con una habitación solamente), pero mucho más pequeñas. Estas viviendas también se construyen con la totora. Sin embargo, los uros cocinan fuera de sus casas para **evitar incendios**. Una desventaja de este tipo de casa es la alta humedad, la cual ocasiona problemas de reumas entre la población.

to avoid fires

La casa cueva

Una casa **cueva** es una vivienda que tiene al menos una parte en la **tierra** o en una estructura natural, como una cueva. Su mayor ventaja es su carácter ecológico y su temperatura agradable: fresca en el verano y cálida en el invierno. Gracias a sus características, **ahorra** energía y protege mejor de vientos o lluvias fuertes. Las casas cueva son muy flexibles y pueden adaptarse a las necesidades de familias diferentes. Mucha gente piensa que son viviendas **obscuras**, pero no es verdad: se distinguen por su luminosidad. Las casas cueva nos acercan al **medio ambiente** proporcionando al mismo tiempo todas las comodidades de la vida moderna.

cave
land

saves

dark
environment

En España las casas cueva se utilizan desde hace **miles** de años. Probablemente las más famosas sean las que están cerca de la ciudad de Granada, que **hoy en día** funcionan como hoteles. La mayor **desventaja** de estas viviendas es que requieren de más espacio para **albergar** a una familia, a diferencia de otras soluciones como los edificios de apartamentos.

thousands

nowadays/disadvantage
to house

Comprensión

Decide si las oraciones son ciertas o falsas. Corrige las oraciones falsas.

1. Gracias a los palafitos, algunas personas pueden vivir en zonas fluviales.
2. Las rucas son un tipo de vivienda que se usa en el lago Titicaca.
3. En las rucas hay múltiples habitaciones.
4. La totora es la casa de los uros.
5. Las casas cueva son viviendas obscuras.
6. Las casas cueva ahorran energía.

Después de leer

¿Te gustaría *(Would you like)* vivir en una de las casas en el artículo? ¿Cuál? ¿Por qué?

Redacción

You are going to write an email to a new friend in which you tell him or her about where you live. One approach to descriptive writing is to begin with a general idea and to then become more specific. That is what you will do in this email. In the first paragraph, you will discuss the town or city where you live; in the second paragraph you will describe your home in general, and in the last paragraph you will discuss your favorite room.

Paso 1 Jot down as many adjectives as you can think of that you would use to describe the town or city where you live. Write a list of the things your town or city has to offer: businesses, museums, etc.

Paso 2 Jot down as many phrases as you can about your home in general. Think about the following questions: Do you live in an apartment or a house? Whom do you live with? How would you describe your home (color, big, old, comfortable, etc.)? What rooms does it have?

Paso 3 Decide which room you like best. Jot down as many phrases as you can about that room. Think about the following questions: Why is it your favorite room? What items do you like in that room? How much time do you spend there? What do you do there?

Paso 4 After your greeting, begin your first paragraph by telling where you live. Then develop the paragraph in which you describe your city or town using the ideas you generated in **Paso 1**.

Paso 5 Write a transition sentence in which you tell where your home is located, such as the street you live on or what you live near. Then, develop the rest of the paragraph in which you describe your home using the information you generated in **Paso 2**.

Paso 6 Begin your third paragraph with a transition sentence that connects the second paragraph with the new idea to be discussed (your favorite room).

   Modelo Hay muchas habitaciones en mi casa, pero mi habitación favorita es la sala.

Paso 7 Develop the rest of the paragraph using the ideas you generated in **Paso 3**. Be sure to have a concluding statement at the end of the third paragraph. At the end of your email, ask your new friend two or three questions about where he/she lives.

Paso 8 Edit your essay:

1. In each paragraph, do all of your sentences support the topic sentence?
2. Are your paragraphs logically organized or do you skip from one idea to the next?
3. Are there any short sentences you can combine by using **y** or **pero**?
4. Are there any spelling errors?
5. Do adjectives agree with the objects they describe?
6. Do verbs agree with their subjects?

En vivo

Entrando en materia

¿Qué información hay en la sección de anuncios para apartamentos y casas en el periódico (*newspaper*)?

Casas en venta

Estos son anuncios para unas casas en venta en Ponce, Puerto Rico.

URBANIZACIÓN COLINAS DEL VALLE

CASAS EN VENTA
En una de las mejores zonas de Ponce, cerca de parques y un centro comercial

Modelo Bugambilia
- 3 habitaciones
- 2 baños y medio
- cocina integral
- sala-comedor amplia
- acabados de lujo
- estacionamiento cubierto para un auto

Modelo Rosal
- 4 habitaciones
- 2 baños
- cocina con desayunador
- sala
- comedor
- acabados de lujo
- terraza
- estacionamiento para un auto

Todo lo que necesita para vivir cómodamente.

Visite nuestras casas modelos todos los días de 9:00 A.M. a 9:00 P.M.

Comprensión

1. ¿Qué crees que es un "medio baño"?
2. ¿Qué piensas que significa "estacionamiento cubierto"?
3. ¿Cuál de las dos casas prefieres? ¿Por qué?

Más allá

Imagina que encuentras el anuncio de tu casa ideal en el periódico. Escribe el anuncio incluyendo dónde está y la lista de todo lo que tiene la casa. Comparte tu anuncio en Share It! y lee los anuncios de tus compañeros. ¿Irías a ver *(Would you go to see)* una de las casas de los anuncios?

Exploraciones profesionales
La arquitectura

¡Manos a la obra!

Vocabulario

Sustantivos

la calefacción central	central heat
los cimientos	foundation
el (la) dueño(a)	owner
la entrada	entrance
la fecha de inicio	starting date
la finalización	completion
el frente	façade
la grúa	crane
el ladrillo	brick
la maqueta	scale model
el plano	blueprint

Adjetivos

apurado(a)	in a hurry
construido(a)	built
creativo(a)	creative
preparado(a)	ready, prepared
retrasado(a)	late

Verbos

cavar	to dig
conectar	to connect
demoler	to demolish
diseñar	to design
instalar	to install
construir	to built

Frases útiles

Con vista a...
With a view to . . .

Les presento el nuevo proyecto.
I'm pleased to introduce the new project.

¿Cuántos pisos tiene el edificio?
How many stories are in the building?

El edificio tiene cien unidades.
The building has one hundred units.

Estas son las dimensiones.
These are the dimensions.

Usamos materiales de primera calidad.
We use top-quality materials.

¡Manos a la obra!
Let's get to work!

DATOS IMPORTANTES

Educación: Estudios universitarios completos en arquitectura; Experiencia en compañías constructoras; Capacidad de trabajo en equipo

Salario: Entre $100 000 y $200 000, dependiendo de la responsabilidad del proyecto de construcción

Dónde se trabaja: Compañías constructoras, Departamento de Obras Públicas del gobierno, contratistas, consultorías

---

Vocabulario nuevo Completa las oraciones con la palabra apropiada de vocabulario.

1. Si vives en un clima frío es necesario tener _____.
2. _____ es donde está la puerta de la casa.
3. _____ es un modelo en tres dimensiones.
4. Es necesario ser _____ para diseñar una casa.
5. Estamos _____ y no vamos a completar la construcción a tiempo *(on time)*.

Briana Vásquez, Arquitecta

Briana Vásquez es arquitecta y trabaja para una importante compañía constructora. Ella es responsable de la obra de construcción de edificios de apartamentos. También debe comunicarse con los dueños del edificio. En el video vas a ver a la arquitecta Vásquez mientras habla con uno de los dueños.

Antes de ver

Los arquitectos desarrollan *(develop)* los proyectos de construcción. Luego supervisan a los trabajadores de la construcción para realizar los planos a la perfección.

1. ¿En qué tipo de proyectos trabaja un arquitecto?
2. Imagínate que quieres construir un edificio. ¿Qué preguntas le haces al arquitecto?

Comprensión

1. ¿Qué tipo de apartamentos quiere ofrecer el Sr. Sierra?
2. ¿Qué vista tienen los apartamentos de tres habitaciones?
3. ¿Cómo son los apartamentos de dos habitaciones?
4. ¿Cuántos pisos va a tener el edificio?
5. ¿Qué va a estar al lado de la entrada principal del edificio?
6. ¿Cuándo es la fecha de finalización de la construcción?

Después de ver

En grupos pequeños, representen una reunión entre un arquitecto asociado, un trabajador que es el jefe de construcción y un dueño. El dueño piensa construir un edificio de apartamentos. Hagan un diálogo entre las tres personas. Deben explicarle al arquitecto lo que quieren tener en su apartamento. El arquitecto puede hacer preguntas específicas.

Exploraciones de repaso: estructuras

4.33 En casa Completa el párrafo con la forma apropiada del verbo entre paréntesis.

Toda la familia **(1.)** _____ (estar) en casa hoy. Mi esposa y yo **(2.)** _____ (estar) en la cocina. Nosotros siempre **(3.)** _____ (almorzar) a esta hora, y hoy yo **(4.)** _____ (pensar) preparar unos sándwiches. Los niños **(5.)** _____ (estar) en casa también. Ellos no **(6.)** _____ (poder) jugar en el jardín porque **(7.)** _____ (llover) hoy. Vicente **(8.)** _____ (dormir) en su habitación, y Marisa **(9.)** _____ (jugar) unos videojuegos en la sala. Después de *(After)* comer, mis hijos **(10.)** _____ (querer) ir al cine con sus amigos. Mi esposa y yo **(11.)** _____ (preferir) mirar una película aquí en casa.

4.34 En tu salón de clase Usando las preposiciones, identifica donde están las personas y objetos en tu salón de clase.

Modelo al lado de
  La pizarra está al lado de la ventana.

1. enfrente de
2. cerca de
3. encima de
4. a la derecha de
5. dentro de
6. debajo de
7. entre
8. detrás de

La pizarra está cerca de la ventana.

4.35 Comprensión de lectura Imagínate que eres profesor y tienes que escribir cinco preguntas de comprensión para los estudiantes sobre este párrafo. ¡OJO! Las respuestas a las preguntas deben estar en el párrafo.

Soy Rómulo y vivo en Montevideo, Uruguay. Vivo en un apartamento en el centro de la ciudad con mi amigo Pablo. Nuestro apartamento no es muy grande pero es cómodo. Tiene dos dormitorios y un baño. También tiene una sala pequeña donde Pablo y yo miramos la tele. Mi habitación favorita es mi dormitorio. Allí *(there)* me gusta escuchar música y leer.

Me gusta leer en mi dormitorio.

Exploraciones de repaso: comunicación

4.36 ¡Adivina dónde estoy! Vas a trabajar con un compañero. Uno de ustedes debe imaginar que está en un lugar en la casa o en la ciudad. El otro debe hacer hasta *(up to)* diez preguntas para adivinar *(to guess)* dónde está, pero la respuesta debe ser solo **sí** o **no.** Túrnense para contestar.

Modelo
Estudiante 1: *¡Adivina dónde estoy!*
Estudiante 2: *¿Comes en este lugar?*
Estudiante 1: *No.*
Estudiante 2: *¿Hay libros y mesas?*
Estudiante 1: *Sí.*
Estudiante 1: *¿Estás en la biblioteca?*
Estudiante 2: *Sí.*

4.37 Seis diferencias Trabaja con un compañero. Uno mira el dibujo aquí y el otro mira el dibujo en el **Apéndice B.** Túrnense para describirlos y buscar seis diferencias.

4.38 Buscando un apartamento Con un compañero van a decidir dónde quieren vivir.

Paso 1 Escribe una lista de lo que es importante para ti a la hora de decidir dónde quieres vivir. Luego mira los anuncios y decide cuál de los apartamentos prefieres.

Paso 2 Tu compañero y tú necesitan escoger *(choose)* uno de los apartamentos. Convence a tu compañero de que tu selección es donde deben vivir.

Paso 3 Tomen una decisión y compártenla *(share it)* con la clase. Deben explicar por qué seleccionaron el apartamento.

Estrategia

Participate in class.
Did you participate actively in class while working on this chapter? The more you participate, the easier it will get to speak Spanish well.

| Apartamento amueblado, un dormitorio grande con dos camas, baño con bañera y ducha, sala-comedor, cocina con lavadora, en la línea del autobús, $750 al mes | Cerca de la universidad, apartamento con dos dormitorios, baño con ducha, medio baño, sala amplia, cocina con espacio para comer, $950 al mes | Apartamento en tercer piso con balcón, dos dormitorios, baño con ducha, sala, comedor, cocina con lavaplatos, aire acondicionado, $875 al mes | Apartamento en planta baja, tres dormitorios, dos baños con ducha, sala-comedor, acceso a piscina y gimnasio, $1050 al mes | Apartamento muy céntrico con acceso a restaurantes y tiendas, dos dormitorios, un baño con bañera, sala, cocina grande, espacio reservado para un coche, $900 al mes |

CAPÍTULO 4

🔊 Vocabulario 1

Los lugares / Places

el aeropuerto	airport	el mercado	market
el banco	bank	la mezquita	mosque
el bar	bar	el museo	museum
el café	cafe	el negocio	business
la calle	street	la oficina	office
el centro comercial	mall, shopping center	el parque	park
el cine	movie theater	la piscina	swimming pool
el club	club	la playa	beach
el correo	post office	la plaza	city square
la discoteca	nightclub	el restaurante	restaurant
el edificio	building	la sinagoga	synagogue
la escuela	school	el supermercado	supermarket
la farmacia	pharmacy	el teatro	theater
el hospital	hospital	el templo	temple
el hotel	hotel	la tienda	store
la iglesia	church	el zoológico	zoo

Los verbos

almorzar (ue)	to have lunch	jugar (ue)	to play
costar (ue)	to cost	llover (ue)	to rain
depositar	to deposit	morir (ue)	to die
devolver (ue)	to return (something)	poder (ue)	to be able to
dormir (ue)	to sleep	recordar (ue)	to remember
encontrar (ue)	to find	rezar	to pray
estar	to be	soñar (ue) (con)	to dream (about)
		volver (ue)	to come back

Palabras adicionales

la carta	letter	el paquete	package
el dinero	money	la película	movie

Las preposiciones

a la derecha de	to the right of	en	in, on, at
al lado de	beside, next to	encima de	on top of
a la izquierda de	to the left of	enfrente de	in front of
cerca de	near	entre	between
debajo de	under	fuera de	outside
dentro de	inside	lejos de	far from
detrás de	behind		

Diccionario personal

_____

_____

Vocabulario 2

Habitaciones de la casa

el baño	*bathroom*	el dormitorio	*bedroom*
la cochera	*garage*	el jardín	*garden*
la cocina	*kitchen*	el patio	*patio*
el comedor	*dining room*	la sala	*living room*

Muebles, utensilios y aparatos electrodomésticos

la alfombra	*carpet*	el (horno de) microondas	*microwave (oven)*
el armario	*closet, armoire*	el inodoro	*toilet*
la bañera	*bathtub*	la lámpara	*lamp*
la cafetera	*coffee maker*	el lavabo	*bathroom sink*
la cama	*bed*	la lavadora	*washer*
las cortinas	*curtains*	el lavaplatos	*dishwasher*
el cuadro	*painting, picture*	la mesita	*coffee table*
la ducha	*shower*	las plantas	*plants*
el espejo	*mirror*	el refrigerador	*refrigerator*
la estufa	*stove*	la secadora	*dryer*
la flor	*flower*	el sillón	*armchair*
el fregadero	*kitchen sink*	el sofá	*couch*
el horno	*oven*		

Los verbos

alquilar	*to rent*	nevar (ie)	*to snow*
cerrar (ie)	*to close*	pedir (i)	*to ask for*
comenzar (ie) (a)	*to begin (to do something)*	pensar (ie)	*to think*
competir (i)	*to compete*	perder (ie)	*to lose*
empezar (ie) (a)	*to begin (to do something)*	preferir (ie)	*to prefer*
encender (ie)	*to turn on*	reír (i)	*to laugh*
entender (ie)	*to understand*	repetir (i)	*to repeat*
mentir (ie)	*to lie*	querer (ie)	*to want*
		servir (i)	*to serve*
		sonreír (i)	*to smile*

Palabras adicionales

el apartamento	*apartment*	el mueble	*furniture*
la dirección	*address*	la planta baja	*ground floor*
la habitación	*room*	el (primer) piso	*(first) floor*

Palabras interrogativas

¿adónde?	*to where?*	¿de dónde?	*from where?*
¿cómo?	*how?*	¿dónde?	*where?*
¿cuál(es)?	*which?*	¿por qué?	*why?*
¿cuándo?	*when?*	¿qué?	*what?*
¿cuánto(a)?	*how much?*	¿quién(es)?	*who?*
¿cuántos(as)?	*how many?*		

Exploraciones literarias

Juan Ramón Jiménez:

Biografía

Juan Ramón Jiménez (1881–1958) nace (*born*) en Moguer, España. Estudia derecho (*law*) en la Universidad de Sevilla, pero decide no practicar. Con la ayuda del poeta modernista Rubén Darío, Jiménez publica su primer libro en 1900, a la edad (*age*) de 10 años. Durante su carrera trabaja como crítico literario y editor de varias revistas (*magazines*) literarias y pasa (*spends*) tiempo en diferentes países como Francia, Portugal y Estados Unidos. Cuando empieza la Guerra (*War*) Civil, viaja a las Américas. Vive en Cuba, los Estados Unidos y más tarde en Puerto Rico donde muere en 1958. Su poesía es muy visual, y el verde y el amarillo son los colores dominantes.

Antes de leer

1. ¿Qué colores asocias con el otoño?
2. Examina el poema. ¿Qué palabras (*words*) se refieren a elementos de la naturaleza?

Ida* de otoño

Departure

path/gold/blackbirds

Por un **camino** de **oro** van los **mirlos**... ¿Adónde?
Por un camino de oro van las rosas... ¿Adónde?
Por un camino de oro voy...
¿Adónde, otoño? ¿Adónde, pájaros y flores?

Después de leer

A. Comprensión

1. ¿Qué color es dominante en el poema?
2. ¿Qué acción hay en el poema?
3. ¿Qué quiere saber (*to know*) la voz poética?
4. Si las estaciones del año son símbolos para las fases de la vida ¿qué representan las cuatro estaciones?

B. Conversemos

 Habla con un compañero para compartir (*share*) sus respuestas a las preguntas.

1. ¿Qué colores asocian con el verano? ¿y con la primavera y el invierno?
2. ¿Cuál es su estación favorita? ¿Por qué?

Antes de leer

1. ¿Con qué estación se asocian las canciones *(songs)* de los pájaros?
2. ¿Adónde van los pájaros en el invierno?

Canción de invierno

Cantan. Cantan.
¿Dónde cantan los pájaros que cantan?

It has rained/branches	**Ha llovido**. Aún las **ramas**
without/leaves	están **sin hojas** nuevas. Cantan. Cantan
	los pájaros. ¿En dónde cantan
	los pájaros que cantan?
cages	No tengo pájaros en **jaulas**.
	No hay niños que los vendan. Cantan.
valley/Nothing	El **valle** está muy lejos. **Nada**...
know	Yo no **sé** dónde cantan
	los pájaros-cantan, cantan-
	los pájaros que cantan.

Juan Ramón Jiménez, "Canción de Invierno," *Juan Ramón Jiménez para niños y niñas—y otros seres curiosos*. Ediciones de la Torre, 2010. By permission of the Herederos de Juan Ramón Jiménez.

Después de leer

A. Comprensión

1. ¿Piensas qué la voz poética escucha las canciones de los pájaros? ¿Por qué?
2. ¿Qué piensas que representan los pájaros?
3. La voz poética pregunta dónde cantan los pájaros que cantan. ¿Dónde están los pájaros que cantan?
4. El poema es repetitivo. ¿Qué efecto creen que el autor quiere transmitir con la repetición?
5. ¿Cuál es el tono del poema?

B. Conversemos

 Habla con un compañero para compartir sus respuestas a las siguientes preguntas.

1. ¿Te gusta el poema? ¿Por qué?
2. ¿Qué estación crees que inspira más a los poetas? ¿Por qué?
3. ¿Conoces *(Do you know)* un poema en inglés o en español sobre una estación? ¿Cuál?

Investiguemos la literatura: El tono

The tone of a work refers to the attitude that a writer communicates toward a particular subject through the work. It can be playful, formal, angry, loving, etc. You can often identify the tone of a work by paying attention to the author's word choice. Does the author use words or expressions that are positive, negative, or neutral?

CAPÍTULO 5

Learning Strategy

Guess intelligently

When you are listening to audio recordings or your instructor, or when watching a video, make intelligent guesses as to the meaning of words you do not know. Use context, intonation, and if possible, visual clues such as gestures, facial expressions and images to help you figure out the meaning of words.

In this chapter you will learn how to:
- Describe your feelings, emotions, and physical states
- Talk about ongoing actions
- Discuss abilities needed for certain jobs and professions

¿Estás feliz en el trabajo?

Exploraciones gramaticales
Estar with adjectives and the present progressive 156
Ser and **estar** 159
Verbs with changes in the first person 170
Saber and **conocer** 173

En vivo
Entrevista a un actor 163
Solicitudes de trabajo 179

Conexiones culturales
Las emociones y el bienestar 154
Las profesiones y la economía 168

Lectura
¿Quiénes son más felices? 164
Profesiones poco comunes 176

Exploraciones profesionales
El trabajo social 180

1 Exploraciones léxicas

Laura trabaja en el Café Simón. Es un lugar muy popular en el centro histórico de la ciudad. ¿Cómo están las personas en el café?

Los estados de ánimo

estar alegre	to be happy	estar divertido(a)	to be entertained, to be in a good mood	estar frustrado(a)	to be frustrated
estar celoso(a)	to be jealous			estar interesado(a)	to be interested
estar contento(a)	to be happy, to be content	estar enfermo(a)	to be sick	estar ocupado(a)	to be busy
		estar equivocado(a)	to be wrong	estar sano(a)	to be healthy
estar deprimido(a)	to be depressed	estar feliz	to be happy	estar seguro(a)	to be sure

A practicar

5.1 Escucha y responde Escucha los adjetivos de emoción. Indica con el pulgar hacia arriba *(thumbs up)* si es una emoción positiva o con el pulgar hacia abajo *(thumbs down)* si es una emoción negativa.

5.2 ¿Lógica o ilógica? Indica si las siguientes oraciones son lógicas o ilógicas.

1. Vamos a tener un examen difícil y estamos felices.
2. Tus amigos te preparan una fiesta sorpresa y estás celoso.
3. Nuestro hijo está muy enfermo. Estamos preocupados.
4. Después de correr 15 kilómetros estás cansado.
5. Estás sano porque tienes una F en matemáticas.

5.3 ¿Cómo estás? Con un compañero, túrnense para expresar sus reacciones ante estas situaciones.

Modelo Tienes tres exámenes y recibes una A en todos.
Estudiante 1: *¡Estoy contento! ¿Y tú?*
Estudiante 2: *¡Yo estoy sorprendido!*

1. Vas de vacaciones a las islas Canarias y pierdes tu pasaporte.
2. Tú y tu novio se casan *(get married)* hoy.
3. Recibes un kilo de chocolates y los comes todos en un día.
4. Necesitas trabajar pero no puedes encontrar un trabajo.
5. Llegas tarde al aeropuerto y pierdes tu vuelo *(flight)*.
6. Hay una persona que no conoces *(that you don't know)* en la sala de tu casa.

Estamos enamorados.

5.4 Asociaciones Habla con un compañero para explicar la emoción que asocian con las situaciones de la lista. Explica por qué.

Modelo Estoy en la clase de matemáticas.
Estoy frustrado porque no comprendo los problemas de matemáticas. / Estoy feliz porque me gustan las matemáticas.

1. Es lunes.
2. Es verano.
3. Estoy en la clase de historia.
4. Tengo un examen final.
5. Es el Día de San Valentín.
6. Llueve.
7. Estoy en el templo.
8. Estoy en la universidad.

5.5 ¿Y tú? Con un compañero, túrnense para completar las oraciones con mucha información. En la última *(last)* oración, ustedes deciden el estado de ánimo.

Modelo Cuando estoy cansado yo... ¿y tú?
Estudiante 1: *Cuando estoy cansada, yo duermo en mi sofá con mi gato ¿y tú?*
Estudiante 2: *Yo también duermo, pero prefiero tomar una siesta en mi cama.*

1. Cuando estoy enamorado, yo... ¿y tú?
2. Cuando estoy triste, yo... ¿y tú?
3. Cuando estoy aburrido, yo... ¿y tú?
4. Cuando estoy enojado, yo... ¿y tú?
5. Cuando estoy enfermo, yo... ¿y tú?
6. Cuando estoy ___¿?___, yo... ¿y tú?

5.6 Los chismes *(gossip)* Imagina que tu compañero y tú están intercambiando información sobre cómo están todos sus amigos. Pregúntense para completar la información. Uno de ustedes va a ver la información en esta página, y el otro en el **Apéndice B**. **¡OJO!** ¡Presta atención a la concordancia *(agreement)*!

Modelo Estudiante 1: *¿Cómo está Ramira?*
Estudiante 2: *Está contenta.*
Estudiante 1: *¿Por qué?*
Estudiante 2: *Porque va a ir de vacaciones a Venezuela.*

Nombre	¿Cómo está(n)?	¿Por qué?
Ramira	contento	Va a ir de vacaciones a Venezuela.
Emanuel y Arturo	ocupado	
Gisela	enojado	Sus amigas no hablan con ella.
Alex		Su hijo es agresivo con otros niños de su escuela.
Karina e Iliana		
Gerardo	preocupado	
Javier y Manuel		No tienen actividades para el fin de semana.

Conexiones culturales
Las emociones y el bienestar

Cultura

Emociones fuertes como la tristeza, la depresión o la alegría pueden resultar en obras *(works)* de arte en las manos *(in the hands)* de una artista talentosa como la pintora mexicana Frida Kahlo (1907–1954). Kahlo es famosa por sus autorretratos *(self-portraits)*, los que muestran su sufrimiento. Cuando tenía 17 años, sufrió un accidente en un tranvía *(streetcar)* y se fracturó la espina dorsal *(spinal cord)* y varios huesos *(bones)*. Como resultado, pasó mucho tiempo en el hospital, nunca pudo tener hijos y sufrió de dolor *(pain)* por el resto de su vida *(life)*.

Observa el cuadro de Frida Kahlo. ¿Qué emociones produce? ¿Por qué? ¿Qué colores usa?

Pensando en la muerte, de Frida Kahlo

> Muchas de las obras del pintor ecuatoriano Osvaldo Guayasamín también muestran sufrimiento. Investiga en Internet obras de Osvaldo Guayasamín. Sube a Share It! una pintura que te gusta y explica: ¿Cómo se llama la pintura? ¿Qué emociones produce?

Comunidad

Entrevista a una persona de un país hispanohablante. Pregúntale quién es su artista favorito, de dónde es y cómo son sus pinturas. Después repórtale la información a la clase.

> Busca una pintura del artista favorito de la persona que entrevistaste. Sube la pintura a Share it! y explica: **¿Quién es el artista? ¿Qué hay en la pintura? ¿Qué emociones produce? ¿Cuál es el mensaje de la pintura? ¿Te gusta?**

¿Quién es tu artista favorito?

Comparaciones

Con un compañero, hagan *(make)* una lista de cinco supersticiones populares en la cultura de ustedes. Después lean la lista de supersticiones del mundo hispano. ¿Hay supersticiones similares a las que mencionaron?

1. Pasar por debajo de una escalera *(ladder)* trae mala suerte.
2. Abrir un paraguas dentro de una casa trae mala suerte.
3. Romper un espejo trae siete años de mala suerte.
4. Cruzarse con un gato negro trae mala suerte.
5. Sentir comezón *(itch)* en la mano es señal de que se va a recibir dinero.
6. Para tener un buen año con el dinero, uno debe usar calzoncillos *(underwear)* amarillos para recibir el año nuevo.

Si encontraste *(If you found)* supersticiones parecidas *(similar)*, ¿cómo puedes explicar la similitud?

Conexiones... a la literatura

Generalmente, ¿qué emociones puede provocar la poesía? Piensa en un poema que conoces. ¿Qué emociones te provoca?

Alfonsina Storni (1892–1938), poeta argentina, fue *(was)* la primera mujer reconocida entre los grandes escritores de su época. Uno de los temas más frecuentes en sus poemas es el feminismo.

El siguiente es un poema en el cual una mujer habla con el hombre con quien tiene una relación.

Hombre pequeñito

Hombre pequeñito, hombre pequeñito,
Suelta a tu canario que quiere **volar**... *release / to fly*
Yo soy el canario, hombre pequeñito,
Déjame saltar. *Let me jump*

Estuve en tu **jaula**, hombre pequeñito, *cage*
Hombre pequeñito que jaula me das.
Digo pequeñito porque no me entiendes, *I say*
Ni me entenderás.

Tampoco te entiendo, pero mientras tanto
Ábreme la jaula que quiero escapar;
Hombre pequeñito, **te amé** media hora, *I loved you*
No me pidas más.

INVESTIGUEMOS LA MÚSICA

Listen to the song "La Negra Tomasa" by Los Caifanes. What emotions are mentioned in the song?

¿Qué emoción te produce este poema? Da ejemplos concretos de las palabras o frases que producen la emoción.

Busca el nombre de otro poeta argentino y aprende más sobre Argentina en **Exploraciones del mundo hispano** en el **Apéndice A**.

Exploraciones gramaticales

A analizar

Mira el video. Después lee parte de la conversación entre Camila y Vanesa y observa los verbos en negritas. Luego contesta las preguntas que siguen.

Vanesa: ¡Hola Camila! ¿Cómo estás?

Camila: Bien, pero estoy muy ocupada hoy.

Vanesa: ¿Por qué? ¿Qué **estás haciendo**?

Camila: Mis suegros van a llegar de Colombia esta noche y **estoy preparando** comida. Afortunadamente no tengo que limpiar la casa. Rodrigo está en casa hoy y **está limpiando** la sala y los baños.

Vanesa: ¿Y los niños?

Camila: **Están escribiendo** su tarea… Bueno, ¿y cómo estás tú, Vanesa?

Vanesa: ¡Estoy muy feliz!

1. How are the verbs in bold formed?
2. In **Capítulo 4**, you learned to use the verb **estar** to indicate location. Look at the conversation again. In what other two ways is the verb **estar** used here?

A comprobar

Estar with adjectives and the present progressive

1. Remember that **estar** is an irregular verb:

estar *(to be)*			
yo	**estoy**	nosotros	**estamos**
tú	**estás**	vosotros	**estáis**
él, ella, usted	**está**	ellos, ellas, ustedes	**están**

2. In addition to indicating location as you learned in **Capítulo 4**, the verb **estar** is also used to express an emotional, mental, or physical condition.

   Mis padres están felices.
   My parents are happy.

   Yo estoy cansado hoy.
   I am tired today.

   Nosotros estamos muy ocupados.
   We are very busy.

3. The verb **estar** is also used with present participles to form the present progressive. The present progressive is used to describe actions in progress at the moment.

   To form the present participle, add **-ando** (**-ar** verbs) or **-iendo** (**-er** and **-ir** verbs) to the stem of the verb.

   hablar → habl**ando**
   comer → com**iendo**
   vivir → viv**iendo**

   El profesor **está hablando** con Tito ahora.
   The professor is talking to Tito now.

4. The present participle of the verb **ir** is **yendo**. However, it is much more common to use the present tense of the verb when the action is in progress.

   Voy a la iglesia. / **Estoy yendo** a la iglesia.
   I'm going to church.

   You will recall from **Capítulo 4** that to say where someone is going in the future, it is necessary to use the verb **ir** in the present tense or to use the structure **ir** + **a** + *infinitive*.

   Vamos (a ir) a una fiesta mañana.
   We are going (to go) to a party tomorrow.

5. When the stem of an **-er** or an **-ir** verb ends in a vowel, **-yendo** is used instead of **-iendo.**

> leer – le**yendo**   oír *(to hear)* – o**yendo**
> traer *(to bring)* – tra**yendo**

6. Stem changing **-ir** verbs have an irregular present participle. An **e** in the stem becomes an **i**, and an **o** in the stem becomes a **u.**

> mentir – m**i**ntiendo   pedir – p**i**diendo
> repetir – rep**i**tiendo   servir – s**i**rviendo
> dormir – d**u**rmiendo   morir – m**u**riendo

7. In the present progressive, the verb **estar** must agree with the subject; however, you will notice that there is only one form for each present participle. It does NOT agree in gender (masculine/feminine) or number (singular/plural) with the subject.

> Mis hijos están estudiando inglés.
> *My children are studying English.*
>
> Sandra está leyendo su libro de química.
> *Sandra is reading her chemistry book.*

A practicar

5.7 ¿**Cierto o falso?** Escucha las oraciones sobre el dibujo y decide si cada oración es cierta o falsa.

1-29

5.8 **La fiesta** Estás en una fiesta en la casa de Dalia. Un amigo llama por teléfono y tú describes lo que está pasando en la fiesta. Usa los verbos entre paréntesis en la forma del presente progresivo para explicar lo que están haciendo todos.

Modelo yo (hablar por teléfono)
Estoy hablando por teléfono.

1. Dalia (servir la comida)
2. Luis y Alfonso (comer pizza)
3. María Esther (beber una soda)
4. Felicia, Marciano y Mateo (jugar a las cartas)
5. Fernando (bailar con su novia)
6. los padres de Dalia (dormir)
7. la hermana de Dalia (leer una novela)
8. el hermano de Dalia (¿?)

5.9 ¿Qué están haciendo? Con un compañero de clase, decidan dos actividades que las personas de la lista están haciendo.

Miguel Cabrera, jugador de béisbol

Modelo Los estudiantes están en la biblioteca.
Están estudiando.
Están buscando libros.

1. El chef Pepín está en la cocina.
2. El presidente está en Camp David.
3. Juanes y Shakira están en el estudio.
4. El profesor de español está en la oficina.
5. Miguel Cabrera está en el parque.
6. Tú estás en la clase de biología.
7. Isabel Allende está en su oficina.
8. Sonia Sotomayor está en Washington, D.C.

5.10 En la oficina Usando el presente progresivo, describe lo que están haciendo en la oficina.

5.11 Un amigo curioso Trabaja con un compañero. Imaginen que uno de ustedes llama por teléfono a las siguientes horas y pregunta **¿Qué estás haciendo?** Túrnense para ser el amigo curioso y para responder.

Modelo 8:00 de la mañana
Estudiante 1: *¿Qué estás haciendo?*
Estudiante 2: *Estoy tomando café.*

1. 9:00 de la mañana
2. mediodía
3. 2:00 de la tarde
4. 5:00 de la tarde
5. 8:00 de la noche
6. medianoche

¿Qué estás haciendo?

Exploraciones gramaticales

A analizar

Mira el video otra vez. Después lee parte de la conversación entre Camila y Vanesa y observa los usos de los verbos **ser** y **estar**.

Camila: Mis suegros van a llegar de Colombia esta noche y **estoy** preparando comida. Afortunadamente no tengo que limpiar la casa. Rodrigo **está** en casa hoy y **está** limpiando la sala y los baños...

Vanesa: ¿Y cómo **son** tus suegros? ¿Tienes una buena relación con ellos?

Camila: Pues, sí, nos llevamos bien. **Son** simpáticos, en particular mi suegra. Ella también **es** maestra. Mi suegro **es** un poco difícil con la comida. Él **es** de Uruguay y no le gusta mucho la comida colombiana. Bueno, ¿y cómo **estás** tú, Vanesa?

Vanesa: ¡**Estoy** muy feliz! ¡Carlos Vives viene a dar un concierto!

Camila: ¿De veras? ¿Cuándo?

Vanesa: Va a **estar** en el auditorio municipal el once de mayo. ¿Quieres ir?

Camila: ¡Por supuesto! **Es** mi artista favorito. Oye, ¿qué hora **es**?

Vanesa: **Son** las tres y media.

1. What are the uses of **estar** you have learned so far? Find examples in the paragraph.
2. Look at the verb **ser** in the paragraph. What are the different ways in which it is used?

A comprobar

Ser and estar

1. The verb **ser** is used in the following ways:
   a. to describe characteristics of people, places, or things

      La profesora **es** inteligente.
      *The professor **is** intelligent.*

      Mi coche **es** muy viejo.
      *My car **is** very old.*

   b. to identify a relationship, occupation, or nationality

      Esta **es** mi novia; **es** peruana.
      *This **is** my girlfriend; she **is** Peruvian.*

      Ellos **son** mecánicos.
      *They **are** mechanics.*

   c. to express origin

      Yo **soy** de Cuba.
      *I **am** from Cuba.*

   d. to express possession

      Este libro **es** de Álvaro.
      *This book **belongs** to Álvaro.*

   e. to tell time and give dates

      Es tres de marzo y **son** las dos.
      *It **is** the third of March, and it **is** two o'clock.*

2. The verb **estar** is used in the following ways:
   a. to indicate location

      El perro **está** enfrente de la casa.
      *The dog **is** in front of the house.*

   b. to express an emotional, mental, or physical condition

      Estoy muy feliz.
      *I **am** very happy.*

      Mi madre **está** enferma hoy.
      *My mother **is** sick today.*

      Las secretarias **están** ocupadas.
      *The secretaries **are** busy.*

   c. in the present progressive

      Estoy estudiando.
      *I **am** studying.*

3. It is important to realize that the use of **ser** and **estar** with some adjectives can change the meaning of those adjectives. The use of **ser** indicates a characteristic or a trait, while the use of **estar** indicates a condition. Here are some common adjectives that change meaning:

estar aburrido(a) *to be bored*
ser aburrido(a) *to be boring*
estar alegre (feliz) *to be happy (emotion)*
ser alegre (feliz) *to be a happy person*
estar bueno(a)/ malo(a) *to be (taste) good/bad (condition)*
ser bueno(a)/malo(a) *to be good/bad (general quality)*
estar guapo(a) *to look handsome/pretty (condition)*
ser guapo(a) *to be handsome/pretty (characteristic)*
estar listo(a) *to be ready*
ser listo(a) *to be clever*
estar rico(a) *to be delicious*
ser rico(a) *to be rich*

> **INVESTIGUEMOS LA GRAMÁTICA**
>
> While **estar** is generally used to indicate location, if you want to say where an event takes place, use **ser**.
> La fiesta **es** en la casa de Alejandro.
> *The party **is** at Alejandro's house.*

Carlos **es** alegre.
Carlos is happy. (a happy person) (personality)
Graciela **está** alegre.
Graciela is happy. (emotion)

La fruta **es** buena.
Fruit is good. (general quality)
Los tomates **están** buenos.
The tomatoes are (taste) good. (present condition)

A practicar

5.12 ¿Es posible? Mira la foto y lee las oraciones. Decide si son posibles o no.

1. Son amigos.
2. Están enojados.
3. Están en la universidad.
4. Son muy viejos.
5. Están hablando.
6. Son de Puerto Rico.

5.13 ¿Cómo son o cómo están? Decide qué expresiones pueden completar las oraciones correctamente. Hay más de una posibilidad para cada oración.

1. Yo estoy…
   a. cansada
   b. en clase ahora
   c. estudiante
   d. enamorado

2. Javier y Marta son…
   a. mis amigos
   b. enfermos
   c. colombianos
   d. enfrente de la clase

3. Madrid es…
   a. en Europa
   b. cosmopolita
   c. muy bonita
   d. la capital de España

4. El profesor de español está…
   a. en la oficina
   b. interesante
   c. rubio
   d. ocupado

5. Nosotros somos…
   a. inteligentes
   b. de Chile
   c. hermanos
   d. preocupados

6. Mis primos son...
   a. profesores
   b. cerca de la casa
   c. guapos
   d. estudiando

7. Tú estás...
   a. mi amigo
   b. contenta
   c. inteligente
   d. detrás del hotel

8. Mi hermano está...
   a. hablando
   b. listo
   c. peruano
   d. simpático

5.14 Una foto En parejas, contesten las preguntas sobre la foto. Inventen la información que no es evidente. **¡OJO!** Atención al uso de los verbos **ser** y **estar.**

1. ¿Quiénes son las personas en la foto?
2. ¿Cómo están hoy?
3. ¿Cómo son?
4. ¿De dónde son?
5. ¿Dónde están?
6. ¿Qué están haciendo?

5.15 ¿Ser o estar? Completa el párrafo con la forma apropiada del presente del indicativo de **ser** o **estar.**

Hoy (1) _____ primero de septiembre, el primer día de clases. (2) _____ las once y media y yo (3) _____ en la clase de inglés. Yo (4) _____ un poco nervioso porque es mi primera clase de inglés. Laura (5) _____ mi amiga y ella (6) _____ en la clase también. Nosotros (7) _____ muy interesados en aprender inglés. El profesor de la clase (8) _____ el señor Berg. Él (9) _____ alto, delgado y moreno. Es evidente que él (10) _____ simpático. Creo que va a (11) _____ un buen semestre.

5.16 ¿Cómo eres y cómo estás? Decide cuáles de los siguientes adjetivos te describen a ti. Después pregúntale a tu compañero si esos adjetivos también lo describen a él. Atención al uso de **ser** y **estar,** y a las formas de los adjetivos.

Modelo contento Estudiante 1: *¿Estás contento?*
Estudiante 2: *Sí, estoy contento. /*
No, no estoy contento.
rico Estudiante 1: *¿Eres rica?*
Estudiante 2: *Sí, soy rica. / No, no soy rica.*

1. enamorado
2. triste
3. inteligente
4. tímido
5. cansado
6. romántico
7. enfermo
8. atlético
9. preocupado
10. optimista

5.17 Una historia interesante Con un compañero de clase, escojan uno de los dibujos y describan la escena. Contesten las siguientes preguntas usando los verbos **ser** y **estar.** ¿Quiénes son las personas? ¿Cuál es su relación? ¿Dónde están? ¿Cómo están? ¿Qué está pasando? ¡Sean creativos!

Modelo *El hombre es Tomás y la mujer es Graciela. Son buenos amigos.*
Están en la sala de espera (waiting room) *del hospital porque la madre de Graciela está enferma.*
Ellos están muy preocupados…

En vivo

Entrando en materia

¿Quién es tu actor favorito y cómo es su personalidad? ¿Qué le preguntarías *(would you ask)* si pudieras *(if you could)* hablar con él o ella?

Entrevista de un actor

Vas a escuchar un fragmento de una entrevista *(interview)* con el actor Francisco Méndez.
1-30 Escucha con atención y después responde las preguntas.

Vocabulario útil

las admiradoras	*fans*
conociéndonos	*getting to know each other*
el maquillaje	*makeup*
los milagros	*miracles*
parecer	*to seem*

Estrategia

Guess intelligently

Make intelligent guesses as to the meaning of words you do not know, and use context and intonation to help you figure out the meanings of words.

Comprensión

1. ¿En qué evento están? ¿dónde?
2. ¿Cómo es la personalidad de Francisco, según él *(according to him)*?
3. ¿Cómo está Francisco cuando debe hablar frente a muchas personas?
4. ¿Cómo es la novia de Francisco?
5. ¿Francisco está enamorado de su novia?

Más allá

Imagina que puedes entrevistar a un actor, a una actriz o a un artista que te gusta mucho. Piensa en cinco preguntas que harías *(that you would ask)* en tu entrevista. Comparte el nombre del actor o del artista y tus preguntas en Share it! Lee las preguntas de tus compañeros. ¿Conoces a todos los actores y artistas?

Tengo muchos admiradores.

Lectura

Reading Strategy: Guessing verb tenses

A useful strategy for understanding a text is to not worry about the exact meaning of a word and to make an educated guess instead. In the case of verbs, if you know the meaning of the verb, you will be able to guess from the context if it refers to the past or to the future. Look at the second-to-last paragraph. The verb **concluir** is translated for you. From the context of the paragraph, is the verb used to refer to the past or the future?

Antes de leer

Contesta las preguntas.

1. En general ¿qué necesitas para ser feliz?
2. ¿En qué países piensas que las personas son más felices? ¿Por qué?

A leer

¿Quiénes son más felices?

research — Gracias a muchas **investigaciones**
it is known — **se sabe** que la felicidad no depende
but rather — del dinero, **sino** de la calidad de las relaciones entre las personas. Aunque hay muchos estudios sobre la felicidad con resultados diferentes, en la mayoría de estos estudios los latinos **aparecen**
appear — entre las personas más felices del planeta. En estas páginas hablaremos sobre los resultados de tres estudios sobre la felicidad.

El primero fue publicado por la revista *Forbes.* En este estudio no hay ningún país latinoamericano y los Estados Unidos aparecen en el 10º lugar. Los primeros puestos son todos para países europeos y para Canadá, Australia y Nueva Zelandia. Sin embargo, este estudio se basa solamente en estadísticas económicas

[los latinos aparecen entre las personas más felices del planeta]

salaries — como **sueldos** altos y oportunidades de empleo, y no en la opinión de las personas
it has been proven — entrevistadas. Un problema con este criterio es que **se ha comprobado** experimentalmente que la economía no tiene relación con el nivel de la felicidad
once — **una vez que** se pueden satisfacer las necesidades básicas.

El segundo estudio lo publica el índice del Planeta Felíz *(Happy Planet Index)*, que da periódicamente sus resultados según criterios de **sustentabilidad** y de la percepción (subjetiva) de felicidad de los encuestados. En sus resultados del 2012, Costa Rica está en el primer lugar y 17 de los 25 países más felices del mundo están en Latinoamérica. Otros países en la lista son Colombia, todos los países centroamericanos, Venezuela, Cuba, Argentina, Chile y México. Los Estados Unidos están en el puesto 114, cerca del final de la lista.

sustainability

El tercer estudio, **hecho** por Global Research en 2012, está basado completamente en preguntarles a las personas si son muy felices, felices, poco felices o infelices. De acuerdo a las respuestas obtenidas, entre los primeros 25 países hubo 3 países latinoamericanos (Venezuela, Argentina y Uruguay). España está también entre esos países. Chile y México siguen de cerca. Esta investigación **concluyó** que Latinoamérica es la región más felíz del mundo, mientras que Europa está en el **último** lugar (solo el 15% dijo ser muy felíz). Los Estados Unidos están en el lugar 13° en la lista, a pesar de que otro estudio (*Harris Poll*, 2013) encontró que en los Estados Unidos solo el 33% de las personas piensa que es feliz.

done

concluir to conclude

last

Curiosamente, de entre todas las estadísticas demográficas, el único factor que parece afectar la felicidad es estar casado: las personas que están casadas **dicen** ser más felices.

claim

Sources: http://www.nationmaster.com/graph/lif_hap_net-lifestyle-happiness-net Nationmaster.com; Ipsos-na.com; *El Ciervo*

Comprensión

1. ¿Cuál es el tema del artículo?
2. Según el artículo ¿de qué depende la felicidad?
3. Según *Forbes* ¿qué condiciones son necesarios para ser felíz?
4. Según el índice del Planeta Felíz, ¿cuál es el país más felíz? ¿Qué países latinoamericanos están en la lista de los más felices según el índice del Planeta Felíz?
5. ¿Hay similitudes en los tres estudios?

Después de leer

Con un compañero, escriban una lista de cuatro o cinco cosas que pueden hacer para ser más felices.

2 Exploraciones léxicas

Luisa es fotógrafa y asiste a una reunión de aniversario de su graduación para ver a sus compañeros. ¿Qué profesiones tienen ellos?

INVESTIGUEMOS EL VOCABULARIO

In Latin America, **el (la) asistente de vuelo** refers to a flight attendant regardless of gender; however, in Spain **la azafata** is used for a female flight attendant and **el auxiliar de vuelo** is used for male flight attendants.

El (La) mesero(a) is used in Latin America to refer to a waiter/waitress; another word used in some South American countries is **el (la) mozo(a)**. In Spain **el (la) camarero(a)** is used.

INVESTIGUEMOS LA GRAMÁTICA

(a) While most nouns ending in **-o** change to **-a** when referring to females, the following do not: **el (la) piloto** and **el (la) modelo**.

(b) Professions ending in **-or** add an **a** to make them feminine: **contadora, diseñadora, escritora,** and **vendedora**.

(c) Professions ending in **-a** maintain the same spelling regardless of the gender of the person, such as **el (la) periodista** and **el (la) deportista**. However, **la mujer policía** is used for female police officers as **la policía** refers to the police in general.

(d) Regardless of gender, **el ama de casa** requires the masculine article for pronunciation purposes. However, any adjectives would agree with the gender of the person: **Sara es el ama de casa perfecta.**

(e) When identifying a person's profession, the indefinite article is not used unless an adjective is added: **Eva es modelo. Adán es un buen actor.**

Las profesiones

el (la) abogado(a)	lawyer	el (la) periodista	reporter
la actriz	actress	el (la) político(a)	politician
el (la) agente de viajes	travel agent	el (la) psicólogo(a)	psychologist
el amo(a) de casa	homemaker	el (la) secretario(a)	secretary
el (la) arquitecto(a)	architect	el (la) trabajador(a) social	social worker
el bailarín/la bailarina	dancer	el (la) vendedor(a)	salesperson
el (la) cantante	singer	el (la) veterinario(a)	veterinarian
el (la) contador(a)	accountant		
el (la) consejero(a)	counselor	**Palabras adicionales**	
el (la) dependiente	store clerk	el (la) cliente	client
el (la) diseñador(a)	designer	la entrevista	interview
el (la) escritor(a)	writer	ganar	to earn; to win
el (la) ingeniero(a)	engineer	la solicitud	application; want ad
el jefe/la jefa	boss		
el (la) maestro(a)	teacher	el sueldo	salary
el (la) modelo	model	el trabajo	job

A practicar

5.18 Escucha y responde Vas a escuchar una lista de profesiones. Levanta la mano si una persona que tiene la profesión mencionada lleva uniforme.

1-31

5.19 ¿Dónde trabajan? Relaciona a la persona con su lugar de trabajo.

1. _____ un dependiente   a. un hospital
2. _____ un cocinero   b. un teatro
3. _____ un pintor   c. un restaurante
4. _____ un actor   d. una tienda
5. _____ un médico   e. un estudio

5.20 ¿Qué hacen? Con un compañero escriban una actividad que hacen las siguientes personas en su trabajo.

Modelo mesero
    Un mesero sirve café.

1. maestro   4. policía
2. secretario   5. ama de casa
3. enfermero   6. deportista

5.21 ¿Cuál es su profesión? ¿Puedes identificar las profesiones de las siguientes personas? Identifica las que sabes *(the ones you know)* y después pregunta a tus compañeros para completar la información. Incluye toda la información adicional posible.

Modelo Jennifer López
    Estudiante 1: *¿Cuál es la profesión de Jennifer López?*
    Estudiante 2: *Es cantante. También es actriz en las películas* Selena, Gigli *y* El cantante.
        Ella es de Puerto Rico.

1. Albert Pujols   5. Esmeralda Santiago
2. Carolina Herrera   6. Fernando Botero
3. Isabel Allende   7. Carlos Santana
4. Antonio Banderas   8. Michelle Bachelet

5.22 Consejero Imagina que eres consejero y debes recomendarles una profesión a algunos estudiantes, según sus clases favoritas y sus intereses. Túrnense con un compañero.

INVESTIGUEMOS LA MÚSICA

Listen to the Spanish classic "Cuando seas grande" by Argentinian rocker Miguel Mateos. What does the teenager in the song want to be when he grows up?

Modelo las matemáticas y la química
    Estudiante 1: *Me gustan las matemáticas y la química. ¿Qué profesión debo estudiar?*
    Estudiante 2: *Debes ser científico o ingeniero.*

1. los deportes y la clase de español   4. la biología y los animales
2. las clases de historia y de arte   5. las fiestas y cocinar
3. la música y bailar   6. las leyes *(law)* y la política

5.23 Personas famosas Trabaja con un compañero para completar la información. Uno de ustedes debe ver la tabla en esta página, y el otro debe ver la tabla en el **Apéndice B.** Túrnense para preguntar y responder.

Nombre	Profesión	País de origen
Alicia Alonso	bailarina	
Óscar de la Renta		República Dominicana
Andrea Serna	periodista, modelo	Colombia
Baruj Benacerraf		
Gabriela Mistral	escritora, maestra	
Luis Federico Leloir		Argentina

Conexiones culturales
Las profesiones y la economía

Cultura

Las profesiones relacionadas con el arte deben enfrentar un reto *(challenge)* adicional: además de crear su arte, deben también crear un mercado para su arte, es decir, deben encontrar compradores, o empleadores que necesiten bailarines, actores, escritores, etcétera.

Según un estudio publicado en los Estados Unidos, casi la mitad *(almost half)* de los artistas pasan la mayor parte de su tiempo en el sector comercial, buscando oportunidades de darse a conocer *(to make themselves known)* en su comunidad. Uno de los mejores ejemplos de un genio artístico que aprendió a promover *(to promote)* su arte con éxito fue Salvador Dalí, el pintor surrealista, quien usaba su excentricidad para vender su arte. Además, Dalí supo rodearse *(knew how to surround himself)* de personas influyentes. Sin embargo, se debe mencionar que Dalí contó con un mecenas *(sponsor)* muy rico, Edward James. Dalí terminó por romper con *(break away from)* el grupo de artistas surrealistas. Lo acusaron de amar demasiado el dinero y también lo condenaron por no proclamarse contra el fascismo porque Dalí pensaba que el arte puede ser apolítico. Cuando lo expulsaron del grupo surrealista, Dalí respondió simplemente: "El surrealismo soy yo". El tiempo le dio la razón: Salvador Dalí se conoce como el padre del surrealismo.

Observa la obra de Dalí de la fotografía. ¿Te gusta? ¿Por qué?

Persistencia de la memoria, de Salvador Dalí

> Busca en Internet más pinturas de Salvador Dalí. Sube a Share It! una pintura que te gusta. Luego mira las pinturas de tus compañeros. ¿Cuál te gusta más? ¿Por qué?

Comunidad

Entrevista a una persona de un país hispanohablante acerca de su ocupación. Puedes preguntarle en qué y dónde trabaja, si le gusta su trabajo y si quiere tener una ocupación diferente en el futuro. Repórtale a la clase la información.

Comparaciones

¿Piensas que en los Estados Unidos la gente trabaja mucho? ¿Crees que trabajan más en otros países? Mira la información en el cuadro y contesta las preguntas.

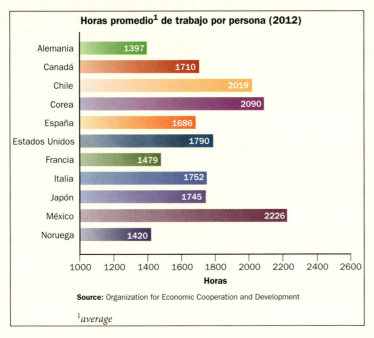

Horas promedio[1] de trabajo por persona (2012)

País	Horas
Alemania	1397
Canadá	1710
Chile	2019
Corea	2090
España	1686
Estados Unidos	1790
Francia	1479
Italia	1752
Japón	1745
México	2226
Noruega	1420

Source: Organization for Economic Cooperation and Development

[1] average

En promedio *(On average)*, ¿cuántas horas trabajan al año en Chile y en México? ¿Quiénes trabajan más: los españoles o los estadounidenses? ¿Cómo puedes explicar las diferencias?

Conexiones... a la economía y al comercio

 Hay muchas compañías de los Estados Unidos que tienen fábricas *(factories)* en países en vías de desarrollo *(developing)*. Estas industrias se llaman **maquiladoras**, y hacen todo tipo de productos, como ropa, zapatos, muebles, productos químicos y electrónicos.

Habla con un compañero sobre las siguientes preguntas. Luego investiga qué compañías de los Estados Unidos tienen maquiladoras en otros países y repórtaselo a la clase.

1. ¿Cuáles son las ventajas *(advantages)* y las desventajas para la compañía? ¿y para los empleados?
2. ¿Qué efectos tienen las maquiladoras en la economía de los Estados Unidos? ¿y en la economía de los países donde se establecen?

Investiga en Internet y aprende más sobre los países latinoamericanos donde los Estados Unidos tienen maquiladoras en el **Apéndice A: Exploraciones del mundo hispano**.

3 Exploraciones gramaticales

A analizar

Vanesa habla de su profesión. Mira el video. Después lee el párrafo y observa las formas de los verbos.

> Yo soy fotógrafa y trabajo para esta revista. ¡Me gusta mucho mi trabajo! Siempre llego a la oficina a las ocho y **pongo** todo en orden. Durante el día **conduzco** a diferentes lugares y **veo** a personas interesantes. Además tengo suerte porque **salgo** de viaje con frecuencia. **Traigo** la cámara si la quieren ver.

1. Look at the paragraph again and find the first person (**yo**) form of the following verbs.

   conducir   **poner**   **salir**   **traer**   **ver**

2. Do you notice a pattern in any of the **yo** forms of the verbs? What is it?

A comprobar

Verbs with changes in the first person

1. Some verbs in the present tense are irregular only in the first person (**yo**) form. You have already seen the verb **hacer**.

   hacer *(to do; to make)*

hago	hacemos
haces	hacéis
hace	hacen

2. The following verbs also have irregular first person forms:

   poner *(to put; to set)* — **pongo,** pones, pone, ponemos, ponéis, ponen
   salir *(to go out, to leave)* — **salgo,** sales, sale, salimos, salís, salen
   traer *(to bring)* — **traigo,** traes, trae, traemos, traéis, traen
   conducir *(to drive)* — **conduzco,** conduces, conduce, conducimos, conducís, conducen
   dar *(to give)* — **doy,** das, da, damos, dais, dan
   ver *(to see)* — **veo,** ves, ve, vemos, veis, ven

   > **INVESTIGUEMOS A LA GRAMÁTICA**
   > When telling where someone is leaving from, it is necessary to use the preposition **de**.
   > Salgo **de** la casa a las 7:00.
   > *I leave the house at 7:00.*

3. The following verbs are not only irregular in the first person form, but also have other changes:

decir *(to say, to tell)*

digo	decimos
dices	decís
dice	dicen

venir *(to come)*

vengo	venimos
vienes	venís
viene	vienen

seguir *(to follow; to continue)*

sigo	seguimos
sigues	seguís
sigue	siguen

oír *(to hear)*

oigo	oímos
oyes	oís
oye	oyen

A practicar

5.24 ¿Quién soy? Decide quién hace las siguientes actividades.

Modelo Les doy inyecciones a las mascotas.
 el veterinario

1. Hago las reservaciones para personas que quieren viajar.
2. Conduzco un coche con luces *(lights)* rojas y azules. No quieres conducir muy rápido cuando yo estoy cerca.
3. Les traigo la comida a los clientes en el restaurante.
4. Veo a muchas personas enfermas.
5. Escribo artículos, entrevisto a personas famosas y digo la verdad *(truth)*.
6. Oigo los problemas de muchas personas.
7. Muchas personas vienen a mi estudio y yo tomo fotos de ellas.
8. Pongo todo en orden en casa y salgo para comprar comida.

5.25 Un día ocupado Completa el párrafo usando los verbos de la lista en la primera persona singular (**yo**).

conducir   hacer   poner   salir   tener   venir

Soy ama de casa y (**1**) _____ que hacer mucho trabajo todos los días.

Primero (**2**) _____ el almuerzo para mis hijos. A las 7:45 ellos suben al

(get into) auto y (**3**) _____ a la escuela. Después, voy al supermercado,

(**4**) _____ a casa y (**5**) _____ la comida en el refrigerador. Más tarde

(**6**) _____ otra vez a la escuela para recoger a mis hijos.

Soy ama de casa.

5.26 ¿Qué hace Rocío? Rocío es agente de viajes. Con un compañero, describan lo que hace Rocío. Incluyan todos los detalles posibles y usen verbos que conocen *(know)* y los siguientes verbos : **poner, oír, hacer, decir, salir, conducir.**

5.27 ¿Con qué frecuencia…? Habla con seis compañeros de clase y pregúntale a cada uno con qué frecuencia hace una de las siguientes actividades. Después, comparte la informacíon con la clase.

siempre *(always)*   **a veces** *(sometimes)*   **casi nunca** *(almost never)*
nunca *(never)*

Modelo hacer la cama
Estudiante 1: *¿Con qué frecuencia haces la cama?*
Estudiante 2: *Siempre (A veces/Casi nunca/Nunca) hago la cama.*

1. seguir las recomendaciones de tus amigos
2. salir los fines de semana
3. ver la televisión por la noche
4. venir tarde a la clase
5. dar respuestas correctas en clase
6. hacer la tarea para la clase de español

5.28 Los estudios Entrevista a un compañero de clase para saber *(to know)* más sobre sus hábitos.

1. ¿Qué coche conduces? ¿Tienes que conducir a la universidad?
2. ¿A qué hora vienes a la universidad? ¿A qué hora regresas a casa?
3. ¿Cuántos libros tienes en tu mochila? ¿Siempre *(Always)* traes el libro de español a clase?
4. ¿Cuándo haces la tarea? ¿Dónde prefieres hacer la tarea?
5. ¿Pones música cuando estudias? ¿Qué tipo de música escuchas cuando estudias?
6. ¿Sales con compañeros de clase? ¿Con quiénes?

¿Dónde prefieres hacer la tarea?

Exploraciones gramaticales

A analizar

Óscar habla de su profesión. Mira el video. Después lee la información y observa el uso de los verbos **saber** y **conocer**.

> Camila: Ahora, vamos a **conocer** al señor Fuentes.
> Óscar: Muchas gracias. ¿**Saben** cuál es mi profesión?
> Niños: ¡Policía!
> Óscar: ¡Exacto! Probablemente ustedes **saben** que mi trabajo es muy importante. **Conozco** a muchas personas que viven aquí y trabajo para protegerlos. Yo **conozco** muy bien la ciudad y las calles. Tengo un coche blanco y azul, y **sé** conducir muy bien. Puedo correr muy rápido si es necesario, y también **sé** hacer karate. ¡Es un trabajo muy interesante!

1. What is the first person form of the verb **saber**? And the verb **conocer**?
2. The verbs **saber** and **conocer** both mean *to know*. Explain the difference in their uses above.

A comprobar

Saber and conocer

1. As with the other verbs in this chapter, **saber** and **conocer** are irregular in the first person form.

saber	**sé**, sabes, sabe, sabemos, sabéis, saben
conocer	**conozco**, conoces, conoce, conocemos, conocéis, conocen

2. While the verbs **saber** and **conocer** both mean *to know*, they are used in different contexts.
   - **Saber** is used to express knowledge of facts or information as well as skills.
   - **Conocer** is used to express acquaintance or familiarity with a person, place, or thing.

   Notice the difference in meaning in the following sentences:

   Ana **conoce** Chile. *(familiarity)*
   Ana **sabe** dónde está Chile. *(fact)*

   Paco **conoce** a Diego. *(acquainted with)*
   Paco **sabe** dónde vive Diego. *(information)*

   Conozco la poesía de Neruda. *(familiarity)*
   Sé que Neruda es un poeta famoso. *(fact)*

3. When using **saber** to mean *to know how to do something*, it is followed by the infinitive.

   El ingeniero **sabe diseñar** edificios.
   *The engineer **knows how to design** buildings.*

   El cantante **sabe cantar**.
   *The singer **knows how to sing**.*

4. When expressing some knowledge or familiarity with general concepts or subjects, the verb **conocer** is used.

   El artista **conoce** el arte prehispánico.
   *The artist **knows** (is familiar with) pre-Hispanic art.*

   La enfermera **conoce** la medicina.
   *The nurse **knows** (is familiar with) medicine.*

5. When the recipient of the action (direct object) is a person or a pet, an **a** is used in front of the object. This is known as the **a personal** and is not translated into English. It is not necessary to use it with the verb **tener;** however when using the verb **conocer** to tell that someone knows a person, it is necessary to use the **a personal.**

   La profesora **conoce a** los estudiantes.
   *The professor **knows** her students.*

   El jefe **conoce a** sus empleados.
   *The boss **knows** his employees.*

A practicar

5.29 ¿Lógica o ilógica? Decide si las siguientes descripciones de profesiones son lógicas. Corrige las oraciones ilógicas.

1. La bailarina sabe jugar al fútbol.
2. El periodista conoce a muchas personas famosas.
3. El médico sabe dónde está la farmacia.
4. El contador sabe cantar bien.
5. El veterinario conoce a unos criminales.
6. La secretaria sabe usar la computadora.
7. El psicólogo conoce bien la cocina del restaurante.
8. El escritor conoce las obras *(works)* más importantes de la literatura.

5.30 Oraciones incompletas Decide qué opciones pueden completar las siguientes oraciones. Hay más de una posibilidad para cada oración.

1. El médico conoce...
   a. a sus pacientes.
   b. la medicina.
   c. dar inyecciones.
   d. el hospital.
2. El arquitecto sabe...
   a. al ingeniero.
   b. diseñar casas.
   c. dónde está la casa.
   d. la ciudad.
3. El científico conoce...
   a. las ciencias.
   b. cómo hacer el experimento.
   c. el laboratorio.
   d. que su trabajo es importante.
4. El consejero sabe...
   a. los problemas de sus clientes.
   b. escuchar bien.
   c. a sus clientes.
   d. a qué hora vienen los clientes.

5.31 ¿Saber o conocer? Primero completen individualmente las siguientes oraciones con las formas necesarias de los verbos **saber** y **conocer**. Después, túrnense para leer las definiciones y decir cuál es una profesión lógica.

Modelo Estudiante 1: *Yo ___sé___ tocar el piano.*
Estudiante 2: *Un músico.*

1. Yo _____ bien la ley *(law)*.
2. Julio _____ pintar bien.
3. Matilde y Simón _____ a muchos médicos.
4. Fabio _____ al presidente.
5. Daniela y yo _____ tomar buenas fotos.
6. Yo _____ dónde están los buenos hoteles.
7. Mario y Luisa _____ bien a los animales en el zoológico donde trabajan.
8. Tú _____ cocinar muy bien.
9. Yo _____ bailar tango.
10. El señor Montero _____ a sus estudiantes.

5.32 Puerto Rico Con un compañero, túrnense para preguntar si saben o conocen las siguientes cosas.

Modelo Puerto Rico
　　　　Estudiante 1: *¿Conoces Puerto Rico?*
　　　　Estudiante 2: *Sí, conozco Puerto Rico. / No, no conozco Puerto Rico.*

　　　　hablar español bien
　　　　Estudiante 1: *¿Sabes hablar español bien?*
　　　　Estudiante 2: *Sí, sé hablar español bien. / No, no sé hablar español bien.*

1. dónde está Puerto Rico
2. un puertorriqueño
3. la comida puertorriqueña
4. quién es el gobernador de Puerto Rico
5. San Juan
6. la historia de Puerto Rico
7. cuándo es el día de la independencia de Puerto Rico
8. bailar salsa

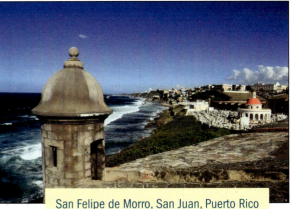
San Felipe de Morro, San Juan, Puerto Rico

5.33 ¿Qué saben? ¿Qué conocen? En parejas, túrnense para completar las siguientes oraciones.

1. a. Nosotros conocemos…
   b. Nosotros sabemos…
2. a. Los periodistas conocen…
   b. Los periodistas saben…
3. a. Un jefe conoce…
   b. Un jefe sabe…
4. a. El presidente conoce…
   b. El presidente sabe…

5.34 En busca de… Decide qué verbo necesitas usar en cada oración y después busca a ocho compañeros diferentes que respondan positivamente a una de las siguientes preguntas. Después de responder, deben contestar la pregunta adicional. Luego, comparte las respuestas con la clase.

1. ¿(sabes/conoces) a una persona famosa? (¿Quién?)
2. ¿(sabes/conoces) un buen restaurante? (¿Cuál?)
3. ¿(sabes/conoces) hablar otra lengua (¿Cuál?)
4. ¿(sabes/conoces) a una persona de otro país *(country)*? (¿Qué país?)
5. ¿(sabes/conoces) el nombre del presidente de Argentina? (¿Cómo se llama?)
6. ¿(sabes/conoces) cocinar? (¿Cuál es tu especialidad?)
7. ¿(sabes/conoces) muy bien la ciudad donde vives? (¿Cuál es tu lugar favorito?)
8. ¿(sabes/conoces) cuál es la capital de Venezuela? (¿Cuál es?)

Lectura

> **Reading Strategy:** Paying attention to parts of speech
>
> You've learned some concrete strategies to make educated guesses about verbs. To guess the meaning of other words, pay attention to the context and the part of speech of the unknown word (verb, noun, etc.). For example, in the sentence *He walked bumptiously,* we might not know the meaning of *bumptiously,* but we know it is an adverb and it refers to the way in which the person walked. Look at the second-to-last paragraph on page 177. What part of speech do you think the word **potable** is? What do you think it means?

Antes de leer

Menciona dos profesiones que te parecen poco comunes. ¿Por qué piensas que son poco comunes? ¿Conoces a alguien con una profesión poco común?

A leer

Profesiones poco comunes

En un mundo que está **cambiando** muy rápidamente, los trabajos de la gente también cambian a gran velocidad y muchos trabajos ya casi no existen, pero también aparecen nuevos empleos. Aquí te presentamos algunos trabajos poco comunes y muy modestos. Algunos están desapareciendo, y otros son relativamente nuevos.

cambiar: to change

Ladrón profesional: Este novedoso trabajo es para ladrones que no roban más y están del lado de la **ley**. Muchas tiendas de departamentos contratan a estas personas para descubrir vulnerabilidades con la seguridad y corregirlas para **evitar** robos.

thief
law
to avoid

> [los trabajos de la gente también cambian a gran velocidad]

La lavandera: Para las personas que no están contentas con su lavadora de ropa, o no tienen una, la lavandera es una gran ayuda. Va a la casa de una persona para lavar **a mano** toda la ropa **sucia.**

by hand / dirty

El organillero: En raras ocasiones, puedes encontrar al organillero en un parque de la ciudad, tocando música con su organillo. No es muy común pero a veces es posible ver a un chimpancé bailando a la música del organillero, y pidiéndole dinero a la gente en la calle. Esta profesión originada en Europa ya es casi algo del pasado.

Inspector de dados: Es muy importante para los casinos no tener dados defectuosos, pues pueden ocasionar muchas **pérdidas.** Por eso los fabricantes de dados y los casinos necesitan personas para probar los dados antes de usarlos en el casino.

dice
losses

El adivinador: Va por el parque con un pajarito en una **jaula**. Cuando el cliente le paga al adivinador, el pájaro selecciona un papel que dice su suerte, igual que un horóscopo.

cage

Repartidores: Van por toda la ciudad y llevan artículos de gran importancia a las casas de la gente. Hay muchos tipos de repartidores, pero los más importantes son los repartidores de agua potable y los que reparten el gas para cocinar. Otros repartidores llevan **refrescos** o periódicos a las casas.

soft drinks

Limpiador de chicles: Un trabajo relativamente moderno es el de limpiar los chicles de las calles. Aunque, en el caso de Chile **intentaron** limpiar con agua a presión, y productos químicos, nada funciona tan bien como una vieja espátula. En otros países no existe este trabajo tan expecializado, sino que emplean un vehículo especial para limpiar las calles. Esta labor de limpieza es importante porque el chicle (o goma de mascar) es un foco de bacterias y enfermedades: una sola goma puede tener hasta 70 mil bacterias y hongos. Otra consecuencia es que los pájaros mueren después de comer un chicle. Además **afean** la ciudad ¿y a quién le gusta **pisar** uno?

gum

tried

makes it ugly / step on

Sources: Trabajo.about.com; Diario.latercera.com; Eluniversal.com.mx; 3djuegos.com

Comprensión

1. ¿Cuáles de estos trabajos están desapareciendo? ¿Cuáles son relativamente modernos?
2. ¿Quiénes usan los servicios de los ladrones profesionales?
3. ¿Qué hace la lavandera?
4. ¿Dónde trabaja el adivinador y por qué necesita un pájaro?
5. ¿Qué artículos llevan a las casas los repartidores?
6. ¿Por qué es importante limpiar los chicles de las calles?

Después de leer

En grupos de tres, hablen sobre los trabajos que tienen o los trabajos que consideren interesantes. Incluyan lo siguiente: las habilidades *(skills)* necesarias, la preparación necesaria, el sueldo, lo que les gusta del trabajo y lo que no les gusta del trabajo.

Redacción

Write an email to a friend telling him/her about a new job.

Paso 1 Brainstorm a list of jobs that you think are fun or exciting.

Paso 2 Pick one of the jobs from your list of interesting jobs. Jot down as many things as you can about that job: Why do you find it interesting? Where do professionals in that field work? What do they do? What do they have to know? Who do they work with? How much do they work?

Paso 3 Write a list of emotions that you might feel if you were to have a job like the one you described in **Paso 2**.

Paso 4 Imagine that you have the job you described in **Paso 2**. Begin the email to your friend and ask how he/she is doing. Then say how you are feeling.

Paso 5 Continue your email telling your friend that you have a new job. Then write a paragraph in which you discuss various aspects of the job using the information you generated in **Paso 2**. Also describe how you are feeling about the job using the list you created in **Paso 3**.

Paso 6 Conclude your email.

Paso 7 Edit your email:

1. Is your email logically organized with smooth sentence transitions?
2. Are there any short sentences you can combine by using **y** or **pero**?
3. Do verbs agree with the subjects?
4. Do adjectives agree with the nouns they describe?
5. Did you use **ser** and **estar** properly?
6. Are there any spelling errors?

En vivo

Entrando en materia

Cuando buscas un trabajo y lees solicitudes de trabajo, ¿qué tipo de requisitos *(requirements)* es común encontrar?

Solicitudes de trabajo

Aquí hay algunas solicitudes de empleo de un periódico de Colombia.

EMPLEO

ARQUITECTO. Empresa solicita Arquitecto o Diseñador. Hombres o mujeres, 25 a 35 años, experiencia programas 3d autocad, etc. Excelente presentación, disponibilidad de horario y para viajar. Interesados comunicarse al 3636-1111 (de 10:00 a 18:00 hrs).

DEPENDIENTE. Mujer honesta y responsable para trabajar en una óptica en Plaza Fancy, turno completo, sin experiencia y preparatoria terminada. Interesadas enviar curriculum vitae a: plazafancy@empleos.com. Sueldo base $4,000 + Comisión.

CAJERO. Administrador de pizzería, hombre, edad máxima 30 años, zona Ciudad Bugambilias. Contratación Inmediata. Comunicarse al: 3693-9393.

SUPERVISOR. Empresa en expansión ofrece oportunidad de trabajo de medio tiempo, de lunes a viernes. Buscamos personas mayores de 17 años para supervisar personal y atender líneas telefónicas. Para mayor información comunicarse al número 467676767 o enviar hoja de vida al correo electrónico empleo@gmail.com preguntar por la señorita Marciano.

SE Solicita Ama de Casa. Para atender señor solo. Tardes libres. Informes al 345-0900- 2636.

CHOFER. Hotel solicita chofer de camioneta. Requisitos: Inglés indispensable, disponibilidad de horario para rotar turnos, actitud de servicio. Interesados presentar solicitud en Avenida Bolívar 7002, en horario de oficina.

ABOGADA. Bufete de abogados e inversionistas requiere abogada titulada. Responsabilidades: Examinar procesos civiles. Informes al 900 800-7000.

DENTISTA o pasante para trabajo en clínica dental de Ortodoncia. Turno completo, sexo femenino. Informes al 987- 5567-8133 a mandar curriculum o: ortodoncia@ortomax.com.

EJECUTIVO(A) de ventas con experiencia, auto compacto y disponibilidad para viajar, 25–35 años. Ofrecemos producto de primera necesidad para la industria hotelera, sueldo base más comisión, y prestaciones de ley. Interesados enviar c.v con foto a: gerencia@ hotelería.com.

ENFERMERA(O). General/técnica, indispensable cédula profesional. Edad: 25–45 años, estado civil indistinto, experiencia comprobable de tres años. Sueldo según aptitudes. Enviar curriculum a: recursoshumanos@ hospitalSanJose.com.

MESEROS y cantineros. Ambos sexos. Requisitos: experiencia mínima de 3 años, excelente presentación, disponibilidad de horario. Presentarse con curriculum o solicitud elaborada en Restaurante Bar Arcoiris, centro histórico, teléfono 987-6543- 4571.

RECEPCIONISTA. Empresa nacional solicita personal mixto para trabajar medio tiempo. Requisitos: responsable y con iniciativa, disponibilidad de horario. Buena presentación, edad 23 a 35 años, manejo de PC, paquete Office. Citas al Tel: 541-5959-6283, extensión 345.

SE solicita Instructor de Yoga. Experiencia mínima de un año, de 20 a 35 años, interesados llamar al cel: 044-33 3403-3466.

Comprensión

1. ¿Qué tipo de trabajos ofrecen las solicitudes de empleo?
2. ¿Qué tipo de requisitos tienen?
3. ¿Qué diferencias hay entre estos anuncios y los de los Estados Unidos?

Más allá

Escribe un anuncio de empleo para una profesión no representada en estos anuncios. Compártela en Share It! y lee los anuncios de tus compañeros. ¿Te interesa alguno de los anuncios?

Exploraciones profesionales

El trabajo social

Vocabulario

Sustantivos

el abuso	*abuse*
el alcohol	*alcohol*
la autoestima	*self-esteem*
la custodia	*custody*
la droga	*drug*
la rehabilitación	*rehabilitation*
la violencia	*violence*

Adjetivos

agresivo(a)	*aggressive*
obsesionado(a)	*obsessed*
violento(a)	*violent*

Verbos

dejar de + *infinitive*	*to stop doing something*

Frases útiles

¿En qué puedo ayudarle?
How can I help you?

¿Tiene problemas de salud?
Do you have any health problems?

¿Cuál es su número de seguridad social?
What is your Social Security number?

¿Cómo se llama la persona encargada de su caso?
What is the name of your case worker?

Voy a referirlo a...
I am going to refer you to . . .

Necesitamos hacer una cita con...
We need to make an appointment with . . .

Estrategia

Guess intelligently.

Use context, intonation as well as visual clues such as body language, gestures, facial expressions, and images to help you figure out the meaning of words.

DATOS IMPORTANTES

Educación: Licenciatura en trabajo social o carrera relacionada, aunque muchos puestos requieren una maestría

Salario: Entre $38 000 y $60 000

Dónde se trabaja: Escuelas primarias y secundarias, hospitales, asilos para ancianos, centros para el tratamiento de abuso, agencias para individuos y familias, el gobierno local o estatal

Vocabulario nuevo Completa las oraciones con la palabra apropiada de la lista de vocabulario.

1. Para un alcohólico es difícil _____ beber.
2. La cocaína y la heroína son _____ ilegales.
3. Una persona que no tiene un buen concepto de sí mismo *(himself)* tiene _____ baja.
4. Si los padres son violentos, no pueden tener _____ de sus hijos.
5. Muchas veces es necesario ir a un centro de _____ para poder controlar una adicción.

Ana Correa, trabajadora social

Ana Correa es trabajadora social y ayuda a personas con diferentes problemas, como la falta de *(lack of)* trabajo, las drogas y la violencia doméstica. En el video vas a ver una entrevista entre Ana y una persona que necesita ayuda.

Antes de ver

1. ¿Cuáles son los problemas sociales más comunes en los Estados Unidos? Existen esos problemas en tu comunidad?
2. ¿Qué tipo de ayuda crees que puede ofrecer un trabajador social para los problemas mencionados en la pregunta número 1?
3. ¿Hay lugares en tu comunidad donde puedes hablar con un trabajador social?

Comprensión

1. ¿Cómo se llama el hombre que habla con Ana Correa y qué problema tiene?
2. ¿Cómo está el hombre en el momento de la entrevista?
3. ¿Qué datos le pide la trabajadora social?
4. ¿Con quién vive el Sr. Gómez?
5. ¿Qué dice la Sra. Correa sobre el alcohol?
6. ¿Es el Sr. Gómez agresivo?
7. ¿Qué debe hacer el Sr. Gómez?

Después de ver

En grupos de tres, representen a una pareja o dos amigos que van a ver a un trabajador social por primera vez. Uno perdió *(lost)* su trabajo y no puede encontrar un nuevo trabajo. El trabajador social debe hacer preguntas y dar consejos.

El consejero debe preguntar sobre:

Nombre de la persona

Dirección y teléfono

Educación

Habilidades y talentos

Preferencias

Preguntas posibles para el consejero:

¿En qué les puedo ayudar?

¿Cómo están ahora?

Exploraciones de repaso: estructuras

5.35 Un día en la vida Completa el siguiente párrafo con la forma necesaria de la palabra entre paréntesis. A veces debes escoger entre dos palabras. ¡OJO! Algunos de los verbos requieren el uso del presente progresivo.

Me llamo Romina. **(1)** _____ (Ser/Estar) de Cuzco, Perú, pero **(2)** _____ (ser/estar) en Nueva York. **(3)** _____ (Ser/Estar) cocinera ¡y me encanta mi trabajo! Ahora estoy **(4)** _____ (trabajar) en un restaurante con un cocinero francés. Estoy **(5)** _____ (aprender) mucho con él. Yo **(6)** _____ (saber/conocer) a mis clientes muy bien. Ellos **(7)** _____ (venir) al restaurante con frecuencia y **(8)** _____ (decir) que mi comida es la mejor en Nueva York. Algún día quiero **(9)** _____ (ser/estar) dueña *(owner)* de un restaurante andino. Yo **(10)** _____ (saber/conocer) cocinar muy bien... ¡yo **(11)** _____ (hacer) unos platos deliciosos! **(12)** _____ (Ser/Estar) segura de que puedo tener éxito.

5.36 Descripción personal Conjuga el verbo en la primera persona (**yo**), y completa la oración de una forma original para escribir una descripción personal.

1. (Ser)...
2. Hoy (estar)...
3. (Venir) a la clase de...
4. Los fines de semana (salir)...
5. Yo no (saber)...
6. (Conocer) a...
7. No (hacer)...
8. (Conducir)...

5.37 Mensajes de texto Estás visitando la ciudad de Barcelona, en España, y escribes varios mensajes en tu teléfono celular para decirles a tus amigos lo que estás haciendo en ese momento. Usa el presente progresivo para hablar de tus actividades.

1. 10:30 A.M. – caminar por el parque Güell
2. 1:00 P.M. – comprar recuerdos en las Ramblas
3. 2:00 P.M. – almorzar en el Café 4Gats
4. 4:00 P.M. – visitar el mercado
5. 6:00 P.M. – ver cuadros en el Museo de Picasso
6. 8:00 P.M. – beber y comer en un restaurante de tapas

5.38 En el trabajo Explica lo que las siguientes personas saben o conocen según *(according to)* la profesión que tienen.

Modelo Isabel es veterinaria.
   Ella conoce a las mascotas de sus clientes. Sabe cómo ayudar a los animales.

1. Leticia es mesera.
2. Ernesto es secretario.
3. Esmeralda es mujer policía.
4. Mario es deportista.
5. Alicia es ama de casa.
6. Marcelo es maestro.

Exploraciones de repaso: comunicación

5.39 Descripción de fotos Con un compañero describan las siguientes fotos. Deben determinar quiénes son las personas en las fotos, qué relación tienen, cuáles son sus profesiones, qué están haciendo y qué emociones se muestran en las fotos. ¡**OJO** con los verbos **ser** y **estar**!

Modelo *Marta no está contenta. Es escritora y está hablando por teléfono con el editor. Él necesita el libro en dos semanas.*

5.40 Información, por favor Trabaja con un compañero. Uno debe mirar el gráfico en esta página y el otro debe mirar el gráfico en el **Apéndice B.** Túrnense para preguntarse y completar el gráfico con la información necesaria. Necesitan identificar sus profesiones, sus orígenes, dónde están ahora y cómo están. Atención al uso de **ser** y **estar.**

Nombre	Profesión	Origen	Localización	Emoción
Carlota		Madrid	la casa	
Éric			el banco	frustrado
César	periodista	San Juan		cansado
Paloma	abogada		el correo	
Samuel		Managua	la oficina	
Camila	diseñadora			divertida

5.41 ¿Estás feliz? Tú y tu compañero trabajan para una revista y deben escribir un test de felicidad para los lectores *(readers)*.

Paso 1 Escribe una lista de 5–7 actividades que hace una persona feliz.

Paso 2 Comparte *(Share)* tu lista con tu compañero y decidan 6 actividades que deben incluir en el test.

Paso 3 Tomen el test y descubran si son felices. Después compartan los resultados con el resto de la clase.

CAPÍTULO 5

🔊 Vocabulario 1
1-32

Los estados de ánimo y otras expresiones con el verbo *estar*

aburrido(a)	*bored*	enojado(a)	*angry*
alegre	*happy*	equivocado(a)	*wrong*
asustado(a)	*scared*	feliz	*happy*
avergonzado(a)	*embarrassed*	frustrado(a)	*frustrated*
borracho(a)	*drunk*	interesado(a)	*interested*
cansado(a)	*tired*	loco(a)	*crazy*
celoso(a)	*jealous*	nervioso(a)	*nervous*
confundido(a)	*confused*	ocupado(a)	*busy*
contento(a)	*happy*	preocupado(a)	*worried*
deprimido(a)	*depressed*	sano(a)	*healthy*
divertido(a)	*entertained; in a good mood*	seguro(a)	*sure*
enamorado(a) (de)	*in love (with)*	sorprendido(a)	*surprised*
enfermo(a)	*sick*	triste	*sad*

Palabras adicionales

la salud   *health*

Diccionario personal

_____
_____
_____
_____
_____
_____
_____
_____
_____
_____

Vocabulario 2

Las profesiones

el (la) abogado(a)	lawyer	el (la) ingeniero(a)	engineer
el actor	actor	el jefe/la jefa	boss
la actriz	actress	el (la) maestro(a)	elementary/high school teacher
el (la) agente de viajes	travel agent		
el amo(a) de casa	homemaker	el (la) mecánico(a)	mechanic
el (la) arquitecto(a)	architect	el (la) médico(a)	doctor
el (la) asistente de vuelo	flight attendant	el (la) mesero(a)	waiter
		el (la) modelo	model
el bailarín/la bailarina	dancer	el (la) músico(a)	musician
		el (la) periodista	journalist
el (la) cantante	singer	el (la) piloto	pilot
el (la) científico(a)	scientist	el (la) pintor(a)	painter
el (la) cocinero(a)	cook	el policía/la mujer policía	police officer
el (la) consejero(a)	adviser		
el (la) contador(a)	accountant	el (la) político(a)	politician
el (la) dependiente	clerk	el (la) psicólogo(a)	psychologist
el (la) deportista	athlete	el (la) secretario(a)	secretary
el (la) diseñador(a)	designer	el (la) trabajador(a) social	social worker
el (la) enfermero(a)	nurse		
el (la) escritor(a)	writer	el (la) vendedor(a)	salesperson
el (la) fotógrafo(a)	photographer	el (la) veterinario(a)	veterinarian

Palabras adicionales

el (la) cliente	client	el sueldo	salary
la entrevista	interview	el trabajo	job
la solicitud	application; want ad		

Los verbos

conducir	to drive	saber	to know (facts; how to do something)
conocer	to know, to be acquainted with		
		salir	to go out, to leave
		seguir (i)	to follow
dar	to give	traer	to bring
decir (i)	to say, to tell	venir (ie)	to come
ganar	to earn	ver	to see
hacer	to do, to make		
oír	to hear		
poner	to put; to set		

CAPÍTULO 6

Learning Strategy

Study with a partner
Study with a friend or form a study group. Not only will you benefit when someone in your group understands a concept that you may have difficulty with, but you can also increase your own understanding by teaching others who need extra help. Group study will provide you with more opportunities to speak and listen to Spanish as well.

In this chapter you will learn how to:
- Talk about your daily routine
- Discuss your hobbies and pastimes
- Talk about when and how often you do things
- Talk about sports
- Discuss events that occurred in the past

¿Cómo pasas el día?

Exploraciones gramaticales
Reflexive verbs 192
Adverbs of time and frequency 195
The preterite 206
Stem-changing verbs in the preterite 209

En vivo
Cómo mantenernos sanos 199
Un reportaje biográfico 215

Conexiones culturales
La vida diaria 190
Los deportes en España y Latinoamérica 204

Lectura
La siesta 200
Deportistas famosos 212

Exploraciones profesionales
La educación física 216

1 Exploraciones léxicas

Es temprano por la mañana y la familia Cervantes comienza su día.

Verbos

acostarse (ue)	to go to bed, to lie down	ducharse	to shower	verse	to look at oneself
afeitarse	to shave	estirarse	to stretch	vestirse (i)	to get dressed
arreglarse	to fix oneself up; to get ready	lavarse	to wash		
		levantarse	to get up	**Palabras adicionales**	
bañarse	to bathe, to take a bath	maquillarse	to put on make-up	tarde	late
cepillarse	to brush	peinarse	to comb or style one's hair	temprano	early
cortarse	to cut	ponerse (la ropa)	to put on (clothing)		
despertarse (ie)	to wake up	quitarse (la ropa)	to take off (clothing)		
divertirse (ie)	to have fun	secarse	to dry oneself		
dormirse (ue)	to fall asleep	sentarse (ie)	to sit down		

INVESTIGUEMOS EL VOCABULARIO

In addition to **el pelo**, **el cabello** can also be used to refer to hair.

A practicar

6.1 Escucha y responde Vas a escuchar varias partes del cuerpo. Señala la parte del cuerpo que escuches.

1-34

6.2 Asociaciones ¿Qué ropa asocias con las siguientes partes del cuerpo?

1. los pies
2. las piernas
3. la cabeza
4. las manos
5. el cuello
6. la espalda y el pecho

188 | ciento ochenta y ocho | Capítulo 6

6.3 ¿Qué parte del cuerpo es? Completa las descripciones.

1. _____ está entre la cabeza y los hombros y sirve para mover la cabeza.
2. Tenemos dos _____, y cada uno tiene cinco dedos. Sirven para caminar y bailar.
3. Usamos _____ para hablar y para comer.
4. Tenemos dos _____ en la cara para ver.
5. _____ está en el brazo, entre la mano y el hombro.
6. Tenemos dos _____. Una está en el lado izquierdo de la cabeza, y la otra en el lado derecho.
7. Yo tengo _____ largo, rubio y rizado *(curly)*.
8. _____ es una parte que conecta la pierna con el pie.

6.4 No corresponde Trabaja con un compañero. Observen los grupos de palabras y túrnense para decidir cuál es diferente. Expliquen por qué.

Modelo la pierna   la toalla   el pie
   la toalla porque no sirve para caminar

1. los pies	las manos	el cuello
2. los dedos	la boca	la nariz
3. el pelo	el codo	la rodilla
4. el estómago	el diente	la espalda
5. el muslo	la oreja	el tobillo
6. el despertador	la pasta de dientes	el jabón

6.5 ¿Cuándo? Con un compañero, túrnense para explicar en qué situaciones una persona tiene que hacer las siguientes actividades.

Modelo ducharse con agua fría
   Estudiante 1: *¿Por qué una persona tiene que ducharse con agua fría?*
   Estudiante 2: *La persona tiene mucho calor.*

1. sentarse al frente de la clase
2. acostarse muy tarde
3. vestirse con ropa muy vieja
4. estirarse
5. levantarse muy temprano
6. afeitarse las piernas
7. cortarse el pelo
8. cepillarse los dientes

INVESTIGUEMOS EL VOCABULARIO

In some Latin American countries, **el dentífrico** is used rather than **la pasta de dientes** to say *toothpaste*.
In Mexico **rasurarse** is used to say *to shave* rather than **afeitarse,** and **bañarse** refers to both showering and bathing.

6.6 Unos monstruos Trabaja con un compañero. Uno debe mirar el dibujo en esta página, y el otro va a mirar el dibujo en el **Apéndice B.** Túrnense para describir los monstruos y encontrar las cinco diferencias.

Exploraciones léxicas 1 | *ciento ochenta y nueve*

Conexiones culturales
La vida diaria

Cultura

Antonio López García (1936–) es un famoso artista español. Comenzó a pintar influenciado por su tío, quien era pintor. López García escribió: "Una obra nunca se acaba *(is finished)*, sino que se llega al límite de las propias *(own)* posibilidades". Con esta idea describe su propio proceso como pintor, ya que *(since)* a veces toma muchos años para terminar un cuadro. Varias de sus obras reflejan momentos de la vida diaria. Algunos críticos definen su estilo como hiperrealista porque sus cuadros parecen casi fotografías.

Observa su cuadro *Lavabo y espejo*. ¿Qué objetos reconoces? ¿Te gusta? ¿Por qué? ¿Qué sentimientos *(feelings)* te inspira?

 Investiga en Internet otras obras de Antonio López García. Sube una que te guste en Share It! con el título de la pintura. Identifica qué hay en la pintura y explica por qué te gusta.

Antonio López García, *Lavabo y espejo*

Comparaciones

Cada país tiene frases y refranes que reflejan la cultura popular. Las siguientes frases populares se relacionan con las partes del cuerpo. Por ejemplo, la frase "cuesta un ojo de la cara" significa que algo cuesta mucho dinero. Si una persona dice "¡Hoy en día *(Nowadays)* la gasolina cuesta un ojo de la cara!" significa que la gasolina es muy costosa. ¿Puedes adivinar el significado de los refranes después de leer los ejemplos? ¿Conoces alguna frase que signifique lo mismo en inglés?

1. **ser codo**
   ¡Mi novio es muy codo! Nunca me invita a cenar.

2. **hacérsele (a uno) agua la boca**
   Mi mamá hace un flan delicioso. ¡Se me hace agua la boca!

3. **tomar el pelo**
   ¿No hay exámenes en la clase de matemáticas? ¿Me estás tomando el pelo?

4. **no tener pies ni cabeza**
   No entiendo la explicación. No tiene ni pies ni cabeza.

5. **no tener pelos en la lengua**
   Mi hermana no tiene pelos en la lengua y siempre dice lo que piensa.

INVESTIGUEMOS LA MÚSICA

Listen to "Mis Ojos" by the Mexican rock group Maná. Write all the parts of the body mentioned in the song. Listen a second time. What is the tone of the song? Why?

Conexiones... a la música

Pin Pon fue originalmente un programa de televisión de Chile en el que un personaje *(character)* llamado Pin Pon le enseña a los niños buenos hábitos y valores *(values)*. La siguiente es una canción infantil de este programa. Pin Pon se conoce en todos los países latinoamericanos.

Pin Pon es un **muñeco** — doll
con cara de cartón
se lava la carita
con agua y con jabón.

Se peina los cabellos
con peines de **marfil** — ivory
y aunque le den **tirones** — tugs
no **llora** ni hace así. — cry

Como siempre **obedece** — obeys
lo que manda mamá
estudia las lecciones
antes de irse a acostar.

Y cuando las **estrellas** — stars
empiezan a **brillar** — to shine
Pin Pon se va a la cama
reza y se echa a soñar.

¿Conoces alguna canción en inglés con el mismo propósito *(goal)*? ¿Qué dice la canción?

> Busca el nombre de una película chilena y aprende más sobre Chile en **Exploraciones del mundo hispano** en el **Apéndice A**.

Comunidad

Como la canción de Pin Pon, existen muchos libros para niños que enseñan a tener buenos hábitos de higiene. Pregunta en la biblioteca de tu comunidad si tienen un programa para leerles en español a los niños. Si tu biblioteca no tiene un programa, puedes ser voluntario en un programa bilingüe en un jardín de niños o en una escuela primaria. ¡Leer es una magnífica manera de practicar español!

1
Exploraciones gramaticales

A analizar ▶

Camila habla con su consejera sobre su rutina. Después de ver el video, lee lo que Camila dice y observa las estructuras de los verbos.

> Todos los días **me despierto** a las seis, **me peino** rápidamente y **me visto**. Después de **arreglarme**, despierto a mi hijo y preparo su cereal... Acuesto al niño y después mi esposo y yo vemos la tele un poco. Antes **de acostarme**, me baño. Prefiero **bañarme** en la noche porque no tengo mucho tiempo en la mañana. **Me acuesto**, leo y **me duermo**.

1. What is the subject of the verbs in bold in the examples above?
2. What do you notice about the verbs in bold in the paragraph above?
3. Notice the different structures of the verbs **acostar** and **despertar** in the examples below. How are they different? Why do you think the structures are different?

   Todos los días **me despierto** a las seis... / **despierto** a mi hijo y preparo su cereal...

   Acuesto al niño... / **Me acuesto,** leo y me duermo.

A comprobar

Reflexive verbs

1. Many verbs used to discuss daily routines (**bañarse, despertarse, vestirse,** etc.) are known as reflexive verbs. Reflexive verbs are used to indicate that the subject performing the action also receives the action of the verb. In other words, these verbs are used to describe actions we do to ourselves.

   Ella **se pone** un vestido azul.
   She **puts on** (herself) a blue dress.

   Yo **me levanto** temprano.
   I **get** (myself) **up** early.

2. Reflexive verbs are conjugated in the same manner as other verbs; however, they must have a reflexive pronoun. The reflexive pronoun agrees with the subject of the verb.

   lavarse *(to wash oneself)*

yo	**me** lavo	nosotros	**nos** lavamos
tú	**te** lavas	vosotros	**os** laváis
él, ella, usted	**se** lava	ellos, ellas, ustedes	**se** lavan

The following verbs from the **Vocabulario** section are verbs with reflexive pronouns:

acostarse* (ue)	divertirse* (ie)	ponerse
afeitarse	dormirse* (ue)	quitarse
arreglarse	ducharse	secarse
bañarse	estirarse	sentarse* (ie)
cepillarse	lavarse	verse
despertarse* (ie)	levantarse	vestirse* (i)

*stem-changing verbs

3. The reflexive pronoun is placed in front of a conjugated verb.

   Nosotros **nos** acostamos tarde.
   We go to bed late.

   Yo **me** estoy durmiendo.
   I am falling asleep.

   INVESTIGUEMOS LA GRAMÁTICA

   Dormirse has a reflexive pronoun, but it is slightly different from the other reflexive verbs. The pronoun indicates a change of state rather than a subject doing something to himself/herself.

4. When using an infinitive, attach the reflexive pronoun to the end. Note that even in the infinitive form, the pronoun agrees with the subject. The pronoun can also be attached to the present participle, but you must add an accent to maintain the original stress.

> ¿Vas a bañar**te** ahora?
> *Are you going to bathe now?*
>
> Estoy lavándo**me** la cara.
> *I am washing my face.*

5. Many verbs can be used reflexively or nonreflexively, depending on who (or what) receives the action.

> Gerardo **se lava** las manos.
> *Gerardo washes his (own) hands.*
>
> Felipe **lava** el coche.
> *Felipe washes the car.*
>
> (Felipe does not receive the action; the car does.)

Rebeca **se mira** en el espejo.
Rebeca looks at herself in the mirror.

Los niños miran a la maestra.
The children look at the teacher.

(The children do not receive the action; the teacher does.)

6. When using reflexive verbs, do not use possessive adjectives.

> Silvia se lava **el** pelo.
> *Silvia washes **her** hair.*

7. Some verbs have a slightly different meaning when used with a reflexive pronoun, such as **irse** *(to go away, to leave)* and **dormirse** *(to fall asleep).*

> Liz **se duerme** a las diez todas las noches.
> *Liz falls asleep at ten o'clock every night.*
>
> Liz **duerme** ocho horas cada noche.
> *Liz sleeps eight hours each night.*

A practicar

6.7 Conclusiones lógicas Empareja las columnas para hacer oraciones lógicas.

1. El despertador suena a las ocho y tú...
2. No hay agua caliente y por eso yo...
3. Empieza la clase de aeróbic y la profesora...
4. Son las once de la noche y nosotros...
5. Tengo que ir a una fiesta formal y yo...
6. Después de comer ellos...

a. me pongo un vestido elegante.
b. se estira.
c. se cepillan los dientes.
d. te levantas y te vistes.
e. nos acostamos.
f. prefiero no ducharme.

Estrategia

Form a study group

Reflexive verbs do not exist in English. Study with classmates to be sure that you all understand the concept in Spanish.

6.8 Mis hábitos Habla con un compañero sobre tus hábitos. Conjuga el verbo en la forma apropiada y completa las oraciones.

Modelo Yo (lavarse) el pelo...
Estudiante 1: *Yo me lavo el pelo con Champú Reina, ¿y tú?*
Estudiante 2: *Yo me lavo el pelo con Champú Brillo.*

1. Los fines de semana yo (acostarse)...
2. Yo (estirarse) cuando...
3. A veces yo (dormirse) cuando...
4. Yo nunca (ponerse)...
5. En clase de español prefiero (sentarse)...
6. Yo (divertirse) cuando...

6.9 Entrevista Entrevista a un compañero con estas preguntas.

1. ¿A qué hora te despiertas de lunes a viernes? ¿y los sábados o domingos?
2. Generalmente, ¿cuánto tiempo necesitas para arreglarte?
3. ¿En qué ocasiones te pones ropa elegante?
4. ¿A veces te duermes en clase? ¿En qué clase?
5. ¿Qué haces para divertirte?
6. ¿Prefieres bañarte o ducharte?

6.10 Una mañana muy apurada Completa el siguiente párrafo con la forma necesaria del verbo apropiado. Después, compara tus respuestas con las de un compañero. **¡OJO!** Unos verbos son reflexivos y otros no.

Carmen (**1.**) _____ (despertar/despertarse) y (**2.**) _____ (mirar/mirarse) el reloj. ¡Las siete de la mañana! Los niños deben estar en la escuela a las ocho. Rápidamente va al cuarto de sus hijos y (**3.**) _____ (despertar/despertarse) a Carlos y Víctor. Ellos (**4.**) _____ (levantar/levantarse) y van al baño. Mientras los niños (**5.**) _____ (bañar/bañarse), Carmen (**6.**) _____ (preparar/prepararse) el desayuno *(breakfast)* para ellos. Cuando Carlos y Víctor entran en la cocina para desayunar, Carmen corre al baño y empieza a (**7.**) _____ (arreglar/arreglarse). Ella (**8.**) _____ (maquillar/maquillarse) y (**9.**) _____ (vestir/vestirse). Después Carmen (**10.**) _____ (llamar/llamarse) a sus hijos. Carlos y Víctor van al baño y (**11.**) _____ (cepillar/cepillarse) los dientes. Carmen (**12.**) _____ (peinar/peinarse) a los chicos y todos salen de la casa a las ocho menos diez.

6.11 Las rutinas ¿Qué están haciendo estas personas?

1.

2.   3.

4.

5.

6.

6.12 En busca de… Busca a compañeros que hagan las siguientes actividades. Habla con una persona diferente para cada actividad de la lista. **¡OJO!** Tienes que decidir si debes usar la forma reflexiva del verbo o no y conjugarlo para preguntarles a tus compañeros. Luego comparte *(share)* la información con la clase.

Modelo (duchar/ducharse) en la noche
Estudiante 1: *¿Te duchas en la noche?*
Estudiante 2: *Sí, me ducho en la noche.*

1. (levantar/levantarse) temprano los fines de semana
2. preferir (vestir/vestirse) con ropa cómoda
3. (lavar/lavarse) la ropa una vez a la semana
4. normalmente (dormir/dormirse) siete horas
5. preferir (sentar/sentarse) al frente de la clase
6. (poner/ponerse) la mesa antes de comer
7. (afeitar/afeitarse) todos los días
8. (cepillar/cepillarse) a una mascota

Exploraciones gramaticales

A analizar

Camila habla con su consejera. Mira el video otra vez. Después lee lo que dice Camila y observa las expresiones de tiempo en negritas.

Todos los días me despierto a las seis, me peino rápidamente y me visto. **Después de** arreglarme, despierto a mi hijo y preparo su cereal. Mi mamá **siempre** llega a las siete y media y yo salgo para la escuela. Paso el día en la escuela enseñando y **a veces** tengo reuniones con los otros maestros o con los padres de los niños en la tarde. Normalmente llego a casa **a las cinco** y empiezo a preparar la comida. **Después** mi esposo limpia la cocina mientras yo juego con mi hijo. Acuesto al niño y **después** mi esposo y yo vemos la tele un poco. **Antes de** acostarme, me baño.

1. What form of the verb is used after the expressions **antes de** and **después de**?
2. What form of the verb is used with the other expressions of time?

A comprobar

Adverbs of time and frequency

1. One of the functions of an adverb is to tell when an action occurs. The following are common adverbs of time, some of which you have already learned:

a menudo	often
ahora	now
hoy	today
luego	later
mañana	tomorrow
más tarde	later
pronto	soon
todos los días	every day

Más tarde ellos van a arreglarse para salir.
Later they are going to get ready to go out.

Carmina está duchándose **ahora**.
Carmina is showering now.

Notice that it is possible to use the adverb either before or after the action.

2. The following adverbs of time usually come before the verb:

a veces*	sometimes
mientras*	while
normalmente	normally, usually
(casi) nunca	(almost) never
(casi) siempre	(almost) always
todavía	still
ya	already
ya no	no longer

*If using a subject in the sentence, these adverbs are placed in front of the subject.

A veces mi hermana se acuesta después de la medianoche.
***Sometimes** my sister goes to bed after midnight.*

Mi padre **nunca** se afeita los fines de semana.
*My father **never** shaves on the weekend.*

3. To say what someone does before or after another activity, use the expressions **antes de** + *infinitive* and **después de** + *infinitive*.

> **Antes de acostarse, mi hijo lee un libro.**
> *Before going to bed, my son reads a book.*
>
> **Los niños necesitan cepillarse los dientes después de comer.**
> *The children need to brush their teeth after eating.*

When using a verb after a preposition (**a, con, de, para,** etc.), it is necessary to use the infinitive. **Antes** and **después** can also be used without the preposition **de**; however, the meaning changes slightly and they are translated as *beforehand* and *afterwards*, respectively. They are followed by the conjugated verb.

> **Normalmente tomo un café y después voy a la universidad.**
> *Normally I have coffee and afterwards I go to the university.*

4. When saying how often you do something, use the word **vez** *(time)*.

> Él se corta las uñas **una vez a la semana.**
> *He cuts his nails **once a week**.*
>
> Me cepillo los dientes **tres veces al día.**
> *I brush my teeth **three times a day**.*

Notice that this adverbial expression comes after the activity.

A practicar

6.12 ¿Cierto o falso? Habla con un compañero y dile *(tell him/her)* si las oraciones son ciertas o falsas para ti. Corrige las oraciones falsas para que sean *(so that they are)* ciertas.

1. Normalmente me seco el pelo con una secadora.
2. Me cepillo los dientes diez veces al día.
3. Me afeito todos los días.
4. Me ducho y luego me acuesto.
5. Escucho música mientras me arreglo.
6. Me visto después de cepillarme los dientes.
7. A menudo me despierto antes de escuchar el despertador.
8. Nunca me maquillo.

6.13 ¿Qué haces? Completa las oraciones con las actividades que haces con la frecuencia indicada.

Modelo Siempre... *tomo café antes de la clase de español.*

1. Todos los días...
2. Una vez al día...
3. A veces...
4. Una vez al mes...
5. Una vez al año...
6. Ya no...
7. Casi nunca...
8. Nunca...

Siempre tomo café antes de la clase de español.

6.14 ¿Cuándo? Mira las ilustraciones y explica cuándo las personas hacen una de las actividades en relación a la otra.

Modelo *Antes de ponerse un sombrero, se peina. / Después de peinarse, se pone un sombrero.*

1.

2.

3.

4.

5.

6.

6.15 ¿Con qué frecuencia? Con un compañero, pregúntense con qué frecuencia hacen las actividades de la lista.

Modelo cepillarse los dientes
Estudiante 1: *¿Con qué frecuencia te cepillas los dientes?*
Estudiante 2: *Me cepillo los dientes tres veces al día.*

1. levantarse antes de las ocho
2. bañarse (en la bañera)
3. ponerse ropa elegante
4. cortarse el pelo
5. lavarse la cara
6. dormirse con la tele encendida *(turned on)*
7. afeitarse
8. acostarse tarde

6.16 ¿Qué haces antes? Con un compañero, túrnense para contestar las preguntas sobre sus actividades anteriores.

Modelo antes de levantarse
Estudiante 1: *¿Qué haces antes de levantarte?*
Estudiante 2: *Antes de levantarme apago* (turn off) *el despertador y escucho un poco de música.*

1. antes de salir para la universidad
2. antes de tomar un examen
3. antes de hacer ejercicio
4. antes de comer
5. antes de salir con amigos
6. antes de acostarse
7. antes de hacer un viaje
8. antes de comprar un coche

6.17 Opuestas Elisa y Florencia son muy diferentes y comparten *(share)* un apartamento. Con un compañero, túrnense para comparar sus hábitos. Usen algunos de los adverbios de tiempo.

Modelo Elisa lava la ropa todas las semanas pero Florencia casi nunca lava la ropa.

Elisa

Florencia

6.18 Entrevista Con un compañero, túrnense para responder las preguntas y describir sus rutinas. Usen los adverbios de tiempo para explicar la secuencia de actividades.

1. ¿Cómo es tu rutina por la mañana?
2. ¿Cómo es tu rutina por la noche?
3. ¿Cómo es un día típico en la universidad?
4. ¿Cómo es un día típico en el trabajo?
5. ¿Cómo es un sábado típico?
6. ¿Cómo es un domingo típico?
7. ¿Cómo es una cita romántica típica?
8. ¿Cómo es una típica celebración de Año Nuevo?

6.19 Una vida sana En un grupo de 3–4 estudiantes van a decidir quién tiene la vida más sana.

Paso 1 Escribe una lista de 7–8 hábitos y actividades que consideras sanas.

Paso 2 Comparte tu lista con los otros de tu grupo. Luego decidan 6 o 7 hábitos y actividades que piensan que son las más importantes para mantener una vida sana.

Paso 3 Pregúntense *(Ask each other)* con qué frecuencia hacen las actividades de la lista. Luego repórtenle a la clase quién tiene la vida más sana y por qué.

En vivo

Entrando en materia

¿Qué le puedes decir a un niño que te pregunta por qué debemos lavarnos las manos?

Cómo mantenernos sanos

1-35 Vas a escuchar un fragmento de un programa para niños en donde hablan sobre buenos hábitos de higiene personal. Escucha con atención y responde las preguntas que siguen.

Vocabulario útil

contagiarse	*to become infected*	**frotar**	*to rub*
enfermarse	*to become sick*	**los gérmenes**	*germs*
la enfermedad	*illness*	**la higiene**	*hygiene*
estornudar	*to sneeze*	**los resfriados**	*colds*
la época	*era, time*	**toser**	*to cough*

Comprensión

1. ¿Quién es el invitado *(guest)* al programa de hoy?
2. ¿Cuál es el tema del programa?
3. ¿Cómo llegan al cuerpo los gérmenes y bacterias?
4. ¿Qué significa "lavarse bien las manos"?
5. ¿Qué debe (o no) hacer una persona enferma para no contagiar a otros?

Más allá

Escoge una de las siguientes opciones, escribe una explicación para niños y compártela en Share It!

1. por qué deben lavarse los dientes
2. por qué deben lavarse el pelo y peinarse

Lectura

Reading Strategy: Taking notes

Take notes while you read to improve your focus and comprehension of the material. Use the margins to write down phrases or key words that summarize the main idea of each paragraph in Spanish. The more you use the language actively without translating, such as by taking notes in Spanish, the closer you will be to feeling comfortable with Spanish and becoming more fluent.

Antes de leer

1. ¿Qué personas crees que toman siestas más frecuentemente y por qué?
2. ¿En qué países piensas que se toman siestas y por qué?

A leer

La siesta

La costumbre de dormir durante el día por media hora se originó en Roma, donde se usaba la expresión "hora sexta" para hablar del tiempo dedicado a dormir y descansar después de cinco horas de mucho trabajo. En España *became* "la hora sexta" **se convirtió** en *la siesta*. En el horario tradicional, exportado después a los países latinoamericanos, la gente come con su familia al mediodía y después descansa un poco antes de volver a trabajar.

Este tiempo es importante porque la comida al mediodía es la comida principal en muchos de

[recomiendan la siesta como algo positivo]

estos países, y es saludable tomar tiempo para digerir. Además, en los meses cuando hace mucho calor, nadie quiere salir a la calle durante *the warmest* estas horas, **las más calurosas** del día. Muchos estudios científicos recomiendan la siesta como algo positivo para la salud *as* **ya que** previene problemas cardiacos, ayuda a la digestión y

Casi nadie sale durante la hora de la siesta.

disminuye el estrés. Aún más, aunque las personas no siempre usan la siesta para dormir, la interrupción de las labores permite a las familias reunirse y pasar más tiempo juntas.

En algunos países hay empresas que entienden el valor de la siesta, y dan a sus trabajadores un espacio donde pueden descansar por algunos minutos para incrementar su productividad. Desafortunadamente, la hora dedicada a la siesta es una costumbre que está desapareciendo en muchos países. La gente ya casi nunca tiene tiempo para descansar debido principalmente a la presión de la vida en las ciudades, en donde el tiempo es poco, el tráfico y las distancias son grandes, y los negocios prefieren no cerrar, para tener algunos clientes más.

La siesta coincide con las horas de más calor.

Comprensión

1. ¿Cuál es el origen de la palabra *siesta*?
2. ¿Qué hacen las personas durante la hora de la siesta?
3. ¿Cuáles son los beneficios de tomar una siesta?
4. ¿Por qué está desapareciendo esta costumbre?
5. En tu opinión ¿crees que la costumbre de la siesta va a desaparecer por completo? ¿Por qué?

Después de leer

Habla con un compañero para responder las preguntas.

1. ¿Duermes una siesta a veces? ¿Por qué?
2. ¿Piensas que es una buena idea dormir siestas?
3. ¿Cuáles son las ventajas y las desventajas de dormir la siesta?

2 Exploraciones léxicas

¡Es verano! Hace buen tiempo y algunas personas de la ciudad salen a disfrutar del buen tiempo.

Los deportes
el atletismo	track and field
el básquetbol	basketball
el béisbol	baseball
la natación	swimming
el tenis	tennis
el voleibol	volleyball

Los pasatiempos
acampar	to camp
esquiar en tabla	to snowboard
hacer alpinismo	to go mountain climbing
ir de excursión	to go hiking
jugar al ping-pong	to play ping-pong

levantar pesas	to lift weights
patinar en hielo	to ice skate

Palabras adicionales
el (la) aficionado(a)	fan (of a sport)
el campo	field
la cancha	court
el equipo	team; equipment
la entrada	ticket
el lago	lake
el partido	game (sport), match
el saco de dormir	sleeping bag

INVESTIGUEMOS EL VOCABULARIO
Here are two lexical variations:
el baloncesto	basketball
el (la) fanático(a)	fan

A practicar

6.20 Escucha y responde Vas a escuchar una lista de actividades. En un papel escribe **deporte** y en otro **equipo**. Si escuchas el nombre de un deporte, levanta el papel que dice **deporte**, y si es equipo para jugar, levanta el papel que dice **equipo**.

6.21 ¿Qué actividad es? Identifica el nombre del deporte que se necesita para completar las oraciones.

1. Es necesario tener dos equipos de seis personas, una pelota y una red para jugar al _____.
2. Jugamos _____ con raquetas, una mesa, una red y pelotas pequeñas.
3. Cuando vamos a acampar dormimos en _____.
4. Para jugar al fútbol necesitamos dos _____ de once personas.
5. Es necesario tener una _____ para jugar tenis.
6. El deporte más popular en Europa y Latinoamérica es _____.

> **INVESTIGUEMOS LA GRAMÁTICA**
>
> In Spanish it is possible to say both **juego fútbol** and **juego al fútbol**. Also, volleyball can be spelled as **volibol** or **voleibol**.

6.22 Relaciones Con un compañero, túrnense para relacionar las palabras de las dos columnas y explicar la relación.

1. la raqueta   a. el básquetbol
2. esquiar   b. la entrada
3. el partido   c. patinar en el hielo
4. el voleibol   d. el equipo
5. la cancha   e. la red
6. el aficionado   f. el campo

6.23 ¿Qué palabra no corresponde al grupo? Encuentra la palabra que no corresponda *(belong)*, y después compara tus respuestas con las de un compañero. Expliquen por qué no corresponde.

1. pescar   nadar   acampar   bucear
2. la raqueta   la tienda de campaña   la pelota   la red
3. patinar en hielo jugar al golf   esquiar   esquiar en tabla
4. el fútbol   ir de excursión   el béisbol   el básquetbol
5. el aficionado   el saco de dormir   el partido   la cancha

6.24 En busca de... Busca a compañeros en tu clase que hacen las siguientes actividades en su tiempo libre. Deben dar información adicional al responder. Después repórtenle la información a la clase.

Modelo jugar al ping-pong
　　Estudiante 1: *¿Juegas al ping-pong?*
　　Estudiante 2: *Sí, juego al ping-pong en casa de mis amigos.*

1. jugar al fútbol   5. jugar bien al básquetbol
2. levantar pesas   6. estar en un equipo deportivo
3. acampar en el verano   7. patinar en hielo
4. ver golf en televisión   8. gustar ver fútbol americano

6.25 Actividades de verano Los organizadores de los eventos de verano para una pequeña ciudad están intercambiando información sobre el equipo que necesitan y las actividades que tienen planeadas. Trabaja con un compañero para completar la información. Uno de ustedes debe ver la información en esta página, y el otro debe ver la información en el **Apéndice B**.

Evento	Lugar del evento	Equipo que tienen	Equipo/recursos que necesitan
1.		cancha	pelotas
2. Excursión a la playa	Playa Bonita		
3.	la piscina del parque		instructores
4. Torneo de ping-pong		seis mesas	
5.	el estadio universitario	red	

Conexiones culturales
Los deportes en España y Latinoamérica

Cultura

El béisbol es muy popular en todos los países de la región del Caribe. Cuba, la República Dominicana y Venezuela son famosos por aportar excelentes jugadores de béisbol a las grandes ligas de los Estados Unidos, como el dominicano David Ortíz. San Pedro de Macorís, en la República Dominicana, es un pequeño pueblo que tiene una gran importancia para el béisbol, pues un gran número de jugadores de la MLB provienen de aquí. Uno de los jugadores más conocidos de este pueblo es Sammy Sosa.

Descubre el nombre de la isla que la República Dominicana comparte con Haití y aprende más sobre el país en **Exploraciones del mundo hispano** en el **Apéndice A**.

INVESTIGUEMOS LA MÚSICA
Similar to the Olympic Games, the FIFA World Cup soccer matches are played every four years. "We Are One" (Ola Ola) was selected as the official song of the 2014 World Cup and was performed by Jennifer López at the opening ceremony. The official anthem "Dar um Jeito" (We Will Find a Way) was performed at the closing ceremony by Carlos Santana, Wyclef Jean, Avicii and Alexandre Pires. Listen to both songs. Which do you like better? Why?

Busca en Internet quiénes son otros beisbolistas famosos de San Pedro de Macorís y para quién juegan. ¿Cómo crees que afecta a un pueblo pequeño tener tantos deportistas famosos? ¡Comparte tu respuesta y los nombres de los beisbolistas en Share It!

Comunidad

Muchos deportistas en los Estados Unidos vienen de países hispanohablantes. Investiga si hay jugadores de países hispanohablantes en tu universidad y escribe una entrevista para ese deportista. Las siguientes son algunas ideas para la entrevista:

¿Por qué le gusta jugar?

¿Con qué frecuencia practica?

¿Quiere ser profesional? ¿Por qué?

¿Cuándo empezó a jugar?

¿Jugó en un equipo de la escuela secundaria?

¿El deporte le ayudó a llegar a la universidad? ¿Cómo?

Comparaciones

En muchos países de habla hispana se practican deportes en las universidades, pero juegan un papel diferente de los deportes en los Estados Unidos, donde los estudiantes obtienen créditos por practicar deportes. En Latinoamérica los deportes son considerados un entretenimiento y generalmente las personas no mencionan sus actividades deportivas en su curriculum vitae *(résumé)*, excepto los deportistas. Sin embargo, la mayoría de las universidades tienen equipos deportivos que representan a su alma mater con orgullo.

¿Son importantes las actividades deportivas en tu universidad?

¿Hay becas *(scholarships)* para deportistas en tu universidad?

¿Son importantes las actividades deportivas en tu vida en general?

¿Cuántas horas a la semana practicas deportes?

> Busca una universidad en España o en Latinoamérica en Internet y compara las actividades deportivas que se ofrecen con las actividades de una universidad en los Estados Unidos. Después, comparte los resultados de tu comparación en Share It!

Conexiones... a la antropología

Muchas civilizaciones antiguas practicaban deportes como juegos de pelota, pero el objetivo no era solamente el entretenimiento ya que el juego tenía significados religiosos. Entre las culturas anteriores a los incas, en los Andes, se usaban pelotas de goma *(rubber)* para jugar juegos parecidos al hockey y al tenis de hoy en día. También llenaban un pequeño saco con arena *(sand)* y lo decoraban con plumas *(feathers)* para practicar un juego similar al bádminton de hoy.

En el juego de pelota azteca (Tlachtli) la cancha representaba el mundo, y la pelota el sol o la luna. En este juego, la pelota debía atravesar el aro hecho de piedra *(stone)*. El juego de pelota azteca tenía una gran semejanza *(similarity)* con el juego Pok-a-tok de los mayas, juego en el que los jugadores debían tocar la pelota solamente con los codos, las rodillas o las caderas *(hips)*.

¿Conoces el origen de otros deportes o juegos?

Juego de pelota de los mayas, en Tikal

Source: http://www.efdeportes.com/efd90/juego.htm

Exploraciones gramaticales

A analizar

Rodrigo habla con Óscar sobre el fin de semana. Mira el video. Después lee lo que dice Rodrigo y observa las formas de los verbos en negritas.

> Óscar: (Yo) Te **llamé** el sábado para invitarte al partido de fútbol, pero no **contestaste.**
>
> Rodrigo: Camila y yo **pasamos** el fin de semana en la casa de sus padres. Viven cerca de un lago, entonces mi suegro y yo salimos en el bote y **pescamos.** A mi suegra no le gusta pescar, así que Camila y ella **nadaron** y **tomaron** el sol. ¡Pero lo mejor del fin de semana fue la comida! ¡Mi suegra es muy buena cocinera y **preparó** unas comidas muy ricas!

1. The boldfaced verbs are in the preterite tense. Do they refer to events that have already happened or that are going to happen in the future?
2. All the boldfaced words are **-ar** verbs. Using the verbs in the paragraph as a model, fill in the blanks with the appropriate verb endings.

   -ar

yo	_____	nosotros(as)	_____
tú	-aste	vosotros(as)	-asteis
él, ella, usted	_____	ellos, ellas, ustedes	_____

A comprobar

The preterite

1. The preterite is used to discuss actions completed in the past.

   ¿**Jugaste** al tenis ayer?
   *Did you **play** tennis yesterday?*

   No, **nadé** en la piscina.
   *No, I **swam** in the pool.*

2. To form the preterite of regular **-ar, -er,** and **-ir** verbs, add these endings to the stem of the verb.

INVESTIGUEMOS LA GRAMÁTICA

Notice that the endings for regular **-er** and **-ir** verbs are identical in the preterite.

hablar *(to speak, to talk)*

yo	habl**é**	nosotros(as)	habl**amos**
tú	habl**aste**	vosotros(as)	habl**asteis**
él, ella, usted	habl**ó**	ellos, ellas, ustedes	habl**aron**

comer *(to eat)*

yo	com**í**	nosotros(as)	com**imos**
tú	com**iste**	vosotros(as)	com**isteis**
él, ella, usted	com**ió**	ellos, ellas, ustedes	com**ieron**

escribir *(to write)*

yo	escrib**í**	nosotros(as)	escrib**imos**
tú	escrib**iste**	vosotros(as)	escrib**isteis**
él, ella, usted	escrib**ió**	ellos, ellas, ustedes	escrib**ieron**

3. **-ar** and **-er** verbs that have stem changes in the present tense do not have a stem change in the preterite. You will learn about **-ir** stem-changing verbs later in this chapter.

cerrar *(to close)*

yo	cerr**é**	nosotros(as)	cerr**amos**
tú	cerr**aste**	vosotros(as)	cerr**asteis**
él, ella, usted	cerr**ó**	ellos, ellas, ustedes	cerr**aron**

volver *(to return)*

yo	volv**í**	nosotros(as)	volv**imos**
tú	volv**iste**	vosotros(as)	volv**isteis**
él, ella, usted	volv**ió**	ellos, ellas, ustedes	volv**ieron**

4. Verbs ending in **-car, -gar,** and **-zar** have spelling changes in the first person singular (**yo**) in the preterite. Notice that the spelling changes preserve the original sound of the infinitive for **-car** and **-gar** verbs.

-car	c → qué
tocar	yo **toqué**, tú tocaste, él tocó,…
-gar	g → gué
jugar	yo **jugué**, tú jugaste, él jugó,…
-zar	z → cé
empezar	yo **empecé**, tú empezaste, él empezó,…

5. The third person singular and plural of **leer** and **oír** also have spelling changes. An unaccented **i** always changes to **y** when it appears between two vowels. Notice the use of accent marks on all forms except the third person plural.

leer *(to read)*

yo	leí	nosotros(as)	leímos
tú	leíste	vosotros(as)	leísteis
él, ella, usted	**leyó**	ellos, ellas, ustedes	**leyeron**

oír *(to hear)*

yo	oí	nosotros(as)	oímos
tú	oíste	vosotros(as)	oísteis
él, ella, usted	**oyó**	ellos, ellas, ustedes	**oyeron**

6. The following expressions are helpful when talking about the past:

anoche	last night
ayer	yesterday
la semana pasada	last week

A practicar

6.26 El orden lógico Héctor y Gustavo pasaron un muy buen fin de semana. Lee las oraciones sobre sus actividades y ponlas en un orden lógico.

_____ Héctor invitó a Gustavo a ir a la playa por el fin de semana.

_____ Los dos salieron para la playa.

_____ Héctor llamó a su mejor amigo, Gustavo.

_____ Gustavo llegó a la casa de Héctor a las siete.

_____ El viernes Héctor volvió a casa después de trabajar.

_____ Gustavo aceptó la invitación con mucho entusiasmo.

_____ Cuando llegaron a la playa, buscaron un hotel.

6.27 El sábado pasado Usa la información de los dibujos para describir lo que Beatriz hizo *(did)* el sábado pasado con su novio Arturo. Pueden usar los siguientes verbos u otros:

| aceptar | beber | comer | comprar | ducharse | encontrarse *(to meet)* | ganar |
| hablar | invitar | lavarse | llamar | llegar | mirar | perder |

INVESTIGUEMOS LOS VERBOS

You will learn irregular preterite verbs in **Capítulo 7;** however you may want to use the verb **ir** in this lesson. It is conjugated in the following manner:

yo	**fui**	nosotros(as)	**fuimos**
tú	**fuiste**	vosotros(as)	**fuisteis**
él, ella	**fue**	ellos, ellas	**fueron**
usted		ustedes	

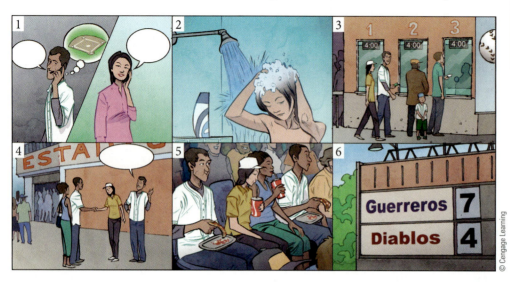

6.28 ¿Qué hiciste? Con un compañero, completen las siguientes oraciones para hablar de su fin de semana. Usen el pretérito. Pueden usar los siguientes verbos u otros verbos.

Modelo Estudiante 1: *Anoche yo comí en un restaurante, ¿y tú?*
Estudiante 2: *Anoche yo cociné para mi familia.*

| levantarse | trabajar | salir | estudiar | pasar bien/mal |
| limpiar | jugar | mirar | escribir | hablar por teléfono |

1. El fin de semana pasado yo...
2. El viernes por la noche yo...
3. El sábado yo...
4. El sábado por la noche yo...
5. El domingo yo...
6. El domingo por la noche yo...

6.29 El verano pasado Con un compañero, túrnense para preguntar y contestar las preguntas sobre lo que hicieron *(you did)* el verano pasado.

1. ¿Trabajaste? ¿Dónde? ¿Cuántas horas a la semana?
2. ¿Viajaste? ¿Adónde? ¿Con quién?
3. ¿Tomaste clases? ¿Cuáles?
4. ¿Asististe a un evento (concierto, deporte, etc.)? ¿De qué? ¿Te gustó?
5. ¿Conociste a una persona? ¿A quién?
6. ¿Jugaste un deporte? ¿Cuál?

6.30 La semana pasada Escribe tres actividades que hiciste *(you did)* la semana pasada. Luego busca a tres compañeros diferentes que hicieron una de esas tres actividades también. **¡OJO!** Usa el pretérito.

4 Exploraciones gramaticales

A analizar

Rodrigo habla con Óscar sobre su fin de semana. Mira el video otra vez. Después lee lo que Rodrigo dice y observa las formas de los verbos.

Fernando **consiguió** unas entradas para el partido de los Toros el sábado pasado. Nos invitó a Vicente y a mí. Fernando y Vicente son grandes aficionados de los Toros y **se vistieron** de rojo, pero yo **me vestí** de los colores de las Chivas, ya sabes, soy gran aficionado de ellos. Después de llegar al estadio y sentarnos, **pedimos** algo de comer. Ellos **pidieron** perros calientes, pero yo pedí nachos. Cuando empezó el partido nos levantamos y gritamos por nuestros equipos. Todos **nos divertimos**, pero creo que ellos **se divirtieron** más porque al final ganaron los Toros.

1. Write out the verb forms you see in bold in the paragraph above and identify how their stems are different from the present tense forms.
2. **Conseguir, vestirse, pedir,** and **divertirse** all have stem changes in the present as well as in the preterite. How are the stem changes different in the preterite?

A comprobar

Stem-changing verbs in the preterite

-ir verbs that have stem changes in the present tense also have stem changes in the preterite. The third person singular and plural (**él, ella, usted, ellos, ellas,** and **ustedes**) change **e → i** and **o → u**.

pedir *(to ask for, to request)*

yo	pedí	nosotros(as)	pedimos
tú	pediste	vosotros(as)	pedisteis
él, ella, usted	p**i**dió	ellos, ellas, ustedes	p**i**dieron

Yo **pedí** una quesadilla durante el partido.
Mis amigos **pidieron** tacos.

dormir *(to sleep)*

yo	dormí	nosotros(as)	dormimos
tú	dormiste	vosotros(as)	dormisteis
él, ella, usted	d**u**rmió	ellos, ellas, ustedes	d**u**rmieron

Other common stem-changing verbs:

conseguir (i)	repetir (i)
divertirse (i)	seguir (i)
morir (u)	servir (i)
preferir (i)	vestirse (i)

¿Se **divirtieron** ustedes?
Sí, nos **divertimos** mucho.

Todos **dormimos** en la tienda de campaña.
Mi hermano **durmió** en una hamaca.

A practicar

6.31 Un poco de lógica Decide si las siguientes oraciones son lógicas o no. Si no son lógicas, explica por qué.

1. Alfonso es aficionado al béisbol y consiguió entradas para un partido de su equipo favorito.
2. La mañana del partido se levantó, se vistió y después se bañó.
3. Como prefirió llegar antes de la primera entrada *(inning)*, salió de la casa muy tarde.
4. Sirvieron comida en el estadio y él pidió un taco y una soda.
5. Su equipo ganó y no se divirtió.
6. Cuando volvió a casa estaba cansado y se durmió inmediatamente.

6.32 En los Juegos Panamericanos Tomás, un entrenador, viajó con su equipo de voleibol a Guadalajara, México, para competir en los Juegos Panamericanos. Completa el siguiente párrafo con la forma apropiada del pretérito del verbo indicado. ¡OJO! No todos los verbos tienen cambio en el radical.

El equipo de Tomás Guitiérrez (**1.**) _____ (competir) en los Juegos Panamericanos de verano. Antes de salir, Tomás llamó al Hotel Bahía y (**2.**) _____ (pedir) habitaciones para todos los jugadores. (**3.**) Las _____ (conseguir) a un buen precio. Cuando llegaron, estaban muy cansados. (**4.**) _____ (pedir) servicio a la habitación y (**5.**) _____ (acostarse). Todos (**6.**) _____ (dormir) bien y (**7.**) _____ (despertarse) temprano para ir al estadio. (**8.**) Ellos _____ (jugar) bien y al final ganaron. Después del partido (**9.**) _____ (volver) al hotel. Tomás decidió quedarse en la habitación leyendo, pero los jugadores (**10.**) _____ (preferir) relajarse en el sauna. Luego se bañaron y (**11.**) _____ (vestirse) para salir a celebrar. Salieron a comer y después a bailar; (**12.**) _____ (divertirse) mucho.

6.33 Un día de fútbol Isabel y Mónica son aficionadas al fútbol. En parejas describan el día que fueron a un partido. Incluyan los siguientes verbos: **acostarse, conseguir, divertirse, dormirse, preferir, sentarse, vestirse** y **volver.**

6.34 En el pasado Con un compañero, túrnense para conjugar el verbo en el pretérito y completar las oraciones de una forma original. Reporten la información a la clase.

Modelo Ayer yo (jugar)...
Estudiante 1: *Ayer jugué al voleibol con mis amigas, ¿y tú?*
Estudiante 2: *Yo no jugué nada, pero mi hermano jugó al básquetbol.*

1. Anoche yo (dormir)...
2. La última vez *(last time)* que fui a mi restaurante favorito, yo (pedir)...
3. El fin de semana pasado yo (almorzar)...
4. Una vez que cociné, yo (servir)...
5. Esta mañana yo (preferir)...
6. El semestre pasado, yo (conseguir)...
7. Este semestre yo (comenzar)...
8. Una vez yo (perder)...

6.35 Un evento Entrevista a un compañero sobre la última vez que asistió a un evento (un partido, una obra de teatro, etcétera).

1. ¿A qué evento asististe?
2. ¿Con quién asististe al evento?
3. ¿Quién consiguió las entradas?
4. ¿Cómo se vistieron para el evento?
5. ¿Sirvieron comida? ¿Qué comida?
6. ¿Se divirtieron en el evento?
7. ¿A qué hora te acostaste?

6.36 En busca de... Pregúntales a ocho compañeros si hicieron las siguientes actividades. Habla con un compañero diferente para cada actividad. Tu compañero debe dar información adicional. Después reporten la información a la clase.

Modelo reír mucho el fin de semana (¿Por qué?)
Estudiante 1: *¿Reíste mucho el fin de semana?*
Estudiante 2: *Sí, reí mucho el fin de semana.*
Estudiante 1: *¿Por qué?*
Estudiante 2: *Porque miré una película cómica.*

1. almorzar en un restaurante la semana pasada (¿Cuál?)
2. divertirse durante el fin de semana (¿Dónde?)
3. vestirse elegante recientemente (¿Por qué?)
4. dormir bien anoche (¿Cuántas horas?)
5. pedir ayuda en una clase este semestre (¿Qué clase?)
6. conseguir un trabajo nuevo durante el año pasado (¿Dónde?)
7. servir la cena esta semana (¿Cuándo?)
8. perder algo recientemente (¿Qué?)

Lectura

Reading Strategy: Taking notes
In the first **Lectura** of this chapter you practiced taking notes as you read. Continue practicing this strategy by writing a brief note next to each paragraph of the following reading. Remember to use Spanish for your notes.

Antes de leer

¿Qué deportes piensas que son muy populares en España y Latinoamérica? ¿Sabes el nombre de un deportista famoso de estos lugares?

A leer

Deportistas famosos

pride — A veces un deportista es más que un deportista; a veces los atletas son símbolos de **orgullo** nacional y le dan a la juventud un ejemplo positivo. Tal es el caso de uno de los jugadores más famosos de fútbol, Lionel Messi.

Lionel Messi (1987–) es probablemente el jugador de fútbol argentino más conocido en el mundo desde la época de Diego Maradona. Messi juega para el Club FC Barcelona y el equipo nacional de Argentina. Tiene también la nacionalidad española desde el año 2005. La FIFA nombró a Messi como el mejor jugador del mundo en 2009 y en 2013.

[a veces los atletas son símbolos de orgullo nacional]

Leo, como se le conoce, nació en Rosario, Argentina. Su carrera como futbolista comenzó a los cinco años, cuando empezó a jugar en un club local. A los once años *growth* — le diagnosticaron una deficiencia en la hormona del **crecimiento.** Aunque el River Plate —uno de los equipos más populares de la Argentina— estaba interesado en Messi, no quisieron pagar su tratamiento médico. En cambio, FC Barcelona se interesó en él de inmediato. Pagaron el tratamiento médico y *moved* — Lionel y su familia **se mudaron** a Barcelona, donde Messi empezó a jugar para las categorías inferiores a los 13 años, jugando su primer partido con el equipo oficial a los 16 años.

Además de ganar el título del mayor número de goles en numerosas ocasiones, la revista *Time* lo nombró una de las 32 personas más influyentes en el año 2011 (fue el único deportista de la lista). Messi también es embajador oficial de la UNICEF y tiene una fundación (Fundación Leo Messi) cuyo objetivo es *risk* — ayudar a los niños y adolescentes en situación de **riesgo** a realizar sus sueños.

Mariana Pajón (1991–) es una deportista colombiana que practica el ciclismo. Aunque su **hazaña** más conocida es haber ganado una medalla en los Juegos Olímpicos de Londres 2012, la trayectoria de Pajón inició cuando ganó una **carrera** a los cuatro años, compitiendo contra niños de cinco y seis años. Mariana viene de una familia de deportistas, ya que su padre practicaba el automovilismo y su madre la **equitación**.

Además de la medalla de **oro** en Londres, entre sus **logros,** Mariana ganó medallas de oro en los Juegos Olímpicos Panamericanos (2011), los Juegos Centroamericanos y del Caribe (2010) y los Juegos Sudamericanos (2010). Fue nombrada la atleta del año en Colombia en 2011. En el año 2010, tan solo en los Estados Unidos, Pajón ganó el primer lugar en el *North American Continental Championship* y en la competencia de *Gator Nationals*. Con estos trios Mariana ascendió al segundo **puesto** en la clasificación mundial.

Aunque Mariana todavía no tiene una fundación, es conocida en Colombia por dedicar tiempo a labores sociales, especialmente con fundaciones que trabajan para los niños.

Finalmente hay que mencionar a Jefferson Pérez (1974–), un deportista que hizo historia en Ecuador cuando ganó la primera medalla de oro olímpica para este país en el año 1996, en la caminata de 20 kms. Después de ganarla, Jefferson completó un **peregrinaje** de casi 500 kms., desde Quito hasta Cuenca, su ciudad natal. Jefferson volvió a ganar una medalla olímpica de **plata** en 2008, para la misma carrera de 20 kms. Además ganó medallas en los Campeonatos Mundiales de Atletismo de 1999, 2003, 2005 y 2007. Jefferson fue reconocido como el mejor deportista de Ecuador en 2008. Aunque en la actualidad Pérez ya está retirado de las competencias, **dirige** una compañía que se dedica a promover y **apoyar** el talento deportivo en Ecuador y en toda Latinoamérica.

feat

race

horseback riding
gold
successes

place

pilgrimage
silver

directs
to support

Comprensión

1. ¿Quiénes son los tres deportistas de los que habla la lectura? ¿De dónde son?
2. ¿Por qué Messi se fue a vivir a Barcelona? ¿Cuál es uno de sus logros?
3. ¿Qué causas promueve *(promotes)* Messi con la UNICEF y con su fundación?
4. ¿Qué deporte practica Mariana Pajón? ¿Qué labor social promueve?
5. ¿Cuál es uno de los logros de Jefferson Pérez?
6. ¿A qué se dedica Pérez ahora?

Después de leer

Con un compañero de clase, escriban una lista de atletas hispanos que conocen y los deportes que juegan. Escojan uno de la lista y busquen detalles interesantes sobre esa persona para compartirlos con la clase.

Redacción

Write an email to a friend telling him or her about a sporting event.

Paso 1 Think of a sporting event you participated in, attended, or watched on TV. Then jot down a list of things you did. Think about the following questions: What was the event? When was it? Did you have to get tickets or make arrangements? Did you have to get up early or stay up late? What did you do before the event? What happened during the event? Did your team win or lose? What did you do after the event?

Paso 2 Begin your email with a greeting and ask how your friend is. Then, write a topic sentence using an expression of time to tell your friend when you participated in, attended, or watched the sporting event.

El 30 de julio yo...
La semana pasada yo...

Paso 3 Using the information you generated in **Paso 1,** recount the events of the day. In order to connect your ideas, use some of the expressions you learned in **Exploraciones gramaticales 2** in this chapter.

Paso 4 Write a concluding statement in which you tell how you felt at the end of the day. Then close your email.

Paso 5 Edit your email:

1. Do all of the sentences in each paragraph support the topic sentence?
2. Is the paragraph logically organized with smooth transitions between sentences?
3. Are there any short sentences you can combine with **y** or **pero**?
4. Do verbs agree with the subject? Are they conjugated properly?
5. Are there any spelling errors? Do the preterite verbs that need accents have them?

En vivo

Entrando en materia

¿Por qué es importante el deporte? ¿Cuáles son algunas cualidades que la gente (en general) admira de los deportistas?

Un reportaje biográfico

Vas a leer un segmento de un reportaje autobiográfico del deportista Javier Gadano. Lee con atención y después responde las preguntas.

> Nací en el seno de una familia modesta. Mi papá y mi mamá trabajaron muy duro para **sacarnos adelante** a mis hermanos y a mí. Nunca nos **faltó** comida sobre la mesa, pero no teníamos mucho más de lo necesario. Mis tres hermanos y yo, todos **varones,** dormíamos en una habitación. Desde chico me gustaron mucho los deportes, pero la escuela no me atraía y tuve que repetir el **quinto** año. Debo de confesar que me **saltaba** la escuela cuando tenía la oportunidad.
>
> Así pasó el tiempo hasta que un día, cuando tenía unos doce años, un entrenador de educación física de nuestro colegio me vio jugar en un partido con mis amigos, después de las clases ese día. Recuerdo que **anoté** dos goles en ese partido, y estaba listo para volver a casa cuando don Genaro —así se llamaba el entrenador—, me alcanzó y me preguntó cómo me llamaba y qué año cursaba. Primero no lo tomé en serio, pero don Genaro comenzó a venir a nuestros juegos regularmente.
>
> Al final de cada partido me buscaba y me preguntaba sobre mi familia, sobre la escuela, sobre mi **vida.** Un día me puse a estudiar matemáticas para salir bien en una **prueba** solo para reportárselo a don Genaro. Fue la primera vez que sentí ganas de triunfar porque alguien más estaba interesado en mí. Me fue muy bien en esa prueba, mis notas empezaron a mejorar.
>
> Un día don Genaro llegó a ver el juego con otro **caballero,** y después hablaron conmigo para invitarme a jugar en una de las ligas de su club deportivo. Me fue bien, y con el **apoyo** de don Genaro seguí estudiando y practicando el fútbol todos los días. Con esta disciplina estaba ocupado todos los días. Nunca me metí en problemas con **la ley** y, como todos saben, llegué a jugar en la primera división muy, muy joven. ¡Todo iba fabuloso! ...Hasta que la fama se me subió a la cabeza. En esos días yo perdí contacto con don Genaro. Con el dinero y la fama empecé a cometer errores graves, como asistir a demasiadas fiestas, emborracharme y... en fin. Empecé a faltar a los entrenamientos. Al final de la temporada el club no extendió mi contrato. Perdí mi casa, mi coche y hasta a mis amigos. Y bueno, pasó un año entero antes de entender la causa de mis problemas. Regresé a entrenar. La disciplina del deporte es algo que me salvó de la ruina y le da dirección a mi vida, además de la oportunidad de ayudar a otros.

provide for / lacked
boys

fifth / skipped

scored

life
quiz

gentleman
support
law

Comprensión

Decide si las ideas son ciertas o falsas. Corrige las falsas.

1. Javier Gadano creció en una familia con mucho dinero.
2. A Javier siempre le gustó mucho la escuela.
3. Don Genaro motivó a Javier a pasar sus exámenes de matemáticas.
4. Javier perdió su contrato con un equipo de fútbol porque se fracturó una pierna.
5. Javier tiene la oportunidad de ayudar a otros gracias al deporte.

Más allá

¿Admiras a algún deportista? Sube información del deportista a Share It! y explica por qué lo admiras.

Exploraciones profesionales
La educación física

Vocabulario

Sustantivos

el (la) adolescente	teenager
los aparatos	exercise machines
la autoestima	self-esteem
el calambre	cramp
el calentamiento	warm-up
la dieta	diet
los ejercicios aeróbicos	aerobics
el (la) entrenador(a)	trainer
el masaje	massage
el músculo	muscle
la serie	series/set
el sobrepeso	overweight

Adjetivos

agotado(a)	exhausted
disciplinado(a)	disciplined
extenuante	exhausting

Verbos

entrenar(se)	to train oneself
respirar	to breathe
sudar	to sweat

Expresiones útiles

estar en buena forma
to be in good shape

Descanse.
Take a break.

Haga abdominales.
Do sit-ups.

Haga flexiones.
Do push-ups.

Haga tres series de...
Do three series of...

Tome agua.
Drink some water.

DATOS IMPORTANTES

Educación: Certificación de entrenador personal. Se prefieren profesores de educación física. Otros requisitos adicionales importantes: estudios terciarios y universitarios relacionados con medicina; por ejemplo, asistencia médica, técnica en primeros auxilios, enfermería, etcétera.

Salario: Entre $20 000 y $100 000

Dónde se trabaja: Gimnasios, clubes privados, clubes comunitarios, clubes deportivos profesionales (fútbol, béisbol, boxeo, etcétera)

Vocabulario nuevo ¿Qué palabra o expresión mejor completa cada oración?

1. Para tener brazos fuertes (haga flexiones / tome agua).
2. Para estar en buena forma es importante (respirar / entrenarse).
3. Si usted está agotado, (haga ejercicios aeróbicos / descanse).
4. Es necesario hacer (calentamientos / calambres) antes de hacer ejercicios aeróbicos.
5. Después de hacer mucho ejercicio, estoy muy (agotado/extenuante).

Ricardo Melo, entrenador personal

Ricardo Melo es entrenador personal. Trabaja en un club privado y entrena a personas que quieren bajar de peso o estar en buena forma. En el video vas a ver una entrevista entre Ricardo y la madre de una joven que necesita ir al gimnasio.

Antes de ver

Los entrenadores personales ayudan a personas con diferentes necesidades. ¿Qué tipo de necesidades crees que puede tener una persona que va a un gimnasio? ¿Qué preguntas iniciales le hacen al entrenador? ¿Consideras que el entrenamiento individual es mejor que el entrenamiento en grupo? Explica.

Comprensión

1. ¿Por qué la hija de la Sra. Matos necesita ir al gimnasio?
2. ¿Cuántos años tiene la hija?
3. ¿Dónde hace gimnasia la hija de la Sra. Matos?
4. ¿Qué tipo de ejercicios recomienda el entrenador para empezar a trabajar las piernas?
5. ¿Qué otros ejercicios recomienda el entrenador?
6. Según el entrenador ¿con qué debe combinar el programa de ejercicio?

Después de ver

En parejas, representen a un entrenador personal y a una persona que necesita su ayuda. Expliquen por qué la persona busca al entrenador. ¿Quiere estar en buena forma? ¿Desea fortalecer una parte del cuerpo? ¿Tiene algún problema físico? ¿El médico le recomendó hacer ejercicio? ¿Hay algo que no puede hacer? El entrenador le explica un plan para esa situación.

Exploraciones de repaso: estructuras

6.37 **¿Quién lo hace?** Explica quién hace las actividades de la lista.

Modelo cepillarse los dientes tres veces al día
Mi abuela se cepilla los dientes tres veces al día.

1. siempre levantarse temprano
2. vestirse a la moda *(in style)*
3. cortarse el pelo una vez al mes
4. sentarse al frente de la clase
5. a veces dormirse en clase
6. maquillarse en el coche
7. afeitarse la cabeza
8. normalmente acostarse tarde

Las personas famosas se visten a la moda.

6.38 **El órden lógico** Explica el orden lógico de las dos actividades.

Modelo ponerse el pantalón / ponerse los zapatos
Debes ponerte el pantalón antes de ponerte los zapatos. / Debes ponerte los zapatos después de ponerte el pantalón.

1. hacer ejercio / bañarse
2. maquillarse / lavarse la cara
3. comer / cepillarse los dientes
4. acostarse / ponerse la pijama
5. despertarse / levantarse
6. vestirse / ducharse
7. lavarse el pelo / secarse el pelo
8. arreglarse / salir

6.39 **De pesca** Completa la historia con la forma apropiada del pretérito del verbo entre paréntesis.

Esta mañana yo **(1.)** _____ (despertarse) temprano para ir de pesca con mis amigos Alfredo y César. (Yo) **(2.)** _____ (vestirse), **(3.)** _____ (comer) un poco de fruta, **(4.)** _____ (tomar) un café y **(5.)** _____ (salir) de casa. En media hora **(6.)** _____ (llegar) al lago y mis amigos **(7.)** _____ (llegar) un poco después.

Nosotros **(8.)** _____ (pasar) toda la mañana en el agua. Alfredo y yo **(9.)** _____ (pescar) unos peces bonitos. ¡Pobre César! Él no **(10.)** _____ (conseguir) pescar nada, pero **(11.)** _____ (divertirse) mucho. A las dos nosotros **(12.)** _____ (decidir) ir a comer. **(13.)** _____ (comer) en un restaurante cerca del lago; luego mis amigos **(14.)** _____ (volver) a sus casas y yo a la mía *(mine)*.

Exploraciones de repaso: comunicación

6.40 Un pasado interesante Trabaja con un compañero. Túrnense para hacer y contestar las preguntas sobre las fotos. Deben usar el pretérito en todas las respuestas.

1.
   a. ¿Qué hizo *(What did he do)* anoche?
   b. ¿Por qué durmió en el coche?
   c. ¿Qué pasó cuando se despertó?

2.
   a. ¿Quién llamó?
   b. ¿Qué pasó?
   c. ¿Qué hizo la mujer después?

3.
   a. ¿Adónde viajaron?
   b. ¿Qué hicieron allí *(What did they do there)*?
   c. ¿Qué pasó cuando regresaron?

6.41 ¿Qué hizo? Dante es estudiante de secundaria pero no es muy aplicado. Con un compañero, túrnense para completar la información sobre lo que hizo *(what he did)* esta mañana. Uno de ustedes va a mirar la información en esta página y el otro va a mirar en el **Apéndice B**.

Modelo Estudiante 1: *¿Qué hizo a medianoche?*
Estudiante 2: *Se acostó.*

12:00	acostarse
7:00	
7:30	terminar de escribir la tarea
7:40	afeitarse en la ducha
8:00	
8:55	sentarse en la clase de geografía
9:35	
9:58	
10:10	pedir ir al baño
10:30	
11:00	levantar pesas en el gimnasio

6.42 La semana pasada Con un compañero, van a ver si le dedicaron más tiempo a la diversión o a las obligaciones.

Paso 1 Decidan si las siguientes actividades son divertidas u obligatorias. Añadan *(Add)* 4 o 5 otras actividades que hacen en una semana típica y decidan si son divertidas u obligatorias.

asistir a clases	estudiar	practicar un deporte
cocinar	leer	salir con amigos
escribir un ensayo	mirar la tele	trabajar

Paso 2 Averigüen *(Find out)* cuánto tiempo pasaron la semana pasada haciendo las actividades de su lista. ¿Dedicaron más tiempo a la diversión o a las obligaciones?

Paso 3 Repórtenle a la clase sus resultados dando algunos ejemplos.

CAPÍTULO 6

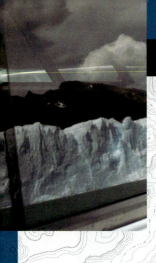

🔊 Vocabulario 1

Los verbos reflexivos

acostarse (ue)	to lie down; to go to bed	estirarse	to stretch
afeitarse	to shave	irse	to leave, to go away
arreglarse	to fix oneself up; to get ready	lavarse	to wash
		levantarse	to get up
bañarse	to bathe; to shower (Mex.)	maquillarse	to put on make-up
		peinarse	to comb or style one's hair
cepillarse	to brush	ponerse (la ropa)	to put on (clothing)
cortarse	to cut	quitarse (la ropa)	to take off (clothing)
despertarse (ie)	to wake up	secarse	to dry oneself
divertirse (ie)	to have fun	sentarse (ie)	to sit down
dormirse (ue)	to fall asleep	verse	to look at oneself
ducharse	to shower	vestirse (i)	to get dressed

Las partes del cuerpo

la boca	mouth	la mano	hand
el brazo	arm	el muslo	thigh
la cabeza	head	la nariz	nose
la cara	face	el ojo	eye
el codo	elbow	la oreja	ear
el cuello	neck	el pecho	chest
el dedo	finger	el pelo	hair
el dedo (del pie)	toe	el pie	foot
el diente	tooth	la pierna	leg
la espalda	back	la rodilla	knee
el estómago	stomach	el tobillo	ankle
el hombro	shoulder		

Adverbios

a menudo	often	más tarde	later
a veces	sometimes	mientras	while
ahora	now	normalmente	normally, usually
antes de + infinitive	before (doing something)	(casi) nunca	(almost) never
		pronto	soon
después de + infinitive	after (doing something)	(casi) siempre	(almost) always
		todavía	still
hoy	today	todos los días	every day
luego	later	ya	already
mañana	tomorrow	ya no	no longer

Palabras adicionales

el cepillo de dientes	toothbrush	el jabón	soap
el champú	shampoo	tarde	late
la pasta de dientes	toothpaste	temprano	early
el despertador	alarm clock	la toalla	towel

Vocabulario 2

Los deportes

el alpinismo	mountain climbing	el fútbol americano	American football
el atletismo	track and field	el golf	golf
el bádminton	badminton	la natación	swimming
el básquetbol	basketball	el tenis	tennis
el béisbol	baseball	el voleibol	volleyball
el fútbol	soccer		

El equipo

el equipo	equipment; team	la red	net
el patín	skate	el saco de dormir	sleeping bag
la pelota	ball	la tienda de campaña	camping tent
la raqueta	racquet		

Verbos

acampar	to go camping	ir de excursión	to go hiking
andar en bicicleta	to ride a bicycle	jugar al ping-pong	to play ping-pong
bucear	to scuba dive	levantar pesas	to lift weights
esquiar en el agua	to water-ski	montar a	to ride (an animal)
esquiar en tabla	to snowboard	patinar	to skate
hacer alpinismo	to climb mountains	patinar en hielo	to ice skate
		pescar	to fish

Palabras adicionales

el (la) aficionado(a)	fan (of a sport)	la entrada	ticket
anoche	last night	el lago	lake
ayer	yesterday	el partido	game
el campo	field	la semana pasada	last week
la cancha	court		

Diccionario personal

_____
_____
_____
_____
_____
_____
_____
_____

Exploraciones literarias

Donato Ndongo
Biografía

Donato Ndongo-Bidyogo (1950–) es un escritor, político y periodista de Guinea Ecuatorial. Su trabajo profesional ha incluido varios puestos en universidades españolas, y más de diez años trabajando para la agencia de noticias *(news)* EFE en África central. También trabajó como director adjunto del Centro Cultural Hispano-Guineano en Malabo. Dentro de su labor política, destaca como fundador del Partido del Progreso de Guinea Ecuatorial en 1984.

Como escritor, Ndongo es autor de libros de ficción, ensayos y poesía. Algunas de sus obras más destacadas incluyen *Historia y Tragedia de Guinea Ecuatorial* (1977), y la antología de literatura ecuatoguineana titulada *Las tinieblas de tu memoria negra*.

Ndongo ha vivido en el exilio desde 1994, cuando se marchó a España debido a su oposición al gobierno de Teodoro Obiang. Entre 2005 y 2009, Ndongo trabajó como profesor visitante de la Universidad de Missouri en Columbia. Después de su estancia en los Estados Unidos, regresó a España.

Antes de leer

1. El título del poema que vas a leer es "Cántico". ¿Qué piensas que significa esta palabra?
2. El poema habla de lo que un poeta debe hacer. En tu opinión ¿cuáles son los deberes u objetivos de un poeta?

Cántico

Yo no quiero ser poeta
para cantar a África.
Yo no quiero ser poeta
para glosar lo negro.
5 Yo no quiero ser poeta así.

El poeta no es cantor de
bellezas.   *beauties*
El poeta no **luce** la   *flaunts*
brillante piel negra.
10 El poeta, este poeta no tiene voz
para **andares ondulantes** de   *undulating gait*
hermosas damas
de pelos **rizados** y **caderas**   *curly / hips*
15 redondas.
El poeta llora su **tierra**   *land*
inmensa y pequeña
dura y frágil

luminosa y oscura
20 rica y pobre.
Este poeta tiene su mano
atada   *tied*
a las **cadenas** que atan a   *chains*
su gente.
25 Este poeta no siente
nostalgia
de glorias pasadas.
Yo no canto al sexo
exultante

thick lips	30	que huele a jardín de rosas. Yo no adoro **labios gruesos** que saben a mango fresco. Yo no pienso en la mujer
stooped		**encorvada**
basket wood	35	bajo su **cesto** cargado de **leña** con un niño chupando la
empty breast		**teta vacía.** Yo describo la triste historia
	40	de un mundo poblado de blancos negros rojos y amarillos
pool	45	que saltan de **charca** en charca sin hablarse ni mirarse. El poeta llora a los muertos
kill	50	que **matan** manos negras en nombre de la Negritud. Yo canto con mi pueblo una vida pasada bajo
cacao tree		**el cacaotero**

	55	para que ellos **merienden** cho-co-la-te. Si su pueblo está triste, el poeta está triste. Yo no soy poeta por	have a snack
	60	**voluntad** divina.	will
		El poeta es poeta por voluntad humana. Yo no quiero la poesía que solo deleita los
	65	oídos de los poetas. Yo no quiero la poesía que se lee en noches de vino tinto
		y mujeres **embelesadas.**	spellbound
	70	Poesía, sí. Poetas, sí. Pero que sepan lo que es el hombre y por qué sufre el
	75	hombre y por qué **gime** el	groans
		hombre.

Courtesy of the author, Donato Ndongo.

Después de leer

A. Comprensión

1. Según la voz narrativa, ¿qué es importante decir en las poesías?
2. ¿Cuál es el mensaje del poema?
3. ¿Cuál es el tono? ¿Por qué?
4. ¿Cuál es el tema?
5. Encuentra dos descripciones que hablan de la vida en Guinea Ecuatorial. ¿Qué emoción te producen?

B. Conversemos

1. En tu opinión ¿se debe mezclar *(to mix)* la poesía con la política y los problemas sociales? ¿Por qué?
2. ¿Conoces otros autores que piensan que la poesía debe tener un elemento social? ¿Quiénes?
3. Escribe una lista de temas políticos o sociales que piensas que son buen tema para una poesía.

Investiguemos la literatura: El tema

The theme of a literary text refers to the underlying ideas, what the piece is really about. To find it, look for patterns and ideas that are restated in different parts of the work. It is not the subject of the work, but more of a view of the human experience and attitude. Some common themes include growing up, love, death, and nature.

CAPÍTULO 7

Learning Strategy

Try a variety of memorization techniques

Use a variety of techniques to memorize vocabulary and verbs until you find the ones that work best for you. Some students learn better when they write the words, others learn better if they listen to recordings of the words while looking over the list, and still others prefer to rely on flashcards.

In this chapter you will learn how to:
- Talk about food
- Order meals at a restaurant
- Use numbers above 100

¿Qué te gusta comer?

Exploraciones gramaticales
Irregular verbs in the preterite 230
Por and **para** and prepositional pronouns 233
Direct object pronouns 1 (3rd person) 244
Direct object pronouns 2 (1st and 2nd person) 247

En vivo
Las compras en el supermercado 237
Guía gastronómica: Comida criolla 253

Conexiones culturales
La comida y la identidad cultural 228
El negocio de la comida 242

Lectura
Los alimentos del Nuevo Mundo 238
La comida rápida en Latinoamérica 250

Exploraciones profesionales
La cocina 254

1 Exploraciones léxicas

La señora Montero escoge frutas y verduras frescas y baratas en el mercado.

En la cocina
el aceite	oil
la fruta	fruit
el maíz	corn
el tomate	tomato
la verdura	vegetable
el yogur	yogurt

Verbos
hornear	to bake

Los números mayores de cien
cien	100
ciento uno	101
doscientos	200
trescientos	300
cuatrocientos	400
quinientos	500
seiscientos	600
setecientos	700
ochocientos	800
novecientos	900
mil	1000
dos mil	2000
un millón	1 000 000

Palabras adicionales
la rebanada	slice

INVESTIGUEMOS EL VOCABULARIO
The names of foods often vary throughout the Spanish-speaking world. Here are some of the variations:

el maíz (Spain; general term) = **el elote** (Mexico), **el choclo** (Argentina, Chile, Paraguay, Peru, and most South American countries)

la fresa (Spain, Mexico) = **la frutilla** (Argentina, Bolivia, Chile, Paraguay, Uruguay)

el plátano (Spain, Mexico) = **la banana** (el Caribe); **el banano** (Central America, Colombia)

la piña (Spain, Mexico) = **el ananá(s)** (Argentina, Paraguay, Uruguay)

la papa (Latin America) = **la patata** (Spain)

el durazno (Latin America) = **el melocotón** (Spain)

la mantequilla (most Spanish-speaking countries) = **la manteca** (Argentina, Paraguay, Uruguay)

A practicar

7.1 Escucha y responde Vas a escuchar algunas afirmaciones sobre diferentes frutas, verduras y otras palabras del vocabulario. Indica con el pulgar hacia arriba si la afirmación es cierta, y con el pulgar hacia abajo si es falsa.

7.2 Relaciona las columnas ¿Qué fruta o verdura corresponde a la descripción?

1. _____ Es una fruta roja, verde o amarilla. Es un regalo típico para los profesores.
2. _____ Es verde y la comemos en ensaladas.
3. _____ Es anaranjada y larga. Tiene vitamina A.
4. _____ Es una fruta tropical que se produce mucho en Hawaii.
5. _____ Es una fruta amarilla que crece en un árbol.
6. _____ Las usamos para hacer vino.
7. _____ Es un condimento que ponemos en los sándwiches.
8. _____ Es una fruta pequeña y roja.

a. la zanahoria
b. el plátano
c. la fresa
d. las uvas
e. la mostaza
f. la lechuga
g. la manzana
h. la piña

7.3 Los ingredientes Trabaja con un compañero para decidir los ingredientes que se necesitan para preparar estas comidas.

Modelo un sándwich
Para preparar un sándwich necesitamos pan, mayonesa, mostaza, queso y jamón.

1. una ensalada verde
2. una sopa de verduras
3. una quesadilla
4. un omelet
5. unos nachos
6. una ensalada de frutas

7.4 Descripciones Trabaja con un compañero. Túrnense para escoger una fruta, un vegetal o un ingrediente de la ilustración en la página 226 y describirlo. No deben decir el nombre de la comida.

Modelo Estudiante 1: *No es una fruta. Es para hacer sándwiches.*
Estudiante 2: *El pan.*

7.5 ¿Con qué frecuencia? Trabaja en un grupo de 3 o 4 compañeros y pregúntense con qué frecuencia hacen las actividades. Después deben reportar a la clase.

1. comer huevos
2. almorzar en la cafetería de la escuela
3. poner catsup en su comida
4. comer cereal
5. pedir papas fritas en un restaurante
6. comer un sándwich con queso
7. beber leche
8. comer verduras

7.6 ¿Cuánto cuesta? Trabaja con un compañero. Uno de ustedes va a ver la información en esta página, y el otro debe ver el **Apéndice B**. Imagínense que están en dos supermercados diferentes en Chile. Llámense por teléfono para preguntar cuánto cuestan los productos de cada ilustración. Los precios que tu compañero necesita están abajo, en el papel. Tomen notas y sumen *(add)* los precios. ¿Quién va a pagar más?

Tu compañero quiere comprar...

Tú quieres comprar...
un kilo
un kilo
un kilo
un litro

un melón, un kilo $620
una lechuga $155
huevos, una docena $899
queso, 500 gramos $867
jamón, 250 gramos $1,743
pepinos, 500 gramos $476
naranjas, 3 kilos $1,634
zanahorias, un kilo $469

Conexiones culturales

La comida y la identidad cultural

La comida como cultura

Algo muy particular de cada cultura es su comida. Hoy en día, gracias a los eficientes medios de transporte y a tecnologías para preservar los alimentos, podemos comer productos que se producen o cultivan en cualquier parte del mundo. Sin embargo, a pesar de esta globalización de la comida, existen hábitos muy diferentes en las diversas regiones. Hay diferencias en cómo se prepara la comida, en los productos que se usan, dónde se compran y hasta dónde se come, con quién y a qué hora. Identifica las costumbres de la lista con el país o la región donde se hace. Puedes repetir respuestas.

El ceviche es popular en muchos países. Esta foto muestra un plato de ceviche como se prepara en Perú.

Argentina	Chile	Perú
Bolivia	España	Uruguay
Centroamérica	México	toda Latinoamérica

1. Se come más carne que en cualquier otro país.
2. Producen vinos excelentes.
3. Consumen muchos más refrescos *(sodas)* que leche.
4. Son famosos por sus jamones.
5. La comida más importante es por la tarde, entre la 1:00 y las 3:00 P.M.
6. Su cocina está muy influenciada por la cocina italiana.
7. Tienen una gran variedad de papas y son muy importantes en su dieta.
8. Prefieren comer con la familia y generalmente encuentran tiempo para hacerlo.
9. Producen y comen una gran variedad de frutas tropicales. El maíz es también importante en su dieta.

Observa la lista nuevamente. ¿Son algunas de estas afirmaciones verdaderas para los Estados Unidos? ¿Cuáles?

¿Cuántas variedades de papa hay en Perú? Busca la respuesta y aprende más sobre Perú en **Exploraciones del mundo hispano** en el **Apéndice A**.

Comparaciones

En la mayoría de los países donde se habla español la dieta varía por región. Por ejemplo:

- En Sudamérica no se comen chile ni tortillas.
- Los frijoles negros son un alimento básico en Cuba, la República Dominicana, partes de México y Centroamérica.
- En Bolivia se come un cereal muy nutritivo llamado quinoa.
- En Chile y en Argentina frecuentemente se bebe vino con la comida.
- En España, en promedio se comen 7 kilos de queso por persona al año. En Argentina se consumen unos 12 kilos por persona, y en México 3 kilos.
  [Source: CDIC cheese consumption data, 2013]

¿Cómo se comparan tus hábitos alimenticios con los de las personas de los países que se mencionan arriba?

La carne es muy popular en países como Argentina, Paraguay y Uruguay.

Conexiones... a la gastronomía

La comida es una parte muy importante de las tradiciones y cultura de cada país. Los siguientes son algunos ejemplos.

En Argentina, Paraguay y Uruguay se bebe un té que se hace con una yerba llamada mate. Hay varias formas de prepararlo y beberlo, pero en la más tradicional se hace con hojas secas de mate y agua caliente. Se prepara y se bebe en un recipiente hecho con el fruto de la calabaza *(gourd)*, y se bebe con una bombilla *(straw)*. El té se pasa de persona a persona, así que beber mate es una actividad social.

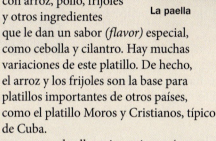
La paella

Gallo Pinto

Un platillo tradicional de Costa Rica es el Gallo Pinto. Este plato se prepara con arroz, pollo, frijoles y otros ingredientes que le dan un sabor *(flavor)* especial, como cebolla y cilantro. Hay muchas variaciones de este platillo. De hecho, el arroz y los frijoles son la base para platillos importantes de otros países, como el platillo Moros y Cristianos, típico de Cuba.

Abajo hay una lista de otros platillos. Escoge cuatro de ellos e investiga qué son y qué ingredientes se necesitan para prepararlos.

Bolivia: chicha
Chile: empanadas
Colombia: buñuelos
Ecuador: ceviche
España: paella

Honduras: baleada
Panamá: chocao panameño
Paraguay: sopa paraguaya
República Dominicana: tostones
Venezuela: hallacas

 En **Exploraciones del mundo hispano** del **Apéndice A** puedes encontrar más platillos tradicionales de cada uno de los países donde se habla español.

Comunidad

Entrevista a una persona de un país donde se habla español. Pregúntale acerca de las comidas típicas de su país, su comida favorita y los ingredientes necesarios. Pregúntale también a qué hora son las comidas en su país y si es común comprar comida rápida.

Un plato típico del Perú es el lomo saltado.

Exploraciones gramaticales

A analizar

Camila y Vanesa van a un café para hablar. Mira el video. Después lee parte de su conversación y observa las formas de los verbos en negritas.

Camila: (Yo) **Fui** al supermercado para comprar la comida para la fiesta de mi hija. Por ser sábado, había mucha gente y **fue** imposible entrar y salir muy rápido. Y los precios... ¡todo **fue** muy caro, en particular la carne! Un kilo de jamón por veinte dólares...

Vanesa: ¡Guau! ¡Qué caro!... mi día **fue** tranquilo. Por la mañana **fui** de compras y por la tarde un amigo y yo **fuimos** al nuevo restaurante para comer. La comida **fue** excelente y los precios **fueron** muy razonables.

1. The verbs **ser** and **ir** are irregular in the preterite and they have the same conjugated forms. Look at the paragraph above and decide which of the verbs is a form of **ser** and which is a form of **ir**.

2. Using the forms in the paragraph above and what you learned about the preterite in **Capítulo 6**, complete the chart below with the appropriate forms of **ser / ir** in the preterite.

yo _____   nosotros _____
tú _____   vosotros _____
él, ella, usted _____   ellos, ellas, ustedes _____

A comprobar

Irregular verbs in the preterite

1. There are a number of verbs that are irregular in the preterite. The verbs **ser** and **ir** are identical in this tense.

ir *(to go)* / **ser** *(to be)*

yo	fui	nosotros(as)	fuimos
tú	fuiste	vosotros(as)	fuisteis
él, ella, usted	fue	ellos, ellas, ustedes	fueron

Estrategia

Try different memorization techniques

Try some of these techniques to help memorize the verbs and see what works best for you: write out the conjugations, say the conjugations out loud while looking over the list, or make flashcards.

2. The verbs **dar** and **ver** are conjugated similarly.

dar *(to give)*

yo	di	nosotros(as)	dimos
tú	diste	vosotros(as)	disteis
él, ella, usted	dio	ellos, ellas, ustedes	dieron

ver *(to see)*

yo	vi	nosotros(as)	vimos
tú	viste	vosotros(as)	visteis
él, ella, usted	vio	ellos, ellas, ustedes	vieron

3. Other irregular verbs can be divided into three groups. Notice that there are no accents on these verbs and that they all take the same endings (with the exception of the 3rd person plural of the verbs with **j** in the stem).

Verbs with *u* in the stem: poner

yo	pus**e**	nosotros(as)	pus**imos**
tú	pus**iste**	vosotros(as)	pus**isteis**
él, ella, usted	pus**o**	ellos, ellas, ustedes	pus**ieron**

Other verbs with the same pattern

andar	**anduv-**	saber	**sup-**
estar	**estuv-**	tener	**tuv-**
poder	**pud-**		

Verbs with *i* in the stem: hacer

yo	hic**e**	nosotros(as)	hic**imos**
tú	hic**iste**	vosotros(as)	hic**isteis**
él, ella, usted	hiz**o**	ellos, ellas, ustedes	hic**ieron**

Other verbs with the same pattern

querer	**quis-**
venir	**vin-**

Verbs with *j* in the stem: decir

yo	dij**e**	nosotros(as)	dij**imos**
tú	dij**iste**	vosotros(as)	dij**isteis**
él, ella, usted	dij**o**	ellos, ellas, ustedes	dij**eron**

Other verbs with the same pattern

conducir	**conduj-**	traducir	**traduj-**
producir	**produj-**	traer	**traj-**

4. The preterite of **hay** is **hubo** *(there was, there were)*.

> **Hubo** un accidente en la cocina.   ***There was** an accident in the kitchen.*
> **Hubo** problemas en el restaurante.   ***There were** problems in the restaurant.*

> **INVESTIGUEMOS LA GRAMÁTICA**
>
> As with the present tense of **haber (hay)**, there is only one form in the preterite **(hubo)** regardless of whether it is used with a plural or singular noun.

A practicar

7.7 En el restaurante Lee las oraciones y observa los verbos subrayados *(underlined)* que están en el pretérito. Decide cuál es el infinitivo del verbo.

1. La familia Martínez <u>fue</u> al restaurante Buen Gusto para comer.
2. El mesero <u>vino</u> a la mesa para darnos los menús.
3. El mesero <u>puso</u> el pan en la mesa.
4. Poco después el mesero <u>trajo</u> la comida.
5. El mesero le <u>dio</u> la cuenta *(bill)* al señor Martínez.

7.8 Fechas importantes Con un compañero, decidan en qué año ocurrieron los siguientes acontecimientos históricos y después túrnense para hacer oraciones completas con la información.

Modelo Manuel de Falla (componer *to compose*) El amor brujo.   1915
       Manuel de Falla compuso El amor brujo *en 1915.*

1. Hernán Cortés (estar) en México.	**a.** 1492
2. (Haber) una revolución en Cuba.	**b.** 1808
3. Napoleón (querer) conquistar España.	**c.** 1959
4. Cristóbal Colón (hacer) su primer viaje a las Américas.	**d.** 1519
5. Miguel Hidalgo (dar) el grito *(shout)* de independencia en México.	**e.** 1810

7.9 La semana pasada Primero, conjuga el verbo en el pretérito y luego completa la oración de una manera lógica. Después compara tu semana con la de un compañero de clase.

Modelo yo (hacer)...
Estudiante 1: *La semana pasada hice una fiesta. ¿Qué hiciste tú?*
Estudiante 2: *La semana pasada yo hice la cena para mi familia.*

La semana pasada...

1. yo (conducir)...
2. mi amigo (estar)...
3. mis amigos y yo (ir)...
4. yo (tener) que...
5. uno de mis profesores (decir) que *(that)*...
6. mis compañeros y yo (poder)...
7. yo (ver)...
8. mis compañeros de clase (traer)...

7.10 ¿Qué pasó? Con un compañero, túrnense para describir lo que pasó en las escenas. Deben usar los siguientes verbos en el pretérito.

conducir   decir   hacer   ir   poner   querer   traer

1.

2.

3.

4.

7.11 En busca de... Pregúntales a ocho compañeros diferentes si hicieron una de las actividades de la lista. Si responden afirmativamente debes pedirles más información.

1. conducir a la universidad hoy (¿A qué hora?)
2. estar en una fiesta durante el fin de semana (¿Dónde?)
3. ir de compras recientemente (¿Qué compró?)
4. traer su almuerzo de la casa hoy (¿Qué comida preparó?)
5. tener un examen la semana pasada (¿En qué clase?)
6. poder hacer la tarea anoche (¿Para qué clase?)
7. ver una buena película recientemente (¿Cuál?)
8. hacer un viaje el año pasado (¿Adónde?)

INVESTIGUEMOS LA MÚSICA

Look online for the song "La fuerza del destino" by the Spanish pop group Mecano and listen to it. What preterite verbs do you recognize? What is the theme of the story told in the song?

Exploraciones gramaticales

A analizar

Camila y Vanesa van a un café para hablar. Mira el video otra vez. Después lee parte de su conversación y observa los usos de **por** y **para**.

> **Camila:** Fui al supermercado **para** comprar la comida **para** la fiesta de mi hija. **Por** ser sábado, había mucha gente y fue imposible entrar y salir muy rápido. Y los precios... ¡todo fue muy caro, en particular la carne! Un kilo de jamón **por** veinte dólares...
>
> **Vanesa:** ¡Guau! ¡Qué caro!... mi día fue tranquilo. **Por** la mañana fui de compras y **por** la tarde un amigo y yo fuimos al nuevo restaurante **para** comer. La comida fue excelente y los precios fueron muy razonables.
>
> **Camila:** ¡Qué bueno! A ver si Rodrigo y yo vamos a ese restaurante **para** celebrar su cumpleaños.
>
> **Mesera:** Aquí tengo sus cafés. ¿**Para** quién es el capuchino?
>
> **Camila:** Es **para** mí. Gracias.
>
> **Mesera:** Y el moca **para** usted.

1. Find all of the uses of **por** above and write the words that follow them. What different meanings does **por** express?
2. Now find all of the uses of **para** and write the words that follow them. What different meanings does **para** express?

A comprobar

Por and para and prepositional pronouns

1. **Por** is used to indicate:

   a. cause, reason, or motive *(because of, on behalf of)*

   Por la lluvia, no vamos a la piscina hoy.
   Because of *the rain, we are not going to the pool today.*

   Hicieron sacrificios **por** sus hijos.
   *They made sacrifices **on behalf of** their children.*

   b. duration, period of time *(during, for)*

   Van a estar en el restaurante **por** dos horas.
   *They will be in the restaurant **for** two hours.*

   c. exchange *(for)*

   Él compró las piñas **por** 15 pesos.
   *He bought the pineapples **for** 15 pesos.*

   Gracias **por** el regalo de cumpleaños.
   *Thank you **for** the birthday gift.*

   d. general movement through space *(through, around, along, by)*

   Pedro caminó **por** el mercado.
   *Pedro walked **through** (**by**) the market.*

   Para llegar a la piscina, tienes que pasar **por** el gimnasio.
   *To get to the pool, you have to pass **by** the gym.*

   e. expressions

por ejemplo	*for example*	**por** fin	*finally*
por eso	*that's why*	**por** supuesto	*of course*
por favor	*please*		

2. **Para** is used to indicate:
   a. goal, purpose *(in order to, used for)*

   Vamos al mercado **para** comprar fruta.
   *We are going to the market (**in order**) **to** buy fruit.*

   El pan es **para** hacer sándwiches.
   *The bread is **for** making sandwiches.*

   b. recipient *(for)*

   Ella compró un regalo **para** su amiga.
   *She bought a gift **for** her friend.*

   c. destination *(to)*

   Salen **para** las montañas el sábado.
   *They are going **to** the mountains Saturday.*

   d. deadline *(for, due)*

   La tarea es **para** mañana.
   *The homework is **for (due)** tomorrow.*

   e. contrast to what is expected *(for)*

   Para estar a dieta, él come mucho.
   ***For** being on a diet, he eats a lot.*

   f. expressions

para colmo	*to top it all off*	**para** siempre	*forever*
para nada	*not at all*	**para** variar	*for a change*

3. In **Capítulo 1,** you learned to use subject pronouns (**yo, tú, él,** etc.). Except for **yo** and **tú,** these same pronouns are used after prepositions.

mí	nosotros(as)
ti	vosotros(as)
él	ellos
ella	ellas
usted	ustedes

   El regalo es para **ti.**
   A **mí** me gustan las fresas. (emphasis)

4. Instead of using **mí** and **ti** with **con, conmigo** and **contigo** are used.

   Vamos a comer **contigo.**
   *We'll go to eat **with you.***

   INVESTIGUEMOS LA GRAMÁTICA
   The negative of **con** is **sin** *(without),* and it takes the same personal pronouns as the other prepositions.
   No quiero comer sin **ti.**

A practicar

7.12 **Una fiesta de cumpleaños** Jacinto llama a un proveedor de comida *(caterer).* Lee las preguntas del proveedor y decide cuál es la respuesta más lógica.

1. ¿Por qué organiza la fiesta?
2. ¿Para cuándo necesita la comida?
3. ¿Para cuántas personas necesita comida?
4. ¿Cuándo van a llegar los invitados?
5. ¿Cuánto tiempo va a durar *(to last)* la fiesta?
6. ¿Cómo prefiere pagar por la comida?

a. El 15 de abril.
b. Con tarjeta de crédito.
c. Por la tarde.
d. Veinticinco.
e. Es el cumpleaños de mi esposa.
f. Por cuatro horas.

¿Para cuándo necesita la comida?

7.13 **En el supermercado** Completa el siguiente párrafo con **por** y **para.**

Ayer fui al supermercado **(1.)** _____ comprar la comida de la semana. Siempre me gusta ir **(2.)** _____ la mañana porque hay menos personas, pero ayer hubo mucha gente en el supermercado **(3.)** _____ un evento especial **(4.)** _____ celebrar los 20 años del negocio. Tenían grandes especiales, **(5.)** _____ ejemplo, queso manchego a 100 pesos **(6.)** _____ kilo. Decidí comprar 2 kilos **(7.)** _____ hacer sándwiches durante la semana. A mi esposo no le gusta el queso, **(8.)** _____ eso compré jamón **(9.)** _____ él. Al final compré toda la comida **(10.)** _____ la semana y ahorré *(saved)* mucho dinero.

7.14 Planes para el día Fernando llama a su amiga Verónica. Completa la conversación con **por** o **para** o el pronombre preposicional apropiado. **¡OJO!** También es posible usar **conmigo** o **contigo.**

Fernando: Hola, Verónica. Voy a ir a la playa mañana. ¿Quieres ir **(1.)** _____?

Verónica: ¡A **(2.)** _____ me gusta mucho la playa! ¡**(3.)** _____ (Por/Para) supuesto que voy **(4.)** _____!

Fernando: Vamos a salir temprano **(5.)** _____ (por/para) la mañana **(6.)** _____ (por/para) pasar *(to spend)* todo el día en la playa. También van a ir José, Pablo y Catarina con **(7.)** _____.

Verónica: ¡Qué bueno! ¿Qué quieres que lleve *(take)*?

Fernando: Vamos a tener un picnic, entonces puedes llevar algo **(8.)** _____ (por/para) comer.

Verónica: ¿A **(9.)** _____ te gusta el jamón?

Fernando: Sí, me gusta mucho, pero Catarina es vegetariana.

Verónica: Bueno, voy a llevar jamón y también puedo llevar queso **(10.)** _____ (por/para) **(11.)** _____. No tengo coche hoy. ¿Puedes venir **(12.)** _____ (por/para) **(13.)** _____?

Fernando: No hay problema. Paso **(14.)** _____ (por/para) **(15.)** _____ a las ocho.

Verónica: Bueno, voy a estar lista. ¡Hasta entonces!

Vamos a tener un picnic.

7.15 En la caja Imagínense que están en la caja *(cash register)* para pagar sus compras en el supermercado. Uno de ustedes es el cliente y el otro es el dependiente que quiere vender una tarjeta con minutos para el celular. Respóndanse las preguntas que aparecen a continuación.

Estudiante 1 (el cliente):
1. ¿Puedo conseguir descuentos por ser mayor de 55 años?
2. ¿Por cuánto tiempo es la oferta del jamón?
3. ¿Puedo usar la tarjeta de crédito para pagar?

Estudiante 2 (el dependiente):
4. ¿Necesita minutos para su teléfono?
5. ¿Para qué compañía telefónica quiere la tarjeta?
6. ¿Por cuántos minutos quiere la tarjeta?

¿Puedo usar la tarjeta de crédito para pagar?

7.16 Oraciones incompletas Con un compañero, completen las oraciones. Deben pensar en los usos diferentes de **por** y **para**.

1. a. Voy al supermercado por…
   b. Voy al supermercado para…
2. a. El chef prepara la comida por…
   b. El chef prepara la comida para…
3. a. Por ser un buen chef,…
   b. Para ser un buen chef,…
4. a. Quiero los huevos por…
   b. Quiero los huevos para…
5. a. El mesero fue a la cocina por…
   b. El mesero fue a la cocina para…
6. a. Tenemos una reservación por…
   b. Tenemos una reservación para…

> **INVESTIGUEMOS LA MÚSICA**
>
> Carlos Ponce is a Puerto Rican singer and actor. One of his hit songs is called "Rezo." What do you think the song will be about? Search online, listen to the song and compare your answers. What phrases do you hear with **por**? And with **para**?

7.17 En la recepción Con un compañero, túrnense para explicar lo que hicieron Manuel y las otras personas según *(according to)* los dibujos. ¡OJO! Deben usar el pretérito y **por** o **para**.

7.18 Una foto Con un compañero, escojan una de las fotos e inventen una historia basada en la foto. Deben incluir varios usos de **por** y **para** en su historia.

En vivo

Entrando en materia

¿Qué comidas compras con frecuencia en el supermercado? Si alguien quiere ahorrar dinero en el supermercado ¿qué debe hacer?

Las compras en el supermercado

2-3 Vas a escuchar un programa de radio producido por una organización de protección al consumidor. Después de escuchar, responde las preguntas que siguen.

Vocabulario útil

ahorrar	to save	los derechos	rights
el azúcar	sugar	la envoltura	wrappers, packaging
caducar	to expire	la lata	can (of food)
congelado(a)	frozen	el sodio	sodium
congelar	to freeze	la temporada	season
dejarse llevar por impulsos	to impulse buy		

Es importante comprar frutas y verduras de la temporada.

Comprensión

1. En general ¿de qué hablan en este programa de radio?
2. ¿Cuál es la segunda estrategia?
3. ¿Por qué es buena idea hacer un menú para la semana?
4. ¿Por qué recomiendan comprar productos congelados y no en lata?

Más allá

Escribe una estrategia que usas para ahorrar en el supermercado. Comparte tu estrategia en Share It! y lee las recomendaciones de otros estudiantes.

Lectura

Reading Strategy: Reading out loud

Although you should read silently the first time you read a text for comprehension, try reading it out loud once you have used all the strategies described in previous lessons. Reading out loud will help you to remember new words and build pronunciation skills as well.

Antes de leer

Escribe una lista de comidas que se consumen durante el Día de Acción de Gracias. ¿Qué ingredientes se necesitan para prepararlas? ¿Conoces una comida típica de algún país latinoamericano? ¿Qué comida? ¿Qué ingredientes se necesitan para prepararla?

A leer

Los alimentos del Nuevo Mundo

Es obvio que en épocas anteriores **la gente** comía los alimentos que estaban disponibles en la zona **donde habitaban**. Debido a las diferencias climáticas y geográficas, los animales y plantas del Nuevo Mundo (el continente americano) eran muy diferentes a los que existían en Europa.

Hoy en día, gracias al avance en las comunicaciones del mundo y a las nuevas técnicas de transporte y preservación de los alimentos, es posible comer productos que se **cosecharon** o produjeron a miles de kilómetros de distancia. Nuestro mundo **era** muy diferente antes de la llegada de los europeos al Nuevo Mundo.

[¿puedes imaginar el resto del mundo sin chocolate...?]

¿Puedes imaginar tu dieta sin leche, sin queso, sin carne de res o sin naranjas ni plátanos? Estos son solo algunos de los productos que **no había** en el Nuevo Mundo. Por otra parte, ¿puedes imaginar el resto del mundo sin chocolate, vainilla, tomates, maíz, papas, chiles o **pavos**? La lista de productos americanos es larga y su importancia **va mucho más allá** del gusto por estos productos. Un buen ejemplo es el de las papas, las cuales les salvaron la vida a millones de europeos durante el período de escasez que siguió a la Segunda Guerra Mundial en Europa.

Si se piensa en la identidad cultural de algunos países ¿puedes imaginar a Suiza o a Bélgica sin chocolates? ¿Puedes imaginar las típicas pizzas

people — la gente
where they used to live — donde habitaban
were harvested — cosecharon
used to be — era
were not available — no había
turkeys — pavos
goes well beyond — va mucho más allá

Las papas son originarias de Sudamérica.

El cacao y la vainilla son originarios de Mesoamérica.

italianas sin tomate? ¿o la **picante** comida de la India sin chile?

spicy

Tanto el tomate como el maíz, la vainilla y el cacao se originaron en Mesoamérica, el territorio que hoy es parte de México y de Centroamérica. De hecho, las palabras *tomate* y *chocolate* vienen de las palabras del náhuatl *tomatl* y *xocolatl*. *Ahuacatl* y *chilli* son palabras náhuatl para **aguacate** y chile, otras plantas nativas de las Américas.

avocado

Un poco más al sur se originan la papa y la quinoa, un cereal que aunque no es muy conocido en los Estados Unidos, se considera que puede ser la solución al problema del hambre en el mundo, debido a su gran valor nutritivo.

Dos ingredientes centrales en muchos países en Asia son los chiles y los **cacahuates.** Los helados europeos son populares gracias al chocolate y la vainilla, y las papas a la francesa no pueden existir sin papas. Estos productos son solo una pequeña parte de las aportaciones del Nuevo Mundo para el resto del planeta.

peanuts

Comprensión

1. ¿Cuáles son cuatro productos originarios de las Américas que son importantes en las celebraciones culturales de los Estados Unidos?
2. ¿Qué frutos tomaron su nombre del idioma náhuatl, el idioma de los aztecas?
3. ¿Qué es la quinoa y por qué es importante?
4. En tu opinión ¿cuáles son tres productos de América que tienen mucha importancia en la economía mundial? ¿Por qué?
5. ¿Qué productos muy importantes en tu dieta personal no había en América antes de la llegada de los europeos?

Después de leer

Cada región o país tiene su comida típica. Piensa en los factores externos que ayudan a determinar la comida típica de una región. Después considera la comida típica donde vives. Con un compañero, explíquenle al resto de la clase cómo preparar una comida típica de su estado o su región.

2
Exploraciones léxicas

El señor Buenrostro y su familia salen a comer en un restaurante para celebrar su cumpleaños.

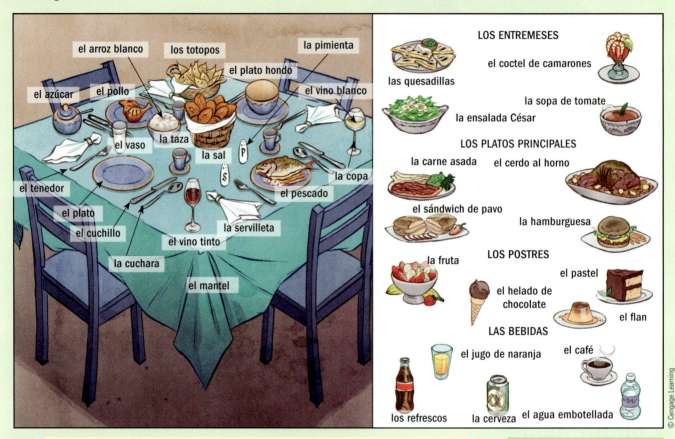

el almuerzo	lunch
la cena	dinner
la cuenta	bill
el desayuno	breakfast
la orden	order
el tazón	serving bowl

Verbos

cenar	to eat dinner
dejar (una propina)	to leave (a tip)
desayunar	to eat breakfast

INVESTIGUEMOS LA GRAMÁTICA

The word **agua** is feminine, and therefore any adjectives need to be in the feminine form; however, it takes the masculine article for pronunciation purposes.

A practicar

7.19 Escucha y responde Vas a escuchar los nombres de varias comidas y bebidas. En un papel dibuja un vaso y en otro un tenedor. Si escuchas una bebida, levanta el vaso y si escuchas una comida levanta el tenedor.

7.20 ¿Cuál es? Contesta con la opción más lógica.

1. ¡Tengo mucha sed! Quiero _____.
   a. arroz   b. un pastel   c. un refresco   d. un pollo
2. Mi entremés favorito es _____.
   a. fruta   b. pimienta   c. un café   d. una quesadilla
3. Mi café necesita más _____.
   a. taza   b. azúcar   c. cucharita   d. sal
4. Mi postre favorito es _____.
   a. la cerveza   b. la leche con chocolate   c. el helado   d. el azúcar
5. Para cortar la carne necesito _____.
   a. un cuchillo   b. una cuchara   c. una servilleta   d. la sal

INVESTIGUEMOS EL VOCABULARIO

In Spain, a cake is called **una torta**; however, in Mexico **una torta** is a type of sandwich.
Sándwich, borrowed from English, is commonly used throughout the Spanish-speaking world. The less commonly used Spanish equivalent is **el emparedado**.

7.21 Relaciones Relaciona las siguientes palabras con una palabra de la lista. Después, trabaja con un compañero para decir qué relación hay entre las palabras.

la carne **la copa** **la cuchara** **el plato principal** **el postre** **la sal** **la taza** **el vaso**

Modelo el café... la bebida → *El café es una bebida.*

1. el cerdo
2. el pastel
3. el vino
4. la sopa
5. el jugo
6. la pimienta
7. las enchiladas
8. el té

7.22 Encuesta Encuentra a seis personas que hacen las siguientes actividades. Contesta con oraciones completas y después reporta a la clase.

Modelo desayunar cereal todos los días
Estudiante 1: *¿Desayunas cereal todos los días?*
Estudiante 2: *Sí, siempre desayuno cereal todos los días.*

1. pedir postre siempre cuando come en un restaurante
2. su comida favorita es el desayuno
3. saber hacer flan
4. comer carne más de tres veces a la semana
5. no tomar cerveza nunca
6. cenar frente al televisor

INVESTIGUEMOS EL VOCABULARIO

In some countries, **la comida** is used to refer to the noon meal, which is the main meal of the day.

7.23 En un restaurante En parejas, túrnense para hacer el papel *(play the role)* de mesero y de cliente.

Mesero: Buenas tardes, (señor/señorita/señora). ¿Prefiere la sección de fumar o de no fumar?
Cliente: ______________
Mesero: ¿Desea una bebida?
Cliente: ______________
Mesero: ¿Qué prefiere como plato principal?
Cliente: ______________
Mesero: ¿Le gustaría *(Would you like)* un postre?
Cliente: ______________
Mesero: ¿Necesita algo más *(something else)*?
Cliente: ______________
Mesero: ¡Buen provecho! *(Enjoy!)*

¿Desean una bebida?

© Photos To Go

7.24 Comparemos Trabaja con un compañero. Uno va a mirar el dibujo en esta página y el otro va a mirar el dibujo en el **Apéndice B.** Túrnense para describir los dibujos y encontrar cinco diferencias.

© Cengage Learning

Conexiones culturales
El negocio de la comida

Cultura

A veces un lugar para comer se vuelve casi tan importante como un monumento para una ciudad debido a su comida y a la historia del lugar. Por ejemplo, 4Gats en Barcelona fue un lugar de reunión para muchos artistas famosos, como Pablo Picasso.

Otro ejemplo famoso es La Cabaña, en Buenos Aires. La Cabaña es el restaurante especializado en carnes más viejo de la capital argentina. Su libro de visitas tiene la firma de visitantes muy famosos, entre ellos Charles de Gaulle, Henry Kissinger, Richard Nixon, el Rey Juan Carlos, Joan Crawford y Walt Disney, para mencionar solo a algunos.

En La Habana, Cuba, se distingue un restaurante llamado La Bodeguita del Medio. En parte es famosa por las personas importantes que la han visitado, como Pablo Neruda, Salvador Allende, Marlene Dietrich y Ernest Hemingway. El poeta nacional de Cuba, Nicolás Guillén, le dedicó un verso. Más allá de su fama, la Bodeguita se distingue por ser una especie de museo, ya que de sus paredes cuelgan *(hang)* fotos y artefactos que cuentan la historia de Cuba. Este restaurante también parece ser el lugar donde se inventó el mojito. Aún quienes no se interesan por la historia se sentirán atraídos a un menú con algunas de las mejores especialidades criollas cubanas, como frijoles negros, pierna de puerco asada, yuca con mojo y plátanos fritos.

Piensa en una ciudad de un país hispano que te interesa conocer y busca información sobre algún restaurante o café famoso de esa ciudad.

La Bodeguita del Medio es uno de los restaurantes más conocidos de La Habana.

Busca en Internet otros restaurantes importantes en el mundo hispanohablante. Para buscar, usa palabras como **restaurante, café, pub, taberna, famoso, histórico** y el nombre de un país o una ciudad hispanohablante. Escoge uno y sube la información o el menú a Share It! Explica por qué te gustaría comer en ese restaurante.

Comunidad

Visita un supermercado de tu comunidad y busca la sección de comida de otras partes del mundo. Luego prepara un reporte y usa las siguientes preguntas para guiarte.

¿Hay comida latinoamericana o española?

¿Qué productos encuentras?

Mira las etiquetas *(labels)*. ¿Dónde están hechos *(made)*?

¿Te sorprende la cantidad de productos de otros países? ¿Por qué?

¿Hay otras tiendas con comida de otros países? ¿De qué países?

¿Hay comida latinoamericana o española en tu supermercado?

Conexiones... a la salud

Muchas personas piensan que somos lo que comemos *(we are what we eat)*. En estos tiempos modernos mucha gente no tiene tiempo para preparar comida y esto puede afectar negativamente los hábitos alimenticios. Además, muchas personas compran comidas procesadas que son muy económicas, pero también tienen un alto contenido de calorías, azúcares y sodio. Una consecuencia de estos cambios es la gran cantidad de personas obesas que hay en muchos países. Entre los países industrializados con un mayor porcentaje de obesidad aparecen los Estados Unidos, México, Chile y Australia. El caso de México puede explicarse, en parte, por el dramático consumo de refrescos. Los mexicanos consumen en promedio 149 litros de refrescos por año.

Escribe una lista de productos que piensas que tienen un impacto negativo en la salud *(health)* de las personas. Después entrevista a tres compañeros de la clase para saber si también piensan que estos productos son malos para la salud. Reporta la información a la clase.

La comida rápida no siempre es la más saludable.

Comparaciones

¿Dónde compras la comida? ¿Vas a tiendas especializadas? En España y Latinoamérica siempre ha sido *(it has been)* muy común comprar la comida en diferentes tiendas pequeñas en vez del supermercado. La siguiente es una lista de diferentes tipos de tiendas. ¿Qué productos crees que venden en los siguientes lugares?

1. una tortillería
2. una heladería
3. una panadería
4. una frutería
5. una lechería
6. una carnicería
7. una chocolatería

En una alfajorería se venden alfajores, un postre típico de Argentina.

¿Cuáles son las ventajas *(advantages)* de ir a las tiendas especializadas? ¿y las desventajas? ¿Dónde compras tú esos *(those)* productos? ¿Puedes encontrar estas tiendas especializadas donde vives?

3
Exploraciones gramaticales

A analizar

Rosa y Santiago salen a comer en un restaurante. Mira el video. Después lee parte de su conversación y observa los pronombres de objeto directo en negritas. Después contesta las preguntas que siguen.

Mesero:	Buenas tardes. ¿Están listos?
Rosa:	Sí. Me gustarían los tacos de pescado, por favor.
Mesero:	Lo siento, no **los** tenemos ahora. Ya no hay más pescado.
Rosa:	¡Ay, qué lástima! Bueno, en ese caso quiero las enchiladas suizas. ¿Vienen con salsa verde o salsa roja?
Mesero:	Con salsa verde.
Rosa:	Perfecto, **las** voy a pedir.
Mesero:	¿Y para usted, caballero?
Santiago:	Tengo una pregunta, ¿la sopa de pollo tiene chile?
Mesero:	No, no **lo** tiene.
Santiago:	Bien, **la** voy a pedir entonces.

1. Pronouns take the place of a noun. In the above dialogue, the words in bold are direct object pronouns. Identify what each of the pronouns in the dialogue replaces.
2. What do **lo** and **la** mean in the dialogue above? And **los** and **las**?
3. Where are the pronouns in bold placed?
4. What pronoun would you use to replace **el arroz**? And **las cervezas**?

A comprobar

Direct object pronouns 1

1. A direct object is a person or a thing that receives the action of the verb. It tells to whom or to what something is being done.

   > Juan pide **pollo**.
   > *Juan is ordering chicken. (The chicken is what is being ordered.)*

   > Elena invita a **Natalia** a comer.
   > *Elena is inviting Natalia to eat. (Natalia is who is being invited.)*

2. In order to avoid repetition, the direct object can be replaced with a pronoun. In Spanish, the pronoun must agree in gender and number with the direct object it replaces.

   > ¿Tienes **las tazas**?   *Do you have **the cups**?*
   > Sí, **las** tengo.   *Yes, I have **them**.*

   In answering the question, it is not necessary to repeat the direct object, **las tazas**; instead it is replaced with the pronoun **las**.

3. The following are the third person direct object pronouns:

	singular		plural	
masculino	lo	*it, him, you (formal)*	los	*them, you*
femenino	la	*it, her, you (formal)*	las	*them, you*

4. The direct object pronoun is placed in front of the conjugated verb.

> ¿Comes carne?
> *Do you eat meat?*
>
> No, no **la** como.
> *No, I don't eat it.*

5. When using a verb phrase that has an infinitive or a present participle (**-ando, -iendo**), the pronoun can be placed in front of the conjugated verb, or it can be attached to the infinitive or the present participle. Notice that an accent is necessary when adding the pronoun to the end of the present participle.

> **La** voy a invitar. / Voy a invitar**la**.
> *I am going to invite **her**.*
>
> ¿**Lo** quieres comer? / ¿Quieres comer**lo**?
> *Do you want to eat **it**?*
>
> Él **lo** está sirviendo. / Él está sirviéndo**lo**.
> *He is serving **it**.*

A practicar

7.25 En el restaurante Lee la siguiente conversación e identifica el objeto o la persona que el pronombre reemplaza *(replaces)*.

Sr. Ortega: ¿Quieres el menú?

Sra. Ortega: No, no lo (**1.**) necesito. Ya sé qué quiero.

Sr. Ortega: ¿Sí? ¿Vas a pedir el pollo como siempre?

Sra. Ortega: No, no lo (**2.**) quiero comer hoy. Voy a pedir la carne asada.

Sr. Ortega: Yo voy a pedirla (**3.**) también. ¿Pedimos una botella de vino?

Sra. Ortega: Sí, la (**4.**) podemos pedir.

Sr. Ortega: Bueno, estamos listos. ¿Dónde está el mesero? No lo (**5.**) veo.

Sra. Ortega: Allí está. ¿Por qué no lo (**6.**) llamas?

Sr. Ortega: ¡Señor!

7.26 La semana pasada Habla con un compañero sobre quién hizo las siguientes actividades en sus casas la semana pasada. Deben usar los pronombres de objeto directo y el pretérito cuando contesten las preguntas. Es posible responder con **nadie** *(no one)*.

Modelo ¿Quién tomó leche?
Estudiante 1: *¿Quién tomó leche?*
Estudiante 2: *Yo la tomé. ¿Y en tu casa?*
Estudiante 1: *Nadie la tomó.*

1. ¿Quién compró la comida?
2. ¿Quién preparó el desayuno?
3. ¿Quién puso la mesa?
4. ¿Quién cocinó la cena?
5. ¿Quién sirvió la comida?
6. ¿Quién comió postre?
7. ¿Quién lavó los platos?
8. ¿Quién limpió la cocina?

¿Quién comió postre?

7.27 ¿Quién lo hace? Mira los dibujos. Con un compañero, túrnense para hacer y responder preguntas con las palabras. Usen pronombres de objeto directo para responder.

Modelo *(Look at drawing #1)* comer/ensalada
Estudiante 1: *¿Quién come la ensalada?*
Estudiante 2: *Eva **la** come.*

1.

a. tomar/sopa   b. comer/pan

2.
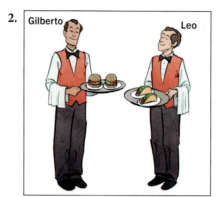
a. servir/tacos   b. servir/hamburguesas

3.

a. necesitar/tenedor   b. necesitar/cuchara

4.

a. tomar/cerveza   b. tomar/refresco

7.28 Entrevista Túrnense para hacer y contestar las siguientes preguntas. **¡OJO!** Deben usar pronombres de objeto directo para reemplazar *(replace)* las palabras subrayadas *(underlined)* cuando contesten para evitar la repetición.

1. ¿Desayunaste esta mañana? ¿Tomaste café?
2. ¿Trajiste el almuerzo a la universidad? ¿Qué trajiste?
3. ¿A qué hora cenaste anoche? ¿Quién preparó la cena?
4. ¿Cocinaste esta semana? ¿Preparaste verduras?
5. ¿Comiste postre después de la cena anoche? ¿Qué comiste?
6. ¿Tomaste refrescos con el almuerzo? ¿Qué tomaste?
7. ¿Quién limpió la cocina en tu casa después de la cena anoche? ¿Lavó los platos a mano?
8. ¿Compraste comida en el supermercado esta semana? ¿Qué compraste?

7.29 ¿Para qué es? Con un compañero, túrnense para explicar lo que hacemos con las siguientes cosas. Deben usar los pronombres de objeto directo y verbos diferentes en las respuestas y dar explicaciones completas.

Modelo el arroz
Estudiante 1: *¿Qué hacemos con el arroz?*
Estudiante 2: *Lo servimos con frijoles. / Lo ponemos en la paella. / Lo cocinamos en agua.*

1. el refresco
2. el helado
3. la ensalada
4. las enchiladas
5. el cuchillo
6. los totopos
7. la sopa
8. los tomates

Exploraciones gramaticales

A analizar

Rosa y Santiago salen a comer en un restaurante. Después de ver el video otra vez, lee parte de su conversación y observa los pronombres de objeto directo en negritas.

> Rosa: Gracias por invitar**me** a cenar aquí. **Me** conoces y sabes que este es mi restaurante favorito.
>
> Santiago: Sí, **te** conozco muy bien, Rosa.

1. To whom do the pronouns **me** and **te** refer?
2. How would you translate the sentences above?

A comprobar

Direct object pronouns 2

In the last **Exploraciones gramaticales** section, you learned about third person direct object pronouns. The following are all of the direct object pronouns.

	singular		plural	
first person	**me**	*me*	**nos**	*us*
second person	**te**	*you*	**os**	*you (plural)*
third person	**lo, la**	*it, him, her, you (formal)*	**los, las**	*they, you (plural)*

1. As with the third person direct object pronouns, these pronouns are placed in front of the conjugated verb. They can also be attached to an infinitive or a present participle. Remember that an accent is necessary when adding the pronoun to the present participle.

El mesero **nos** ve.
*The waiter sees **us**.*

Te quiero invitar a cenar. / Quiero invitar**te** a cenar.
*I want to invite **you** to dinner.*

Ana **me** está llamando. / Ana está llamándo**me**.
*Ana is calling **me**.*

2. The following are some of the verbs that are frequently used with these direct object pronouns:

ayudar	felicitar *(to congratulate)*	querer *(to love)*
buscar		saludar *(to greet)*
conocer	invitar	
creer	llamar	ver
encontrar	llevar *(to take along)*	visitar
escuchar		

A practicar

7.30 ¿**Qué significa?** Decide cuál es la traducción correcta.

1. No te entiendo.
   a. I don't understand you.
   b. You don't understand me.
2. Mi madre me llama todos los días.
   a. My mother calls me every day.
   b. I call my mother every day.
3. ¿Te esperan tus amigos?
   a. Are you waiting for your friends?
   b. Are your friends waiting for you?
4. No nos ven.
   a. They don't see us.
   b. We don't see them.

7.31 Algunas preguntas Decide cuál es la respuesta correcta.

1. ¿Quién me llama?
   a. Héctor te llama.   b. Héctor me llama.
2. ¿Te comprenden tus padres?
   a. Sí, te comprenden.   b. Sí, me comprenden.
3. ¿Me ayudas con la tarea?
   a. Sí, te ayudo.   b. Sí, me ayudas.
4. ¿Cuándo te invitan a comer?
   a. Te invitan a comer hoy. b. Me invitan a comer hoy.
5. ¿Vas a visitarnos mañana?
   a. Sí, voy a visitarnos.   b. Sí, voy a visitarlos.
6. ¿El profesor los vio a ustedes?
   a. Sí, nos vio.   b. Sí, los vio.

7.32 En clase Contesta las preguntas referentes a los hábitos del profesor de español. Debes usar el pronombre **nos** en las respuestas.

Modelo ¿El profesor de español los invita a ustedes a fiestas?
Sí, nos invita a fiestas. / No, no nos invita a fiestas.

¿El profesor de español…
1. los comprende a ustedes?
2. los conoce bien?
3. los ayuda a ustedes con la tarea?
4. los escucha cuando ustedes tienen problemas?
5. los llama a casa?
6. los lleva a comer en un restaurante?
7. los saluda en los pasillos *(hallways)*?
8. los ve fuera de la clase?
9. los invita a ser sus amigos en su página de Facebook?
10. los felicita cuando hacen un buen trabajo?

La profesora siempre nos ayuda.

7.33 ¡Ayuda! Completa la siguiente conversación con el pronombre **me, te** o **nos**.

Susana: Simón, ¡yo (1.) _____ necesito! ¡No entiendo francés!

Simón: ¿El profesor siempre habla con ustedes en francés?

Susana: Sí, solo nos habla en francés, pero no lo comprendemos a él, ni él (2.) _____ comprende a nosotros. ¿(3.) _____ ayudas con mi tarea?

Simón: Por supuesto. Yo (4.) _____ puedo ayudar esta tarde si quieres.

Susana: ¡Sí! Entonces ¿(5.) _____ vas a llamar luego?

Simón: Sí, yo (6.) _____ llamo después de trabajar.

Susana: ¡Qué bueno! ¡(7.) _____ quiero, Simón!

¿Necesitas ayuda con la tarea?

7.34 Una noche en el restaurante Con un compañero, túrnense para describir lo que pasó anoche en el restaurante. Deben completar lo que dijeron las diferentes personas en cada escena, usando los pronombres de objeto directo **me, te** y **nos**.

7.35 La telenovela Imagínate que eres un actor de telenovelas *(soap operas)*. Con un compañero, túrnense para leer las preguntas y las exclamaciones, y para responder de una manera original y dramática. Usen pronombres de objeto directo en las respuestas. ¡Sean creativos!

Modelo ¿Quieres a tu esposa?
Estudiante 1: *¿Quieres a tu esposa?*
Estudiante 2: *No, no la quiero, pero ella es muy rica.*

1. ¿Me quieres?
2. ¿Me vas a querer siempre?
3. ¿Quién te besa *(kiss)* cada noche?
4. ¡¿No nos vas a llevar contigo?!
5. ¡No me comprendes!
6. ¿Me estás engañando *(cheating on)*?
7. ¿Nos vas a abandonar?
8. ¡Nunca me escuchas!

¿Me quieres?

7.36 Preguntas personales Entrevista a un compañero de clase con las siguientes preguntas.

Modelo Estudiante 1: *¿Quién te cree siempre?*
Estudiante 2: *Mi esposo (mi madre, mi mejor amigo, etc.) me cree siempre.*

1. ¿Quién te comprende?
2. ¿Quién te quiere mucho?
3. ¿Quién te invita a comer con frecuencia?
4. ¿Quién te llama por teléfono y habla y habla y habla… ?
5. ¿Quién te ayuda con la tarea de español?
6. ¿Quién te visita con frecuencia?
7. ¿Quién te escucha cuando tienes problemas?
8. ¿Quién te busca cuando necesita dinero?
9. ¿Quién los visita a ti y a tu familia con frecuencia?
10. ¿Quién los saluda a ti y a tus compañeros de clase todos los días?

Lectura

Reading Strategy: Reading out loud

 In the previous reading, you learned how reading out loud can be beneficial to you. Now work with a classmate and take turns reading out loud to each other.

Antes de leer

¿Qué comidas se consideran "comida rápida" en los Estados Unidos? ¿Existe una diferencia entre comida rápida y comida chatarra *(junk food)*? ¿Cuál?

A leer

La comida rápida en Latinoamérica

has changed / century — Todos sabemos que la vida **ha cambiado** mucho en el último **siglo,** especialmente en las grandes ciudades, donde hoy en día hay poco tiempo para hacer todo lo que debemos hacer. ¿Cómo

lack of time — afecta esta **falta de tiempo** nuestros hábitos alimenticios?

[no tiene sentido que una persona coma mientras maneja]

Preparar comida consume mucho tiempo, así que mucha

save — gente busca soluciones para **ahorrar** ese tiempo. Las soluciones para este problema son diferentes según el país. Por ejemplo, en muchos países latinos donde pasar tiempo con la familia es muy importante, no **tiene sentido** que una persona coma

make sense — mientras maneja su automóvil. A la hora de la comida muchas amas de casa ocupadísimas se detienen en locales de comida rápida (o "comida corrida") para

homemade — comprar platillos **caseros** para su familia. De esta manera, no tienen que llegar a casa a preparar comida, solamente deben servirla. Los platillos que se compran en estos locales tienen la ventaja de ser variados y de cambiar todos los días. ¿Qué

stews — venden? ¡De todo! Diferentes variedades de sopa, carnes **guisadas**, verduras y hasta postres. Como el negocio no necesita mucho espacio y hay pocos empleados, pueden proveer comida

similar — muy **semejante** a la que se elabora en casa a un precio razonable.

Otra comida rápida popular es el pollo asado.

chains — Hay **cadenas** que lo venden

like — muy barato, **a semejanza** de las grandes compañías en los Estados Unidos que venden hamburguesas.

However — **Sin embargo,** el negocio de la comida rápida no se

Las pupusas son un ejemplo de comida típica salvadoreña.

limita a la comida para toda la familia. ¿Quién no tiene hambre a mediodía o a media tarde? Para satisfacer esos **antojos**, en cualquier pueblo o ciudad de Latinoamérica se encuentran puestos en la calle o pequeños locales donde se puede comprar comida barata de acuerdo al gusto local. Por ejemplo, en los países andinos (Perú, Ecuador y Bolivia especialmente) se compran papas en la calle, preparadas de mil maneras diferentes. En El Salvador se venden pupusas, en Puerto Rico los pinchos y en el Paraguay el chipá. Aunque los ingredientes de la comida rápida no son necesariamente los mismos que los de la comida que se compra en los Estados Unidos, los resultados son igual de **apetecibles.**

cravings

appetizing

El chipá paraguayo

Comprensión

Decide si las siguientes afirmaciones son ciertas o falsas, según la lectura. Corrige las ideas falsas.

1. En Latinoamérica la gente tiene mucho tiempo para cocinar.
2. La gente generalmente no come mientras conduce su automóvil en los países latinos.
3. Los locales de comida rápida venden comida como hamburguesas, pizza y pollo asado.
4. El pollo asado es una comida popular.
5. Las papas pueden ser un tipo de comida rápida en algunos países como Perú y Bolivia.

Después de leer

 Con un compañero, túrnense para hacer y contestar las preguntas.

1. ¿Comes comida rápida/chatarra con frecuencia? ¿Por qué?
2. ¿Qué comidas rápidas prefieres?
3. ¿Qué más haces para ahorrar tiempo con la comida?

Redacción

Write a blog entry in which you discuss a favorite restaurant.

Paso 1 Think of a restaurant that you like. Jot down some basic information about the restaurant. Where is it located? What are its hours? What is the ambience of the restaurant like? What are the prices like? What kind of food do they serve? What do you recommend?

Paso 2 Think about a time that you visited the restaurant. When did you go and with whom? What did you and the others with you eat? How was the service? How was the food?

Paso 3 Using the information you generated in **Paso 1,** write a paragraph (in the present tense) in which you tell your readers about your favorite restaurant. Be sure to begin your paragraph with a sentence that will catch your readers' attention; a sentence such as *El Café Cielo es mi restaurante favorito.* is not going to encourage someone to continue reading.

Paso 4 Using the information you generated in **Paso 2,** write a second paragraph in which you discuss a time you visited the restaurant. You will need to use the preterite.

Paso 5 Write a brief concluding paragraph in which you sum up your thoughts about the restaurant.

Paso 6 Edit your blog entry:
1. Do all of the sentences in each paragraph support the topic sentence?
2. Are there any short sentences you can combine with **y** or **pero**?
3. Do adjectives agree with the nouns they describe?
4. Do verbs agree with the subject? Did you use the correct forms of the preterite?
5. Are there any spelling errors? Do the preterite verbs that need accents have them?

INVESTIGUEMOS EL VOCABULARIO

Here are some terms for ethnic foods commonly served in restaurants:

comida china	*Chinese food*
comida griega	*Greek food*
comida italiana	*Italian food*
comida japonesa	*Japanese food*
comida mexicana	*Mexican food*

En vivo

Entrando en materia

¿Lees los comentarios sobre los restaurantes antes de elegir un nuevo lugar para comer? ¿Por qué?

Una reseña de un restaurante

Vas a leer una bitácora que cada semana habla sobre un restaurante de la ciudad. Después de leer decide si la reseña es positiva o negativa.

GUÍA GASTRONÓMICA: COMIDA CRIOLLA

Cuando Cristóbal Colón llegó a América, la historia del mundo cambió… y las opciones para comer se multiplicaron. Aquí en la ciudad gozamos de muchas opciones de cocina internacional, pero la comida tradicional y la cocina criolla siguen siendo las favoritas. El Criollo es un nuevo restaurante que abrió el mes pasado. Antes de hablar sobre los platillos que ofrecen, **valdría la pena** recordar la diferencia entre la comida tradicional y la criolla, para que ustedes sepan qué esperar de este restaurante.

Si pensamos en la historia de Latinoamérica, recordaremos que los criollos eran hijos de europeos, pero **nacieron** en el nuevo mundo y se criaron en él. Generaciones más tarde, los hijos de los criollos siguieron llamándose criollos, hasta que la palabra llegó a significar algo **autóctono** o nacional (justamente en la época que los países latinoamericanos empezaron a independizarse de España). Algo similar ocurrió con la comida: con el intercambio de alimentos, nacieron nuevas cocinas locales que combinaban los nuevos alimentos con las prácticas culinarias locales.

Hoy en día se habla de comida tradicional y comida criolla como sinónimos, pero en realidad hay diferencias importantes. La comida tradicional es la que tradicionalmente consume un grupo cultural o etnográfico. Por ejemplo, se puede hablar de cocina tradicional **judía.** La cocina criolla se basa en una mezcla tanto de ingredientes como de técnicas para cocinar. En Latinoamérica, la cocina criolla fusiona dos (o más) gastronomías con sus técnicas, tradiciones e ingredientes. En el caso de Latinoamérica, se mezclan tradiciones culinarias prehispánicas con las europeas, las que a su vez estaban mezcladas con las de la cultura árabe y judía, entre otras.

Ahora que está aclarada la diferencia, vale la pena mencionar que en El Criollo no van a encontrar las recetas típicas peruanas, sino platillos **hechos** con ingredientes locales con un toque moderno.

Papas a la huancaina; papas con una salsa picante de queso

Las porciones son pequeñas, pero están elegantemente presentadas. El ambiente del local también es moderno, aunque un poco **ruidoso.** El servicio, para ser honesto, es un poco **lento,** pero los precios son moderados en comparación con otros restaurantes de cocina criolla. Además, El Criollo tiene un estacionamiento muy amplio, así que es un buen lugar para citarse a comer con los amigos.

¿El veredicto? Pienso regresar a El Criollo para comer con mis amigos a un buen precio.

it would be worth it

were born

made
indigenous

noisy
slow

Jewish

Comprensión

Decide si las afirmaciones son ciertas o falsas, y corrige las falsas.

1. Después de que Cristóbal Colón encontró el Nuevo Mundo, la comida se homogeneizó en todo el mundo y hubo menos variedad de platillos.
2. Los criollos eran los hijos de europeos que nacieron en América.
3. "Comida criolla" es sinónimo de "comida tradicional".
4. La cocina árabe influye en la gastronomía que trajeron los españoles a Latinoamérica.
5. El autor del blog piensa que los precios de la comida en El Criollo son buenos.
6. Al autor del blog no le gustó el restaurante.

 Más allá

Escribe una breve reseña de un restaurante en tu ciudad. ¿Lo recomiendas? ¿Por qué? Sube tu reseña y tu recomendación a Share It!

Exploraciones profesionales
La cocina

Vocabulario

Sustantivos

el berro	watercress
el bife de lomo	sirloin
la caloría	calorie
el (la) camarero(a)	waiter (waitress)
el carbón	charcoal
la carne (de res)	beef
el chimichurri	Argentine steak sauce
el choclo	corn
el chorizo	spicy sausage
el condimento	spice
la empanada	turnover, pasty
la especialidad	specialty
el matambre	flank steak

Adjetivos

arrollado(a)	rolled
hervido(a)	boiled
relleno(a)	stuffed
tierno(a)	tender
vegetariano(a)	vegetarian

Verbos

descubrir	to discover

Frases útiles

a fuego lento
low heat

a la parrilla
on the grill

Se corta finito.
Cut in small slices.

Se sirve caliente/frío.
Serve hot/cold.

vuelta y vuelta
cooked on both sides

DATOS IMPORTANTES

Educación: Título de chef otorgado por escuelas de cocina internacional o título universitario de licenciatura en artes culinarias y hospedaje. Para trabajar en restaurantes finos se requieren años de experiencia.

Salario: Entre $35 000 y $85 000, dependiendo de la experiencia y la categoría del restaurante

Dónde se trabaja: Restaurantes, hoteles, clubes privados, compañías de servicios para fiestas y eventos, cruceros

Vocabulario nuevo Completa con una palabra lógica.

1. No como carne porque soy _____.
2. Ponemos el chimichurri sobre _____.
3. La _____ del restaurante son las empanadas.
4. El chef va a preparar una papas _____ de carne.
5. La ensalada tiene choclo y _____.

▶ Miguel Casas, chef

Miguel Casas es el chef de un restaurante de especialidades argentinas. Trabaja en ese lugar desde hace diez años y los clientes del restaurante están muy satisfechos con la comida. En el video vas a ver al chef Casas hablar con un cliente.

Antes de ver

Un chef es el supervisor de una cocina. Debe estar al tanto de todos los platos que se preparan para que los clientes queden contentos. ¿Qué instrucciones crees que les da un chef a sus cocineros? ¿Qué tipo de conversación puede tener un chef con un cliente? ¿Qué piensas de la costumbre de algunos chefs de salir al comedor para hablar con los clientes? Explica.

Comprensión

1. ¿En qué tipo de restaurante trabaja el chef Casas?
2. ¿Quién llamó al chef Casas?
3. ¿Cómo cocinan la carne en ese restaurante?
4. ¿Qué tipo de carne comió la señorita?
5. ¿Qué ensalada comió?
6. ¿Qué tipo de vino tomó?
7. ¿Con qué rellenan las empanadas en ese restaurante?

Después de ver

En parejas, representen a un chef que sale a hablar con un cocinero muy joven y sin experiencia que hace muchas preguntas. Otra opción es representar a un chef que sale a hablar con un cliente del restaurante. ¿El cliente se queja *(complains)* o lo felicita? ¿Cómo responde el chef?

Exploraciones de repaso: estructuras

7.37 El cumpleaños de mi esposa Completa las siguientes oraciones con el pretérito del verbo entre paréntesis. ¡OJO! No todos los verbos son irregulares.

Ayer (**1.**) _____ (ser) el cumpleaños de mi esposa. Para celebrar yo (**2.**) _____ (hacer) una reservación en un restaurante elegante en el centro de la ciudad. Nosotros (**3.**) _____ (tener) que conducir media hora, pero valió la pena *(it was worth it)*. Cuando llegamos, (**4.**) _____ (ir) directamente a la mesa. Nosotros (**5.**) _____ (ver) el menú y luego (**6.**) _____ (pedir) nuestra comida. Cuando el mesero (**7.**) _____ (traer) la comida, yo (**8.**) _____ (estar) muy satisfecho con mi selección. Al terminar de comer, mi esposa (**9.**) _____ (querer) un postre y decidimos pedir un pastel. ¡El pastel (**10.**) _____ (estar) delicioso! Después de comer (**11.**) yo _____ (pagar) la cuenta, (**12.**) _____ (dejar) una buena propina y mi esposa y yo (**13.**) _____ (volver) a casa.

7.38 Una cena en restaurante Lee el párrafo sobre una noche que Tomás y Jimena cenaron en un restaurante. Cambia las oraciones y usa los pronombres de objeto directo para evitar *(to avoid)* las repeticiones.

Modelo Ayer fue el cumpleaños de Jimena y Tomás decidió invitar a Jimena a cenar en un restaurante.
Ayer fue el cumpleaños de Jimena y Tomás decidió invitarla a cenar en un restaurante.

(**1.**) El mesero llegó con los menús y Tomás y Jimena miraron los menús. (**2.**) A Jimena le gusta el pollo asado y decidió pedir pollo asado. (**3.**) Tomás prefirió el pescado y pidió pescado. (**4.**) Las ensaladas parecían *(seemed)* deliciosas y los dos quisieron ensaladas. (**5.**) Tomás vio al mesero y llamó al mesero. (**6.**) El mesero recomendó el vino blanco, pero ellos no quisieron vino blanco; prefirieron pedir vino tinto. (**7.**) En poco tiempo la comida llegó y ellos disfrutaron *(enjoyed)* la comida. (**8.**) Al final el mesero trajo la cuenta y Tomás pagó la cuenta con su tarjeta de crédito.

7.39 ¿Por o para? Lee las siguientes oraciones y substituye las palabras en cursiva con **por** o **para**.

1. Ayer Renato decidió ir a un restaurante *a* cenar.
2. A las ocho salió de su casa *al* restaurante.
3. *A causa de* no tener una reservación, no pudo sentarse inmediatamente.
4. Esperó *durante* media hora.
5. *Al* fin, un señor lo llevó a una mesa.
6. Tenían un especial: una pizza de queso *a* 50 pesos y decidió pedirla.
7. Luego pidió un helado *de* postre.

Exploraciones de repaso: comunicación

7.40 Sondeo En grupos de tres o cuatro contesten las siguientes preguntas. Luego compartan las respuestas con la clase.

1. ¿Prefieres comer en un restaurante o en casa? ¿Por qué?
2. ¿Cuántas veces a la semana almuerzas en un restaurante?
3. ¿Cuántas veces al mes cenas en un restaurante?
4. ¿Cuál es tu restaurante favorito? ¿Qué pides allí?
5. ¿Cuándo fue la última vez *(last time)* que fuiste a un restaurante? ¿Cuál fue?

7.41 La fiesta Tu compañero y tú están planeando una cena para unos amigos, pero los invitados tienen algunas restricciones en su dieta. Uno de ustedes mira la información en esta página y el otro mira la información en el **Apéndice B**. Compartan la información sobre sus dietas y luego decidan qué van a servir del menú abajo.

> **aperitivo:** queso, totopos con salsa
> **primer plato:** ensalada con vinagreta, sopa de fideos *(noodles)*
> **segundo plato:** carne asada con papas fritas, fajitas con tortillas de maíz y verduras asadas
> **postre:** ensalada de frutas, pastel de chocolate
> **bebida:** té helado, limonada

Invitado	Restricción
Angélica	
Lucas	Es alérgico al chocolate.
Mateo	
Regina	Está a dieta.
Javier	
Gisa	No puede consumir gluten.

7.42 La lista del supermercado Con un compañero, van a crear una lista de supermercado. Tienen un presupuesto *(budget)* limitado y solo pueden comprar diez productos.

Paso 1 Escribe una lista de diez productos que quieres comprar. Debes incluir tres verduras, tres frutas y otros cuatro productos.

Paso 2 Compara tu lista con la de tu compañero y explica por qué quieres comprar ciertos productos. Luego pónganse de acuerdo *(agree)* en los diez productos que van a comprar.

Paso 3 Compartan *(Share)* la lista con la clase y expliquen algunas de sus decisiones.

CAPÍTULO 7

Vocabulario 1

Frutas

el durazno	peach	la piña	pineapple
la fresa	strawberry	el plátano	banana
la manzana	apple	la sandía	watermelon
el melón	melon	las uvas	grapes
la naranja	orange		

Verduras

el brócoli	broccoli	la papa	potato
la cebolla	onion	el pepino	cucumber
la lechuga	lettuce	el tomate	tomato
el maíz	corn	la zanahoria	carrot

Lácteos y otros alimentos

la catsup	ketchup	la mayonesa	mayonnaise
el cereal	cereal	la mermelada	jam
la crema	cream	la mostaza	mustard
el huevo	egg	el pan	bread
el jamón	ham	el pepinillo	pickle
la leche	milk	el queso	cheese
la mantequilla	butter	el yogur	yogurt

Verbos

hornear — to bake

Palabras adicionales

la rebanada — slice

Los números

cien	100		
ciento uno	101		
doscientos	200		
trescientos	300		
cuatrocientos	400		
quinientos	500		
seiscientos	600		
		setecientos	700
		ochocientos	800
		novecientos	900
		mil	1000
		dos mil	2000
		un millón	1 000 000

Diccionario personal

_____
_____
_____
_____

Vocabulario 2

Los utensilios

la copa	wine glass
la cuchara	spoon
el cuchillo	knife
el mantel	tablecloth
el plato	plate
el plato hondo	bowl
la servilleta	napkin
la taza	cup
el tazón	serving bowl
el tenedor	fork
el vaso	glass

La comida

el arroz	rice
el azúcar	sugar
la bebida	drink
el café	coffee
el camarón	shrimp
la carne	meat
el cerdo	pork
la cerveza	beer
el coctel	cocktail
la ensalada	salad
el entremés	appetizer
el flan	flan
la fruta	fruit
la hamburguesa	hamburger
el helado	ice cream
el jugo	juice
el pastel	cake
el pavo	turkey
el pescado	fish
la pimienta	pepper
el pollo	chicken
el postre	dessert
el refresco	soda
la sal	salt
el sándwich	sandwich
la sopa	soup
los totopos	tortilla chips
el vino blanco	white wine
el vino tinto	red wine

Verbos

cenar	to eat dinner
dejar (una propina)	to leave (a tip)
desayunar	to eat breakfast
felicitar	to congratulate
querer	to love
llevar	to take along
saludar	to greet

Palabras adicionales

al horno	baked
el almuerzo	lunch
asado(a)	grilled
la cena	dinner
la comida	food; lunch
la cuenta	bill
el desayuno	breakfast
frito(a)	fried
la orden	order
el plato principal	main dish

Diccionario personal

CAPÍTULO 8

Learning Strategy

Review material from previous chapters

Because you continue to use vocabulary, verbs, and grammar that you learned in past chapters, it is important to review this material. Make flashcards for each chapter and review them often, go back to the **Exploraciones de repaso** section in earlier chapters to be sure you can still do the activities, and complete the **Hora de reciclar** activities in your *Student Activities Manual* or iLrn.

In this chapter you will learn how to:
- Talk about household chores
- Talk about your hobbies and pastimes
- Describe what you used to do in the past

¿Qué haces dentro y fuera de la casa?

Exploraciones gramaticales
The Imperfect 266
Indefinite and negative expressions 269
Indirect object pronouns 280
Double object pronouns 283

En vivo
Un programa de televisión sobre la limpieza 273
El nuevo centro comercial Siglo 22 289

Conexiones culturales
Los deberes de la casa 264
El entretenimiento 278

Lectura
La ciudad es nuestra casa 274
Todos necesitamos un pasatiempo 286

Exploraciones profesionales
La mercadotecnia 290

1 Exploraciones léxicas

Es sábado y la familia Carrillo está limpiando la casa. ¿Qué están haciendo?

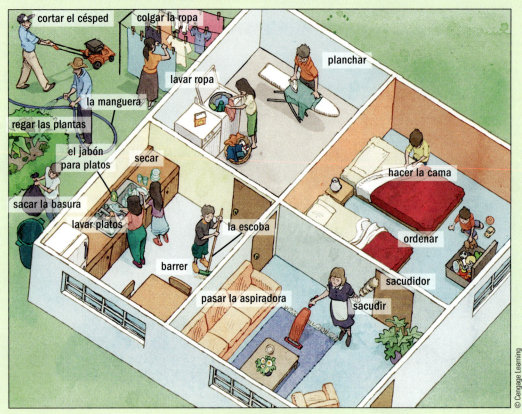

La limpieza				Verbos	
el bote de basura	trash can	el trapeador	mop	guardar	to put away
el cortacésped	lawnmower	el trapo	cleaning cloth, rag	poner la mesa	to set the table
la plancha	iron	**Adjetivos**		recoger	to pick up
los quehaceres	chores	limpio(a)	clean	recoger la mesa	to clear the table
la tabla de planchar	ironing board	sucio(a)	dirty	trapear	to mop

A practicar

8.1 Escucha y responde Vas a escuchar una serie de quehaceres y de artículos de limpieza. Levanta la mano derecha si el quehacer o producto se relaciona con la cocina, y levanta la mano izquierda si se relaciona con el jardín.

8.2 ¿Con qué frecuencia? En parejas túrnense para preguntar con qué frecuencia hacen ustedes los quehaceres de la lista.

Modelo sacudir
Estudiante 1: *¿Con qué frecuencia sacudes en tu casa?*
Estudiante 2: *Sacudo una vez a la semana. / Yo no sacudo, pero mi esposo sacude una vez a la semana.*

1. lavar la ropa
2. planchar
3. barrer el piso de la cocina
4. pasar la aspiradora
5. cortar el césped
6. hacer las camas
7. limpiar los baños
8. sacar la basura

8.3 Una fiesta Imagina que vives en la casa de los siguientes dibujos. Tus amigos y tú van a dar una gran fiesta para toda la clase. Con un compañero, decidan lo que deben hacer antes de la fiesta y lo que van a tener que hacer después de la fiesta. Sean creativos.

8.4 Busca a alguien Busca a compañeros que hacen/hicieron las siguientes actividades. Después repórtale la información a la clase.

1. Lavó la ropa ayer.
2. Nunca riega las plantas.
3. Hizo su cama esta mañana.
4. Detesta lavar los platos.
5. Cuelga la ropa para secarla.
6. Nunca corta el césped.
7. Vive con alguien que limpia el baño.
8. Planchó algo la semana pasada.

8.5 Una entrevista Trabaja con un compañero para contestar las preguntas y luego repórtale la información a la clase.

1. ¿Qué quehacer te gusta menos? ¿Cuál te gusta más?
2. En tu opinión ¿qué quehacer es el más importante? ¿Cuál es el menos importante?
3. ¿Tienes quehaceres en el jardín? ¿Cuáles?
4. ¿Crees que los niños deben ayudar en casa? ¿Qué quehaceres deben hacer?
5. ¿Usas productos de limpieza que son buenos para el medio ambiente *(environment)*? ¿Por qué?

8.6 Compañeros de casa Javier, Marcos y Emanuel decidieron vivir juntos y quieren organizarse para hacer los quehaceres que les gustan. Trabaja con un compañero para completar la tabla. Uno de ustedes va a ver la información en esta página, y el otro debe ver la información en el **Apéndice B**. Primero completen el gráfico y después decidan quién va a hacer cada quehacer. Cada persona debe tener dos obligaciones.

Quehacer	Javier	Marcos	Emanuel	¿Quién va a hacerlo?
lavar los platos		No le gusta.		
limpiar los baños	No le gusta.		No le gusta.	
trapear la cocina	No le gusta.	Le gusta.		
pasar la aspiradora				
cortar el césped		No le gusta.	No le gusta.	
regar las plantas	No le gusta.		No le gusta.	

Conexiones culturales
Los deberes de la casa

Cultura

Este cuadro del pintor boliviano Melchor Pérez Holguín (1660–1732) muestra a la Virgen María y a José, su esposo, en una pausa durante su viaje a Egipto. La producción de Pérez Holguín se basó en cuadros encargados *(commissioned)* por órdenes religiosas. En sus obras *(works)*, el artista mezcla elementos de la pintura europea de la época con elementos populares y de su país, Bolivia. Por ejemplo, la ropa de la Virgen y la manta *(blanket)* en el suelo son tradicionales de la región de La Paz, Oruro y Cochabamba. Por otra parte, los querubines son tradicionales en el arte europeo.

Observa el cuadro. ¿Qué están haciendo la Virgen y los ángeles en el cuadro? ¿Qué otros quehaceres piensas que tenían que hacer?

 Identifica otra pintora famosa y aprende más sobre Bolivia en **Exploraciones del mundo hispano** en el **Apéndice A**.

 Investiga en Internet otras obras de Melchor Pérez Holguín. Elige una que te guste, súbela a Share It! y explica por qué te gusta. Después lee lo que escribieron tus compañeros.

Comparaciones

De acuerdo a un estudio de una universidad inglesa, las mujeres tendrán que esperar hasta el año 2050 para que los hombres pasen el mismo número de horas haciendo labores de la casa.

¿Cuánto tiempo pasas haciendo quehaceres? ¿Crees que las mujeres pasan más tiempo limpiando que los hombres? El siguiente es un resumen de las horas que los argentinos, los españoles, los mexicanos y los estadounidenses dedican al trabajo doméstico cada semana. Observa la información. ¿Te sorprende? ¿Por qué?

Horas totales de trabajo doméstico semanal para familias con hijos

mujeres argentinas	37,8 horas
hombres argentinos	15,4 horas
mujeres españolas	29,7 horas
hombres españoles	15,9 horas
mujeres mexicanas	32,2 horas
hombres mexicanos	15,3 horas
mujeres estadounidenses	32 horas
hombres estadounidenses	17 horas

Sources: Pew Research Center; Instituto Nacional de Estadística; Instituto Nacional de Estadística y Geografía; ElObservatodo.cl

¿Cómo se pueden explicar las diferencias entre los hombres y las mujeres de todos estos países?

Comunidad

Entrevista a una persona de un país hispanohablante y averigua *(find out)* quién hace los quehaceres en su casa, qué quehaceres hace y cuánto tiempo dedica a la semana a hacer estos quehaceres. Si la familia tiene niños, incluye el tiempo que se necesita para ellos.

Conexiones... a la biología

Un nuevo tipo de productos se hace cada vez más popular en los mercados: los productos de limpieza biológicos. En particular, el jabón para lavar ropa hecho con enzimas naturales puede limpiar sin dañar la ropa, el medio ambiente *(environment)* o la salud *(health)*.

Las enzimas para quitar manchas se obtienen con bacterias modificadas genéticamente. Su uso comenzó en 1913, cuando el químico alemán Otto Rhöm usó una enzima digestiva del páncreas de animales para mejorar el proceso de limpieza. Así se empezó a fabricar y comercializar el primer jabón enzimático. La producción masiva de enzimas provenientes de bacterias y hongos comenzó a mediados del siglo XX.

Más recientemente, un grupo de investigadores de la Universidad de Chile, descubrió que el krill, un minúsculo habitante del mar antártico, produce enzimas capaces de actuar a solo 20º C. Juan Asenjo, el líder de este grupo de científicos, le explicó al periódico *El Mercurio* el significado de este descubrimiento para la industria de la limpieza.

"Si en nuestro país se lava ropa un millón de veces al día y, en promedio, cada lavado requiere 20 litros de agua a 50ºC, este hallazgo podría reducir a la mitad la energía que se gasta para calentar toda esa agua".

Según el libro *Biotecnología* (2007) escrito por la doctora en genética María Antonia Muñoz de Malajovich, de nacionalidad argentina, "en la actualidad más del 60% de la producción industrial de enzimas se basa en técnicas de biotecnología moderna". Tan solo en 2009 se calcula que el mercado mundial de enzimas fue de alrededor de 2,4 millones de dólares, y seguirá aumentando, según el pronóstico de Malajovich.

Sources: TecnoCienciaYSalud.com; Biotecnologia.suite101.net

Lee las etiquetas de los productos que tienes en casa para la limpieza de ropa. ¿Cuántos usan enzimas?

Exploraciones gramaticales

A analizar

Camila habla con Vanesa sobre los quehaceres. Después de ver el video, lee parte de lo que dice Camila y presta atención a los verbos en negritas.

Ahora que Rodrigo tiene un nuevo puesto *(position)* y yo también trabajo, estamos muy ocupados. Antes los dos **limpiábamos** la casa juntos los domingos. Él **barría** la cocina y **sacaba** la basura mientras yo **pasaba** la aspiradora y **sacudía.** Luego en la tarde yo **lavaba** y **secaba** la ropa, y él **limpiaba** el baño.

Using the examples above and your knowledge of verb conjugations, answer the questions.

1. What are the endings of the **-ar** verbs in bold? And the **-er/-ir** verbs?
2. The verbs in bold are in the imperfect tense. Does the imperfect describe actions in the past, present, or future?

A comprobar

The imperfect

1. To form the imperfect of regular verbs, add the following endings to the stem:

-ar verbs	lavar *(to wash)*
lav**aba**	lav**ábamos**
lav**abas**	lav**abais**
lav**aba**	lav**aban**

-er/-ir verbs	barrer *(to sweep)*
barr**ía**	barr**íamos**
barr**ías**	barr**íais**
barr**ía**	barr**ían**

2. The verbs **ser, ir,** and **ver** are the only irregular verbs in the imperfect.

ser *(to be)*			
yo	**era**	nosotros(as)	**éramos**
tú	**eras**	vosotros(as)	**erais**
él, ella, usted	**era**	ellos, ellas, ustedes	**eran**

ir *(to go)*			
yo	**iba**	nosotros(as)	**íbamos**
tú	**ibas**	vosotros(as)	**ibais**
él, ella, usted	**iba**	ellos, ellas, ustedes	**iban**

ver *(to see)*			
yo	**veía**	nosotros(as)	**veíamos**
tú	**veías**	vosotros(as)	**veíais**
él, ella, usted	**veía**	ellos, ellas, ustedes	**veían**

3. There are no stem-changing verbs in the imperfect. All verbs that have changes in the stem in the present or the preterite are regular.

　　Mi madre **cuelga** la ropa afuera.
　　Mi abuela también **colgaba** la ropa afuera.

　　Mi madre **prefirió** lavar los platos a mano ayer.
　　Mi abuela siempre **prefería** lavar los platos a mano.

4. The imperfect of the verb **haber** (hay) is **había.**

　　Siempre **había** platos en el fregadero.
　　There were always plates in the sink.

5. One of the uses of the imperfect is to describe past habits or routines. In English, we frequently use the expression *used to*. It is often used with expressions such as **siempre, todos los días, todos los años, con frecuencia, a menudo**, **normalmente, generalmente, a veces,** etc.

> De niño, **era** mi responsabilidad sacar la basura.
> *As a child, it **used to be** my responsibility to take out the trash.*

> Todos los sábados **limpiábamos** la casa.
> *Every Saturday we **used to clean** the house.*

6. Another use of the imperfect is to describe an action in progress at a particular moment in the past where there is no emphasis on when the action began or ended.

> ¿Qué **hacías** a las tres?
> *What **were you doing** at three o'clock?*

> Yo **cortaba** el césped.
> *I **was cutting** the grass.*

INVESTIGUEMOS LA GRAMÁTICA

You will recall that the present progressive describes actions in progress in the present. It is also possible to use the imperfect of **estar** with the present participle.

Mi hermano **estaba planchando** su ropa.
*My brother **was ironing** his clothes.*

A practicar

8.7 En tu adolescencia Lee las siguientes oraciones e indica si son ciertas o falsas según tu experiencia.

1. No tenía que hacer quehaceres.
2. Sacaba la basura.
3. No me gustaba ordenar mi habitación.
4. Cortaba el césped.
5. Hacía la cama todos los días.
6. Ponía la mesa antes de comer.
7. Lavaba mi ropa.
8. No colgaba mi ropa.

Cuando era niña ayudaba a mis padres con los quehaceres.

8.8 Mi niñez *(childhood)* Cambia el verbo a la forma necesaria del imperfecto y completa las siguientes ideas.

Modelo mi padre me (contar)…
Cuando era niña, mi padre me contaba cuentos.

Cuando era niño(a),…

1. yo (vivir)…
2. mis amigos y yo (comer) mucho…
3. mi familia (ir) con frecuencia a…
4. mis amigos (jugar)…
5. no me (gustar)…
6. mi mejor amigo(a) (ser)…
7. yo (tener) que…

8.9 ¿Qué hacían? Cristina llamó a la casa de su amiga pero nadie contestó. Con un compañero, túrnense para identificar las actividades que hacían las personas en ese momento.

8.10 Entrevista Túrnense para entrevistar a un compañero sobre sus actividades mientras estaban en la escuela secundaria. Den mucha información al contestar las preguntas.

1. ¿Qué te gustaba hacer en las vacaciones cuando estabas en la escuela secundaria?
2. ¿Practicabas algún deporte? ¿Cuál?
3. ¿Quién cocinaba? ¿Qué comida preferías?
4. ¿Trabajaban tus padres? ¿Dónde?
5. ¿Salías con amigos los fines de semana? ¿Adónde iban?
6. ¿Cómo se llamaba tu mejor amigo? ¿Qué hacías con él?
7. ¿Qué quehaceres tenías que hacer?
8. ¿Qué hacías después de regresar de la escuela?

8.11 Una encuesta En grupos de tres o cuatro van a descubrir quién tenía que trabajar más en su casa cuando era niño.

Paso 1 Con los compañeros del grupo decidan tres quehaceres más para añadir *(to add)* a la lista. Luego usen el imperfecto para preguntar quién hacía las actividades en la lista cuando era niño.

cortar el césped	sacar la basura
limpiar el baño	_____
lavar los platos	_____
poner la mesa	_____

Paso 2 ¿Quién tenía más quehaceres cuando era niño? Repórtenle la información a la clase.

Exploraciones gramaticales

A analizar

Camila habla con Vanesa sobre los quehaceres. Mira el video otra vez. Después lee parte de su conversación y observa las expresiones negativas en negritas.

¡Ay, Vanesa! Parece que **nunca** tengo el tiempo que necesito para limpiar la casa. Mis padres van a llegar el sábado para visitarnos ¡y la casa es un desastre! Sé que **no** voy a tener tiempo para limpiar **ni** mañana **ni** el viernes porque tengo mucho trabajo para la escuela. ¿Conoces a alguien que me pueda ayudar a limpiar?

Vanesa: **No** conozco a **nadie,** pero puedo preguntarle a mi hermana.

Camila: Sí, por favor. ¡Ya **no** tengo tiempo de hacer **nada**!

1. How many negative words are there in each sentence?
2. Where is the word **no** placed in relation to the verb it refers to in the sentences?

A comprobar

Indefinite and negative words

1. The following are the most commonly used negative and indefinite words.

Palabras negativas	
nadie	no one, nobody
nada	nothing
nunca	never
jamás	never
tampoco	neither, either
ningún (ninguno), ninguna	none, any
ni… ni	neither . . . nor

Palabras indefinidas	
alguien	someone, somebody
algo	something
siempre	always
también	also
algún (alguno), alguna	some
o… o	either . . . or

2. In Spanish, it is possible to use multiple negative words in one sentence. When a negative word follows the verb, it is necessary to place **no** or another negative word in front of the verb, making it a double negative.

   No plancho **nunca.**
   I **never** iron.

   No hay **ni** escoba **ni** aspiradora aquí.
   There is **neither** a broom **nor** a vacuum here.

   Nunca le das **nada** a **nadie.**
   You **never** give **anything** to **anyone.**

3. The negative words **nadie, jamás, nunca,** and **tampoco** can be placed directly before the verb. **Nada** can only be placed before the verb if it is used as the subject.

   Nadie está lavando ropa ahora.
   No one is washing clothes now.

   Tampoco hago la cama.
   I don't make my bed **either.**

   Nada es imposible.
   Nothing is impossible.

4. The indefinite words **algún, alguno(s), alguna(s),** and the negative words **ningún, ninguno(s), ninguna(s)** are often used to add emphasis but are not essential. Notice that they must agree in number and gender with the noun they are describing. When using the negative, the singular form is generally used.

   ¿Tienes **algunas** camisas para planchar?
   No, no tengo **ninguna** camisa. (No, no tengo **ninguna**.)

   ¿Tienes trapos?
   No, no tengo **ningún** trapo.
   (No, no tengo **ninguno**.)

*While it is correct to use **algunos(as)** in front of a noun, it is much more common to use **unos(as)** or to omit the article. **Algunos(as)** tends to be used more frequently as a pronoun: **Necesito plantas para el jardín. ¿Tiene algunas?**

A practicar

8.12 ¿Cierto o falso? Mira el dibujo y decide si estas oraciones son ciertas o falsas.

1. No hay nadie en el comedor.
2. No hay ni platos ni vasos en la mesa.
3. Tampoco hay flores en la mesa.
4. Ninguna mascota está en el comedor.
5. No hay nada debajo de la mesa.
6. Nadie limpia el comedor.
7. El perro no come nada.
8. Hay algo al lado de la mesa.

8.13 A contratar ayuda Vas a entrevistar a una persona para limpiar la oficina donde trabajas, pero no es una buena candidata. Para saber qué respuestas dio durante la entrevista, contesta las siguientes preguntas de forma negativa.

1. ¿Siempre llega usted a tiempo *(on time)*?
2. ¿Alguien va a ayudarla a limpiar la oficina?
3. ¿Limpia ventanas y espejos?
4. No tenemos aspiradora. ¿Tiene usted una aspiradora?
5. ¿Tiene algunas cartas de recomendación?
6. ¿Necesita saber algo más sobre nuestra oficina?

No me gusta limpiar ni cocinas ni baños.

8.14 Ayuda por favor
La madre de Jorge está limpiando la casa y necesita ayuda, pero él es muy perezoso. Completa la conversación con algunas de estas palabras negativas e indefinidas. ¡OJO! **Algún** y **ningún** tienen varias formas.

algo	alguien	algún	siempre	o
nada	nadie	ningún	nunca	ni

Madre: Jorge, ¿puedes guardar (1.) _____ de estos libros?

Jorge: No, no quiero guardar (2.) _____ libro. Los voy a leer más tarde.

Madre: ¿Puedes ir a la cocina y traerme (3.) _____ para limpiar las ventanas?

Jorge: No, no puedo traerte (4.) _____ porque estoy ocupado.

Madre: ¿Puedes ayudarme a lavar los platos (5.) _____ a secarlos después?

Jorge: No quiero lavar los platos (6.) _____ secarlos, tengo que hacer la tarea.

Madre: ¿Vas a hacer la tarea con (7.) _____ de tu clase?

Jorge: No, no la voy a hacer con (8.) _____ . Voy a hacerla solo.

Madre: Entonces sí puedes hacer (9.) _____ quehaceres antes de hacerla.

Jorge: No puedo hacer (10.) _____ porque necesito tomar una siesta primero.

Madre: ¡Jorge! ¡(11.) _____ tienes una excusa y (12.) _____ ayudas en la casa!

8.15 Un sondeo
En grupos de cuatro o cinco, túrnense haciendo las preguntas para averiguar *(find out)* quién hace las siguientes actividades. Luego reporten a la clase.

Modelo no tiene ninguna clase de matemáticas
Estudiante 1: *¿Quién no tiene ninguna clase de matemáticas?*
Estudiante 2: *Yo no tengo ninguna clase de matemáticas.*

1. no tiene ninguna otra clase
2. no estudia con nadie
3. nunca olvida *(forgets)* su tarea
4. siempre hace la tarea para la clase de español
5. no entiende nada en alguna clase
6. jamás se sienta al frente de la clase

8.16 Preguntas personales
Entrevista a un compañero con las siguientes preguntas. Si es posible, continúa la conversación con la pregunta entre paréntesis.

1. ¿Vives con alguien? (¿Con quién?)
2. ¿Tienes un perro o un gato? (¿Cómo se llama?)
3. ¿Con qué frecuencia limpias la casa? (¿Alguien te ayuda?)
4. ¿Hay algún quehacer que no te gusta para nada? (¿Cuál?)
5. ¿Tienes que hacer algo hoy que no quieres hacer? (¿Qué es?)
6. ¿Siempre haces tu cama? (¿Por qué?)

¿Siempre haces tu cama?

8.17 En casa Mira los dibujos. Después escucha las oraciones y decide si son ciertas o falsas. Si son falsas, corrígelas. Después, usando las expresiones negativas e indefinidas, inventa tres oraciones y compártelas con un compañero, quien va a decidir si son ciertas o falsas.

8.18 ¿Qué debo hacer? Con un compañero, túrnense para pedir consejos para conseguir los objetivos de la lista. Cuando das los consejos, menciona lo que debe o no debe hacer tu compañero usando una palabra afirmativa o negativa.

Modelo ayudar a otros
Estudiante 1: *¿Qué debo hacer para ayudar a otros?*
Estudiante 2: *Debes buscar algunas oportunidades para trabajar como voluntario.*

1. ahorrar *(save)* dinero
2. conocer a más personas
3. tener buenas notas
4. conseguir un nuevo trabajo
5. estar más sano
6. divertirme más

8.19 De mal humor Trabaja con un compañero y túrnense para proponerle *(to propose)* unas ideas. Cuando el primer estudiante propone algo, el segundo estudiante que está de mal humor *(bad mood)* debe responder con expresiones negativas.

Modelo Estudiante 1: *Siempre estudio en la biblioteca. ¿Quieres ir conmigo?*
Estudiante 2: *Nunca estudio en la biblioteca.*
Estudiante 2: *Leo algunos libros antes de dormirme. ¿Quieres un libro?*
Estudiante 1: *No leo ningún libro antes de dormirme.*

Leemos algunos libros antes de acostarnos.

En vivo 🔊

Entrando en tema

En tu opinión ¿cuáles son las labores domésticas más fastidiosas *(bothersome)*?

Un programa de televisión sobre la limpieza

🔊 2-9 Vas a escuchar un segmento de un programa de televisión donde se dan recomendaciones para ayudar con la limpieza de la casa. Escucha con atención y después responde las preguntas.

Vocabulario útil

el bicarbonato	*bicarbonate (baking soda)*	**el polvo**	*dust*
la cáscara	*skin of a fruit*	**profundo(a)**	*deep*
las hojas	*leaves*	**quemado(a)**	*burnt*
la limpieza	*cleaning*	**reluciente**	*shining, sparkling*
el medio ambiente	*environment*	**el vinagre**	*vinegar*

Detesto planchar.

Comprensión

Decide si las oraciones son ciertas o falsas según lo que escuchaste. Corrige las falsas.

1. En este programa dan consejos para ahorrar *(to save)* dinero comprando productos de limpieza más baratos.
2. Para ahorrar tiempo limpiando el horno se pueden usar productos químicos más fuertes *(strong)*.
3. Para planchar más fácilmente se debe colgar la ropa inmediatamente después de plancharla.
4. Las cáscaras de plátano sirven para limpiar las ventanas.
5. Con bicarbonato, vinagre y limón se pueden hacer muchas tareas de limpieza.

 Más allá

Escribe tu propia lista de cinco consejos para hacer más fáciles algunas labores de la casa y súbela a Share It! Lee los consejos de otros compañeros. ¿Encontraste información útil?

Lectura

Reading Strategy: Recognizing root words

In **Capítulo 5** you learned to use logic to identify the meaning of verbs in tenses that you may not be familiar with. You can use a similar strategy to deal with other words by recognizing the root of the word. For example, you know the word **sucio**. Can you tell what the word **ensucia** means in the following sentence? **Si lo ensucias, debes limpiarlo.**

Antes de leer

¿Cómo se promueve *(promote)* la limpieza en tu ciudad? ¿y en tu universidad?

A leer

La ciudad es nuestra casa

"Tan limpio es quien limpia como quien no ensucia"
"Jugá limpio"
"Te quiero limpia"
"Cuento contigo"
"Ensuciar cuesta dinero"

[Ensuciar cuesta dinero]

Todos estos son eslogans usados en diversas ciudades de países hispanos en sus campañas para mantener limpias las calles de sus ciudades, pero muchas de estas campañas van **más allá** de limpiar. Uno de sus objetivos principales es educar a sus comunidades para mantener su ciudad limpia y **acogedora** para todos. No se trata simplemente de no tirar basura a la calle, aunque esto es importante. Entre las diversas campañas hay objetivos tan variados como pintar muros en barrios que lo necesitan, organizar asociaciones de **vecinos,** poner contenedores para reciclar y educar a las personas sobre cómo reciclar correctamente, separando **desechos** orgánicos de los materiales reciclables. Algunas ciudades también organizan campañas de voluntarios para recoger excrementos de perros, y promueven educar a los dueños para recoger los excrementos de sus mascotas usando bolsas de plástico.

beyond
welcoming
neighbors
waste

Un caso en el que el trabajo de los ciudadanos va más allá de mantener la ciudad en orden es el de la Fundación Ciudad Limpia, en Chaco, Argentina. Entre sus muchos éxitos se cuentan los siguientes: recuperaron miles de libros y los donaron a bibliotecas; hicieron una campaña para **evitar** la contaminación de la ciudad con propaganda política ("Si ensucia… no lo voto"); dieron **charlas** en sus escuelas; recolectaron más de una **tonelada** de **pilas** para neutralizarlas; participaron en el cuidado de espacios públicos, como

to avoid
talks
ton / batteries

Contenedores para reciclar

parques y plazas; limpiaron grafiti y hasta ayudaron a un grupo de niños de las calles a encontrar oportunidades de educación para aprender un **oficio,** y les ofrecieron oportunidades de recreación deportiva. Todos estos objetivos fueron logrados con la participación de voluntarios de la región y con sus donaciones. Para los habitantes de esta ciudad mantener limpia su ciudad significa mantener una comunidad que ofrece oportunidades para todos sus habitantes.

trade

Comprensión

Decide si las afirmaciones son ciertas o falsas y corrige las falsas.

1. El objetivo principal de las campañas de limpieza que se describen es no tirar basura.
2. Algunas campañas enseñan a las personas a reciclar.
3. La Fundación Ciudad Limpia tiene campañas de propaganda política.
4. La Fundación Ciudad Limpia ofrece oportunidades de recreación y educativas a los jóvenes.

Después de leer

1. ¿Hay campañas de limpieza en tu comunidad? ¿Qué actividades proponen estas campañas? ¿Participaste alguna vez?
2. Busca tres o cuatro anuncios en español de una campaña de limpieza en YouTube. ¿Cuál es tu favorito y por qué?

¿Participaste alguna vez en una campaña de limpieza?

2
Exploraciones léxicas

Los tiempos cambian, así como también cambian las actividades favoritas de los niños y de los adultos.

Estrategia

Review material from previous chapters

The theme for this section of the chapter is pastimes. It might be helpful to review the sports and hobbies vocabulary from **Capítulo 6** to discuss favorite activities.

Juegos y juguetes	Games and toys		
el ajedrez	chess	dibujar	to draw
el carrito	toy car	hacer jardinería	to garden
las cartas	cards	ir de paseo	to go for a walk/ride
las damas	checkers	navegar en Internet	to surf the Internet
el dominó	dominos	pasar tiempo	to spend time
el rompecabezas	puzzle	pelear	to fight, to argue
Verbos		portarse (bien / mal)	to behave (well / badly)
andar en patineta/ motocicleta	to ride a skateboard/ motorcycle	salir (a + *infinitive*)	to go out (to do something)
		volar una cometa	to fly a kite
chatear	to chat on the Internet	**Palabras adicionales**	
contar (ue) (cuentos, historias, chistes)	to tell (short stories, stories, jokes)	la niñera	babysitter
		el permiso	permission
cuidar a (niños)	to care for (children)	el piano	piano
dar la vuelta	to take a walk or a ride	el (teléfono) celular	cell phone

INVESTIGUEMOS EL VOCABULARIO:

Spanish terms for illustrated stories vary depending on how or where they are published and who their audience is. For example, the Sunday comics are known as **tiras cómicas**. Weekly or monthly publications purchased independently are known as **historietas** or **tebeos** (Spain). In some places they are just called **cómics**. For adult readers, the term **novela gráfica** is used. If the cartoons are animated for television they are called **dibujos animados** or **caricaturas**. A movie for children is **película de animación,** but if the intended audience is older it might be **animé.**

A practicar

8.20 Escucha y responde Vas a escuchar una serie de actividades. Si es una actividad que hacemos generalmente dentro de una casa o edificio, indica con tu pulgar hacia arriba. Si es una actividad al aire libre *(outdoors),* indica con el pulgar hacia abajo.

8.21 ¿Cierto o falso? Mira el dibujo de **Exploraciones léxicas** y decide si las siguientes oraciones son ciertas o falsas. Corrige las oraciones falsas.

1. La abuela está jugando a los bolos.
2. Tres niños tocan la guitarra.
3. Una niña salta la cuerda en el jardín.
4. El padre juega videojuegos.
5. Un niño trepa un árbol.
6. Los gatos tejen.

8.22 ¿Qué dicen estos niños del tercer año? Completa las ideas con una palabra de la lista de vocabulario (no las necesitas todas). Si es un verbo, debes conjugarlo.

andar	**cometa**	**contar**	**cuento**	**dominó**
juguete	**pelear**	**permiso**	**saltar**	**videojuegos**

Juanito: Mi mamá dice que soy malo cuando _____ con mis hermanas.

Anita: Los fines de semana me gusta _____ la cuerda con mis amigas.

Luisito: Mis hermanos y yo _____ chistes.

Mónica: Yo _____ en patineta en el parque cerca de mi casa.

Roberto: Cuando hace viento, me gusta ir al parque y volar una _____.

Sarita: Si quiero salir con mis amigas, tengo que pedirle _____ a mi mamá o a mi papá.

Emilia: Yo prefiero jugar _____ con mis amigos en la computadora.

8.23 Asociaciones Con un compañero, decidan qué palabra no pertenece al grupo y expliquen por qué.

1. el dominó — el ajedrez — el permiso — las damas
2. jugar — dibujar — las damas — volar
3. el rompecabezas — el carrito — el cuento — la muñeca
4. la niñera — las cartas — los bolos — las escondidas
5. andar en patineta — tocar el piano — volar una cometa — trepar árboles

8.24 Explicaciones En parejas, túrnense para elegir una palabra del vocabulario en la página anterior. Deben explicar la palabra sin decir cuál es y adivinar qué palabra es.

8.25 Las actividades favoritas Irma y Mario tienen que cuidar a varios niños todo el sábado. Irma quiere ir de excursión con la mitad de los niños, pero Mario quiere cuidarlos desde su casa porque tiene que trabajar. Habla con un compañero para saber qué actividades les gustan a los niños y después decidir cuáles son los 3 niños que van a ir con Irma y quiénes se van a quedar con Mario. Un compañero debe mirar la tabla en el **Apéndice B**.

Modelo *¿Cuál es la actividad favorita de Manuela?*
¿A quién le gusta volar cometas?

Niño	Actividad favorita	¿Con quién debe pasar el sábado?
Manuela	volar cometas	
Jimena	ir de paseo	
	nadar	
Alejandro		
Juan Carlos	dibujar	
Edmundo	trepar árboles	
	jugar juegos de mesa	

Conexiones culturales
El entretenimiento

Cultura

¿A quién no le gusta la música? La música es un elemento cultural de todas las sociedades. Algunos géneros musicales se originaron en otros lugares del mundo, y luego se popularizaron por todo el planeta. Lo que conocemos como música latina es, en realidad, una mezcla de géneros y culturas. Por ejemplo, el danzón es un género de música bailable que se originó en Cuba a finales del siglo XIX. Otro ejemplo es el tango, que también es un baile. El tango se originó en Argentina y Uruguay, y se caracteriza por el uso del bandoneón *(a type of accordion)*. Uno de los más importantes artistas del tango, Enrique Santos Discépolo, lo definió como "un pensamiento triste que se baila".

A continuación aparece una lista de otros géneros musicales que se escuchan en España y Latinoamérica. ¿Cuáles conoces? ¿Conoces grupos o cantantes de los Estados Unidos que incorporen estos ritmos en su música?

la salsa (popular en los países del Caribe, especialmente Cuba)
el bolero (especialmente popular en España y México)
el vallenato (originario de Colombia)
los corridos (originarios de México)
la samba (música brasileña)
los sones (hay tipos diferentes de sones, en particular los cubanos y los mexicanos)
el mambo (baile cubano)
el merengue (popular en países del Caribe, Centroamérica, Colombia y Venezuela)
la cumbia (muy popular en Panamá, Venezuela, Perú y sobre todo en Colombia)

Mira la sección **Exploraciones del mundo hispano** en el **Apéndice A** y busca un cantante o un músico de un país hispanohablante. Investiga en Internet qué tipo de música toca o canta.

> Sube un video del artista del **Exploraciones del mundo hispano** que investigaste y comparte la información del artista. Luego escucha la música de las selecciones de tus compañeros. ¿Cuál te gusta más?

Comunidad

Entrevista a una persona de tu comunidad que sea originaria de un país donde se habla español. Pregúntale acerca de las actividades favoritas de niños y adultos en su país. Pregúntale también acerca de los tipos de música más populares en su país de origen. Después repórtale la información a la clase.

Músicos cubanos

Comparaciones

La industria de las historietas se mantiene viva en muchos países gracias a la tradición, pero también gracias a la creatividad de nuevos talentos que publican tiras *(strips)* con nuevos personajes *(characters)*. Condorito está entre las historietas clásicas que todavía se pueden adquirir en muchos países latinoamericanos. Condorito es una creación del artista chileno René Ríos Boettiger, más conocido como Pepo. Esta historieta fue publicada por primera vez en 1949.

Otra historieta que sigue siendo popular a pesar de que ya no se publica es Mafalda, creada por el caricaturista argentino Joaquín Salvador Lavado, mejor conocido como Quino. Mafalda es una tira sobre una niña y su grupo de amigos, pero también es una radiografía *(x-ray)* de los temas políticos y sociales que sobresalían *(stood out)* en los años setentas. Hoy en día Mafalda se consigue fácilmente en todos los países hispanos, publicada en diversas colecciones que se venden en cualquier librería.

Mafalda, de Quino

En la actualidad existe una gran variedad de historietas modernas. La mayoría de ellas se pueden conseguir en tiendas especializadas.

Argentina: Boogie el aceitoso; Gaturro; Catalina
Bolivia: Cascabel; El duende y su camarilla
Chile: Barrabases
Colombia: Copetín; Dina Salomón; Pionero
Cuba: El curioso cubano; Supertiñosa
España: Florita; Mortadelo y Filemón; El Coyote
México: Memín Pinguín; La Familia Burrón; Rolando el rabioso
Perú: Supercholo, El Cuy
Uruguay: Pelopincho y Cachirula; El viejo

Investiga en Internet de qué trata y de qué época es una de las historietas de la lista, o investiga otras historietas o novelas gráficas (¡hay cientos!). Después, sube la información a Share It!

Busca un ejemplo de Condorito o Mafalda en Internet. ¿Es similar a alguna historieta en inglés?

Conexiones... a la comunicación

En el mundo hispano las telenovelas no son siempre sinónimo de programas cursis *(corny)* de entretenimiento para amas de casa. De hecho, muchas telenovelas se presentan en los mejores horarios de televisión, y algunas de ellas incluso han ayudado a cambiar una sociedad. Las telenovelas latinoamericanas se caracterizan por ser adictivas, y muchas de ellas han tenido un gran éxito en todo el mundo. De lo que pocos hablan es de cómo algunas de ellas han contribuído al cambio social. Por ejemplo, *Enseñando a coser (Teaching how to sew)*, una telenovela peruana de 1969, contó la historia de una empleada doméstica que se superó *(bettered herself)* gracias a su trabajo con una máquina de coser. En México, *Ven conmigo* le dio un gran impulso a un programa que el gobierno tenía para alfabetizar *(to teach to read and write)* adultos, esto debido a una escena emotiva en la que un hombre mayor consigue leer una carta de su hija por primera vez.

En 1977 la cadena Televisa comenzó a tratar temas ecológicos. En ese año se habló de reciclar la basura en la telenovela *Pacto de amor*. En el año 2001, esta importante productora de televisión lanzó una iniciativa para que todas sus producciones informaran y educaran al público sobre temas de salud *(health)*, educación y otros temas de interés social.

¿Conoces algún programa que además de entretener educa al público?

Algunos actores de la telenovela "Cielo Rojo"

Sources: BBC Mundo; Univisión

Exploraciones gramaticales

A analizar

Santiago habla con Rosa sobre lo que debe comprar para su sobrina. Después de ver el video, lee parte de su conversación y presta atención al objeto indirecto en negritas.

Rosa: ¿**Le** gustan los juegos de mesa?
Santiago: Yo creo que sí, y sé que a sus padres **les** gusta jugarlos con ella.
Rosa: Entonces **le** puedes comprar un juego de mesa a tu sobrina.
Santiago: Sí, se lo voy a comprar. Gracias por tu ayuda.
Rosa: ¿**Te** molesta si voy a la tienda contigo?
Santiago: ¡Para nada! ¡Vamos!

1. You've learned that a direct object is a thing or person acted upon directly, for example, **Compré <u>una cometa</u>** or **Busco <u>una niñera</u>**. What do you think an indirect object is?
2. Why is the verb **gustar** conjugated in the third person plural form in the first sentence? Why is it singular in the second sentence?

A comprobar

Indirect object pronouns

1. An indirect object is not affected directly by the action of the verb. It is usually a person and tells **to whom** or **for whom** something is done.

    Él siempre le dice la verdad **a su novia.**
    *He always tells the truth **to his girlfriend.***
    (**to whom** the truth is told)

    Le compro un regalo **a mi amigo.**
    *I am buying a gift **for my friend.***
    (**for whom** the gift is bought)

2. When using the indirect object pronoun, it is possible to add **a** + *prepositional pronoun* or **a** + *noun* to either clarify or emphasize. Although it may seem repetitive, it is necessary to include the indirect object pronoun, even if the indirect object is clearly identified.

    Alberto **le** dio una cometa **a su sobrino.**
    *Alberto gave a kite **to his nephew.***

    Jorge **me** escribió **a mí.**
    *Jorge wrote **to me.** (not to someone else)*

3. Indirect object pronouns

yo	me	nosotros(as)	nos
tú	te	vosotros(as)	os
él, ella, usted	le	ellos, ellas, ustedes	les

4. As with the direct object pronoun, the indirect object pronoun is placed in front of a conjugated verb or can be attached to an infinitive or a present participle.

    Le pregunté cuánto cuesta.
    *I asked **him/her** how much it costs.*

    Voy a contar**te** un chiste.
    *I'm going to tell **you** a joke.*

    Mi hijo está mostrándo**le** su nueva patineta a su amigo.
    My son is showing his new skateboard to his friend.

5. The following are some of the verbs that are frequently used with indirect object pronouns:

contar (ue)	pedir
dar	preguntar
decir	prestar
devolver (ue)	servir
mostrar (ue) *to show*	

6. In **Capítulo 3** you learned the verb **gustar. Gustar** always takes the indirect object pronoun and is conjugated according to the subject that follows it.

> A él **le gustan** los carritos.
> He **likes** the cars. (*The cars are **pleasing to him**.*)
>
> A los niños no **les gusta** esta historia.
> *The children don't like this story.*

The following are verbs similar to **gustar.** They also take an indirect object pronoun and are conjugated according to the subject.

aburrir	*to bore*
caer bien / caer mal	*to like / dislike a person*
encantar	*to really like, to enjoy immensely*
fascinar	*to fascinate*
importar	*to be important*
interesar	*to interest*
molestar	*to bother*

> **Me encanta** su nueva muñeca.
> *I **love** her new doll. (Her new doll **delights me**.)*
>
> ¿**Te interesa** aprender a tejer?
> *Does it **interest you** to learn to knit?*

A practicar

8.26 **¿Es lógico?** Lee las oraciones y decide si son lógicas o no.

1. A la niñera le caen bien los niños simpáticos.
2. A los abuelos les gusta comprar juguetes ruidosos *(noisy)* para sus nietos.
3. A los padres les importa contratar a una niñera irresponsable.
4. A la maestra le caen mal los niños perezosos.
5. Al pediatra le importa la salud *(health)* de los adultos.

8.27 **Sondeo** En grupos de cuatro o cinco, hablen sobre sus pasatiempos usando los verbos y las expresiones indicados. Cada estudiante debe escribir el número de estudiantes que contestan **sí** y el número que contestan **no.** Después, repórtenle la información a la clase.

Modelo gustarle los juegos de mesa
Estudiante 1: *¿A quién le gustan los juegos de mesa?*
Estudiante 2: *Me gustan mucho.*
Estudiante 3: *No me gustan (para nada).*

	sí	no
molestarle los chistes de mal gusto	_____	_____
fascinarle leer las historietas	_____	_____
encantarle los rompecabezas	_____	_____
interesarle aprender tocar un instrumento	_____	_____
importarle ser activo	_____	_____
aburrirle los videojuegos	_____	_____
gustarle el ajedrez	_____	_____

8.28 Oraciones incompletas Selecciona la conclusión más lógica para las siguientes oraciones. Luego explica a quién se refiere el pronombre indicado.

1. A Rosa le gusta jugar a la mamá por eso…
2. Jorge fue a la tienda con su abuela y…
3. A Tomás le gusta jugar en el jardín por eso…
4. Como llueve los niños no pueden jugar afuera y…
5. Cecilia y Eva van a acostarse y…
6. A Rebeca le encanta la música por eso…

a. ella **le** compró un carrito.
b. su tía **le** enseña a tocar el piano.
c. su papá **les** va a leer un cuento.
d. sus abuelos **le** van a regalar una muñeca.
e. su papá **le** dio una cometa.
f. su madre **les** trae unos juegos de mesa.

8.29 Tu mejor amigo Entrevista a un compañero sobre su mejor amigo.

Modelo ¿Le sirves una bebida a tu mejor amigo cuando te visita? *Sí, le sirvo una bebida.*

1. ¿Le cuentas tus secretos a tu mejor amigo?
2. ¿Le prestas dinero a tu mejor amigo?
3. ¿Siempre le dices la verdad a tu mejor amigo?
4. ¿Le das regalos a tu mejor amigo?
5. ¿Le pides consejos *(advice)* a tu mejor amigo?
6. ¿Le escribes mensajes de texto a tu mejor amigo?

8.30 La cena Completa la conversación entre una mujer y su nieto con los pronombres de objeto indirecto. Luego explica qué pasó usando el pretérito de los verbos indicados.

1.

desear, pedir

2.

dar, gustar, decir

3.

mostrar

8.31 Entrevista Entrevista a un compañero con las siguientes preguntas.

1. ¿Quién te importa mucho? ¿A quién le importas mucho?
2. ¿A quién siempre le dices la verdad? ¿Quién siempre te dice la verdad a ti?
3. ¿A quién le pides ayuda con la tarea de español? ¿Quién te pide ayuda a ti?
4. ¿A quién le escribes cartas o mensajes electrónicos? ¿Quién te escribe a ti? ¿Alguien te escribe cartas de amor?
5. ¿A quién le pides consejos *(advice)*? Normalmente ¿te dan buenos consejos? ¿Alguien te pide consejos a ti?
6. ¿Quién te da regalos para tu cumpleaños? ¿A quién le das regalos de cumpleaños?
7. ¿Qué les prestas a tus amigos? ¿Siempre te devuelven tus cosas? ¿Qué te prestan tus amigos a ti?
8. ¿Quién te cae bien a ti? ¿A quién le caes muy bien?

4 Exploraciones gramaticales

A analizar

Santiago habla con Rosa sobre lo que debe comprar para su sobrina. Mira el video otra vez. Después lee las siguientes oraciones de su conversación y presta atención a los pronombres en negritas.

> Rosa: Entonces **le** puedes comprar un juego de mesa a tu sobrina.
> Santiago: Sí, **se lo** voy a comprar. Gracias por tu ayuda.

1. What do each of the pronouns in bold refer to?
2. Which pronoun is the direct object in the second sentence? Which one is the indirect object?

A comprobar

Double object pronouns

Remember the direct and indirect object pronouns.

Direct object pronouns		Indirect object pronouns	
me	nos	me	nos
te	os	te	os
lo, la	los, las	le	les

1. When using both object pronouns with the same verb, the indirect object comes before the direct object.

    ¿Quién **te lo** dio? *Who gave **it to you**?*
    Paulina **me lo** dio. *Paulina gave **it to me**.*

2. When using both the direct and the indirect object pronouns, the same rules for placement of single object pronouns apply. They are both placed before a conjugated verb or can be attached to the end of an infinitive or a present participle. The two pronouns cannot be separated. You will notice that an accent is added when two pronouns are attached to an infinitive or a present participle.

    La profesora **nos lo** va a explicar.
    La profesora va a explicár**noslo**.
    *The professor is going to explain **it to us**.*

    Gerardo **me las** está mostrando.
    Gerardo está mostrándo**melas**.
    *Gerardo is showing **them to me**.*

3. When using the third person indirect object pronoun together with the direct object pronoun, change the pronoun from **le** or **les** to **se**.

    | ~~le se~~ | | lo |
    | | + | la |
    | ~~les se~~ | | los |

    —¿**Le** prestas tu ropa a tu amiga?
    —*Do you lend your clothing to your friend?*
    —Sí, **se la** presto.
    —*Yes, I lend **it to her**.*

    —¿Su niñera les dio un videojuego?
    —*Their babysitter gave them a video game?*
    —Sí, **se lo** dio para la Navidad.
    —*Yes, she gave **it to them** for Christmas.*

Estrategia

Review material from previous chapters

You will be combining indirect and direct object pronouns in this section. It will be helpful to review the direct object pronouns from **Capítulo 7**.

A practicar

8.32 Identificaciones Lee las conversaciones e indica a qué o a quién se refieren los pronombres subrayados *(underlined)*.

Modelo Arsenio: ¿Me muestras tu historieta?
Emilio: Sí, te la muestro.
te* es *tú** (Arsenio); **la** es la **historieta

1. Isaura: ¿Me prestas tus muñecas?
   Aimée: Sí, te las presto.
2. Eduardo: ¿Les pediste permiso a tus padres?
   Enrique: No, no se lo pedí.
3. Gonzalo: ¿Tus padres te dieron los videojuegos?
   Javier: Sí, me los dieron.
4. Luz: Maestra, ¿nos vas a contar la historia de Pinocho?
   Maestra: Sí, se la voy a contar.

8.33 Respuestas lógicas Decide qué respuesta corresponde a la pregunta.

1. ¿Les prestas tu teléfono celular a tus amigos?   a. Sí, me los dan.
2. ¿Tus padres te dan regalos para tu cumpleaños?   b. No, no te la presto.
3. ¿Me muestras tu colección de muñecas?   c. Sí, me la da.
4. ¿Tu profesor te da ayuda?   d. Sí, se la muestro.
5. ¿Me prestas tu patineta?   e. No, no se lo presto.
6. ¿Le muestras la tarea a la profesora?   f. Sí, te la muestro.

8.34 Buenos amigos Trabaja con un compañero y túrnense para preguntar y responder. **¡OJO!** Deben usar pronombres de objeto directo e indirecto al responder.

Modelo prestarme tu lápiz
Estudiante 1: *¿Me prestas tu lápiz?*
Estudiante 2: *Sí, te lo presto. / No, no te lo presto.*

1. prestarme tu coche
2. darme cinco dólares
3. explicarme la gramática
4. contarme tus secretos
5. decirme la verdad
6. mostrarme tu tarea
7. darme tu libro de español
8. prestarme tu tarjeta de crédito

¿Me prestas tu bolígrafo?

8.35 Prestado Cuando era niño, Elián siempre les prestaba sus cosas *(things)* a todos. Con un compañero, túrnense para preguntarse a quiénes se las prestaba. Responde las preguntas usando los pronombres de objeto directo e indirecto.

Modelo ¿A quién le prestaba la pelota?
Estudiante 1: *¿A quién le prestaba la pelota?*
Estudiante 2: *Se la prestaba a Ariel.*

1. ¿A quién le prestaba la patineta?
2. ¿A quién le prestaba los videojuegos?
3. ¿A quién le prestaba el teléfono celular?
4. ¿A quién le prestaba las cartas?
5. ¿A quién le prestaba los libros?
6. ¿A quién le prestaba la cometa?
7. ¿A quién le prestaba la guitarra?
8. ¿A quién le prestaba el carrito?

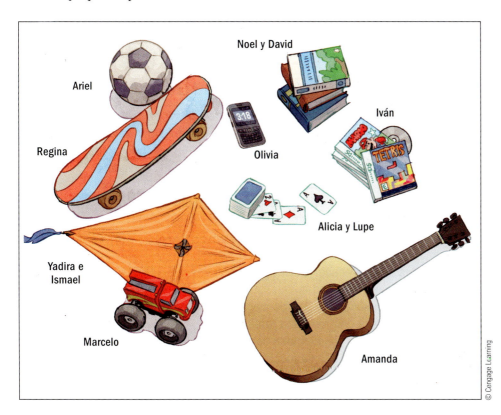

8.36 En la escuela secundaria Entrevista a un compañero sobre su experiencia en la escuela secundaria con las siguientes preguntas. Tu compañero debe contestar usando los pronombres de objeto directo e indirecto.

1. ¿Quién te escribía poemas románticos?
2. ¿A quién le escribías correos electrónicos con frecuencia?
3. ¿A quién le prestabas dinero?
4. ¿Quién te pedía consejos?
5. ¿A quién le contabas tus secretos?
6. ¿Quién te daba regalos para tu cumpleaños?
7. ¿Quién te pedía ayuda con la tarea?
8. ¿A quién le decías mentiras?

Lectura

Reading Strategy: Combining strategies

In previous **Lecturas** you have learned how to determine the meaning of a word by recognizing the root of the word as well as using context along with your knowledge of the Spanish language to help identify the part of speech (verb, noun, adjective, etc.) of a particular word. Use these strategies together to help understand the reading.

Antes de leer

¿Cuáles son tus pasatiempos favoritos? ¿Cuáles eran tus pasatiempos favoritos cuando eras niño?

A leer

Todos necesitamos un pasatiempo

Hay muchas razones para tener un pasatiempo. Para empezar, es divertido tenerlo, pero según muchos estudios un pasatiempo también ayuda a reducir el estrés y nos **distrae** [distracts] de los problemas de la vida diaria. En muchos casos, un pasatiempo ayuda a reducir síntomas de depresión y eliminar energía negativa. Si el pasatiempo **involucra** [involves] actividad física también puede mejorar **la salud** [health]. Un pasatiempo ofrece la oportunidad de enseñarles a los niños lecciones importantes, entre ellas tener disciplina y mejorar sus habilidades para resolver problemas y para enfocarse. Algunos pasatiempos también hacen que una persona conozca nuevas personas con intereses similares, quienes pueden convertirse en buenos amigos. Otros pasatiempos ayudan a unir más a la familia.

> Un pasatiempo ayuda a reducir el estrés.

Por todas estas razones los pasatiempos son comunes en todos los grupos sociales y entre las personas de todas las edades. ¿Cuáles son los más populares? Esto depende más de la **edad** [age] de las personas que de su nacionalidad. **Sin embargo,** [Nevertheless] algunos estudios indican que en algunos países se tiene preferencia por ciertos deportes o pasatiempos. Aquí se presentan algunos de los favoritos:

El dominó
Este juego es popular en muchas partes del mundo, pero en la República Dominicana, Venezuela, Cuba y otros países del Caribe existe una gran **afición** [passion] a este juego. En la República Dominicana el dominó es considerado un juego nacional. Aunque es más popular entre hombres que entre mujeres, este juego atrae a personas de

Un grupo de amigos cubanos se divierte jugando dominó.

todos los sectores de la sociedad. Entre sus ventajas está que promueve la socialización, la **agudeza** mental (al contar puntos mentalmente), y hasta se sabe que retarda la aparición del Alzheimer.

sharpness

Juegos de mesa

Se juegan en España y por toda Latinoamérica. Son una forma divertida de pasar el tiempo en familia y con amigos. Algunos requieren **destrezas,** otros son simplemente divertidos. ¿Los más populares? Además del ajedrez y el dominó, figuran las cartas (entre ellas la **baraja** española), el juego de la **oca,** las damas y, en los últimos años, el sodoku. A muchos adultos les encantan los **rompecabezas.** También destacan por su popularidad los juegos de palabras, como la sopa de letras, los **crucigramas** y el Scrabble.

skills

La baraja española

deck of cards / snakes and ladders

crosswords

Coleccionistas

Coleccionar objetos es naturaleza humana. Por muchos años la filatelia —coleccionar sellos postales— fue un pasatiempo obligado de muchas generaciones. Hoy en día, sin embargo, la industria del correo está en decadencia. Si bien la filatelia sigue siendo un pasatiempo favorito de las generaciones anteriores, los jóvenes de hoy tienen muchas más opciones gracias a los intereses comerciales. Se pueden coleccionar tarjetas de jugadores de todos los deportes, **fósforos, corcholatas, conchas,** monedas… ¡las posibilidades son infinitas!

matches / bottle caps / shells

El fútbol

Una sola estadística sobre el fútbol puede ser elocuente: 2 billones 400 mil millones (2.000.400.000) de personas vieron la última Copa del Mundo. Según la FIFA, 270 millones de personas en el mundo juegan el fútbol de forma regulada. Por cada persona que lo practica, hay muchas más que lo siguen. En la lista de los diez países que venden más entradas para ver fútbol en los estadios aparecen México, España y Brasil. Quizás se trate de la industria del entretenimiento más grande del mundo… si el fútbol fuera un país, sería la 17 economía más grande del planeta.

Comprensión

1. ¿Cuáles son dos razones por las que los pasatiempos son buenos para la salud?
2. ¿Cuáles son dos habilidades que los niños pueden aprender mediante pasatiempos?
3. ¿En qué países es muy popular el dominó?
4. ¿Cuál es un ejemplo de un juego de palabras?
5. ¿Qué es la filatelia y de quién era un pasatiempo favorito?
6. Según el artículo ¿cuál es el pasatiempo más popular de los que se listan?

Después de leer

1. ¿Sabes jugar dominó? ¿Te gustan los rompecabezas y los crucigramas? ¿Juegas con ellos?
2. El dominó es el deporte nacional de la República Dominicana. En tu opinión ¿cuál es el deporte nacional de los Estados Unidos y por qué?

Redacción

Write a blog entry about your childhood memories.

Paso 1 Decide whether you would like to write about your childhood or adolescence. Then write a list of some of the activities you used to enjoy doing during that time of your life. Do not write down specific things you only did once, such as a trip to the beach one summer. Rather, write down things that you used to do often, such as playing on a basketball team.

Paso 2 Look over your list and pick one item that you feel you can expand upon. Create a simple mind map and write down ideas related to the activities.

Paso 3 Write a list of the things you used to have to do (around the house, for school, etc.). Did you particularly dislike any of the chores?

Paso 4 Look at the idea you selected in **Paso 2** and write a topic sentence that would tell your readers something about what you were like when you were younger.

    Modelo *Yo era un adolescente muy activo.*

Paso 5 Tell your reader some of the things you used to do when you were younger. Then develop the remainder of the paragraph giving some of the details of one of your activities using the information you developed in **Paso 2**.

Paso 6 Write a transition statement that connects the first paragraph to the second, in which you are going to tell your reader about some of the things you used to have to do when you were younger. Then, using the information you generated in **Paso 3** develop that paragraph.

Paso 7 Conclude your entry with a few questions encouraging your readers to add their own comments about their childhood.

Paso 8 Edit your entry:

1. Do all of your sentences in each paragraph support the topic sentence?
2. Do you have smooth transitions between sentences? Between paragraphs?
3. Do verbs agree with the subjects? Are they conjugated properly?
4. Are there any spelling errors? Do you have accents on the **-er** and **-ir** imperfect forms?

En vivo

Entrando en materia

1. ¿Qué tipo de negocios hay en los centros comerciales?
2. ¿Quiénes los frecuentan más? ¿Vas tú con frecuencia? ¿Por qué?

El nuevo centro comercial Siglo 22

El siguiente es un anuncio que busca inversionistas para poner sus negocios en un nuevo centro comercial. ¿Qué ideas piensas que se van a presentar para atraer nuevos negocios?

Siglo 22

¿Sabía usted que el pasatiempo favorito de muchas personas es comprar y salir con los amigos y la familia? ... y hay un lugar que puede atraer a todo tipo de clientela:

¡El Centro Comercial Siglo 22 abre sus puertas!

Excelente oportunidad de inversión

- Si usted es inversionista[1] y está buscando oportunidades para abrir un nuevo negocio, no busque más. Apresúrese[2] a llamarnos antes de que se agoten[3] los nuevos locales[4] comerciales del Centro Comercial Siglo 22.

- El nuevo centro comercial es el más grande de la ciudad y se convertirá en el más visitado. Está localizado en una zona de fácil acceso, rodeada de hoteles de categoría y otros comercios bien establecidos. El centro cuenta con una serie de servicios que atraerán[5] a un gran número de personas, aumentando sus posibilidades de obtener clientela.

- Para asegurar la afluencia de clientes, la Plaza cuenta con seis salas cinematográficas de lujo[6], dos tiendas departamentales de gran prestigio y dos centros de videojuegos con las máquinas más modernas del mercado. Además hay un boliche[7], numerosas boutiques, restaurantes y tiendas especializadas... ¡Solamente hace falta su negocio!

- locales de 80 m² hasta 2000 m²
- todos los servicios[8]
- amplio estacionamiento[9]
- diseño vanguardista
- asesoría de mercadotecnia[10]
- financiamiento flexible

Lo invitamos a una sesión informativa el próximo 24 de abril, en donde se hablará de los negocios que más demanda tienen. Hablarán también representantes de algunas de las franquicias[11] más exitosas del país.

Para mayores informes, envíenos un mensaje a Siglo22@localesenventa.com.

[1]investor [2]Hurry [3]are taken [4]establishments [5]will attract [6]luxury [7]bowling alley
[8]utilities [9]parking [10]marketing [11]franchises

Comprensión

1. ¿Qué quieren vender con este anuncio?
2. ¿Cómo se llama el nuevo centro comercial?
3. ¿Qué tipo de entretenimiento hay en este centro comercial?
4. ¿De qué van a hablar en la sesión informativa de abril?

 Más allá

Imagina que vas a abrir un nuevo negocio en el centro comercial. Escribe una descripción del tipo de negocio, piensa en un nombre y explica por qué crees que va a tener éxito. Comparte tu descripción en Share It! y después decide cuál de los negocios de tus compañeros es el más original.

Exploraciones profesionales
La mercadotecnia

Vocabulario

Sustantivos

la campaña	campaign
la encuesta	survey
la firma	firm
la lata	can
el presupuesto	budget
el puesto	stand / booth

Adjetivos

atractivo(a) attractive

Verbos

anunciar	to advertise
convencer	to convince
invertir	to invest
probar	to try
superar	to overcome, to beat

Frases útiles

estrategia de mercadotecnia marketing strategy

Necesitamos mucha publicidad.

DATOS IMPORTANTES

Educación: Título universitario en mercadotecnia o administración de empresas; Bilingüe en español e inglés

Salario: Promedio: $ 40.000–120.000/año

Dónde se trabaja: Restaurantes, supermercados, empresas de publicidad, compañías de servicios (transporte, educación, medicina, etcétera)

Vocabulario nuevo Completa las oraciones con la palabra más apropiada de la lista de vocabulario.

1. No sé cómo es la bebida. ¿La puedo _____ ?
2. Necesitamos un plan económico porque tenemos un _____ muy limitado.
3. Vamos a hacer una _____ para saber cuántas personas prefieren productos naturales.
4. Es necesario _____ varios obstáculos para establecer un nuevo producto en el mercado.
5. La meta *(goal)* de una _____ de mercadotecnia es convencer a la gente de comprar un producto.

Julia García, licenciada en mercadotecnia

Julia García es licenciada en mercadotecnia. Está en su oficina hablando con la señora Campos, una ejecutiva que quiere vender su producto en el mercado hispano en los Estados Unidos. En el video, vas a ver las ideas que la Sra. García tiene para promover el producto de la compañía de la Sra. Campos.

Antes de ver

Los profesionales en mercadotecnia ayudan a los empresarios *(entrepreneurs)* a vender sus productos. Ellos conocen las necesidades de los clientes y las estrategias de venta. Generalmente hablan dos idiomas para trabajar con compañías internacionales.

¿Qué tipo de productos compra más la gente? ¿Cuál crees que es una buena estrategia de venta? ¿Prefieres comprar un producto caro o un producto económico? Explica.

Comprensión

1. ¿En dónde están hablando la Sra. García y la Sra. Campos?
2. ¿Para qué firma trabaja la Sra. Campos?
3. ¿Qué tipo de producto quiere vender la Sra. Campos?
4. ¿Dónde quiere hacer la encuesta la Sra. García?
5. ¿Qué información quiere conseguir de la encuesta?
6. ¿Dónde debe regalar el producto la Sra. Campos?
7. ¿Por qué la Sra. García va a contactar a la Sra. Campos la siguiente semana?

Después de ver

Con un compañero, representen a un licenciado en mercadotecnia y a una persona que quiere vender un producto. La persona explica qué tipo de producto es. El licenciado le hace preguntas y le da consejos. ¿Para qué sirve el producto? ¿Es económico? ¿A quién se lo quieren vender? ¿Qué estrategia de venta va a usar? ¿Esperan un alto porcentaje de ganancia?

Exploraciones de repaso: estructuras

8.37 Repetitivo Primero indica si las palabras subrayadas son objetos directos o indirectos. Luego reemplaza los objetos directos con pronombres para evitar la repetición, haciendo los cambios necesarios a los objetos indirectos.

Modelo El 2 de mayo es el cumpleaños de Pablito y va a celebrar su cumpleaños en casa.
el cumpleaños *es objeto directo* → *El 2 de mayo es el cumpleaños de Pablito y lo va a celebrar en casa.*

1. Tiene muchos amigos y quiere invitar a sus amigos a su fiesta.
2. Su mamá escribe las invitaciones para sus amigos y les manda las invitaciones a sus amigos.
3. Los amigos de Pablito quieren comprar regalos y llevarle los regalos a Pablito el día de la fiesta.
4. Los padres de Pablito compran una patineta y le dan la patineta la mañana de su cumpleaños.
5. El día de la fiesta los amigos de Pablito llegan con regalos y le dan los regalos a él.
6. Pablito recibe muchos juguetes de sus amigos y les muestra los juguetes a sus padres.

8.38 ¿A quién...? Combina los elementos para hacer oraciones completas indicando a quién le gustan (molestan / interesan / etc.) los siguientes temas o personas.

Modelo gustar / las películas de terror
A Stephen King le gustan las películas de terror.

1. interesar / la política
2. encantar / el invierno
3. molestar / los cigarros
4. fascinar / las ciencias
5. importar / mucho el dinero
6. aburrir / las personas que hablan mucho
7. caer bien / los niños
8. importar / tener buenas notas

8.39 La juventud de los famosos Decide cuáles eran las actividades de estas personas famosas cuando eran más jóvenes. Si no las reconoces a todas, usa la lógica para adivinar *(guess)*. Luego forma oraciones completas usando el imperfecto de los verbos.

1. Jorge Luis Borges
2. Selena
3. Rafael Nadal
4. Pablo Picasso
5. Ellen Ochoa
6. Miguel Cabrera
7. Sofía Vergara
8. Carolina Herrera

a. encantarle jugar al béisbol con su padre y su tío
b. gustarle dibujar y pintar
c. vivir en Baranquilla, Colombia
d. jugar al tenis y al fútbol
e. ir a muchas fiestas elegantes
f. cantar en un grupo con sus hermanos
g. leer mucho
h. ser excelente en la clase de matemáticas

Exploraciones de repaso: comunicación

8.40 Hace 50 años Mucho ha cambiado *(has changed)* en los últimos 50 años. Con un compañero, expliquen las diferencias entre hoy y el pasado. Deben usar el presente y el imperfecto.

Modelo el transporte
Estudiante 1: *Hoy muchas familias tienen dos o más coches, pero en el pasado muchas familias solo tenían un coche.*
Estudiante 2: *Es cierto, y hoy la gasolina cuesta mucho, pero en el pasado no costaba mucho.*

1. la familia
2. el trabajo
3. la comunicación
4. la comida
5. los pasatiempos
6. los restaurantes

8.41 Regalos Necesitas comprar regalos para el cumpleaños de los hijos gemelos *(twins)* de un amigo (un niño y una niña). Encontraste buenos regalos en un sitio web, pero no dan los precios. Llamas y preguntas cuánto cuestan los juguetes para decidir qué les vas a comprar. Tu compañero deber mirar el **Apéndice B** para dar los precios. No puedes gastar más de $50.

Modelo *¿Cúanto cuesta el muñeco azul?*
Cuesta $32.

8.42 ¿Cómo eran? Con un compañero, van a hablar de las actividades de su niñez.

Paso 1 Decidan si las siguientes actividades son activas o sedentarias. Luego añadan *(add)* 4 actividades más que hacen los niños y también clasifíquenlas.

andar en patineta   leer historietas   trepar árboles
dibujar   saltar la cuerda   volar cometas
jugar videojuegos   tocar el piano

Paso 2 Con tu compañero, pregúntense si hacían las actividades en su lista para determinar si eran niños activos o tranquilos.

Paso 3 Repórtenle sus resultados a la clase.

CAPÍTULO 8

Vocabulario 1

La limpieza

la basura	*trash, garbage, litter*
el bote de basura	*trash can*
el cortacésped	*lawnmower*
la escoba	*broom*
el jabón para platos	*dish soap*
la manguera	*hose*
la plancha	*iron*
el quehacer	*chore*
el sacudidor	*duster*
la tabla de planchar	*ironing board*
el trapeador	*mop*
el trapo	*cloth, rag*

Verbos

barrer	*to sweep*
colgar (ue)	*to hang*
cortar (el césped)	*to cut; to mow (the lawn)*
guardar	*to put away*
hacer la cama	*to make the bed*
lavar platos	*to wash the dishes*
lavar ropa	*to do laundry*
ordenar	*to tidy up, to straighten up*
pasar la aspiradora	*to vacuum*
planchar	*to iron*
poner la mesa	*to set the table*
recoger (la mesa)	*to pick up (to clear the table)*
regar (ie)	*to water*
sacar la basura	*to take the trash out*
sacudir	*to dust*
secar	*to dry*
trapear	*to mop*

Adjetivos

limpio(a)	*clean*
sucio(a)	*dirty*

Palabras negativas e indefinidas see p. 269

Diccionario personal

_____
_____
_____
_____
_____
_____
_____
_____
_____

294   *doscientos noventa y cuatro* | Capítulo 8

Vocabulario 2

Juegos y juguetes   Games and toys

el ajedrez	chess
el carrito	toy car
las cartas	playing cards
el chiste	joke
la cometa	kite
el cuento	story
la cuerda	(jumping) rope
las damas	checkers
el dominó	dominos
las escondidas	hide and seek
la historieta	comic book
el juego de mesa	board game
la motocicleta	motorcycle
la (el) muñeca(o)	doll
el osito	teddy bear
la patineta	skateboard
el videojuego	video game

Verbos

aburrir	to bore
andar en	to ride
caer (bien / mal)	to like / dislike a person
chatear	to chat (online)
contar (ue)	to tell (a story); to count
dar la vuelta	to take a walk or a ride
dibujar	to draw
encantar	to really like, to enjoy immensely
fascinar	to fascinate
hacer jardinería	to garden
importar	to be important
interesar	to interest
ir de paseo	to go for a walk
jugar a los bolos	to go bowling
molestar	to bother
mostrar (ue)	to show
navegar el Internet	to surf the web
pasar tiempo	to spend time
pelear	to fight; to argue
portarse (bien / mal)	to behave (well / badly)
prestar	to lend
salir (a + infinitive)	to go out (to do something)
saltar	to jump
tejer	to knit
tocar (el piano / la guitarra)	to play (the piano / the guitar)
trepar (un árbol)	to climb (a tree)
volar	to fly

Palabras adicionales

el juguete	toy
la niñera	babysitter
el permiso	permission
el teléfono celular	cell phone

Diccionario personal

_____
_____
_____
_____
_____

Exploraciones literarias

José Martí

Biografía

José Martí (1853–1895) fue un poeta, ensayista y periodista cubano. Publicó sus primeros poemas en el periódico de su escuela. Martí empezó a resentir a los españoles cuando el gobierno de España, que en ese tiempo controlaba Cuba, cerró las escuelas. Poco después el gobierno español lo envió *(sent)* a prisión por seis años acusado de subversión *(treason)*. Después de estar exiliado en España, Martí fue a los Estados Unidos, en donde formó el Partido Revolucionario Cubano y promovió la independencia de España. En 1895 regresó a Cuba y murió unos meses después en la Batalla de Dos Ríos, antes de que Cuba consiguiera su independencia. Hoy es conocido como el poeta nacional de Cuba y el Padre de la Independencia.

Antes de leer

1. Probablemente, la obra más conocida de José Martí es "Versos sencillos" *(Simple verses)*. Estos versos se hicieron muy famosos cuando fueron convertidos en una canción popular llamada "Guantanamera". ¿Sabes dónde está Guantánamo? ¿Qué crees que significa "Guantanamera"?
2. ¿De qué piensas que puede hablar un poema titulado "Versos sencillos"?

> **Investiguemos la literatura: El verso**
>
> Verse refers to a written work with rhyme and sometimes with meter (the basic rhythmic structure of a line). It can refer to one line or to a complete poem. A verse or a stanza is generally called **una estrofa.**

Versos sencillos

Yo soy un hombre sincero
De donde **crece** la palma,   *grows*
Y antes de morirme quiero
Echar mis versos del **alma**.   *to cast / soul*

5 Con los pobres de la tierra
Quiero yo mi suerte echar:
El **arroyo** de la **sierra**   *creek / mountain range*
Me **complace** más que el **mar**.   *gives pleasure / sea*

bright red	Mi verso es de un verde claro		Yo pienso, cuando me alegro
injured deer	10 Y de un **carmín encendido**:		Como un escolar sencillo,
mountain / ayuda	Mi verso es un **ciervo herido**		En el canario amarillo,—
	Que busca en el **monte amparo**.		¡Que tiene el ojo tan negro!

Yo quiero salir del mundo   25 Yo quiero, cuando me muera,
Por la puerta natural: Sin **patria**, pero sin **amo**,   country / master
leaves   15 En un carro de **hojas** verdes   Tener en mi **losa** un ramo   grave
They should take me   **A morir me han** de **llevar**.   De flores,— ¡y una bandera!
when I die

Darkness   No me pongan en lo **oscuro**   Cultivo una rosa blanca,
A morir como un traidor: 30 En julio como en enero,
¡Yo soy bueno, y como bueno   Para el amigo sincero
20 Moriré de cara al sol!   Que me da su mano franca.

Y para el cruel que **me arranca**   tears out
El corazón con que vivo,
35 **Cardo** ni **ortiga** cultivo: thistle / nettle
Cultivo la rosa blanca.

Tiene el leopardo un abrigo
En su monte seco y **pardo**:   dark
Yo tengo más que el leopardo,
40 Porque tengo un buen amigo.

Estatua de José Martí en la Habana, Cuba

Versos sencillos, José Martí

Después de leer

A. Comprensión

1. Basándote en el texto ¿qué es muy importante para la voz poética?
2. ¿Qué palabras usa el poeta para describir a Cuba?

B. Conversemos

1. Martí menciona ideas importantes para él en este poema. ¿De qué hablarías *(would speak)* tú en un poema?
2. En estos versos, Martí describe a su país. ¿Cuáles son algunos adjetivos que puedes usar en un poema para describir a tu país?

CAPÍTULO 9

Learning Strategy

Remember that Spanish and English have different structures

Grammar is an essential part of any language. While it is helpful to understand and compare basic concepts of the English language, such as pronouns and direct objects, it is important to learn the new structures and avoid translating directly from English to Spanish.

In this chapter you will learn how to:
- Describe past events in detail
- Talk about holidays and celebrations
- Give the details of an accident

¿Qué pasó?

Exploraciones gramaticales
A comparison of the preterite and the imperfect 304
Uses of the preterite and the imperfect 307
Preterite and imperfect with emotions and mental states 318
Preterite and imperfect: A summary 321

En vivo
La farándula 311
Aprenda a caminar seguro por ciudad y por carretera 327

Conexiones culturales
Festivales y celebraciones 302
El tráfico y los accidentes 316

Lectura
El Día de los Muertos 312
Leyendas urbanas 324

Exploraciones profesionales
El orden público 328

1 Exploraciones léxicas

En todas las épocas del año hay celebraciones para divertirse y pasar tiempo con la familia y los amigos.

Celebraciones
el bautizo	baptism
la boda	wedding
el brindis	toast
los desfiles	parades
el festejo	party, celebration
los fuegos artificiales	fireworks
los novios	bride and groom
las posadas	a nine-day celebration before Christmas
los quince años	a girl's fifteenth birthday celebration
la quinceañera	a girl celebrating her 15th birthday
el santo	saint's day (similar to a second birthday, based on the saint's name)
la serenata	serenade

Verbos
casarse (con)	to get married (to)
celebrar	to celebrate
cumplir años	to turn (x) years old
decorar	to decorate
disfrutar	to enjoy
romper	to break
terminar	to finish

A practicar

9.1 Escucha y responde En un papel dibuja un pastel y en otro una bandera. Si escuchas una palabra relacionada con un cumpleaños, levanta el pastel. Si es una palabra relacionada con la celebración del Día de la Independencia, levanta la bandera. Levanta los dos si la palabra está relacionada con las dos celebraciones.

INVESTIGUEMOS EL VOCABULARIO
While in most of Latin America **bocadillos** means *appetizers*, in Spain a **bocadillo** is a sandwich on a baguette.

9.2 ¿Qué es? Relaciona las palabras en la segunda columna con las oraciones en la primera columna.

1. _____ Los usamos para decorar.
2. _____ Lo comemos después de apagar las velas.
3. _____ La rompemos para obtener muchos dulces.
4. _____ Las mandamos a los amigos cuando vamos a dar una fiesta.
5. _____ Son las dos personas que se van a casar.
6. _____ Los comemos durante las fiestas y las celebraciones.
7. _____ Lo servimos para el brindis del Año Nuevo.
8. _____ Muchas personas caminan por la calle y hay música.

a. la piñata
b. el champán
c. los globos
d. el pastel
e. el desfile
f. los bocadillos
g. las invitaciones
h. los novios

9.3 ¿Qué celebraron las siguientes personas?
Completa las oraciones con una palabra apropiada del vocabulario.

1. Mi hermana se casó con su novio y tuvieron _____ muy grande.
2. Mi mejor amiga cumple quince años hoy y va a tener una fiesta de _____.
3. En una ceremonia en la iglesia le dimos un nombre a nuestro hijo. Fue su _____.
4. En muchos países predominantemente católicos las nueve fiestas antes de la Navidad se llaman _____.
5. ¡Terminé mis estudios en la universidad! Celebro mi _____ hoy.
6. Mis padres se casaron hace treinta años. Mañana es su _____.
7. Hoy es el cumpleaños de mi novia y quiero darle _____ con un grupo de mariachis.
8. Para celebrar el Año Nuevo y la Independencia, muchas veces hay _____ por la noche. ¡Son espectaculares!

INVESTIGUEMOS LA MÚSICA

Listen to the song "Abriendo Puertas" by Cuban singer Gloria Estefan. The song talks about the New Year. What is the tone of the song? What are some of the things the New Year will bring?

9.4 En busca de...
Busca a ocho compañeros que hicieron las siguientes actividades. Pide información adicional para reportársela a la clase. Usa el pretérito.

Modelo una serenata alguna vez (¿cuándo?)
Estudiante A: *¿Participaste en una serenata alguna vez?*
Estudiante B: *Sí, participé una vez.*
Estudiante A: *¿Cuándo?*
Estudiante B: *El 15 de abril, porque fue el cumpleaños de mi novia.*

1. tener una fiesta en su último *(last)* cumpleaños (¿cuándo?)
2. darle un regalo a alguien recientemente (¿a quién?)
3. preparar una fiesta para niños recientemente (¿por qué?)
4. cenar en un restaurante para celebrar su cumpleaños (¿cuál?)
5. asistir a una boda recientemente (¿de quiénes?)
6. preparar un pastel de cumpleaños para un amigo (¿qué tipo?)
7. romper una piñata en una fiesta (¿qué fiesta?)
8. tener más de quince invitados en una celebración (¿qué celebración?)

9.5 Las tradiciones
Hay muchas tradiciones interesantes con las que las personas reciben el año nuevo. Trabaja con un compañero. Uno de ustedes va a ver la ilustración en esta página, y el otro va a describir la ilustración en el **Apéndice B**. Describan sus ilustraciones (sin ver la otra) para encontrar las seis diferencias.

Conexiones culturales
Festivales y celebraciones

Cultura

Las corridas de toros *(bullfights)* son una tradición milenaria. En España, durante la Edad Media, la aristocracia se divertía toreando *(bullfighting)* a caballo. En el siglo XVIII se abandonó esta tradición y se empezó a torear a pie.

La corrida de toros todavía es parte de la cultura de España, México, Colombia, Ecuador y Perú, aunque se prohíbe en algunas regiones de estos países. Por ejemplo en Cataluña, España, no se permiten las corridas desde el año 2012. El toreo en su forma tradicional es controversial y es probable que en el futuro más países la prohíban.

Hoy en día existen diversos eventos con toros como exhibiciones acrobáticas que no involucran matar al animal o hacerle daño *(harm)* en modo alguno.

Para algunos, torear es un arte.

Hay gente contra el toreo.

Investiga en Internet el movimiento contra las corridas de toros. Decide si estás de acuerdo y sube tus comentarios a Share It!

Conexiones... a la literatura

Octavio Paz (1914–1998) fue un notable poeta y ensayista mexicano, ganador del Premio Nobel de Literatura (1990). Entre las muchas obras de importancia que escribió se encuentra el libro de ensayos *El laberinto de la soledad*. El libro se compone de nueve ensayos y habla de lo que Octavio Paz consideraba la psicología del mexicano. Aunque fue escrito en 1950 y las condiciones en el país han cambiado significativamente, esta obra continúa siendo lectura obligada para muchos porque analiza el efecto psicológico que tuvo la conquista en el pueblo mexicano. El siguiente es un extracto de ese libro:

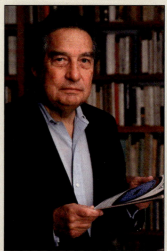

> El solitario mexicano ama las fiestas y las reuniones públicas. Todo es ocasión para reunirse. Cualquier pretexto es bueno para interrumpir la marcha del tiempo y celebrar con festejos y ceremonias hombres y acontecimientos... Los países ricos tienen pocas [fiestas populares]: no hay tiempo, ni humor.

Octavio Paz

De acuerdo con tus conocimientos ¿qué opinas sobre lo que expresa Paz en la cita mencionada arriba? ¿Es cierto también para tu cultura?

Comunidad

Entrevista a una persona de un país hispano. Pregúntale sobre los festejos que son importantes en su país. ¿Cuándo se celebran? ¿Qué hace la gente? ¿Cuál es su celebración favorita? Repórtale a la clase la información.

La celebración de San Bartolomeo, en Bolivia

Comparaciones

¿Sabes qué es un carnaval? ¿Alguna vez fuiste a uno? ¿Qué hacía la gente? En Latinoamérica hay algunos carnavales que tienen fama internacional. Por ejemplo, el Carnaval de Panamá es un evento muy esperado *(anticipated)* en ese país. El carnaval dura cuatro días y cinco noches y en algunas ciudades de Panamá, como en Las Tablas, hay desfiles con carros alegóricos *(floats)*. Además, miles de personas se reúnen al aire libre para celebrar los culecos, bailes populares en los que se arroja agua sobre los participantes, quienes terminan empapados *(drenched)*. Otro gran ejemplo es el Carnaval de Montevideo en Uruguay. Es el carnaval más largo del mundo y tiene un sabor original, gracias a la influencia africana.

Investiga un poco más sobre los carnavales en Latinoamérica y explora cómo se comparan con el Mardi Gras de Nueva Orleans. ¿En qué aspectos son semejantes? ¿Cómo son diferentes? ¿Cuándo se celebran y por cuánto tiempo?

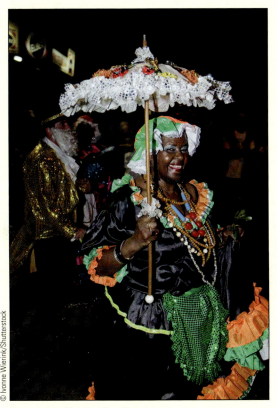
Carnaval en Montevideo, Uruguay

Una murga del Carnaval de Montevideo

 Para saber más sobre otras celebraciones en España y Latinoamérica consulta la lista de fiestas en la sección **Exploraciones del mundo hispano** en el **Apéndice A**. Elige una y busca información adicional en Internet. Después escribe una síntesis de la celebración y compártela en Share It! Lee las selecciones de tus compañeros. ¿A cuáles de estas celebraciones te gustaría asistir?

Exploraciones gramaticales

A analizar

Santiago habla de algunos recuerdos del Año Nuevo. Mira el video. Después lee los siguientes párrafos y observa los diferentes usos del pretérito y el imperfecto.

> Ella **se llamaba** Fátima y **era** muy guapa, con el pelo largo y negro. **Llevaba** un vestido rojo y **estaba** sentada en el sofá, hablando con una amiga.
>
> **Me acerqué** a ella. Le **pedí** bailar conmigo y aceptó. **Pasamos** el resto de la noche hablando. Al final de la noche, le **pedí** su número de teléfono y me lo **dio.**

1. Which of the paragraphs provides background information? Is the preterite or the imperfect tense used?
2. Which paragraph has actions that tell what happened? Is the preterite or the imperfect tense used?

A comprobar

A comparison of the preterite and imperfect

Imperfect

1. As you learned in **Capítulo 8** the imperfect is used to express past actions in progress or habitual actions in the past.

    Todos **bailaban** en la fiesta.
    *Everyone **was dancing** at the party.*

    Siempre **tenía** una piñata en mis fiestas.
    *I always **used to have** a piñata at my parties.*

2. The imperfect is also used to describe conditions, people, and places in the past. When telling a story, it communicates background information or details. The order in which these sentences occur is often unimportant.

    Era medianoche y **llovía.**
    *It **was** midnight, and it **was raining.***

    Ella **tenía** quince años y **era** alta.
    *She **was** fifteen and **was** tall.*

    Se llamaba Lourdes.
    *Her name **was** Lourdes.*

    La sala **estaba** decorada con globos.
    *The living room **was** decorated with balloons.*

Preterite

The preterite is used to narrate the main events of a story that have already happened. In other words, they are the past actions that advance the story. Unlike the imperfect, the order of events is important.

Él **entró** en el café, **pidió** un café con leche, lo **tomó** y le **pagó** al mesero.
*He **entered** the café, **ordered** a coffee with milk, **drank** it, and **paid** the waiter.*

Sandra **cortó** el pastel y se lo **sirvió** a los invitados.
*Sandra **cut** the cake and **served** it to the guests.*

A practicar

9.6 Los cumpleaños Sandra celebra su cumpleaños todos los años, pero el año pasado fue una ocasión especial porque celebró sus quince años. Lee las oraciones y decide cuáles se refieren a las celebraciones cuando era niña y cuáles se refieren a su fiesta de quince años. ¡OJO! Presta atención a los verbos.

1. Bailó el vals con su novio.
2. Rompía una piñata.
3. Sus padres la despertaban con "Las mañanitas".
4. Su madre le compró un vestido elegante.
5. Había un payaso *(clown)* con globos.
6. Su padre hizo un brindis durante la fiesta.

9.7 La fiesta sorpresa Completa las siguientes oraciones con la forma necesaria del pretérito o imperfecto del verbo indicado, según el caso.

Descripciones:

1. _____ (ser) el ocho de agosto.
2. _____ (ser) mi cumpleaños.
3. Ya _____ (tener) treinta años.
4. _____ (ser) las siete de la tarde.
5. Yo _____ (llevar) ropa de trabajo.
6. Yo _____ (estar) un poco triste.
7. No _____ (haber) luces en la casa.

Acciones principales:

1. Yo _____ (abrir) la puerta.
2. Yo _____ (encender) la luz.
3. Mis amigos _____ (gritar): "¡Sorpresa!"
4. Mi novio me _____ (besar, *to kiss*).
5. Nosotros _____ (comer) pastel.
6. Todos me _____ (dar) regalos.

9.8 ¡Qué sorpresa! Mira el dibujo. En parejas, túrnense para describir lo que pasaba cuando los padres de Claudia llegaron a casa.

9.9 ¿Qué pasó? Este es el comienzo de una historia. Son las descripciones de la escena. Con un compañero, completen el párrafo con cuatro o cinco oraciones que cuenten lo que pasó. **¡OJO!** Deben usar el pretérito porque van a narrar la historia.

Era el 10 de junio, el día de la boda de Alejandra y Rafael. Rafael llevaba un traje negro y estaba frente a la iglesia. Todos los invitados esperaban la llegada de la novia. A las 10:00...

9.10 Una entrevista Piensa en la última fiesta en que estuviste. Luego, hazle las siguientes preguntas a un compañero y contesta sus preguntas. Deben usar pretérito e imperfecto.

Descripciones:
1. ¿Qué ropa (llevar) tú?
2. ¿Cuántas personas (haber) en la fiesta?
3. ¿Cómo (ser) el lugar de la fiesta?
4. ¿Cómo (estar) tú ese día?

Acciones principales:
1. ¿A qué hora (llegar) tú a la fiesta?
2. ¿Qué (hacer) después de llegar?
3. ¿(Pasar) algo interesante en la fiesta?
4. ¿A qué hora (volver) a tu casa?

9.11 La fiesta Este grupo de jóvenes estaba en una fiesta cuando sacaron la foto que aparece a continuación. Con un compañero inventen los detalles de la fiesta. Primero describan la fiesta usando el imperfecto (¿Qué tiempo hacía? ¿Cuántas personas había? ¿Qué ropa llevaban?). Luego, cuenten qué pasó en la fiesta usando el pretérito y las expresiones **primero, después, luego** y **entonces.**

2
Exploraciones gramaticales

A analizar

Santiago habla de algunos recuerdos del Año Nuevo. Mira el video otra vez. Después lee las oraciones de Santiago y observa los verbos.

> Invitamos a muchos amigos, decoramos la sala con globos y preparamos unos bocadillos. Los primeros invitados llegaron mientras yo ponía la mesa... Unos (invitados) comían mientras otros hablaban.

1. Identify the verb tense in each of the sentences above.
2. Explain why that particular tense was used.

A comprobar
Uses of the preterite and the imperfect

When telling a story or relating a past event, the action usually can be expressed in one of three ways:

1. **Two simultaneous actions:**

   When there are two actions going on at the same time in the past, they are both in progress, and therefore both verbs will be conjugated in the imperfect. The conjunctions **mientras** and **y** are often used in these sentences. This can be visually represented in the following manner:

   ≈

   Él **escuchaba** mientras ella **hablaba**.
   He listened while she spoke.

   Todos **bailaban** y **cantaban**.
   Everyone was dancing and singing.

2. **A series of completed actions:**

   When there is a series of separate and complete actions in the past, the verbs will all be conjugated in the preterite. This series of completed actions can be visually represented in the following manner with each arrow corresponding to a different verb (action):

      ↓ ↓

   La señora Cisneros **llevó** el pastel a la mesa. Los niños **cantaron** "Las mañanitas" y después Rosita **apagó** las velas. La señora **cortó** el pastel y se lo **sirvió** a los niños.
   Mrs. Cisneros took the cake to the table. The children sang "Las mañanitas," and then Rosita blew out the candles. Mrs. Cisneros cut the cake and served the children.

3. **One action in progress when another begins:**

   In the past, when an action is in progress and a second action begins or is completed, both the preterite and the imperfect are used. The imperfect is used for the action in progress and the preterite is used for the new action that began or interrupted the first action. This can be visually represented in the following manner:

   Mientras **terminábamos** las preparaciones, los invitados **empezaron** a llegar.
   While we were finishing the preparations, the guests began to arrive.

   Todos **se divertían** en la fiesta cuando **llegó** la policía.
   Everyone was having fun at the party when the police arrived.

   ### Estrategia
   Remember that Spanish and English have different structures
   You will see that there are differences in how past actions are communicated in English and in Spanish. Remember to learn the new structures and to avoid translating directly from English to Spanish.

A practicar

9.12 Fotos y descripciones Empareja las oraciones con las fotos.

1. En 1980 tuve un hijo.
2. En 1980 tenía dos hijos.

a.    b.

3. Mientras Sara hablaba por teléfono tomaba café.
4. Mientras Susana hablaba por teléfono le sirvieron un café.

a.    b.

5. Gema leía cuando Rocío le hizo una pregunta.
6. Rosendo leía mientras Gilda hacía una llamada.

a.    b.

9.13 La fiesta de cumpleaños El sábado pasado Felipe celebró su cumpleaños. Para saber lo que pasó, completa las oraciones con la forma apropiada del verbo entre paréntesis. ¡OJO! Presta atención al uso del pretérito y el imperfecto.

Dos acciones simultáneas

1. Alicia y Ernesto bailaban mientras el grupo musical (tocar) un vals.
2. Mientras sus padres hablaban, Carlitos (dormir).

Dos acciones consecutivas

3. Jimena se rió cuando Rudy le (contar) un chiste.
4. Hugo se levantó e (hacer) un brindis por el cumpleaños de Felipe.

Una acción en progreso cuando comienza una nueva acción

5. El mesero le sirvió pastel a Jimena mientras ella (hablar) con Rudy.
6. Mientras los invitados disfrutaban de la fiesta, Delia le (dar) un regalo a Felipe.

9.14 ¡Acción! Túrnense para escoger y actuar una de las oraciones de cada par *(pair)* sin decirle a su compañero cuál se está actuando. El otro estudiante debe decidir cuál de las dos oraciones está presentando su compañero. Después decidan cómo actuar las otras oraciones.

1. **a.** Se estiró y se levantó.
   b. Se estiraba mientras se levantaba.
2. **a.** Escribía su tarea cuando sonó el teléfono y lo contestó.
   b. Escribía su tarea mientras hablaba por teléfono.
3. **a.** Se sentó y leyó un libro.
   b. Estaba sentado y leía un libro.
4. **a.** Mientras dibujaba una flor dijo: "Me gusta".
   b. Dibujó una flor y dijo: "Me gusta".
5. **a.** Tomó una copa de champán y se durmió.
   b. Se dormía mientras tomaba una copa de champán.
6. **a.** Bailaba mientras comía su pastel de cumpleaños.
   b. Comió su pastel de cumpleaños y bailó.

9.15 Cuéntame Con un compañero miren las siguientes fotos. Túrnense para describir lo que pasó usando los verbs indicados. **¡OJO!** Presten atención al uso del pretérito y el imperfecto.

1.
   a. llevar el pastel, cantar
   b. apagar *(to blow out)* las velas, cortar

2.
   a. pegarle a *(to hit)*, mirar
   b. romper, correr

3.
   a. tocar un vals, bailar
   b. terminar, aplaudir

4.
   a. casarse, salir
   b. salir, tirar arroz

9.16 Los quince años Mayra celebró sus quince años ayer. Completa las oraciones para explicar lo que pasó ese día. **¡OJO!** Presta atención al uso del pretérito y del imperfecto.

Modelo Por la mañana Mayra se cortó el pelo mientras su familia...
organizaba los últimos detalles de la fiesta.

1. Eran las tres de la tarde cuando Mayra...
2. Mientras ella se arreglaba, sus padres...
3. Cuando Mayra llegó a la iglesia, sus amigos...
4. Cuando la misa *(mass)* terminó, todos...
5. Los invitados empezaron a llegar a la fiesta mientras...
6. Mientras el grupo musical tocaba el vals, Mayra...
7. Después de que cortaron el pastel,...
8. Cuando la fiesta terminó...

9.17 Unas fiestas Con un compañero, escojan una de las secuencias y den muchos detalles para relatar lo que pasó. Usen el pretérito y el imperfecto e inventen un final. Para elegir entre el pretérito y el imperfecto, piensen en lo siguiente: ¿es una serie de acciones consecutivas, una acción en progreso cuando comienza una nueva acción o dos acciones simultáneas?

1.

2.

3.

En vivo

Entrando en materia
¿De qué hablan generalmente los programas sobre personalidades famosas?

La farándula *(Show business)*

Vas a escuchar un segmento de un programa sobre personalidades famosas. Los locutores hablan sobre un gran evento. Escucha con atención y después responde las preguntas.

Vocabulario útil

los aretes	*earrings*	**las perlas**	*pearls*
el collar	*necklace*	**recién casados**	*just married*
lujoso(a)	*luxurious*	**la reseña**	*report*

Comprensión

1. ¿Cómo se llama el programa de radio?
2. ¿Cuál es el evento del que hablan?
3. ¿Cuántos invitados asistieron? ¿Quién es una persona famosa que fue a la recepción?
4. ¿Qué ropa vistió la novia?
5. ¿Qué pasó durante el brindis?
6. ¿Invitaron los novios a los locutores *(announcers)* a su boda?

Más allá

Imagina que eres un reportero para la sección de sociedad de un periódico local. Debes escribir la reseña de una gran fiesta de aniversario o de una boda. Después compártela en Share It! y lee las reseñas de tus compañeros. ¿Cuál te gusta más y por qué?

Fue una boda muy elegante.

Lectura

Reading Strategy: Read interactively

By making annotations as you read, you will interact with the text and be able to understand it better. Create a simple code for your annotations, for example:
- already knew it = K
- disagree = X
- new information = +
- important to remember = !
- don't understand = ¿?

Antes de leer

¿Conoces alguna celebración de un país hispano? ¿Qué celebración? ¿Qué se hace?

A leer

El Día de los Muertos

Latinoamérica tiene una gran reputación por sus numerosas y variadas celebraciones. Muchas de ellas son de origen religioso, y otras son el resultado de la historia y de la mezcla de tradiciones particulares de cada nación. Entre las celebraciones más conocidas está el Día de los Muertos, festividad que celebraban los mayas, los aztecas y otras culturas mesoamericanas antes de la llegada de los españoles al Nuevo Mundo. Estas culturas precolombinas creían que existía la vida después de la muerte, así que enterraban a sus seres queridos con **ofrendas** como cerámica y **joyas.** También pensaban que los muertos podían regresar a este mundo un día al año. La celebración ocurría aproximadamente a la mitad del año, se piensa que en julio o agosto. Sin embargo, cuando los europeos llegaron e impusieron su religión, insistieron en cambiar la fecha para noviembre, el Día de Todos los Santos en la religión católica. Los españoles esperaban que, con los años, los indígenas comenzaran a observar la celebración católica y dejaran sus creencias atrás. Esto nunca ocurrió: las creencias europeas se mezclaron con las de los indígenas. Hoy en día el Día de los Muertos se celebra en todo México y los países de Centroamérica.

offerings / jewelry

> Creían que los muertos podían regresar un día al año.

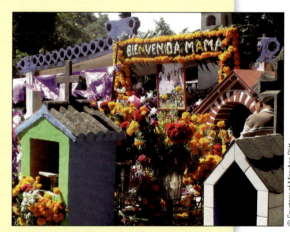

El Día de los Muertos se celebra en México y Centroamérica.

Según la tradición, se piensa que el Día de los Muertos es cuando los muertos regresan a este mundo. Ellos son bienvenidos y esperados por todos. Sus familias limpian sus tumbas, llevan flores y preparan comidas especiales para este día.

La parte más típica de la celebración es la creación de ofrendas con todo lo que le gustaba a la persona cuando vivía: música, comida, flores y otros elementos tradicionales, como velas y **cempasúchitl**. Un elemento que no puede faltar en ninguna celebración es el pan de muertos, un pan que se prepara solamente para esta ocasión y se come en todas partes. El Día de los Muertos no es un día triste, sino un día para celebrar a los **seres queridos** que han muerto, en compañía de aquellos que todavía están con nosotros.

marigolds

loved ones

Comprensión

Decide si las afirmaciones son ciertas o falsas, y corrige las falsas.
1. Todas las celebraciones de Latinoamérica se originan en la religión.
2. Los aztecas creían que después de esta vida no había nada.
3. Los españoles crearon la celebración del Día de los Muertos para ayudar a convertir a los aztecas al catolicismo.
4. El Día de los Muertos combina creencias mesoamericanas y europeas.
5. Muchas familias limpian las tumbas de sus familiares en este día.
6. El pan de muertos se come durante todo el año en honor a los muertos.

Después de leer

En México durante la celebración del Día de los Muertos se escriben *calaveras*, poemas cómicos que se burlan de *(make fun of)* figuras famosas. Lee la calavera dedicada a Salma Hayek. ¿Cómo se describe a Salma Hayek? Con un compañero escriban una calavera original.

2
Exploraciones léxicas

En la ciudad hay que tener mucho cuidado y prestar atención al tráfico.

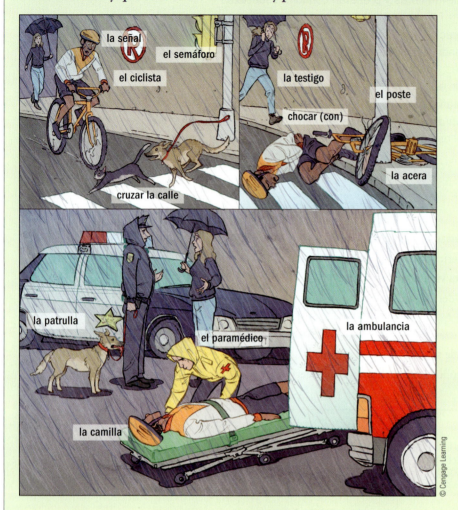

INVESTIGUEMOS EL VOCABULARIO
Some countries refer to parking meters as **estacionómetros**. Other common terms for *driver* are **el automovilista** and **el chofer**. Likewise, the verb **aparcar** is used in some countries rather than **estacionarse**.

la carretera	highway	**Los verbos**		**pasarse una señal de PARE**	to run a stop sign
el (la) conductor(a)	driver	**atravesar (ie)**	to cross	**subir a**	to get into (a vehicle)
el cruce	crosswalk	**atropellar**	to run over		
la esquina	corner	**bajar de**	to get out of (a vehicle)	**tropezar (ie)**	to trip
el límite de velocidad	speed limit	**caer(se)**	to fall		
la multa	fine, ticket	**dañar**	to damage	**Expresiones adicionales**	
el parquímetro	parking meter	**distraerse**	to get distracted	**de repente**	suddenly
el peatón (la peatona)	pedestrian	**esperar**	to wait	**estar dañado(a)**	to be damaged
el puente	bridge	**estacionarse**	to park	**estar herido(a)**	to be injured
el servicio de emergencias	emergency service	**parar**	to stop		
		pasarse un semáforo en rojo	to run a red light		

A practicar

9.18 Escucha y responde Vas a escuchar algunas ideas sobre el tráfico en la ciudad y los accidentes. Si la idea es lógica, indícalo con el pulgar hacia arriba. Si la idea no es lógica, señala con el pulgar hacia abajo.

9.19 ¿Qué palabra es más lógica? Escoge la palabra que completa la oración lógicamente.

1. El policía me dio una (patrulla/multa) por conducir a exceso de velocidad.
2. Cuando el semáforo está en rojo, es necesario (parar/pasarse).
3. El ciclista (atravesó/atropelló) la calle con cuidado.
4. Los peatones deben caminar por la (señal/acera).
5. El automovilista (se cayó/se distrajo) y no vio a los peatones en (el cruce/el semáforo).
6. Hay mucho tráfico en la (carretera/esquina) hoy.

9.20 El testigo Mira el dibujo del accidente en la página 314. Lombardo se pegó en la cabeza y no está seguro de lo que le pasó. Lee las declaraciones que Lombardo le dio al paramédico y decide si son ciertas o falsas. Después corrige las oraciones falsas.

1. Cuando iba en mi bicicleta, un perro se atravesó enfrente de mí.
2. Para no atropellar al perro, di vuelta a la izquierda y choqué con una señal.
3. Por suerte, había una ambulancia estacionada en la calle.
4. Un testigo llamó por teléfono para informarle a la policía de mi accidente.
5. En la calle no había señales de tráfico.
6. Afortunadamente mi bicicleta no se dañó.

9.21 Una conversación Habla con un compañero sobre las preguntas. Después repórtenle su conversación a la clase.

1. ¿Cuándo conseguiste tu licencia de conducir? ¿Chocaste el coche de tus padres cuando estabas aprendiendo a conducir?
2. Cuando conduces un auto ¿respetas a los peatones? Cuando caminas por la calle ¿te respetan los automovilistas?
3. ¿Respetas siempre todas las señales de tráfico? ¿el límite de velocidad?
4. ¿Es difícil estacionarse donde vives? ¿Es caro?
5. ¿Siempre atraviesas la calle en los cruces o en las esquinas?
6. ¿Prefieres conducir, andar en bicicleta o usar el transporte público? ¿Por qué?

9.22 Contradicciones Tu compañero y tú son testigos de un accidente, pero hay diferencias entre sus dos versiones. Uno de ustedes va a observar la ilustración en esta página y el otro va a observar la ilustración en el **Apéndice B.** Encuentren las cinco diferencias.

Conexiones culturales
El tráfico y los accidentes

Cultura

"Yo sufrí dos accidentes graves en mi vida, uno en el que un autobús me tumbó al suelo *(knocked me down)*… el otro accidente es Diego".

Aunque parezca increíble, fue gracias a un accidente automovilístico que surgió una de las grandes figuras del arte en México: Frida Kahlo. Frida tenía apenas unos dieciocho años cuando, un día, mientras regresaba de la escuela, el tranvía *(streetcar)* en el que viajaba se accidentó. Frida se fracturó la columna vertebral,

El Camión, Frida Kahlo

la clavícula, la pelvis, una pierna y varias costillas *(ribs)*. Pasó mucho tiempo en el hospital, y nunca pudo recuperarse completamente de este accidente. Mientras estaba en reposo *(rest)* absoluto después del accidente, empezó a pintar, actividad que marcó el resto de su vida.

Además de ser una gran pintora, Frida se distinguió como una de las intelectuales más distinguidas de la época y promovió *(promoted)* el amor por su patria *(native homeland)* de muchas maneras, incluyendo la ropa que vestía. Además, tanto Kahlo como Rivera participaron activamente en la política. Por ejemplo, cuando comenzó la Guerra Civil en España, Frida se organizó con otras mujeres para crear un comité de ayuda a los Republicanos españoles. Otro ejemplo conocido es que ambos pintores intercedieron por León Trotsky para que el gobierno mexicano le concediera el exilio político. La vida de esta artista fue polémica e influyente mucho más allá del arte que creó.

Investiga más sobre la vida de Frida Kahlo después del accidente.

> Investiga en Internet sobre el artista Diego Rivera. Elige una obra de Rivera que te guste, súbela a Share It! y escribe por qué te gusta.

Comparaciones

¿Sabías que en los Estados Unidos hay casi 800 vehículos motorizados por cada mil habitantes? Este número incluye automóviles, camiones y autobuses. Observa la información que sigue sobre el número de vehículos por cada mil habitantes en algunos países de habla hispana. ¿Cuál se aproxima más a los Estados Unidos? ¿Cómo se puede explicar? ¿En qué países hay menos vehículos? En tu opinión ¿qué aspectos de la vida diaria pueden ser diferentes en países donde hay muchos menos automóviles?

Argentina 267	México 275
Chile 184	Nicaragua 57
Costa Rica 177	Panamá 132
Ecuador 71	Perú 73
España 593	Puerto Rico 635
Guatemala 68	Uruguay 200
Guinea Ecuatorial 13	

Source: The World Bank (2009-2013)

Con un buen sistema de transporte público los automóviles son menos necesarios, como en Santiago de Chile.

Conexiones... a la ingeniería

Uno de los grandes proyectos de la ingeniería es la construcción de una carretera que comunique todos los países de América, desde Alaska hasta Chile. Este proyecto, de hecho, está casi completo. Se llama la carretera Panamericana y es un sistema colectivo de carreteras que recorren más de veinticinco mil kilómetros. Solamente falta un pequeño tramo *(stretch)* para completarla.

La carretera pasa por montañas, selvas *(jungles)* y desiertos, y ofrece vistas increíbles. Como resultado de pasar por diferentes zonas con climas y terrenos variados, la carretera no es uniforme. En algunas épocas *(times)* del año se cierran porciones porque son peligrosas a causa de la lluvia.

La carretera Panamericana termina en la Patagonia argentina. ¿Sabes dónde comienza?

Investiga en Internet qué países atraviesa la carretera Panamericana, dónde está el tramo que falta y por qué algunas personas se oponen a su construcción. ¿Qué efecto tienen en el medio ambiente y en la economía las grandes carreteras?

Comunidad

Entrevista a una persona de un país hispanohablante acerca del sistema de transporte en su país. Pregúntale si muchas personas usan el transporte público, si piensa que es eficiente, qué tipos de transporte público existen, cuánto cuesta usarlo y cómo se compara a la ciudad en la que vive en los Estados Unidos.

Entre sus medios de transporte público, Medellín cuenta con un metro, tranvía y metrocable.

Exploraciones gramaticales

A analizar

Óscar habla con un señor que fue testigo de un accidente. Mira el video. Después lee las siguientes oraciones de su conversación y observa los diferentes usos de los verbos.

Me **sentía** feliz porque hacía sol.
Me **sentí** muy mal cuando vi que la señora en el coche negro estaba herida.

Había un señor en la otra acera.
Hubo un accidente.

1. Look at the first set of sentences. Which sentence communicates an ongoing emotion? Which sentence communicates a change in emotion? Explain.
2. Based on the second set of sentences, explain how the meaning of **haber** changes with the use of the imperfect or preterite.

A comprobar

Preterite and imperfect with emotions and mental states

You learned in the first part of the chapter that past actions in progress are expressed in the imperfect, and that the preterite is used to relate new or completed actions in the past. The same concept is applied to emotions or mental states.

> Era un día bonito y ella **se sentía** feliz.
> *It was a beautiful day and she **felt** happy.*
> (an ongoing emotion)

> Cuando escuché la noticia, **me sentí** mal.
> *When I heard the news, I **felt** bad.*
> (a change in emotion)

1. The following verbs are often used to express a change in emotion or feeling and are usually used with the preterite:

aburrirse	to become bored
alegrarse	to become happy
asustarse	to become frightened
enojarse	to become angry
frustrarse	to become frustrated
sorprenderse	to be surprised

> **Me asusté** cuando vi el accidente.
> *I **was** (**became**) **frightened** when I saw the accident.*

> Los testigos **se alegraron** cuando descubrieron que nadie estaba herido.
> *The witnesses **were** (**became**) **happy** when they discovered that nobody was hurt.*

2. The verb **sentirse** is a stem-changing verb and is often used to express how one feels.

> Hoy **me siento** bien.
> *I **feel** fine today.*

> **Se sintieron** tristes cuando se fue.
> *They **felt** sad when he left.*

3. It is also common to use the verb **ponerse** *(to become)* to express a change of emotion.

> **ponerse** + *adjective* (**triste, feliz, furioso, nervioso,** etc.)

> Cuando se murió mi perro **me puse** triste.
> *When my dog died, I **became** sad.*

4. The verbs **conocer, saber, haber, poder,** and **querer** are not action verbs but rather they refer to mental or physical states. As with action verbs, using them in the imperfect implies an ongoing condition, whereas using them in the preterite indicates the beginning or completion of the condition.

	imperfect	preterite
conocer	to know, to be acquainted with	to meet
saber	to know (about)	to find out
haber	there was/were (descriptive)	there was/there were (occurred)
poder	was able to (circumstances)	succeeded in
no poder	was not able to (circumstances)	failed to
querer	wanted	tried to
no querer	didn't want	refused to

Cuando llegué no **conocía** a nadie, pero más tarde **conocí** a Inma.
When I arrived, I didn't **know** anyone, but later I **met** Inma.

Estrategia

Remember that Spanish and English have different structures.

As you have noticed, there are differences in how past actions are communicated in English and in Spanish. To improve your fluency, avoid translating directly from English to Spanish.

A practicar

9.23 Reacciones lógicas Decide qué verbo completa mejor la oración.

1. Cuando vi el coche pasarse el semáforo en rojo, yo...
2. Cuando chocó con mi coche, yo...
3. Cuando vi el daño a mi coche, yo...
4. Cuando la policía le dio una multa, el otro conductor...
5. Cuando recibí el cheque del seguro *(insurance)*, yo...

a. me alegré
b. me asusté
c. me sorprendí
d. me puse triste
e. se enojó

9.24 ¿Cómo estaba? Usando expresiones con **tener** o **estar,** explica cómo estaba Renato ayer, según sus actividades.

Modelo Desayunó cuatro huevos, cereal, dos plátanos y un vaso de leche.
Tenía hambre.

1. Se puso un suéter, guantes y un gorro.
2. Mientras conducía, escuchaba música.
3. Tenía un examen de álgebra.
4. Visitó a su abuela en el hospital.
5. Salió con su novia a cenar.
6. Estaba en una fiesta.
7. Se acostó muy tarde.
8. Tuvo una pesadilla *(nightmare).*

9.25 ¿Cuándo fue? Con un compañero túrnense para preguntar sobre la última vez que sintieron las siguientes emociones. Deben explicar las circunstancias de la situación. ¡Atención al uso del pretérito y del imperfecto en las explicaciones!

Modelo asustarse
Estudiante 1: *¿Cuándo fue la última vez que te asustaste?*
Estudiante 2: *Me asusté el lunes porque no podía encontrar mi composición.*

¿Cuándo fue la última vez que... ?

1. enojarse
2. aburrirse
3. ponerse triste
4. alegrarse
5. preocuparse
6. frustrarse
7. ponerse nervioso
8. sorprenderse

9.26 Una entrevista
En parejas, túrnense para responder las preguntas.

1. Tus amigos
   a. ¿Cuándo conociste a tu mejor amigo? ¿Qué hacían?
   b. ¿Supiste algo interesante de tu mejor amigo recientemente? ¿Qué?
2. Tus clases y tu universidad
   a. ¿Conocías a alguien en la clase de español antes de este curso? ¿A quién?
   b. ¿Ya sabías hablar español cuando comenzaste a estudiar en esta universidad? ¿Por qué?
3. Tu vida diaria
   a. ¿Hiciste ayer algo que no querías hacer? ¿Qué?
   b. ¿Hubo un buen concierto en tu comunidad recientemente? ¿De qué?

9.27 Mini-conversaciones
Completa las conversaciones con la forma del pretérito o del imperfecto del verbo indicado, según el caso.

1. —Cuando salí para la universidad esta mañana, _____ (haber) mucho hielo *(ice)* en las calles.
   —Sí, y escuché en la radio que _____ (haber) muchos accidentes.
2. —¿_____ (Saber) tú que Manuel tuvo un accidente la semana pasada?
   —Sí, lo _____ (saber) cuando llegué a la oficina.
3. —¿_____ (Poder) tú conseguir *(get)* el coche de tu hermano?
   —No, él no _____ (querer) prestármelo.
4. —Fui a una fiesta el sábado.
   —¿_____ (Conocer) a alguien?
   — Yo ya _____ (conocer) a muchas de las personas en la fiesta, pero _____ (conocer) a una chica que se llama Dora.

> **INVESTIGUEMOS EL VOCABULARIO**
> In **Capítulo 6** you learned to use the word **ya** to mean *already* and *any more*. When used in a question, it can mean *yet*.
>
> ¿**Ya** llegaron?
> *Have they arrived yet?*
>
> ¿**Ya** terminaste la tarea?
> *Have you finished your homework yet?*

9.28 Cuéntame
Yadira tuvo un accidente el fin de semana pasado y les cuenta a sus amigos lo que pasó. Cuenta lo que pasó cambiando los verbos en negritas al pretérito o al imperfecto, según sea necesario.

Es[1] sábado por la noche. **Estoy conduciendo**[2] a casa y **estoy**[3] muy nerviosa porque **hay**[4] mucha lluvia y no **puedo**[5] ver bien. De repente un animal **cruza**[6] la calle enfrente de mi coche y yo **me sorprendo**[7]. No **sé**[8] qué tipo de animal **es**[9], pero no **quiero**[10] atropellarlo. **Intento** *(try)*[11] frenar *(to brake)*, pero no **puedo**[12] controlar el coche. El coche **empieza**[13] a salirse de la calle y **me asusto**[14]. Afortunadamente solo **termino**[15] en una zanja *(ditch)* y no **choco**[16] con nada.

9.29 El accidente de Teo
Describe lo que le pasó a Teo. Usa el pretérito y el imperfecto, y los verbos indicados, según el caso.

Vocabulario útil: **el cigarrillo** *cigarette* **la cima** *top (of the mountain)* **la serpiente** *snake*

1. haber, conocer, sentirse
2. ofrecer, querer
3. saber, poder, alegrarse
4. ver, asustarse, caerse
5. estar triste, querer, poder

4
Exploraciones gramaticales

A analizar ▶

Óscar habla con un señor que fue testigo de un accidente. Mira el video otra vez. Después lee parte de su conversación y observa los verbos en el pretérito y el imperfecto.

> **Óscar:** Buenas tardes, señor. ¿Usted **fue** testigo del accidente?
>
> **Señor:** Sí, señor...
>
> **Óscar:** ¿Qué **hacía** usted cuando **ocurrió** el accidente?
>
> **Señor:** Siempre **caminaba** por la calle Sol con mi perrito en las tardes. **Me gustaba** porque **podía** llegar fácilmente al parque, pero la semana pasada **decidí** cambiar mi ruta porque ahora hay mucho tráfico.
>
> **Óscar:** Sí, señor, pero ¿qué **hacía** usted en la calle Naranjos hoy?
>
> **Señor:** **Caminaba** con mi perrito Negrito. **Me sentía** feliz porque **hacía** sol. Mientras **caminaba**, **miraba** las flores en los jardines. De repente oí un ruido terrible y vi que **hubo** un accidente. **Me sentí** muy mal cuando **vi** que la señora en el coche negro **estaba** herida.
>
> **Óscar:** ¿Sabe usted qué **pasó**?
>
> **Señor:** No **pude** ver mucho porque no **llevaba** mis gafas puestas, pero me parece que el coche negro **se pasó** el semáforo en rojo...
>
> **Óscar:** Bueno, gracias por su ayuda, señor.

1. Write a list of the circumstances in which you would use preterite and in which you would use imperfect.
2. Can you find any examples of the uses you listed in the dialogue above?

A comprobar

Preterite and imperfect: A summary

You have already learned that the preterite is the narrative past and is used to express an action that is *beginning* or *ending*, while the imperfect is the descriptive past that is used to express an action *in progress (middle)*. Here is an overview of how the two tenses are used:

Preterite

1. A past action or series of actions that are completed as of the moment of reference

   Vi el accidente y **llamé** a la policía.

2. An action that is beginning or ending

   Empezó a estudiar a las siete.

   Vivimos en Madrid por tres años.

3. A change of condition or emotion

   Tuve miedo cuando escuché el ruido *(noise)*.

Imperfect

1. An action in progress with no emphasis on the beginning or end of the action

   Llovía y **hacía** viento.

2. A habitual action

   Siempre **leía** antes de acostarme.

3. Description of a physical or mental condition

   Era alto y moreno y **tenía** el pelo largo.

   Estaba muy nervioso.

4. Other descriptions, such as time, date, and age

   Eran las tres de la tarde.

   Era el primero de octubre.

   Tenía sesenta años.

A practicar

9.30 Esquí en Bariloche Pon las siguientes oraciones en el orden correcto para contar lo que hizo Rogelio.

1. _____ El invierno pasado cumplió 20 años y fue a Bariloche para esquiar con sus amigos.
2. _____ Cuando Rogelio era niño, iba a esquiar con su familia durante las vacaciones de invierno.
3. _____ Mientras Rogelio bajaba la pista *(slope)* un chico cruzó enfrente de él y se asustó y se cayó.
4. _____ El primer día de esquí, Rogelio y sus amigos se levantaron temprano, se vistieron y fueron a la pista.
5. _____ Hablaban y se reían mientras esperaban su turno para subir *(to go up)* la montaña.
6. _____ Rogelio estaba frustrado y tenía frío, entonces se quitó los esquíes y regresó al hotel para tomar un chocolate caliente.

9.31 Un accidente en bicicleta Mayda habla sobre un accidente que tuvo con su bicicleta. Completa las oraciones con la frase apropiada para saber lo que pasó.

1. Tenía una bicicleta roja cuando...
   a. era niña.
   b. fui niña.
2. Cuando salía con mi bicicleta, siempre...
   a. tenía mucho cuidado.
   b. tuve mucho cuidado.
3. Ese día...
   a. hacía mucho sol.
   b. hizo mucho sol.
4. Yo iba por la calle cuando...
   a. un coche se pasaba un alto.
   b. un coche se pasó un alto.
5. Me atropelló porque...
   a. no podía parar.
   b. no pude parar.
6. Cuando el conductor vio que estaba herida...
   a. se preocupaba.
   b. se preocupó.
7. Él me hablaba mientras...
   a. esperábamos la ambulancia.
   b. esperamos la ambulancia.

9.32 Un accidente Completa el siguiente párrafo con la forma necesaria del pretérito o del imperfecto del verbo indicado.

Esta mañana **(1.)** _____ (haber) un accidente a las ocho y media. En ese momento yo **(2.)** _____ (caminar) por la calle Montalvo con mi amiga Reina. De repente, nosotros **(3.)** _____ (oír) un ruido *(noise)* y **(4.)** _____ (ver) que un coche acababa de *(just)* chocar contra un árbol. Un hombre mayor **(5.)** _____ (bajar) del coche. Él **(6.)** _____ (estar) muy pálido y **(7.)** _____ (tener) una herida en la cabeza. Nosotros lo **(8.)** _____ (ayudar) a sentarse en la acera. Mientras él **(9.)** _____ (descansar *to rest*), Reina **(10.)** _____ (llamar) a una ambulancia. Nosotros **(11.)** _____ (estar) muy preocupados por él, pero **(12.)** _____ (calmarse) un poco cuando **(13.)** _____ (llegar) la ambulancia. Los paramédicos lo **(14.)** _____ (poner) en la camilla y lo **(15.)** _____ (llevar) al hospital.

9.33 Experiencias personales Habla con un compañero sobre tus experiencias y túrnense para completar las oraciones. Atención al uso del pretérito y del imperfecto.

1. Mientras aprendía a conducir...
2. Cuando conseguí la licencia de conducir...
3. La primera vez que conduje...
4. Una vez que conducía...
5. Vi un accidente y...
6. Conozco a alguien que tuvo un accidente porque...

9.34 El venado *(The deer)* Con la ayuda de tu compañero describe lo que les pasó a Margarita y a Marián. Usa el pretérito y el imperfecto e incluye muchos detalles. Decidan lo que pasó al final.

Lectura

Reading Strategy: Read interactively

As suggested in the first reading for this chapter, remember to make annotations as you read. Interacting with the text will help you to understand it better. Make sure to practice this strategy with the following reading, creating a simple code for your annotations. For example:

  already knew it = K
  disagree = X
  new information = +
  important to remember = !
  don't understand = ¿?

Antes de leer

¿Cuál es la diferencia entre una leyenda y un cuento? ¿Qué es una leyenda urbana? ¿Conoces alguna leyenda urbana? ¿Cuál?

A leer

Leyendas urbanas

Una leyenda se puede definir como un relato que no se puede comprobar que se basa en personas, hechos o lugares que realmente existen o existieron. Es decir, es un relato fantástico con un fondo histórico que pretende explicar el presente. Un tipo de leyenda muy común es aquella en donde se explica cómo apareció un elemento geográfico importante para una comunidad, como un volcán o una montaña. Un ejemplo es la leyenda paraguaya de origen guaraní de cómo apareció el pájaro ñandú en la Tierra o el Salto del Guairá. Otro tipo de leyenda trata de dar una lección moral, como en el caso de "El padre Almeida" y "Mariangula", ambas leyendas del Ecuador.

En contraste, las leyendas urbanas son historias relativamente modernas que no intentan explicar el presente. Generalmente se trata de historias con elementos increíbles que circulan sin ninguna evidencia de que sean verdaderas. Adquieren relevancia en una comunidad porque *se supone* que son eventos que le ocurrieron a alguien de esa comunidad. Ocasionalmente están basadas en un hecho que realmente llegó a ocurrir, pero se cuenta de forma muy distorsionada.

supposedly

Un pájaro ñandú

Son muchas y muy variadas las leyendas urbanas que se escuchan hoy en día. Curiosamente, muchas veces las mismas historias se escuchan en países diferentes. A veces el escenario de la historia es España, a veces Ecuador, Paraguay, Puerto Rico o cualquier otro país. A continuación se cuenta la leyenda de *La muchacha de la curva,* leyenda urbana de la que existen numerosas versiones.

La muchacha de la curva

Era una noche oscura y llovía muy fuerte. Un automovilista conducía solo por la carretera cuando vio a una muchacha haciendo autostop. La chica estaba **empapada** y **tiritaba**. Él se detuvo y la dejó subir a su automóvil. Le preguntó adónde iba. La muchacha le dio una dirección cerca de allí, y el automovilista la llevó hasta su casa. **Se despidió** de ella y la vio caminar hacia la puerta. Después arrancó y continuó su camino.

["¡Es ella!", exclamó.]

soaked / shivering

said goodbye

... un automovilista vio a una muchacha...

Al día siguiente el hombre decidió regresar para buscar a la muchacha para saber si estaba bien. Cuando llegó a la casa en donde la había dejado la noche anterior, tocó a la puerta. Una mujer vieja le abrió. El hombre preguntó por la muchacha y la mujer respondió que allí no vivía ninguna joven. Sin embargo, la mujer invitó al hombre a entrar. En la sala, el hombre vio una fotografía de la muchacha en la pared. "¡Es ella!", exclamó.

La mujer le dijo al hombre: "Era mi hija. **Hace veinte años** ella iba conduciendo por la carretera. Estaba muy obscuro y llovía. Entonces llegó a la curva donde usted la recogió. Esa noche llovía tanto que ella no vio las señales. Su auto **resbaló** y mi hija perdió el control y chocó. Murió inmediatamente. Ahora, cada año, el mismo día, en el mismo lugar y a la misma hora en que ocurrió el accidente, mi hija aparece y le pide a algún conductor que la **traiga** a casa, que es adonde ella iba esa noche".

Twenty years ago

slid

bring

Comprensión

1. ¿Cuáles son algunas diferencias entre una leyenda y una leyenda urbana?
2. ¿Por qué piensas que las mismas historias se escuchan en diferentes países?
3. En la leyenda de la chica de la curva ¿qué hizo el automovilista cuando vio a una chica haciendo autostop?
4. ¿Qué supo el automovilista al final de la historia?

Después de leer

Investiga una leyenda tradicional o una leyenda urbana. Sube la leyenda a Share It! y lee las leyendas de tus compañeros. ¿Cuál te gusta más? ¿Por qué?

> **INVESTIGUEMOS LA MÚSICA**
>
> Spanish singer Julio Iglesias' song "Pájaro Chogüí" recounts a Paraguayan legend. Listen to the song and tell what the legend is.

Redacción

A magazine has asked readers to write in and tell about a day that was particularly memorable. ¡OJO! You will need to use the preterite and the imperfect.

Paso 1 Think about an event that was particularly memorable. It might be a special day such as a birthday or your wedding, or it might be a day something terrible happened such as an accident.

Paso 2 Jot down a list of phrases that set the scene. Consider how you were feeling as the day began, where and when the event took place, and what the weather was like.

Paso 3 Write a list of chronological events that took place that day.

Paso 4 Begin your story using the information you generated in **Paso 2** to set the scene.

Paso 5 Write a few paragraphs that narrate the story using the information you generated in **Paso 3**. Be sure to elaborate on the chronological development of the event by adding details such as descriptions and emotions.

Paso 6 Conclude your account telling how the event ended and how you felt at the end.

Paso 7 Edit your essay:

1. Is the information clearly organized?
2. Did you include ample details?
3. Is the narration logically organized with smooth transitions between sentences?
4. Are there any short sentences you can combine with **y** or **pero**?
5. Do verbs agree with the subject? Are they conjugated properly?
6. Did you use the preterite and the imperfect accurately?
7. Are there any spelling errors? Do the preterite verbs that need accents have them?

En vivo

Entrando en materia

Cuando eres peatón en las calles de la ciudad ¿qué medidas *(measures)* tomas para caminar seguro *(safely)* por la ciudad? ¿Qué debes hacer para tomar un autobús?

Aviso para peatones

Vas a leer alguna información publicada para enseñar a los peatones a caminar seguros.

Aprenda a caminar seguro por ciudad y por carretera

¡Bienvenido a nuestra ciudad! Estamos orgullosos de ser una de las urbes latinoamericanas con mejores servicios para peatones, ciclistas y automovilistas, pero es importante que todos hagan su parte para evitar accidentes y tener una ciudad segura. Por eso, aclaramos a continuación cuál es la forma indicada de proceder en algunas de las situaciones más frecuentes.

SEGURIDAD PEATONAL Las zonas peatonales están claramente indicadas con líneas blancas, también conocidas como pasos de cebra[1]. Cuando hay zonas peatonales disponibles se debe caminar por ellas y nunca cruzar a la mitad[2] de la calle. Si no hay una zona peatonal nunca se debe bajar de la acera y se debe esperar a cruzar en las esquinas. Es obligación de los automovilistas no invadir las zonas peatonales y prestar atención a los peatones.

ESTACIONAMIENTOS Si un automóvil entra o sale de un estacionamiento, debe cederle[3] el paso a los peatones que circulan por la acera.

PARADAS DE AUTOBUSES El sistema de autobuses ofrece paradas claramente indicadas. Los autobuses no pueden recoger pasajeros en ningún otro lugar. En estas paradas también se indican los números de las rutas que pasan por allí. Usted puede comprar pases mensuales[4] para tomar un número ilimitado de autobuses y en el sistema del metro. Estos pases se pueden adquirir en los quioscos de periódicos o en las tabaquerías. Si usted no necesita pases, es su responsabilidad pagar con el cambio exacto a la hora de abordar el autobús. El conductor no puede darle cambio[5].

CICLISTAS Aunque hay muchas avenidas con vías para ciclistas, todavía falta mucho por hacer. Los conductores de bicicleta deben circular por la calle, como los otros vehículos, nunca por la acera. Los automovilistas deben tratar a los ciclistas como a otros vehículos motorizados. Es obligación del ciclista llevar un casco[6] como medida de seguridad, así como luces[7] y ropa que lo haga claramente visible, aún en condiciones de lluvia y niebla[8].

[1]*zebra* [2]*middle* [3]*yield* [4]*monthly* [5]*change* [6]*helmet* [7]*lights* [8]*fog*

Comprensión

Lee las siguientes oraciones y decide si son ciertas o falsas, según la lectura.

1. Cuando no hay una zona peatonal, los peatones pueden cruzar a la mitad de la calle.
2. Cuando un automóvil sale de un estacionamiento, los peatones deben cederle el paso.
3. Los autobuses solamente recogen pasajeros en las paradas establecidas.
4. Con los pases para autobuses se puede usar el sistema del metro también.
5. No se le puede pagar al chofer del autobús por el pasaje.
6. Los ciclistas deben conducir por la acera para evitar el peligro de los automóviles.

Más allá

Ahora escribe una lista de tres consejos para andar en bicicleta por la ciudad. Después comparte tu lista en Share It! y lee los consejos de tus compañeros. ¿Hay algo que aparezca en todas las listas de consejos?

Modelo *Los ciclistas deben llevar ropa clara porque los conductores pueden verlos mejor.*

Exploraciones profesionales
El orden público

Vocabulario

Sustantivos
la audiencia	*hearing*
el cinturón de seguridad	*seat belt*
la corte	*court*
los derechos	*rights*
la infracción de tráfico	*traffic violation*
la licencia de conducir	*driver's license*
la placa	*license plate*
el registro	*registration*
el vehículo	*vehicle*

Adjetivos
imparcial	*impartial*
justo(a)	*fair*

Verbos
apelar	*to appeal*
averiguar	*to find out*
cometer	*to commit*

Frases útiles

licencia de conducir y registro del vehículo
driver's license and registration

dar una advertencia
to give a warning

exceso de velocidad
speeding

prohibido girar en U
no U-turn

Tiene el derecho de apelar.
You have the right to appeal.

DATOS IMPORTANTES

Educación: Estudios secundarios completos. Algunos departamentos requieren uno o dos años de cursos universitarios. En ciertos casos se exige título universitario. Se recomiendan cursos complementarios relacionados con educación física.

Salario: Entre $65 000 y $140 000, dependiendo de la agencia, el estado y la experiencia

Dónde se trabaja: Departamentos de Policía Estatal

Vocabulario nuevo Completa las oraciones con la palabra apropiada de la lista de vocabulario.

1. Debes ponerte el _____ para protegerte si tienes un accidente.
2. El policía quiere ver mi _____ y _____ de mi auto.
3. Tienes el derecho de _____ la decisión de la corte.
4. El policía no le dio una multa, solo le dio una _____.
5. Puedes recibir una multa si cometes una _____.

▶ Robert Licata, policía estatal

Robert Licata es un policía estatal. Trabaja en las autopistas para que los conductores respeten las reglas de tránsito. En el video vas a ver al Sr. Licata hablando seriamente con una conductora.

Antes de ver

Los policías estatales deben ser imparciales cuando hablan con los conductores que cometen infracciones. Simplemente les dicen qué infracción cometieron, los derechos que tienen y lo que deben hacer. También deben tener cuidado porque no saben si las personas que están en los vehículos pueden atacarlos. ¿Cómo te sientes si un policía detiene tu vehículo? ¿Crees que es conveniente hablar mucho con el policía? ¿Cómo reaccionas si crees que no cometiste ninguna infracción?

Comprensión

1. ¿Qué le pide el policía a la conductora cuando se acerca al auto?
2. ¿En dónde cometió infracciones la conductora?
3. ¿Qué infracciones cometió?
4. ¿Qué excusa da la conductora por las infracciones cometidas?
5. ¿Por qué cantidad es la multa que le da el policía?
6. ¿Por qué el policía no le dio una advertencia?
7. ¿Qué averiguó el policía con la placa del vehículo?
8. ¿Qué solución posible le da el policía a la conductora?

Después de ver

En parejas, representen a un policía y a una persona que hizo algo incorrecto. Demuestren cómo debe actuar el policía, lo que le pide a la persona, qué preguntas le hace y cómo le responde la persona.

Exploraciones de repaso: estructuras

9.35 Una fiesta de quince años Completa el párrafo con la forma necesaria del pretérito o del imperfecto del verbo entre paréntesis.

El sábado pasado yo **(1.)** _____ (ir) a una fiesta de quince años. **(2.)** _____ (Haber) muchas personas y yo **(3.)** _____ (conocer) a Rosaura. Yo **(4.)** _____ (hablar) con la quinceañera Zulema cuando la **(5.)** _____ (ver) entrar. **(6.)** _____ (Ser) muy guapa y **(7.)** _____ (llevar) un vestido azul. Zulema me **(8.)** _____ (decir) que **(9.)** _____ (ser) su prima. Yo **(10.)** _____ (querer) conocerla y Zulema nos **(11.)** _____ (presentar). Yo le **(12.)** _____ (pedir) bailar y ella **(13.)** _____ (aceptar). Nosotros **(14.)** _____ (bailar) toda la noche y **(15.)** _____ (divertirse) mucho. Ahora Rosaura es mi novia.

9.36 Un día en el parque Decide cuál es la relación de las dos acciones. Luego combínalas en una oración usando la forma apropiada del pretérito o del imperfecto.

Modelo Hacer sol / Mateo estar aburrido en casa
Hacía sol y Mateo estaba aburrido en casa.

1. Mateo querer jugar en el parque / Él invitar a su amigo Ariel a jugar
2. Ariel pedirle permiso a su mamá / Ella decirle que sí
3. Los niños hablar y reír / Ellos caminar al parque
4. Mateo y Ariel llegar al parque / Ellos decidir trepar un árbol
5. Ariel trepar el árbol / Mateo mirarlo
6. Una rama *(branch)* romperse / Ariel caerse
7. Ariel no poder levantarse / Él llorar
8. Mateo asustarse / Él correr a buscar a la mamá de Ariel

9.37 El Año Nuevo Ramiro habla de la fiesta del Año Nuevo. Completa sus oraciones para contar lo que pasó. Deben usar el pretérito y el imperfecto.

1. Cuando era niño siempre...
2. El año pasado decidí hacer una fiesta y...
3. Los invitados empezaron a llegar mientras yo...
4. Me alegré mucho cuando...
5. Algunas personas bailaban mientras otras...
6. Cuando el reloj dio la medianoche, todos...

Fuegos artificiales sobre Chichén Itzá

Exploraciones de repaso: comunicación

9.38 Una historia interesante Con un compañero escojan fotos diferentes y describan lo que pasó usando las preguntas como guía. ¡**OJO!** Presta atención al uso del pretérito y del imperfecto.

1. ¿Dónde estaban? ¿Por qué?
2. ¿Qué hacían?
3. ¿Qué pasó?
4. ¿Cómo se resolvió la situación?

9.39 El periodista Un periodista habla con un testigo sobre el accidente que vio. Trabaja con un compañero. Uno de ustedes es el periodista y hace las siguientes preguntas, prestando atención al uso del pretérito o el imperfecto. El otro es el testigo y mira los dibujos en el **Apéndice B** para responder las preguntas.

1. ¿Qué tiempo (hacer)?
2. ¿Quién (conducir) el coche rojo?
3. ¿A qué hora (ocurrir) el accidente?
4. ¿Qué (pasar)?
5. ¿(Haber) testigos?
6. ¿Cuándo (llegar) la ambulancia?

9.40 Con un compañero van a organizar una fiesta.

Paso 1 Decidan qué van a celebrar. Luego necesitan planear todos los detalles:

¿Dónde y cuándo va a ser la celebración?
¿A quiénes van a invitar?
¿Cómo van a decorar?
¿Qué van a ofrecerles a los invitados para beber y comer?
¿Qué actividades va a haber en la fiesta (música viva, baile, juegos, etcétera)?
¿A qué hora va a empezar y a terminar su fiesta?

Paso 2 Repórtenle a la clase los detalles de su fiesta.

CAPÍTULO 9

🔊 Vocabulario 1

En la fiesta

los banderines	streamers	la invitación	invitation
los bocadillos	snacks	el invitado	guest
el brindis	toast	los novios	bride and groom
el champán	champagne	el pastel	cake
el desfile	parade	la piñata	piñata
los dulces	candies	la quinceañera	girl celebrating her fifteenth birthday
el festejo	party, celebration		
los fuegos artificiales	fireworks	el regalo	gift
los globos	balloons	la serenata	serenade
el grupo de música	music group/band	la vela	candle

Las celebraciones

el aniversario	anniversary	los quince años	a girl's fifteenth birthday celebration
el bautizo	baptism		
la boda	wedding	el santo	saint's day
el cumpleaños	birthday		
la graduación	graduation		
las posadas	nine-day celebration before Christmas		

Verbos

brindar	to toast	decorar	to decorate
casarse (con)	to get married (to)	disfrutar	to enjoy
celebrar	to celebrate	romper	to break
cumplir años	to turn (x) years old	terminar	to finish

Diccionario personal

_____
_____
_____
_____
_____
_____
_____
_____

Vocabulario 2

En la calle

la acera	sidewalk	el parquímetro	parking meter
la ambulancia	ambulance	la patrulla	police car
la camilla	stretcher	el peatón (la peatona)	pedestrian
la carretera	highway	el poste	post
el (la) ciclista	cyclist	el puente	bridge
el (la) conductor(a)	driver	el semáforo	traffic light
el cruce	crosswalk	la señal	sign
la esquina	corner	el servicio de emergencias	emergency service
el límite de velocidad	speed limit	el (la) testigo	witness
la multa	fine, ticket		
el paramédico	paramedic		

Los verbos

aburrirse	to become bored	esperar	to wait
alegrarse	to become happy	estacionarse	to park
asustarse	to become frightened	frustrarse	to become frustrated
atravesar (ie)	to cross	pasarse un semáforo en rojo	to run a red light
atropellar	to run over		
bajar de	to get out of (a vehicle)	pasarse una señal de PARE	to run a stop sign
caer(se)	to fall		
chocar (con)	to crash (into)	sentirse	to feel
cruzar	to cross	sorprenderse	to be surprised
dañar	to damage	subir a	to get into (a vehicle)
distraerse	to get distracted	tropezar (ie)	to trip
enojarse	to become angry		

Expresiones adicionales

de repente	suddenly
estar dañado(a)	to be damaged
estar herido(a)	to be injured

Diccionario personal

_____
_____
_____
_____
_____
_____

CAPÍTULO 10

Learning Strategy

Use Spanish every time you talk in class

Try to use Spanish for all your classroom interactions, not just when called on by the instructor or answering a classmate's question in a group activity. Don't worry that your sentences may not be structurally correct; the important thing is to begin to feel comfortable expressing yourself in the language. You might even initiate a conversation with your instructor or another classmate before or after class.

In this chapter you will learn how to:

- Give and receive directions
- Make travel arrangements
- Book and talk about hotel accommodations
- Suggest activities
- Make informal and formal requests

¿Adónde vas a viajar?

Exploraciones gramaticales
Relative pronouns and adverbs 340
Formal and **nosotros** commands 343
Informal commands 354
Commands with pronouns 357

En vivo
Un mensaje de la Secretaría de Transporte 347
Hospedaje para estudiantes de idiomas 363

Conexiones culturales
La industria del turismo 338
Lugares excepcionales 352

Lectura
¿Adónde ir de vacaciones? 348
¿Dónde quedarse: hoteles, moteles, pensiones o albergues? 360

Exploraciones profesionales
La seguridad de aeropuertos 364

Exploraciones léxicas

La señora Torres no viaja con frecuencia, pero sabe que es mejor viajar con poco equipaje.

Para viajar en avión o tren

el (la) agente de seguridad	security agent
el cinturón de seguridad	safety (seat) belt
el coche cama	sleeping car
la conexión	connection
la escala	layover
la litera	bunk bed
la parada	stop
el pase de abordar	boarding pass
el reclamo de equipaje	baggage claim
el vuelo	flight

Verbos

abordar	to board
aterrizar	to land
despegar	to take off
doblar	to turn
pasar por seguridad	to pass through security
perder	to miss (a flight, a train)
seguir derecho	to go straight

Palabras adicionales

a tiempo	on time
la aduana	customs
el asiento	seat
la estación de autobuses	bus station
la llegada	arrival
retrasado(a)	delayed
la sala de espera	waiting room
la salida	departure
la visa	visa

INVESTIGUEMOS EL VOCABULARIO

In Latin America, a plane or train ticket is **un pasaje** or **un boleto**; **un boleto** also refers to a ticket for an event. However, in Spain, a train or a plane ticket is **un billete**, and a ticket for an event is **una entrada**. It is also important to note that while **primera clase** is used for both trains and airplanes, **segunda clase** is used only for trains. For air travel, coach class is known as **clase turista**.

A practicar

10.1 Escucha y responde Vas a escuchar una serie de ideas sobre viajar por tren o por avión. Indica con el pulgar hacia arriba si son lógicas, y con el pulgar hacia abajo si son ilógicas.

10.2 A viajar Escribe la palabra lógica del vocabulario que mejor complete la oración.

En el aeropuerto:

1. Debemos obtener un _____ antes de subir a un avión.
2. En el mostrador de la aerolínea, un dependiente nos pregunta si preferimos ventanilla o _____.
3. Antes de _____ y de aterrizar debemos ponernos _____.

En la estación de trenes:

4. Este tren va directamente a su destino, no hace ninguna _____.
5. Compramos un boleto en _____ y después caminamos al _____ para abordar el tren.
6. _____ nos pide nuestros boletos en el tren.
7. Llevamos nuestra ropa en _____ cuando viajamos.

10.3 Asociaciones Con un compañero, relacionen las palabras de las dos columnas y expliquen la relación entre ellas.

1. _____ retrasado
2. _____ la taquilla
3. _____ la ventanilla
4. _____ aterrizar
5. _____ facturar
6. _____ el asistente de vuelo
7. _____ la llegada
8. _____ el pasaporte

a. el equipaje
b. el revisor
c. a tiempo
d. la salida
e. el boleto
f. la visa
g. el pasillo
h. despegar

10.4 Conversación Trabaja con un compañero para contestar las preguntas.

1. ¿Alguna vez viajaste por tren? ¿Cuándo? ¿Adónde? ¿Te gustó la experiencia? ¿Por qué?
2. ¿Alguna vez viajaste en autobús? ¿Adónde fuiste? ¿Te dieron un buen servicio?
3. ¿Viajas por avión con frecuencia? ¿Por qué?
4. ¿Qué te gusta y qué no te gusta de viajar por avión?
5. ¿Qué es necesario hacer para tener un buen viaje por avión? ¿Y por tren?
6. ¿Piensas que trabajar en un avión o un tren es un buen trabajo? ¿Por qué?
7. ¿Cuáles son las ventajas de viajar por tren? ¿Por avión? ¿Por autobús?

10.5 Situaciones En parejas, túrnense para hablar sobre las fotografías. Usen las preguntas de la lista e inventen todos los detalles.

¿Quiénes son las personas y dónde están?
¿Qué están haciendo y por qué?
¿Adónde van a viajar?
¿Cómo crees que va a ser su viaje?

10.6 ¿Vamos por tren o por avión? Tu compañero y tú están estudiando en Quito, Ecuador, y quieren viajar este fin de semana. Deben decidir si van a viajar por avión a Cuenca, o por tren a Latacunga. Uno de ustedes puede ver la información para viajar por avión en esta página y el otro va a ver la información para viajar por tren en el **Apéndice B.** Intercambien la información y tomen notas. Después van a ponerse de acuerdo *(agree)* en cómo van a viajar y a qué hora. Compartan toda la información antes de decidir.

INVESTIGA LA MÚSICA

Charly García is a famous rock singer from Argentina. Look for his song "No voy en tren, voy en avión" on the Internet. Why do you think he prefers to travel by plane?

AEROPUERTO INTERNACIONAL DE QUITO

Ruta Quito–Cuenca:	Salida	Llegada	Regreso*	Precio por pasajero
	4:35 AM	5:27 AM	6:00 AM	$129,00
	7:50 AM	8:40 AM	1:30 PM	$138,00
	10:00 PM	10:50 PM	11:00 PM	$145,99
*Horario de regreso el día siguiente				

Conexiones culturales
La industria del turismo

Cultura

Los festivales son una buena oportunidad para ver la cultura de un país y una oportunidad para atraer turistas. Dos ejemplos conocidos de España son el Festival de San Fermín, en Pamplona, y el de la Tomatina, en Buñol. Sin embargo, hay muchos más festivales y carnavales de gran interés en otros países hispanos. Por ejemplo, en Bolivia se celebra el Festival de Oruro, una de las más grandes celebraciones de la cultura andina. El carnaval es un ejemplo de sincretismo (la combinación de diferentes creencias), ya que originalmente celebraba a la Pachamama (una diosa inca que representa a la madre naturaleza), pero se mezcló con tradiciones católicas de los europeos cuando los españoles impusieron su religión. La celebración se centra ahora alrededor de la Virgen del Socavón, virgen que apareció en una importante mina de plata *(silver)* en 1789.

Investiga y escribe una descripción de uno de estos festivales.

El Carnaval de Barranquilla, Colombia
El Carnaval del País (Carnaval de Gualeguaychú), Argentina
El Festival Casals, Puerto Rico
El Festival del Tango de Buenos Aires, Argentina
El Festival Iberoamericano de Teatro, Colombia
El Festival Internacional Cervantino, Guanajuato, México

 Después de investigar una de estas fiestas o un festival del **Apéndice A**, sube tu descripción del festival y una foto a Share It! Lee las descripciones de tus compañeros. ¿A cuáles de las fiestas te gustaría asistir?

Un desfile durante el Festival de Oruro, en Bolivia

Investiga otros festivales que se celebran en los países hispanohablantes como Cuba, El Salvador o España, en **Exploraciones del mundo hispano** en el **Apéndice A**.

Comparaciones

A veces es necesario obtener una visa para visitar ciertos países. El requisito depende de la nacionalidad del viajero y del tiempo que va a permanecer *(to stay)* de visita en otro país. Los ciudadanos de los Estados Unidos generalmente no necesitan visa para visitar España ni para viajar a la mayoría de los países hispanoamericanos si su visita va a durar menos de tres meses, pero hay excepciones como Paraguay, país que requiere visa. Para conseguirla se debe completar una solicitud que se puede obtener fácilmente en las páginas web del Consulado de Paraguay. La solicitud debe enviarse al consulado junto con el pasaporte, dos fotografías y la cuota *(fee)* debida. En realidad, la obtención de la visa es sencilla comparada con los requisitos de otros países.

Si tienes amigos latinoamericanos, pregúntales qué requisitos hay para visitar los Estados Unidos. Si no conoces a ningún latinoamericano, investiga en Internet. Averigua *(Find out)* si los requisitos son los mismos para los ciudadanos de España. Repórtale a la clase la información sobre los requisitos.

Paraguay es uno de los países que les pide visa a los ciudadanos de los Estados Unidos que visitan este país.

Conexiones... a la economía

De acuerdo con la UNWTO *(United Nations World Tourism Organization),* más de 50 millones de personas visitan España cada año (la cifra fue de casi 60,6 millones en el 2013) y unos 22 millones visitan México anualmente. Estos son los dos países hispanos más visitados en el mundo, pero para muchos otros países hispanos los ingresos económicos que trae el turismo son una parte fundamental de su economía, como es el caso de Costa Rica, Cuba y la República Dominicana. ¿Qué efecto piensas que tiene el turismo en países que reciben a muchos visitantes extranjeros? ¿Cuánto dinero gastas tú cuando vas de vacaciones? ¿Quién crees que trabaja más en carreras relacionadas con el turismo: los hombres o las mujeres? ¿Qué porcentaje de personas en el mundo crees que trabaja en turismo? A continuación puedes leer algunas estadísticas sorprendentes sobre el turismo:

Aeropuerto Internacional Ministro Pistarini, en Buenos Aires, más conocido como Ezeiza

- En 2012 las llegadas de turistas internacionales en todo el mundo fueron más de 1000 millones, lo que significa que la industria del turismo sigue creciendo.
- Se calcula que entre el 6 y el 7% del total de puestos de trabajo en el mundo están relacionados con el turismo. Se calcula que en el año 2013 el turismo representó casi el 3% de la economía mundial.
- También en el año 2013 más de la mitad de los viajeros llegó a sus destinos mediante transporte aéreo (52%), y el 48% viajó por carretera, por ferrocarril (tren) o por barco.

Comunidad

Visita un lugar turístico o un hotel de tu comunidad y entrevista a un turista. Si es posible, elige a alguien que hable español. Averigua de dónde es, por qué está en los Estados Unidos y por cuánto tiempo, qué lugares visitó y qué lugares va a visitar, lo que le gusta de Estados Unidos y lo que no le gusta. Recuerda ser respetuoso con el turista y explicarle que es una tarea para tu clase y que necesitas solamente unos pocos minutos. Después repórtale la información a la clase. Puedes empezar con estas preguntas:

¿De dónde es usted?
¿Por qué está de visita en los Estados Unidos?
¿Por cuánto tiempo va a estar en los Estados Unidos?

¿De dónde son ustedes?

Exploraciones gramaticales

A analizar

Santiago va a viajar con Nicolás a Puerto Rico. Mira el video. Después lee parte de su conversación y observa el uso de los pronombres **que** y **quien** y contesta las preguntas que siguen.

> **Nicolás:** A mis padres siempre les gusta conocer a las personas con **quienes** estudio en Nueva York. Además, mi hermana quiere conocer al amigo guapo **que** está en las fotos conmigo.
>
> **Santiago:** ¡Puerto Rico es un país **que** siempre he querido *(have wanted)* conocer!
>
> **Nicolás:** Estoy seguro que te va a gustar. Tiene playas **que** son muy bonitas y varios lugares turísticos **que** debes conocer.

1. How are **que** and **quien** used in the sentences above?
2. Look at the nouns immediately preceding each use of **que** and **quienes**. How do you determine whether you should use **que** or **quien**?

A comprobar

Relative pronouns and adverbs

1. The relative pronouns **que** and **quien** are used to combine two sentences with a common noun or pronoun into one sentence.

    Rodrigo tiene un coche.
    Rodrigo has a car.

    El coche no consume mucha gasolina.
    The car doesn't consume a lot of gas.

    Rodrigo tiene un coche **que** no consume mucha gasolina.
    *Rodrigo has a car **that** doesn't use much gas.*

2. **Que** is the most commonly used relative pronoun. It can be used to refer to people or things.

    Este es el tren **que** va a Córdoba.
    *This is the train **that** goes to Córdoba.*

    El hombre **que** tiene la camisa azul es el conductor.
    *The man **that** has the blue shirt is the driver.*

3. In English, the relative pronoun can sometimes be omitted; in Spanish, however, it must be used.

    Los boletos **que** compraste son para primera clase.
    *The tickets **(that)** you bought are for first class.*

4. **Quien(es)** refers only to people and is used after a personal **a** or a preposition (**a, con, de, para, por, en**).

    Esta es la señora **a quien** le debes dar el boleto.
    *This is the lady **to whom** you should give the ticket.*

    Las personas **con quienes** viajo están en mi clase.
    *The people **with whom** I am traveling are in my class.*

5. **Quien(es)** may replace **que** when the dependent clause is set off by commas.

    Los pasajeros, **quienes/que** viajan en este vuelo, ya abordaron.
    *The passengers, **who** are traveling on this flight, already boarded.*

6. When referring to places, you will need to use the relative adverb **donde**, without an accent.

    La parada **donde** debes esperar está al otro lado de la calle.
    *The stop **where** you should wait is on the other side of the street.*

*Notice that the pronouns **donde, que,** and **quien(es)** do not have accents.

A practicar

10.7 ¿Es lógico? Lee las oraciones y decide si son lógicas o no.

1. El pasajero es la persona que viaja.
2. La taquilla es el papel que necesitas para abordar el avión.
3. El andén es el lugar donde debes esperar el autobús.
4. El revisor, quien trabaja en el aeropuerto, necesita ver el pasaporte.
5. El asistente de vuelo es la persona a quien le debes pedir la bebida.
6. Un vuelo que hace escala es directo.

10.8 Ciudad del Este Completa el siguiente párrafo con los pronombres relativos **que** y **quien(es)**.

Matilde es la amiga con (**1.**) _____ paso mucho tiempo los fines de semana. El fin de semana pasado decidimos visitar a una amiga (**2.**) _____ vive en Ciudad del Este. Nos encontramos en la estación de autobús (**3.**) _____ está en el centro. Allí compramos los boletos y subimos al autobús (**4.**) _____ estaba estacionado. El autobús estaba lleno y tuve que sentarme al lado de una señora (**5.**) _____ viajaba con su hijo (**6.**) _____ lloró todo el viaje.

Después de unas horas llegamos a Ciudad del Este y vimos a nuestra amiga Pilar, (**7.**) _____ estaba muy contenta de vernos. Cuando llegamos a la casa, Teresa y Daniela, las chicas con (**8.**) _____ vive Pilar, abrieron la puerta. Pasamos horas charlando en la sala; nos contamos historias de nuestras familias, de los chicos con (**9.**) _____ salimos, de las clases (**10.**) _____ tenemos este semestre... de todo. Finalmente, a las dos de la mañana decidimos (**11.**) _____ era hora de acostarnos.

Matilde es la amiga con quien fui a Ciudad del Este.

10.9 Oraciones cortas Con un compañero, usen los relativos **donde, que** y **quien(es)** para combinar las dos oraciones.

Modelo Tengo una maleta. La maleta es muy grande. *Tengo una maleta que es muy grande.*

1. Tengo el boleto. Compré el boleto en la taquilla.
2. Los pasajeros subieron al autobús. El autobús llegó a la parada.
3. Zacarías es un amigo. Yo voy a viajar con Zacarías.
4. El revisor les pidió los boletos a los pasajeros. Los pasajeros viajaban en tren.
5. El agente miró mi pasaporte. El agente estaba sentado detrás del mostrador.
6. Ella es la agente. Puedes hablar con ella.
7. Aquí está el asiento. El asiento corresponde a tu boleto.
8. Tienes que ir a la aduana. En la aduana van a revisar tu equipaje.

10.10 Oraciones incompletas Trabaja con un compañero para completar las siguientes oraciones de una forma original. Usen los pronombres relativos **que** o **quien(es)**.

Modelo Tuve una clase...
Estudiante 1: *Tuve una clase que fue muy difícil, ¿y tú?*
Estudiante 2: *Tuve una clase que no me gustó.*

1. Tengo el boleto...
2. Conozco a una persona...
3. Tengo un amigo...
4. Mi mejor amigo es la persona...
5. Hay muchas personas...
6. Vi una película...
7. Tuve un profesor...
8. Tengo unos amigos...

10.11 Definiciones Con un compañero, túrnense para dar una definición de una de las siguientes palabras y el otro debe decidir cuál es la palabra que se está definiendo. Deben usar **donde, que** y **quien(es)**.

Modelo el asistente de vuelo → *Es la persona que sirve refrescos en un avión.*
el asiento → *Es el lugar donde te sientas en el avión o el tren.*

el boleto	el pase de abordar	el pasajero
el revisor	el andén	la taquilla
el piloto	el equipaje	la litera

La asistente de vuelo es la persona que ayuda a los pasajeros en un avión.

10.12 A conocernos En parejas, túrnense para preguntar y responder. Comiencen sus respuestas con las palabras entre paréntesis y usen los relativos **donde, que** y **quien(es)** como en el modelo. Deben explicar sus respuestas.

Modelo ¿Qué día de la semana estás más ocupado? (el día de la semana)
Estudiante 1: *¿Qué día de la semana estás más ocupado?*
Estudiante 2: *El día de la semana que estoy más ocupado es el lunes porque tengo cuatro clases.*

1. ¿Qué música te gusta? (la música)
2. ¿Con quién hablas cuando tienes problemas? (la persona)
3. ¿Qué materia es muy difícil para ti? (la materia)
4. ¿Qué día feriado te gusta más? (el día feriado)
5. ¿Para quiénes compras muchos regalos? (las personas)
6. ¿Qué tienda prefieres para comprar ropa? (la tienda)
7. ¿Qué profesión te parece *(seems)* interesante? (la profesión)
8. ¿A quién le dices tus secretos? (la persona)

Exploraciones gramaticales

A analizar

Santiago va a viajar con Nicolás a Puerto Rico. Mira el video otra vez. Después lee parte de la bienvenida que el asistente de vuelo les da a los pasajeros y contesta las preguntas que siguen.

> Por favor **pongan** su equipaje de mano debajo de sus asientos, o en los compartimientos en la parte superior de la cabina, y **tengan** cuidado si abren los compartimientos durante el vuelo. **Suban** las bandejas plegables *(tray tables)*, regresen sus asientos a su posición vertical y pónganse el cinturón de seguridad. Por favor, **miren** hacia el frente y **escuchen** con atención las instrucciones sobre lo que deben hacer en caso de emergencia.

1. The verbs in bold are commands. What are the infinitives for those verbs?
2. What do you notice about how the verbs are conjugated?

A comprobar

Formal and **nosotros** commands

1. When we tell someone to do something, we use commands, known as **mandatos** in Spanish. Formal commands are used with people you would address with **usted** and **ustedes**; however, these personal pronouns must be left out when using commands. To form these commands, drop the -**o** from the present tense first person (**yo** form) and add the opposite ending [-**e(n)** for -**ar** verbs, and -**a(n)** for -**er** and -**ir** verbs].

present tense first person		formal command
hablo	→	habl**e(n)**
hago	→	hag**a(n)**
sirvo	→	sirv**a(n)**

   Pida más información en el mostrador.
   Ask for more information at the counter.

   Facturen su equipaje primero.
   Check in your bags first.

   *Notice that verbs that have a stem change or are irregular in the present tense follow the same pattern in formal commands.

2. Negative formal commands are formed by placing **no** in front of the verb.

   No pierdan los pasaportes.
   Don't lose the passports.

3. Infinitives that end in -**car** and -**gar** have spelling changes in order to maintain the same sound as the infinitive. Infinitives that end in -**zar** also have a spelling change.

-**car**	buscar → bus**que(n)**
-**gar**	llegar → lle**gue(n)**
-**zar**	empezar → empie**ce(n)**

4. The following verbs have irregular command forms.

dar	d**é (den)**
estar	est**é(n)**
ir	**vaya(n)**
saber	**sepa(n)**
ser	**sea(n)**

5. To make suggestions with *Let's,* use commands in the **nosotros** form. **Nosotros** commands are very similar to formal commands. Add **-emos** for **-ar** verbs, and **-amos** for **-er** and **-ir** verbs.

infinitive	formal command	nosotros command
sacar	saque(n)	saqu**emos**
beber	beba(n)	beb**amos**
venir	venga(n)	veng**amos**

Estamos atrasados. **¡Corramos!**
*We are late. **Let's run!***

Salgamos por la mañana.
***Let's leave** in the morning.*

6. The **nosotros** forms of the irregular verbs are also similar to the formal commands.

dar	**demos**
estar	**estemos**
saber	**sepamos**
ser	**seamos**

7. **Ir** has two different **nosotros** command forms. The present tense **vamos** is commonly used with affirmative commands and **vayamos** is used with negative commands.

¡**Vamos** a Perú!
***Let's go** to Peru!*

No **vayamos** en tren.
***Let's not go** by train.*

8. **-Ar** and **-er** verbs with stem changes do not change in **nosotros** commands. However, **-ir** verbs do have a stem change.

infinitive	present tense	nosotros command
cerrar	cerramos	c**e**rremos
volver	volvemos	v**o**lvamos
pedir	pedimos	p**i**damos
dormir	dormimos	d**u**rmamos

A practicar

10.13 **¿Qué hago?** Pablo y Verónica van a hacer su primer viaje internacional y un amigo les explicó lo que tienen que hacer. Ordena sus instrucciones lógicamente.

_____ Pasen por la aduana.

_____ Compren el boleto.

_____ Lleguen al aeropuerto dos horas antes del vuelo.

_____ Consigan un pasaporte.

_____ Facturen las maletas.

_____ Confirmen el vuelo el día anterior.

10.14 **¿Qué dicen?** En parejas, túrnense para dar un mandato lógico de lo que las siguientes personas dirían *(would say)*. Usen los verbos entre paréntesis.

Modelo el agente de la aduana a un turista (abrir) *Abra su maleta.*

1. un asistente de vuelo a los pasajeros (poner)
2. un agente de seguridad a un pasajero (venir)
3. un agente de viajes a un cliente (conseguir)
4. un agente en el aeropuerto a un pasajero (ir)
5. un piloto a los asistentes de vuelo (volver)
6. un policía a un automovilista (conducir)
7. un guía a un grupo de turistas (mirar)
8. un revisor en el tren a un pasajero (comprar)

10.15 Instrucciones Estás en el hotel y le preguntas al recepcionista cómo llegar a varios destinos. Mira el plano y lee las instrucciones. Debes indicar dónde estás al final.

Vocabulario útil: la cuadra   block

1. Siga derecho por la calle Guevara. Doble a la izquierda en la calle Picasso. Siga derecho hasta la calle República. Está enfrente.

2. Siga derecho en la calle Bolívar hasta la calle República y doble a la derecha. Pase la biblioteca y en la calle Constitución, doble a la derecha otra vez. Está a la izquierda.

3. Siga derecho en la calle Bolívar hasta la calle Córdoba. Doble a la derecha. Cruce la calle Picasso y luego doble a la izquierda en la calle Colón. Pase el parque y está a la derecha.

10.16 Perdidos Imagínense que son turistas y no conocen la ciudad. Túrnense para preguntarse y responderse cómo llegar del hotel a los diferentes lugares. Usen el plano de la **Actividad 10.15.**

Modelo el café
Estudiante 1: *¿Cómo llego al café?*
Estudiante 2: *Atraviese la calle y vaya a la calle Bolívar. Camine hasta la calle Córdoba. Doble a la derecha y siga una cuadra más. El café está en la esquina de la calle Córdoba y la calle Picasso.*

1. el museo
2. la playa
3. el banco
4. el restaurante
5. la catedral
6. la biblioteca
7. el correo
8. el teatro
9. la plaza

10.17 ¿Qué recomiendas? Trabaja con un compañero para darle recomendaciones a cada una de las siguientes personas. Usen los mandatos formales.

Modelo El señor Sánchez va a salir de viaje.
Lleve poco equipaje.

1. La señorita Laredo siempre se aburre en los vuelos largos.
2. La señora Ramírez tiene miedo de viajar en avión.
3. Los señores Márquez siempre tienen mucha hambre cuando viajan.
4. El señor Vargas siempre olvida cosas cuando viaja.
5. La señora Castro va a viajar en tren por primera vez.
6. Los señores Gómez van a viajar con sus hijos pequeños en autobús.
7. Está nevando y la aerolínea canceló el vuelo de Miguel.
8. José Ramón está viajando de México a Madrid y el pasajero a su lado ronca *(snores)*.

INVESTIGUEMOS LA MÚSICA

Mecano was a Spanish pop group. Listen to their song "No me enseñen la lección." What does the student ask of the teacher? Can you identify with this student's experience?

10.18 Un viaje Con un compañero, hagan planes para hacer un viaje. Usen los mandatos en la forma de **nosotros** para expresar sus deseos.

Modelo adónde quieren ir
Estudiante 1: *Vamos a Cancún.*
Estudiante 2: *¡Buena idea! / No vayamos a Cancún, vamos a Puerto Rico.*

1. adónde quieren ir
2. cuándo quieren salir
3. cuánto dinero quieren llevar
4. cómo quieren viajar
5. dónde quieren dormir
6. qué quieren hacer
7. qué recuerdos *(souvenirs)* desean comprar

10.19 Una escena Con un compañero, escojan una de las fotos e inventen el diálogo. Usen mandatos en la conversación.

En vivo 🔊

Entrando en materia

Imagina que un amigo va a viajar por avión por primera vez y no sabe cómo prepararse. ¿Qué le recomiendas?

Un mensaje de la Secretaría de Transporte

🔊 Anticipando un gran número de pasajeros debido al *(due to)* período vacacional, la
2-19 Secretaría de Transporte preparó el mensaje que vas a escuchar a continuación. Escucha el mensaje y responde las preguntas que siguen.

Vocabulario útil

la cuota	*fee*	las joyas	*jewelry*
el dolor de cabeza	*headache*	el (la) menor de edad	*minor, underage*
la etiqueta	*label*	el tamaño	*size*

Comprensión

1. ¿Cuántas maletas puede llevar un pasajero como equipaje de mano si viaja por avión?
2. ¿Qué artículos se recomienda llevar en el equipaje de mano?
3. ¿Por qué recomiendan tomar agua?
4. ¿Cuál es el tamaño máximo de geles o líquidos en el equipaje de mano?
5. ¿Qué necesitan los menores de edad para viajar?
6. ¿Con cuánto tiempo de anticipación recomiendan llegar antes de un vuelo internacional?

Más allá

Decide si prefieres viajar en avión, coche, autobús o por tren y explica por qué. Después escribe una lista de cinco recomendaciones lógicas para viajar (en avión, coche, autobús o por tren) y compártela con tus compañeros en Share It! Lee las recomendaciones de los otros.

Lectura

Reading Strategy: Visualizing and paraphrasing

While you read, form mental pictures of scenes, characters, and events. It will help you remember the content of the text and the words. In addition to visualizing, stop after each paragraph and think how you would explain ideas from the text in your own words. Take a few moments to jot down your summary of the paragraph. This will help to ensure you understand what you are reading, and will give you notes for reference later.

Antes de leer

¿Qué sitios de Latinoamérica o España piensas que son los más populares entre los turistas? ¿Por qué?

A leer

¿Adónde ir de vacaciones?

Todos los países en donde se habla español ofrecen una cantidad impresionante de atractivos turísticos, ya sea por su geografía o por su interés cultural, e incluso por su interés deportivo. El turismo es importante para la economía de muchos países hispanos. Un ejemplo es España, país que recibe **alrededor** de 60 millones de visitantes al año. Esta cifra es más significativa porque la población total de España es de aproximadamente unos 40 millones de habitantes. En México, tan solo en la ciudad de Cancún hay alrededor de 30 000 habitaciones para turistas. Esta ciudad recibe más de dos millones y medio de visitantes cada año. El turismo es la mayor fuente de ingresos en Costa Rica, donde le da trabajo a más del 13% de la población del país. Sería imposible resumir en un artículo breve la gran diversidad de lugares de interés, así que en este espacio vamos a describir solamente tres destinos turísticos que son poco conocidos entre los turistas estadounidenses.

around

> [El turismo es importante para la economía de muchos países]

Bariloche, Argentina

Esta ciudad está en la Patagonia argentina, en una zona montañosa. Casi inmediatamente después de su fundación empezaron a llegar los primeros turistas. Sin embargo, fue con la construcción de los medios de transporte que Bariloche se hizo popular. Aunque en 1912 llegó el primer avión a este lugar, cuando se hizo realmente popular fue con la llegada de los **ferrocarriles** en 1934. En esta época se iniciaron en esta zona los deportes invernales como el esquí y el snowboard.

railways

Hoy en día Bariloche es una hermosa ciudad turística, **rodeada de** paisajes increíbles, ideal para practicar deportes invernales y para hacer innumerables actividades como ir de excursión, visitar museos, montar a caballo y practicar el rafting.

surrounded by

Cartagena, Colombia

Cartagena es una ciudad especial por muchas razones. Su centro histórico fue declarado Patrimonio de la Humanidad por la UNESCO en 1985. Debido a su localización y al hecho de ser puerto y **bahía,** en Cartagena se guardaban **el oro** y otros tesoros antes de embarcarlos a España. En consecuencia, la ciudad prosperó mucho, pero desafortunadamente también atrajo los ataques frecuentes de piratas. Por eso, para finales del siglo XVIII, casi toda la ciudad estaba rodeada por 19 kilómetros de **murallas** que la protegían. Algunos muros llegaron a tener 15 metros de ancho y 12 metros de alto.

bay
gold

walls

Cartagena fue también el principal puerto al que llegaron los esclavos traídos de África, lo que explica el rico legado cultural de ritmos y arte africanos que se encuentra en la región.

Cartagena es actualmente el puerto de exportación más importante de Colombia, y le ofrece al turista una bellísima ciudad histórica, hoteles de primera clase, una gastronomía única, museos de interés y una vida nocturna espectacular.

El Sunzal, El Salvador

Para los amantes de surfear, El Sunzal es un nombre mundialmente reconocido. La industria del turismo de El Salvador es la que más rápido se está desarrollando en Centroamérica. Además de las bellas playas que este país ofrece, El Salvador también cuenta con volcanes y montañas, parques nacionales y oportunidades para hacer ecoturismo. Tiene además atracciones históricas, como Joya de Cerén, una comunidad que se conoce como "la Pompeya de Centroamérica" debido a que fue **cubierta** por una erupción volcánica en el año 600 antes de Cristo.

covered

Comprensión

1. ¿Dónde está Bariloche y cuándo se hizo popular?
2. Aparte de los deportes invernales ¿qué otras actividades ofrece Bariloche?
3. ¿Por qué fue importante Cartagena durante la época colonial?
4. ¿Por qué la mayor parte de Cartagena está dentro de murallas?
5. ¿Cuáles son los atractivos de El Salvador para los turistas?

Después de leer

Piensa en una ciudad fascinante que visitaste alguna vez, y escribe una lista de ideas por las que piensas que es una ciudad especial. Primero, comparte tus ideas con un compañero y escucha las suyas. Después suban sus ideas a Share It! y lean las ideas de otros compañeros.

2 Exploraciones léxicas

El señor y la señora Buendía acaban de llegar a su hotel en Bogotá. Se van a quedar cuatro días y esperan tener unas vacaciones fabulosas.

el alojamiento	lodging	**el (la) turista**	tourist
la clase turista	economy class	**de lujo**	luxurious
disponible	available		
el (la) gerente	manager	**Verbos**	
la habitación sencilla / doble / triple	single / double / triple room	**alojarse**	to lodge, to stay (in a hotel)
		bajar	to go down, to take (something) down
el Internet inalámbrico	wireless Internet	**pagar (y marcharse)**	to check out
la sala de conferencias	conference center	**quedarse**	to stay
el servicio a la habitación	room service	**registrarse**	to check in
		subir	to go up, to take (something) up

INVESTIGUEMOS EL VOCABULARIO

In Latin America, **la camarera** is a maid; in Spain, however, **la camarera** is a waitress. Another difference in Spain is that **sauna** is feminine but speakers say **el sauna** in most of Latin America. Also, in several South American countries, the verb **cancelar** is used instead of **pagar** to mean *to pay*.

A practicar

10.20 Escucha y responde Vas a escuchar cinco comentarios. Decide si los dice el recepcionista o el huésped.

2-20

10.21 En el hotel Completa las ideas con las palabras del vocabulario que aparecen abajo. No necesitas usarlas todas.

alojamiento	huéspedes	ascensor	sauna	centro de negocios
recepción	recepcionista	botones	habitación	camarera

1. Para entrar en nuestra _____ necesitamos una llave.
2. Cuando llegamos a un hotel, hablamos con el _____.
3. El _____ es la persona que lleva nuestras maletas a la habitación.
4. Los _____ de la habitación 415 desean pedir un taxi.
5. Nuestra habitación está en el décimo piso. ¿Hay _____? Preferimos no usar las escaleras porque tenemos muchas maletas.
6. ¡Qué habitación tan limpia! Debemos recordar darle una buena propina a la _____.

10.22 Relaciona las palabras Empareja una palabra de la primera columna con una de la segunda. Después trabaja con un compañero. Túrnense para comparar sus respuestas y explicar la relación entre las dos palabras. Es posible relacionar con más de una palabra.

Modelo la toalla
   la camarera
   La camarera trae las toallas a la habitación.

1. la habitación
2. el botones
3. el ascensor
4. la recepción
5. el baño
6. la llave
7. el huésped

a. el recepcionista
b. la puerta
c. el sauna
d. las maletas
e. las escaleras
f. sencilla
g. la camarera

10.23 Entrevista Trabaja con un compañero para conversar sobre las siguientes preguntas.

1. ¿Cuándo fue la última vez que te alojaste en un hotel? ¿Por qué te quedaste en el hotel? ¿Recuerdas cuánto pagaste por la habitación?
2. De los hoteles que conoces ¿qué hotel te gusta más y por qué?
3. En tu opinión ¿quién tiene el trabajo más difícil en un hotel (el recepcionista, el botones o el camarero)? ¿Por qué?
4. En tu opinión ¿qué servicios o artículos son muy importantes en una habitación? ¿Y en el hotel?

10.24 ¿Qué hotel elegir? Tu compañero y tú están planeando unas vacaciones en Costa Rica y hablan por teléfono para decidir qué hotel elegir. Hay solamente dos hoteles que tienen habitaciones disponibles. Uno de ustedes va a mirar la información en esta página y el otro debe mirar el **Apéndice B.** Pregúntense sobre los servicios y decidan al final en qué hotel van a quedarse.

Hotel Monteverde Natural

Descripción:	20 habitaciones disponibles, independientes y rodeadas de jardines
Servicios:	baño privado, agua caliente, televisor en todas las habitaciones, vista al Parque Nacional. Desayuno continental incluído en el precio.
Precio:	120.000 colones (habitación doble)
Notas:	Para acceder a las habitaciones se debe caminar por senderos y subir escalones. No hay servicio de botones.

Conexiones culturales
Lugares excepcionales

Cultura

En España, existen hoteles muy originales que se llaman paradores. Los paradores son hoteles ubicados *(located)* en castillos, monasterios, fortalezas u otros edificios históricos. De esta manera, los españoles conservan sus monumentos nacionales y artísticos y los convierten en un atractivo turístico. Los paradores son económicamente razonables y tienen un estándar de servicio muy alto. Un parador muy famoso es el Parador San Francisco, en Granada. El edificio data del siglo *(century)* XIV, y sirvió como convento en el siglo XV. Este parador es uno de muy pocos en España que recibe la clasificación de Parador Museo.

En Internet o en una guía turística, busca información sobre otro parador en España para saber:
¿Qué tipo de edificio histórico es?
¿Qué servicios ofrece?
¿Cuánto cuesta?

El Parador San Francisco en Granada, España

> Investiga en Internet sobre otros paradores de España y comparte la información y una foto en Share It! Lee la información que subieron dos compañeros sobre otros paradores. ¿Qué parador te gusta más? ¿Por qué?

Comparaciones

Los hoteles no siempre son una opción disponible cuando se quiere visitar lugares remotos o diferentes. Por ejemplo, los visitantes que desean pasar la noche en las islas artificiales de los Uros en el lago Titicaca, en Perú, deben pasar la noche con una familia en una casa hecha en su totalidad de totora, la planta con la que también están hechas las islas.

Para otra visita excepcional, es posible visitar las cuevas *(caves)* Pedro Antonio de Alarcón, en Granada, España, donde los moros se refugiaron durante su expulsión de Granada hace cientos de años. Hoy en día cada cueva es un apartamento con una cocina, un dormitorio y un baño. Algunas cuevas tienen incluso un lujoso jacuzzi o chimenea.

Hotel de Sal en el Salar de Uyuni, Bolivia

Otro hotel poco usual es el Hotel de Sal en el Salar de Uyuni en Bolivia. Este hotel está hecho completamente de sal, incluyendo todos los muebles del hotel.

¿Sabes de hoteles poco convencionales en los Estados Unidos? ¿Por qué son diferentes y dónde están?

Conexiones... a la economía

En muchos países donde se habla español el turismo es un motor importante de la economía. España, por ejemplo, es el tercer país más visitado del mundo, ya que recibe cada año más turistas que su población total. Muchos países latinoamericanos son también importantes destinos turísticos. Entre ellos destaca Costa Rica, país que promueve el ecoturismo. Costa Rica recibe al año más de dos millones de visitantes, lo que significa la mitad de la población de este país. Para Cuba el turismo también es una parte importante de la economía y ha tenido gran influencia en la transformación de la isla. Las playas cubanas son famosas en Europa.

El turismo es muy importante para la economía de Costa Rica.

¿Qué impacto crees que el turismo puede tener en la economía de una región y en su cultura?

Mira las páginas de **Exploraciones del mundo hispano** en el **Apéndice A**. ¿Cuál es uno de los países qué te gustaría visitar? ¿Por qué?

Comunidad

Visita un hotel en tu comunidad y encuentra un empleado hispano. Hazle preguntas sobre el hotel. Por ejemplo, averigua cuántos empleados hablan español u otros idiomas, en qué áreas trabajan y si reciben muchos huéspedes hispanos. ¿De qué países vienen? Recuerda ser respetuoso y no tomar mucho tiempo. Puedes empezar con estas preguntas.

¿Cuántos empleados en su hotel hablan español?
¿Cuántos empleados en su hotel hablan otros idiomas? ¿Cuáles son?

¿Hay muchos empleados que hablan español?

3
Exploraciones gramaticales

A analizar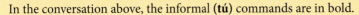

Rosa y Paula se quedaron en un hotel y Rosa está haciendo su maleta. Mira el video. Después lee su conversación, observa las formas de los verbos en negritas y contesta las preguntas.

Rosa: Necesito mis zapatos rojos. **Mira** debajo de la cama, por favor.
Paula: No están aquí.
Rosa: ¿Ay, dónde pueden estar?
Paula: ¡Los encontré!
Rosa: ¡Ay, qué bueno!
Paula: **Toma… Espera,** no la **cierres.** Aquí está tu pañuelo.
Rosa: ¡Ay, gracias Paula! Ya estoy lista. **Llama** al botones, por favor. ¡Mi maleta pesa mucho!
Paula: Ay, Rosa, tú y tus zapatos. ¡La próxima vez no **traigas** tantos zapatos!

In the conversation above, the informal (**tú**) commands are in bold.
1. How are the affirmative commands formed?
2. How are the negative commands formed?

A comprobar

Informal commands

1. Informal commands are used with people you would address with **tú.** To form the affirmative informal commands, use the third person singular (**él/ella**) of the present tense.

infinitive	affirmative *tú* command
bajar	baja
correr	corre
subir	sube

   Llama el hotel para hacer una reservación.
   Call the hotel to make a reservation.

   Pide* servicio a la habitación.
   Ask for room service.

   *Notice that stem-changing verbs keep their changes in the informal command forms.

2. The following verbs have irregular forms for the affirmative informal commands.

decir	di	salir	sal
hacer	haz	ser	sé
ir	ve	tener	ten
poner	pon	venir	ven

   Haz la cama, por favor.   *Make the bed, please.*

3. When forming negative informal commands use the formal **usted** commands and add an **-s.**

infinitive	usted command	negative *tú* command
ayudar	**ayude**	**no ayudes**
poner	**ponga**	**no pongas**
conducir	**conduzca**	**no conduzcas**
decir	**diga**	**no digas**
ir	**vaya**	**no vayas**

   No dejes la llave en la puerta.
   Don't leave the key in the door.

   No cuelgues las toallas sucias.
   Don't hang up the dirty towels.

4. In Spain, **ustedes** commands are formal. To give commands to two or more friends or family members, the Spanish use the informal **vosotros** commands. **Vosotros** affirmative commands are formed by dropping the **-r** from the infinitive and replacing it with a **-d**. Negative commands are formed by using the base of the **usted** commands and adding the **vosotros** ending (**-éis, -áis**).

infinitive	affirmative *vosotros* command	negative *vosotros* command
cerrar	cerr**ad**	**no cerréis**
hacer	hac**ed**	**no hagáis**
ir	**id**	**no vayáis**

A practicar

10.26 ¿Lógico o ilógico? La familia Domínguez está de viaje y se queda en un hotel. Lee los siguientes mandatos que la señora Domínguez le da a su hijo de 5 años y decide si son lógicos o no. Corrige los mandatos ilógicos.

1. No hagas mucho ruido *(noise)*.
2. Salta en la cama.
3. Busca tu traje de baño para ir a la piscina.
4. No corras por el pasillo.
5. Ve a la recepción por toallas.
6. Pierde la llave.
7. No duermas en la cama.
8. No juegues en el ascensor.

10.27 La nueva empleada Íngrid tiene un nuevo trabajo como camarera en un hotel y Gabino, otro camarero, le da consejos sobre lo que debe y no debe hacer. Escribe los mandatos informales necesarios para completar las recomendaciones de Gabino.

1. _____ (Llegar) al trabajo a tiempo.
2. _____ (Saludar) a los huéspedes en los pasillos.
3. _____ (Dejar) abierta la puerta mientras limpias la habitación.
4. _____ (Hacer) la cama antes de limpiar el cuarto.
5. _____ (Recoger) las toallas sucias para lavarlas.
6. _____ (Poner) toallas limpias en el baño todos los días.
7. No _____ (abrir) las maletas de los huéspedes.
8. No _____ (fumar) en las habitaciones.
9. No _____ (entrar) a la habitación sin tocar *(to knock)*.
10. No _____ (hablar) por celular durante las horas de trabajo.
11. No _____ (traer) comida a las habitaciones.
12. No _____ (salir) del trabajo temprano.

10.28 Te lo pido Habla con ocho compañeros diferentes y usa mandatos para pedirles que hagan una de las siguientes actividades.

1. saltar como un conejo *(rabbit)*
2. cerrar los ojos
3. escribir su nombre en la pizarra
4. contar hasta veinte en español
5. bailar
6. dibujar una flor
7. subir un pie
8. apagar y encender la luz

10.29 Un conflicto moral Cuando tomamos decisiones, a veces hay un conflicto en la conciencia. Con un compañero, túrnense para hacer los papeles *(play the roles)* de la conciencia.

Modelo Estudiante 1 (el diablo): *¡Toma la cerveza!*
Estudiante 2 (el ángel): *¡No tomes la cerveza!*

1.

2.

3.

4.

5.

6.

10.30 Tengo un problema Trabaja con un compañero para dar dos mandatos informales lógicos (uno afirmativo y otro negativo) para cada una de las siguientes situaciones.

1. La mascota de tu compañero de casa es un lobo *(wolf)*.
2. Una amiga tiene problemas en su matrimonio.
3. A un amigo no le gusta su trabajo.
4. Tu hermano quiere hacer un viaje, pero no sabe adónde ir.
5. Un compañero de clase recibe malas notas en los exámenes de español.
6. Una amiga quiere perder peso *(weight)*.
7. Un amigo tiene dolor de cabeza *(headache)*.
8. Tu vecino *(neighbor)* siempre tiene fiestas hasta las 3 de la mañana.

4 Exploraciones gramaticales

A analizar

Rosa y Paula se quedaron en un hotel y Rosa está haciendo su maleta. Mira el video otra vez. Después lee parte de su conversación y observa los mandatos en negrita y la posición de los pronombres.

Rosa: **Ayúdame,** ¿sí?
Paula: Claro. ¿Qué necesitas?
Rosa: Necesito mis zapatos rojos. Mira debajo de la cama, por favor.
Paula: No están aquí.
Rosa: ¿Ay, dónde pueden estar? **Búscalos** en el baño.
Paula: ¡Los encontré!
Rosa: ¡Ay, qué bueno! **Dámelos,** por favor.
Paula: Toma....
Espera, **no la cierres.** Aquí está tu pañuelo.

1. Identify the pronouns in the paragraph above.
2. Where are the pronouns in relation to the verbs?

A comprobar

Commands with pronouns

1. When using affirmative commands, the pronouns are attached to the end of the verb.

   Ponla en el armario.   **Hazlo** ahora mismo.
   Put it in the closet.   *Do it now.*

2. When using negative commands, the pronouns are placed directly before the verb.

   Compra los chocolates, pero **no los comas.**
   Buy the chocolates, but don't eat them.

   Es mi suéter; **no te lo pongas.**
   It's my sweater; don't put it on.

   Cerrad vuestras maletas; **no las dejéis** abiertas.
   Close your suitcases; don't leave them open.

3. When adding the pronoun(s) creates a word of three or more syllables, an accent is added to the syllable where the stress would normally fall.

lava	lávalos
limpia	límpiala
da	dámelo

   Hagan las maletas y **pónganlas** en el coche.
   Pack the suitcases and put them in the car.

   Busca la llave y **tráemela.**
   Look for the key and bring it to me.

   INVESTIGUEMOS LA ORTOGRAFÍA
   When the pronoun **nos** follows a plural command, there is not a double **n**.
   ¿Les ayudamos con las maletas?
   Sí, **ayúdenos** por favor.

A practicar

10.31 ¿Te ayudo? Tu amigo y tú están de vacaciones en un hotel. Tu amigo te hace varias preguntas. Mira sus preguntas y escoge la respuesta lógica.

1. ¿Pongo tu maleta allí *(there)*?   a. Sí, ciérrala.
2. ¿Pido más toallas?   b. No, no las cierres.
3. ¿Cierro la puerta?   c. Sí, ponla allí.
4. ¿Pongo las llaves allí?   d. No, no las pongas allí.
5. ¿Cierro tus maletas?   e. Sí, pídelo.
6. ¿Pido servicio a la habitación?   f. No, no las pidas.

10.32 De salida Félix y Óscar fueron de vacaciones y se quedaron en un hotel. Ahora tienen que salir del hotel. Félix ya está listo pero Óscar no. Completa las ideas de Félix con el mandato informal y el pronombre.

¡Óscar! ¡(**1.**) _____ (Despertarse)! Tenemos que salir del hotel en 30 minutos.

¡Mira! Toda tu ropa está en el piso. (**2.**) _____ (Recogerla) y (**3.**) _____ (ponerla) en tu maleta. Tu cepillo de dientes y tu desodorante están en el baño; no (**4.**) _____ (olvidarlos). Y tus zapatos, ¿dónde están? No (**5.**) _____ (dejarlos); (**6.**) _____ (buscarlos) debajo de la cama. ¡No (**7.**) _____ (mirarme) así! ¡Vamos, (**8.**) _____ (levantarse) tenemos prisa!

10.33 El gerente Imagina que trabajas como gerente de un hotel. Contesta las preguntas de tus empleados usando mandatos formales y los pronombres apropiados.

Modelo ¿Tengo que sacar la basura?
Sí, sáquela ahora. / No, no la saque ahora, puede sacarla más tarde.

La camarera
1. ¿Tengo que hacer las camas?
2. ¿Qué hago con las toallas sucias?
3. ¿Dónde pongo las toallas limpias?
4. ¿Está bien si tomo vacaciones este mes?

El botones
5. ¿Ayudo a estos *(these)* huéspedes?
6. ¿Dónde pongo las maletas de los huéspedes?
7. ¿Les llevo la comida a los huéspedes?
8. ¿Está bien si bebo un café ahora?

10.34 ¿Qué dicen? Usa los verbos indicados en forma de mandato formal o informal y los pronombres apropiados para decir lo que las personas quieren en cada ilustración.

Modelo hacer → *Hágala*.

1. llevar, subir

2. apagar *(to shut off)*, no mirar

3. limpiar, colgar

4. poner, abrir

5. secarse, vestirse

6. tomar, divertirse

10.35 Consejos Con un compañero, túrnense para pedir y dar consejos *(advice)*. Contesten las preguntas con mandatos informales y los pronombres necesarios.

Modelo Roberto dejó su CD en mi casa. ¿Le devuelvo *(to return)* el CD?
Estudiante 1: *Roberto dejó su CD en mi casa. ¿Le devuelvo el CD?*
Estudiante 2: *Sí, devuélveselo. / No, no se lo devuelvas.*

1. Encontré el diario de mi novia. ¿Lo leo?
2. Puedo obtener las respuestas para el examen de matemáticas. ¿Las obtengo?
3. El jueves es el cumpleaños de Patricia y hay una gran fiesta. Tengo un examen en la clase de biología el viernes. ¿Estudio biología?
4. Tengo un buen amigo que quiere usar mi coche, pero tiene un mal récord de conducir. ¿Le presto mi coche?
5. Vi al novio de María besando a otra chica. ¿Le digo algo a María?
6. Quiero ir a esquiar con mis amigos pero tengo que trabajar. Puedo decirle a mi jefe que estoy enfermo. ¿Le miento?
7. Tengo que comprar un regalo para mi abuela, pero quiero comprar una nueva camisa para mí. No tengo dinero para los dos. ¿Me compro la camisa?
8. Rafael quiere copiar mi tarea para la clase de inglés. ¿Le doy mi tarea?

10.36 Cuida la casa Un amigo se va de vacaciones por dos semanas y tú vas a cuidar su casa. Con un compañero, túrnense para preguntar sobre las responsabilidades en la casa y para responder usando el mandato informal y los pronombres necesarios.

Modelo el gato
Estudiante 1: *¿Le doy de comer al gato?*
Estudiante 2: *Sí, dale de comer.*

1. el césped
2. las plantas
3. el pájaro
4. los perros
5. el correo
6. el periódico
7. las ventanas
8. las luces

10.37 Con un compañero, imagínense que están de viaje y llegan a un hotel. Túrnense para hacer el papel *(role)* del esposo y de la esposa. Usen mandatos para decirle al otro lo que debe o no debe hacer.

Lectura

Reading Strategy:
In the first part of this chapter you learned to form mental pictures of scenes, characters, and events. You also learned to stop after each paragraph and paraphrase (think how you would explain ideas from the text with your own words). Make sure to practice these two strategies in the next reading.

Antes de leer

Aparte de los hoteles ¿qué diferentes tipos de alojamiento *(lodging)* conoces? ¿Por qué unos tipos de alojamiento son más caros que otros?

A leer

¿Dónde quedarse: hoteles, moteles, pensiones o albergues?

Cuando vamos de viaje, a la hora de **elegir** un hotel probablemente lo primero en que pensamos es en el dinero, pero hay otras decisiones importantes como la privacidad y la comodidad. Para seleccionar mejor nuestro alojamiento es importante entender la clasificación internacional.

to choose

Hoteles: Un hotel es un edificio entero con habitaciones para los turistas. El precio depende del lujo y de los servicios que se ofrecen. Casi todos los países clasifican los hoteles con un sistema de cinco **estrellas**; mientras más estrellas tiene un hotel, es mejor. Los hoteles de cuatro y cinco estrellas siempre tienen aire acondicionado y **calefacción** en las habitaciones, y además tienen tiendas, buenos restaurantes y otras **instalaciones de calidad.** Un hotel de cinco estrellas tiene habitaciones muy grandes, pero un hotel de una estrella tiene habitaciones muy pequeñas. Aunque la mayoría de los países usan el sistema de estrellas para catalogar los hoteles, hay diferencias en la clasificación de un país a otro. Por ejemplo, un hotel de tres estrellas en España puede ser muy diferente a un hotel de tres estrellas en Costa Rica. Algunos países usan categorías adicionales, como "Gran Turismo", "Diamante" o "Turismo

stars

heat

high quality facilities

Un hotel de lujo en El Salvador

[mientras más estrellas tiene un hotel, es mejor]

360 | trescientos sesenta | Capítulo 10

Mundial" para distinguir los hoteles más lujosos y exclusivos.

Moteles: En general, los moteles están situados fuera de los núcleos urbanos y cada habitación tiene una entrada independiente. Las áreas comunes (salones, comedores, etcétera) son más pequeñas que las de los hoteles.

Hostales y pensiones: Los hostales y pensiones no cumplen con requisitos de los hoteles como tener habitaciones grandes y un restaurante. **Sin embargo,** siempre tienen agua caliente, recepción y un salón social con televisión, y al menos un baño para cada cinco habitaciones.

Albergues juveniles: Uno de los alojamientos más económicos que existe son los albergues juveniles. **Pese a** su nombre, no son solamente para jóvenes; personas de todas las edades pueden hacerse miembros y quedarse allí por la noche. Generalmente ofrecen literas en cuartos para varias personas, y a veces uno debe traer sus propias **sábanas.** Generalmente hay una cocina para el uso de los huéspedes y, sobre todo, hay muchas oportunidades para conocer a personas de otros países. Los albergues casi siempre tienen también un salón de TV, biblioteca, sala de estar y cuarto de lavandería.

Un hostal en España

Nevertheless

Despite

sheets

Comprensión

Decide si las oraciones son ciertas o falsas. Corrige las afirmaciones falsas.
1. Los hoteles de tres estrellas siempre tienen aire acondicionado.
2. Los mejores hoteles que hay en todo el mundo son los de cinco estrellas.
3. Los hostales y pensiones ofrecen baños privados en cada habitación.
4. Los moteles son iguales a los hoteles, pero más baratos.
5. Los albergues juveniles no tienen baños privados.
6. Los albergues juveniles no son solamente para jóvenes.

Después de leer

Imagina que tú y tu compañero van a viajar a un país hispanohablante. En Internet o en una guía turística, busquen un ejemplo de cada uno de los siguientes alojamientos: un hotel, un motel, un hostal o una pensión y un albergue juvenil. Lean los detalles de cada alojamiento y escriban una lista de los beneficios de cada uno. Decidan en cuál prefieren quedarse y expliquen por qué.

Redacción

Imagine you have just returned from an all-inclusive vacation that you booked with a travel company. Write a review on the travel company's website about your experience.

Paso 1 Decide whether you plan to write a positive or a negative review. Then jot down some ideas to include in your review. Think about the following: How was the trip? Did you have any problems with the airline (lost luggage, delayed flights, etc.)? If you had any problems, how were they taken care of? How was the hotel? Were the installations satisfactory (pool, gym, restaurant, etc.)? Were the hotel employees helpful?

Paso 2 Brainstorm some suggestions you would give to people planning to take this trip in the future. Would you recommend they use this company?

Paso 3 Write your initial paragraph in which you tell about your experience on the trip using the information you generated in **Paso 1**.

Paso 4 Write a second paragraph in which you give your recommendations to future clients using the information you generated in **Paso 2**.

Paso 5 Edit your review:
1. Do you have smooth transitions between sentences? Between the two paragraphs?
2. Do verbs agree with the subject?
3. Did you use preterite and imperfect appropriately?
4. Do your adjectives agree with the items they describe?
5. Have you used the proper forms for any commands?
6. Are there any spelling errors? Do you have accents where needed?

En vivo

Entrando en materia

Cuando un estudiante decide estudiar en el extranjero *(abroad)*, una opción muy popular es quedarse con una familia. En tu opinión, ¿cuál es la ventaja *(advantage)* de quedarse con una familia?

Hospedaje para estudiantes de idiomas

El siguiente es un folleto *(brochure)* que explica las opciones que tienen los estudiantes para hospedarse durante sus estudios en el extranjero. Léela y responde las preguntas que siguen.

OPCIONES DE ALOJAMIENTO

Estimado estudiante: Felicitaciones por haber sido aceptado en el programa de español. Para asegurar que todos los estudiantes tengan la mejor experiencia posible, contamos con tres formas de alojamiento, como se explica a continuación.

Residencia universitaria

Les recomendamos las residencias a los estudiantes que quieren mantener una total independencia y vivir en un ambiente estimulante y divertido con otros estudiantes de varias partes del mundo. Las ventajas de vivir en una residencia son que el desayuno y la comida están incluídos de lunes a viernes, para que te concentres en tus estudios. Hay teléfono en cada habitación y acceso gratuito a Internet inalámbrico. Además se ofrece servicio de limpieza por un precio muy económico. Si deseas un baño privado, también están disponibles por solamente 40 euros adicionales por semana.

Con esta opción podrás conocer a muchos estudiantes locales y extranjeros que también se hospedan en nuestras residencias.

Hospedaje con familias

Esta es la mejor forma de alojamiento para conocer la cultura española más de cerca. Todas las familias anfitrionas[1] están seleccionadas cuidadosamente para asegurar una experiencia positiva. Además, todas las casas están localizadas cerca de la universidad. Con esta opción se logra conocer mejor la cultura y la gastronomía del país, ya que muchas familias cocinan platillos tradicionales. Otra ventaja es que no tendrías que preocuparte tampoco por lavar tu ropa. Generalmente este tipo de alojamiento culmina en amistades para toda la vida. Por si fuera poco, es una opción económica y se puede contratar por el número de semanas que el estudiante prefiera.

Todas las familias ofrecen una habitación con baño privado.

Condominios

Esta es la mejor opción si deseas tener mayor privacidad. Los condominios son pisos[2] económicos con un dormitorio, un baño y una cocineta. Están amueblados y el precio incluye el servicio de limpieza una vez a la semana. Entre las ventajas están que los estudiantes pueden cocinar sus propias comidas y comer cuando lo deseen.

Los condominios están cerca del metro, por lo que el acceso a la universidad es rápido y económico. El alquiler puede contratarse por mes, y si se necesitan más días existe la opción de alargar la estancia[3] a una tarifa especial por cada día extra.

Para más información sobre las tres opciones y el costo de cada una, contacta a la oficina de alojamiento: alojamiento@estudiosdeespanol.es

[1]host [2]apartments [3]stay

Comprensión

1. ¿Qué comidas no están incluídas en el alojamiento en residencias?
2. ¿Qué se debe hacer para tener un baño privado en una residencia?
3. ¿Por cuánto tiempo se puede alquilar una habitación con una familia?
4. ¿Qué tipo de comida ofrecen las familias?
5. ¿Cómo pueden llegar los estudiantes a la universidad si se hospedan en un condominio?

 Más allá

Decide cuál de estas opciones prefieres. Publica tu decisión en Share It! y explica por qué.

Exploraciones profesionales
La seguridad de aeropuertos

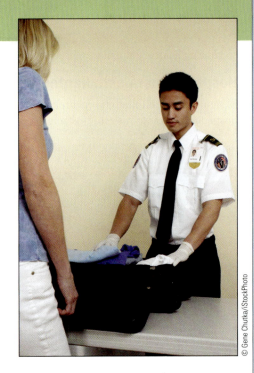

Vocabulario

Sustantivos

la Administración de Seguridad en el Transporte	*Transportation Security Administration (TSA)*
la bandeja	*tray*
la cinta transportadora	*conveyor belt*
la computadora portátil	*laptop computer*
el detector de metales	*metal detector*
el envase	*container*
el equipo de rayos X	*X-ray machine*
la requisa	*pat down inspection, body search*
la máquina de Avanzada Tecnología de Imágenes	*Advanced Imaging Technology (AIT) machine*
el proceso de revisión	*screening process*

Verbos

colocar	*to place*
detectar	*to detect*
permanecer inmóvil	*to remain still*

Frases útiles

Coloque su computadora portátil en la bandeja, por favor.
Please place your laptop in the tray.

No se permite llevar envases de líquido o gel en el equipaje de mano.
Carrying containers of liquid or gel in your carry-on luggage is not permitted.

Hay que ponerlos en una bolsa de plástico transparente con capacidad para un cuarto de galón.
You must put them in a quart-sized transparent plastic bag.

Entre a la máquina y permanezca inmóvil.
Enter the machine and remain still.

DATOS IMPORTANTES

Educación: Estudios secundarios completos o el equivalente. Algunos trabajos requieren por lo menos un año de experiencia en seguridad o seguridad de aeropuertos. Se recomiendan cursos complementarios relacionados con la seguridad.

Salario: Entre $17 200 y $157 100

Dónde se trabaja: En aeropuertos

Vocabulario nuevo Completa las oraciones con una palabra del vocabulario.

1. Por favor, ponga su computadora portátil en la _____.
2. Usted no debe moverse mientras está en el detector de rayos X, es decir, permanezca _____.
3. Si no quiere entrar a la máquina, puede solicitar una _____ con un guardia en privado.
4. Este _____ de líquido no se puede poner en el equipaje de mano.
5. Con el equipo de rayos X el agente puede _____ objetos sospechosos *(suspicious)*.

Abdel Meyers, agente de seguridad

Enrique Santiago llega tarde al aeropuerto. Tiene prisa pero antes de abordar el avión, tiene que pasar por seguridad. En el video, Abdel Meyers, el agente que trabaja para la Administración de Seguridad en el Transporte, le explica el proceso de revisión.

Antes de ver

Los consejos que les da la Administración de Seguridad en el Transporte a los pasajeros son ir al aeropuerto temprano y tener paciencia. El proceso de revisión puede ser largo, pero es necesario. ¿Siempre llegas al aeropuerto temprano? ¿Qué consejos puedes darle a una persona que piensa viajar en avión?

Comprensión

1. ¿Con quién habla Enrique por teléfono?
2. ¿Por qué tiene prisa Enrique?
3. ¿Dónde se pone el equipaje de mano?
4. ¿Por qué no puede llevar Enrique la botella de agua a la puerta de salida?
5. ¿Qué tiene que hacer Enrique con los zapatos?
6. ¿Qué le da Enrique al agente en vez del pase de abordar?

Después de ver

En parejas, representen a un agente de la Administración de Seguridad en el Transporte y a un pasajero en el aeropuerto. El agente debe explicarle al pasajero el proceso de revisión. El pasajero debe hacerle preguntas: ¿Puedo llevar este envase? ¿Me quito el cinturón? ¿Dónde pongo mi computadora portátil?

Exploraciones de repaso: estructuras

10.38 **¿Qué tiene que hacer?** Trabajas en un hotel y hay un nuevo empleado. Dile lo que tiene que hacer usando mandatos formales.

Modelo subir → *Suba las toallas extras a la habitación.*

1. llegar
2. ser
3. llevar
4. colgar
5. hacer
6. lavar
7. poner
8. ayudar

10.39 **Sugerencias** Un amigo va a viajar en avión por primera vez. Completa las sugerencias para él usando los mandatos informales. **¡OJO!** Hay mandatos afirmativos y negativos.

1. No _____ (tener) miedo.
2. _____ (Sentarse) al lado de la ventanilla.
3. _____ (Poner) los líquidos en el equipaje que vas a facturar.
4. No _____ (llegar) tarde al aeropuerto.
5. _____ (Ir) a la sala de espera después de conseguir el pase de abordar.
6. No _____ (levantarse) durante el despegue.
7. _____ (Beber) mucha agua durante el vuelo.
8. Si es posible, _____ (dormir) durante el vuelo.
9. No _____ (traer) mucho equipaje de mano.
10. _____ (Llevar) comida si vas a tomar un vuelo largo.

10.40 **La recepcionista** Usa los relativos **donde, que** y **quien(es)** para formar una oración, incorporando la segunda oración a la primera.

Modelo Hay muchas personas. Esas personas se quedan en el hotel.
Hay muchas personas que se quedan en el hotel.

1. Hay una nueva recepcionista en el hotel. Yo trabajo en el hotel.
2. La mujer se llama Florinda. El gerente contrató a la mujer.
3. Florinda tiene mucha experiencia. Consiguió la experiencia en un centro turístico.
4. Hay otro recepcionista. Ella va a trabajar con el otro recepcionista.
5. Ella va a ayudar a las personas. Las personas llegan al hotel.
6. A ella le gusta hablar con los huéspedes. Los huéspedes vienen de diferentes partes del mundo *(world)*.

Exploraciones de repaso: comunicación

10.41 Al viajar Entrevista a un compañero con las siguientes preguntas.

1. ¿Con qué frecuencia viajas?
2. ¿Prefieres viajar en avión o en coche? ¿Por qué?
3. ¿Alguna vez viajaste en tren? ¿Adónde fuiste?
4. ¿Alguna vez viajaste en primera clase? ¿Vale la pena (*Is it worth it*) pagar más para viajar en primera clase?
5. ¿Qué haces para pasar el tiempo durante el viaje?
6. ¿Te sientes nervioso antes de viajar? ¿Por qué?
7. ¿Prefieres visitar lugares turísticos, o lugares poco conocidos? ¿Por qué?

¿Alguna vez viajaste en tren?

10.42 En la agencia de viajes Trabaja con un compañero. Uno de ustedes es el agente de viajes y mira la información en esta página. El otro es el cliente y mira la información en el **Apéndice B**. El cliente llama al agente de viajes para comprar un boleto. El agente de viajes debe intentar encontrar el mejor boleto para el cliente y pedirle su información (nombre, teléfono, etcétera) y su tarjeta de crédito.

> **El agente de viaje**
> Los siguientes asientos para Santiago, Chile están disponibles *(available)*:
>
> - Vuelo 514–Sale el jueves a la 1:00 de la tarde con una escala en Caracas, y llega a las 11:15 de la noche. Hay un asiento en el pasillo. ($675)
>
> - Vuelo 386–Sale el jueves a las 8:20 de la mañana directo a Santiago, y llega a las 4:05 de la tarde. Hay un asiento en la ventanilla. ($750)
>
> - Vuelo 624–Sale el miércoles a las 2:45 de la tarde directo a Santiago, y llega a las 10:30 de la noche. Hay un asiento en la ventanilla. ($775)

10.43 Un compañero de viaje Tu compañero y tú van a decidir si pueden viajar juntos *(together)*.

Paso 1 Decide qué importancia tiene lo siguiente cuando viajas.

1 – no es importante   2 – es importante   3 – es muy importante

una habitación separada en un hotel   el horario del vuelo
acceso a buenos restaurantes   el costo
tener una variedad de actividades planeadas   contar con un guía *(guide)*

Paso 2 Escribe otros tres factores que consideras importante cuando viajas.

Paso 3 Habla con tu compañero para saber qué considera importante. ¿Creen que pueden viajar juntos? Repórtenle a la clase su decisión y expliquen por qué.

CAPÍTULO 10

Vocabulario 1

De viaje

a tiempo	*on time*	el (la) pasajero(a)	*passenger*
la aduana	*customs*	el pasaporte	*passport*
el asiento	*seat*	el pasillo	*aisle*
el boleto	*ticket*	la primera clase	*first class*
la conexión	*connection*	retrasado(a)	*delayed*
el equipaje	*luggage*	la sala de espera	*waiting room*
el equipaje de mano	*hand luggage*	la salida	*departure*
		la segunda clase	*second class*
la llegada	*arrival*	la ventanilla	*window*

En el aeropuerto

el aeropuerto internacional	*international airport*	el pase de abordar	*boarding pass*
		la puerta (de salida)	*gate*
el (la) agente de seguridad	*security agent*	el reclamo de equipaje	*baggage claim*
el cinturón de seguridad	*safety (seat) belt*	la revisión de equipaje	*luggage screening*
la escala	*layover*	la visa	*visa*
la maleta	*suitcase*	el vuelo	*flight*
el mostrador	*counter*		

En la estación de tren

el andén	*platform*	el (la) revisor(a)	*controller*
el coche cama	*sleeping car*	la taquilla	*ticket window*
la litera	*bunk*	el vagón	*car, wagon*
la parada	*stop*		

Los verbos

abordar	*to board*	pasar por seguridad	*to go through security*
aterrizar	*to land*		
despegar	*to take off*	perder	*to miss (a flight, a train)*
doblar	*to turn*		
facturar equipaje	*to check luggage*	seguir derecho	*to go straight*

Diccionario personal

_____
_____
_____
_____

🔊 Vocabulario 2

El hotel

el alojamiento	lodging	la llave	key
el ascensor	elevator	la recepción	reception (desk)
el (la) botones	bellhop	el (la) recepcionista	receptionist
el (la) camarero(a)	housekeeping	la sala de conferencias	conference center
el centro de negocios	business center	el sauna	sauna
las escaleras	stairs	el servicio a la habitación	room service
el (la) gerente	manager	el transporte	transportation
la habitación	room	el (la) turista	tourist
el (la) huésped	guest		
el Internet inalámbrico	wireless Internet		

Verbos

alojarse	to lodge, to stay (in a hotel)	quedarse	to stay
bajar	to go down, to take something down	registrarse	to register
		subir	to go up, to take something up
pagar (y marcharse)	to check out		

Palabras adicionales

la clase turista	economy class	de lujo	luxurious
disponible	available	sencillo(a)	single
doble	double	triple	triple

Diccionario personal

_____

_____

_____

_____

_____

_____

_____

_____

Exploraciones literarias

Marco Denevi
Biografía
Marco Denevi (1922–1998) nació en Buenos Aires. Fue un importante novelista, dramaturgo, abogado y periodista que se destacó *(stood out)* por sus cuentos cortos. Recibió el Premio Kraft en 1955 por su primera novela *Rosaura a las diez*. Más tarde ganó el Primer Premio en la revista *Life* en español y el Premio Argentores, los cuales le hicieron ganar prestigio internacional. En 1980 empezó a practicar el periodismo, escribiendo artículos sobre temas políticos y problemas sociales.

Antes de leer

1. ¿Qué efecto pueden tener los celos en una relación?
2. ¿Te consideras una persona celosa?

No hay que complicar la felicidad

Un parque. Sentado bajo los árboles, ella y él se besan.

Él: Te amo.
Ella: Te amo.
Vuelven a besarse.
5 **Él:** Te amo.
Ella: Te amo.
Vuelven a besarse.
Él: Te amo.
Ella: Te amo.
10 *Él se pone violentamente de pie.*
Él: ¡Basta! ¿Siempre lo mismo? ¿Por qué, cuando te digo que te amo, no contestas que amas a otro?
Ella: ¿A qué otro?

feed   **Él:** A nadie. Pero lo dices para que yo tenga celos. Los celos **alimentan** al amor.
Deprived / fades   15   **Despojado** de este estímulo, el amor **languidece.** Nuestra felicidad es demasiado simple, demasiado monótona. Hay que complicarla un poco. ¿Comprendes?
guessed   **Ella:** No quería confesártelo porque pensé que sufrirías. Pero lo has **adivinado.**
    Él: ¿Qué es lo que adiviné?
Ella se levanta, se aleja unos pasos.
20 **Ella:** Que amo a otro.
to please me   **Él:** Lo dices para **complacerme.** Porque te lo pedí.
    Ella: No. Amo a otro.

	Él:	¿A qué otro?
	Ella:	No lo conoces.
25	*Un silencio. Él tiene una expresión sombría.*	
	Él:	Entonces ¿es verdad?
	Ella:	*(Dulcemente)* Sí. Es verdad.
	Él se pasea haciendo ademanes de furor.	
pretend	Él:	Siento celos. No **finjo**, créeme. Siento celos. Me gustaría matar a ese otro.
30	Ella:	*(Dulcemente)* Está allí.
	Él:	¿Dónde?
	Ella:	Allí, detrás de aquellos árboles.
	Él:	¿Qué hace?
	Ella:	Nos espía. También él es celoso.
35	Él:	Iré en su busca.
	Ella:	Cuidado. Quiere matarte.
	Él:	No le tengo miedo.
	Él desaparece entre los árboles. Al quedar sola, ella ríe.	
	Ella:	¡Qué niños son los hombres! Para ellos, hasta el amor es un juego.
shot	40	*Se oye **el disparo** de un revólver. Ella deja de reír.*
	Ella:	Juan.
	Silencio.	
	Ella:	*(Más alto)* Juan.
	Silencio.	
45	Ella:	*(Grita)* ¡Juan!
	Silencio. Ella corre y desaparece entre los árboles. Al cabo de unos instantes se oye el grito	
bloodcurdling	***desgarrador** de ella.*	
	Ella:	¡Juan!
curtain	*Silencio. Después desciende **el telón**.*	

© Denevi, Marco. *Falsificaciones*. Buenos Aires, Corregidor, 2007. Used by permission.

Investiguemos la literatura: Lector activo

Active reading is a literary technique that does not give the reader all of the information, thus forcing him/her to become actively involved in the reading and to come to his/her own conclusions.

Después de leer

A. Comprensión

1. ¿Por qué se queja *(complains)* él de la relación?
2. ¿Qué recomienda él para mejorar la relación?
3. ¿Por qué siente celos él?
4. En tu opinión ¿qué pasa al final?
5. ¿Qué significa el título?

B. Conversemos

1. En el drama "él" dice que "Los celos alimentan el amor". ¿Estás de acuerdo? ¿Por qué?
2. ¿Te identificas con el hombre o con la mujer de la historia? ¿Por qué?

Appendix B

Partner Activities

Capítulo 1

1.5 Correo electrónico You and your partner are in charge of your school's Club Internacional. You have information for half of the new members on this page and your partner has the other half on page 5. Ask each other questions to complete the tables. You will need the following words: **arroba** (@) and **punto** (dot).

Modelo Estudiante 1: ¿Cuál es el correo electrónico de Pilar?
Estudiante 2: pilybonita@uden.es → p-i-l-y-b-o-n-i-t-a,
arroba, u-d-e-n, punto, e-s

Nombre	Correo electrónico
1. Marina	marichiqui@ubbi.ar
2. Gabriel	
3. Alejandro	elmeroale@claro.mex
4. Valeria	

1.22 La fila Work with a partner to figure out the names of the people in the stands. One of you will look at this page, and the other will look at the picture on page 19. Take turns giving the name of a person and a description, so your partner will know who it is.

1.37 Diferencias Working with a partner, one of you will look at the picture on this page, and the other will look at the picture on page 35. Take turns describing the pictures using the expression **hay,** numbers, and the classroom vocabulary. Find the eight differences.

Modelo Estudiante 1: *Hay una computadora.*
Estudiante 2: *Sí, y hay una silla.*
Estudiante 1: *No, no hay una silla.*

Capítulo 2

2.5 Una familia You and your partner each have half of the information about the Navarro family. One of you will look at the drawing on this page, the other one will look at the drawing on page 41. Take turns asking the names of the different people.

Modelo Estudiante 1: *¿Cómo se llama el hermano de Sofía?*
Estudiante 2: *Se llama Miguel.*

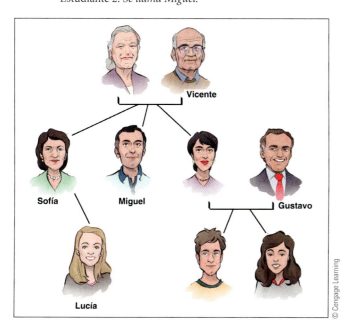

2.23 La graduación In order to graduate, each student must take one class in each of the following categories: natural science, social science, math, humanities (**las humanidades**), and language. You and your partner must check the schedules of four students to determine which courses they have taken, and which ones they need. One of you will look at the information on this page and the other will look at page 55.

Modelo Estudiante 1: *¿Tiene (has) Raúl Ruiz Costa una clase de ciencias naturales?*
Estudiante 2: *Sí, Raúl tiene biología.*
Estudiante 1: *¿Tiene Raúl una clase de humanidades?*
Estudiante 2: *No, él necesita una clase de humanidades.*

Ramón Ayala Pérez	Andrea Gómez Ramos	Diana Salazar Casas	Hugo Vargas Díaz
arte		ingeniería	
química		física	
informática		alemán	
geografía		cálculo	
educación física			

2.41 Datos personales Working with a partner, look at the chart below while your partner looks at the chart on page 71. Take turns asking questions to fill in the missing information.

Modelo *¿Cuántos años tiene Diego?*   *Diego tiene veinte años.*
¿Qué parientes hay en la familia de Diego?   *Diego tiene dos hermanos.*
¿Qué clase tiene Diego?   *Diego tiene informática.*

Nombre	Edad	Familia	Clase
Diego	20	dos hermanos	informática
Alonso		una sobrina	
Magdalena			esquía
Cristina	30	cinco primos	
Pablo	62		
Gabriel	25		cálculo
Rufina		un esposo	alemán

Capítulo 3

3.5 Los regalos A friend sent a care package for the rest of your friends but forgot to label who everything was for, so you and a classmate need to clarify. One of you will look at the drawing on this page, and the other at the drawing on page 79.

Modelo Estudiante 1: *¿Para quién (For whom) son los calcetines rojos?*
Estudiante 2: *Los calcetines rojos son para Emilia.*

3.25 La tele En parejas túrnense para preguntar a qué hora son los programas y en qué canal son. Uno mira la programación y las preguntas aquí y el otro mira la página 93. *(With a partner, take turns asking what times the shows are on and on what channel. One will look at the guide and questions here, and the other will look at page 93).*

Modelo Estudiante 1: *¿A qué hora es* Vacaciones en familia?
Estudiante 2: Veredicto final *es a las dos de la tarde.*
Estudiante 1: *¿En qué canal es?*
Estudiante 2: *Es en Cine Canal.*

			14:00	14:30	15:00	15:30	16:00	16:30	17:00	17:30	18:00	18:30	19:00
Jueves 10 de agosto	Canal 5		Veredicto final			Será anunciada				Difícil de creer		Quiero amarte	
	Discovery Channel	Cable 35	MythBusters: Cazadores		Cazadores de Monstruos		Adictos	Adictos	Rides 3		Los Archivos del FBI		
	TNT	Cable 37	(:15) ★★ "Aprendiendo a Vivir" (1995) Peter Falk, D.B. Sweeney.					★ "Las Aventuras de Rocky y Bullwinkle" (2000)			Harry Potter		
	Cine Canal	Digital 482	"Vacaciones en Familia"		(:10) ★★★ "Las Ballenas de Agosto" (1987, Drama)				(16:55) "Durmiendo con el Enemigo"			Seducción	

PROGRAMACIÓN — Películas, Especiales, Deportes, Nuevos

¿A qué hora es… ?

1. El Chapulín Colorado
2. Dos Ilusiones
3. A los 30 Años
4. Gritos del Más Allá

3.41 Ocho diferencias Trabaja con un compañero. Uno mira la ilustración aquí y el otro mira la ilustración en la página 109. Túrnense para describir su ilustración y buscar las ocho diferencias. *(Work with a partner. One of you will look at the illustration on this page and the other will look at the illustration on page 109. Take turns describing the illustrations to find the eight differences.)*

Capítulo 4

4.5 Planes para el fin de semana Trabaja con un compañero para descubrir cuáles son las actividades de Jazmín, Lila y Arturo durante el fin de semana y dónde las hacen. Uno de ustedes va a ver la información en esta página, y el otro va a ver la información en la página 115.

Modelo Estudiante 1: *¿Qué hace Lila el sábado por la mañana?*
Estudiante 2: *Lila corre.*
Estudiante 1: *¿Dónde corre?*
Estudiante 2: *En el gimnasio.*

	Jazmín	Lila	Arturo
sábado por la mañana		correr (el gimnasio)	
sábado por la tarde	caminar (el parque)		tomar fotos (el zoológico)
sábado por la noche	bailar (un club)	comer (un café)	
domingo por la mañana			buscar libros (la librería)

4.23 Comparemos Trabaja con un compañero. Uno de ustedes mira la casa en esta página mientras el otro mira la casa en la página 129. Túrnense para describir las casas y busquen las seis diferencias.

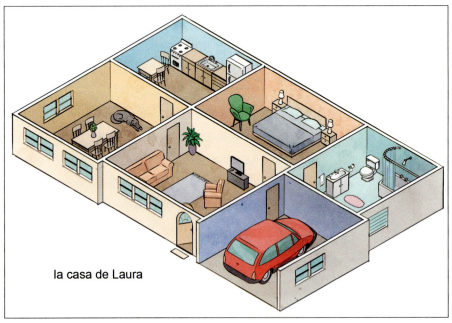

la casa de Laura

4.37 Seis diferencias Trabaja con un compañero. Uno mira el dibujo aquí y el otro mira el dibujo en la página 145. Túrnense para describirlos y buscar seis diferencias.

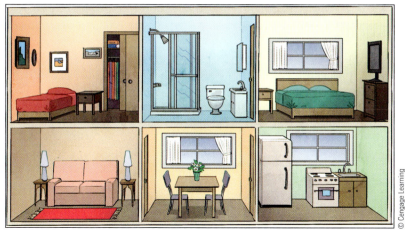

Capítulo 5

5.6 Los chismes (gossip) Imagina que tu compañero y tú están intercambiando información sobre cómo están todos sus amigos. Uno de ustedes va a ver la tabla en esta página, y el otro va a ver la página 153. **¡OJO!** ¡Presta atención a la concordancia *(agreement)*!

Modelo Estudiante 1: *¿Cómo está Ramira?*
Estudiante 2: *Está contenta.*
Estudiante 1: *¿Por qué?*
Estudiante 2: *Porque va a ir de vacaciones a Venezuela.*

Nombre	¿Cómo está(n)?	¿Por qué?
Ramira	contento	Va a ir de vacaciones a Venezuela.
Emanuel y Arturo		Tienen mucha tarea.
Gisela		
Alex	avergonzado	
Karina e Iliana	enamorado	Sus novios son perfectos.
Gerardo		Va a tener varios exámenes difíciles.
Javier y Manuel	aburrido	

5.23 Personas famosas Trabaja con un compañero para completar la información. Uno de ustedes debe ver la tabla en esta página y el otro debe ver la tabla en la página 167. Túrnense para preguntar y responder.

Nombre	Profesión	País de origen
Alicia Alonso		Cuba
Óscar de la Renta	diseñador	
Andrea Serna		
Baruj Benacerraf	médico	Venezuela
Gabriela Mistral		Chile
Luis Federico Leloir	científico	

5.40 Información, por favor Trabaja con un compañero para completar la información. Uno debe mirar el gráfico en esta página y el otro debe mirar el gráfico en la página 183. Atención al uso de **ser** y **estar**.

Nombre	Profesión	Origen	Localización	Emoción
Carlota	pintora			alegre
Éric	arquitecto	Bogotá		
César			el café	
Paloma		Santiago		nerviosa
Samuel	escritor			ocupado
Camila		Montevideo	el teatro	

Capítulo 6

6.6 Unos monstruos Trabaja con un compañero. Uno debe mirar el dibujo aquí y el otro va a mirar el dibujo en la página 189. Túrnense para describir los monstruos y encontrar las cinco diferencias.

6.25 Actividades de verano Los organizadores de los eventos de verano para una pequeña ciudad están intercambiando información sobre el equipo que necesitan y las actividades que tienen planeadas. Trabaja con un compañero para completar la información. Uno de ustedes debe ver la información en esta página y el otro debe ver la información en la página 203.

Evento	Lugar del evento	Equipo que tienen	Equipo/recursos que necesitan
1. Torneo de fútbol	la universidad		
2.		sacos de dormir	tiendas de campaña
3. Clases de natación		la piscina	
4.	el gimnasio de la preparatoria		raquetas
5. Torneo de voleibol			pelotas

6.41 ¿Qué hizo?
Dante es estudiante de secundaria pero no es muy aplicado *(dedicated)*. Con un compañero, túrnense para completar la información sobre lo que hizo *(what he did)* esta mañana. Uno de ustedes va a mirar la información en esta página y el otro va a mirar la página 219.

Modelo Estudiante 1: *¿Qué hizo a medianoche?*
Estudiante 2: *Se acostó.*

12:00	acostarse
7:00	levantarse
7:30	
7:40	
8:00	cepillarse los dientes
8:55	
9:35	dormirse en clase
9:58	despertarse y correr a otra clase
10:10	
10:30	volver a clase
11:00	

Capítulo 7

7.6 ¿Cuánto cuesta?
Trabaja con un compañero. Uno de ustedes va a ver la información en esta página y el otro debe ver la página 227. Imagínense que están en dos supermercados diferentes en Chile. Llámense por teléfono para preguntar cuánto cuestan los productos de cada ilustración. Los precios que tu compañero necesita están abajo. Tomen notas y al final sumen *(add)* los totales. ¿Quién va a gastar más?

Tu compañero quiere comprar...

Tú quieres comprar...

Un ananás (piña) $1650
choclo (maíz), un kilo $1432
mantequilla ($522)
queso, un kilo $1725
plátanos, un kilo $439
uvas, un kilo, $811
crema, 200 gramos, $715
pan, $1150

7.24 Comparemos
Trabaja con un compañero. Uno va a mirar el dibujo en esta página y el otro va a mirar el dibujo en la página 241. Túrnense para describir los dibujos y encontrar cinco diferencias.

7.41 La fiesta Tu compañero y tú están planeando una cena para unos amigos, pero los invitados tienen algunas restricciones en su dieta. Uno de ustedes mira la información en esta página y el otro mira la información en la página 257. Compartan la información sobre sus dietas y luego decidan qué van a servir del menú abajo.

> **aperitivo:** queso, totopos con salsa
> **primer plato:** ensalada con vinagreta, sopa de fideos *(noodles)*
> **segundo plato:** carne asada con papas fritas, fajitas con tortillas de maíz y verduras asadas
> **postre:** ensalada de frutas, pastel de chocolate
> **bebida:** té helado, limonada

Invitado	Restricción
Angélica	Es vegetariana.
Lucas	
Mateo	No puede consumir cafeína.
Regina	
Javier	Es intolerante a la lactosa.
Gisa	

Capítulo 8

8.6 Compañeros de casa Javier, Marcos y Emanuel decidieron vivir juntos y quieren organizarse para hacer los quehaceres de la casa que les gustan. Trabaja con un compañero para completar la tabla. Uno de ustedes va a ver la información en esta página, y el otro debe ver la información en la página 263. Primero completen el gráfico y después decidan quién va a hacer cada quehacer. Cada persona debe tener dos obligaciones.

Quehacer	Javier	Marcos	Emanuel	¿Quién va a hacerlo?
Lavar los platos	Le gusta.		No le gusta.	
Limpiar los baños		No le gusta.		
Trapear la cocina			No le gusta.	
Pasar la aspiradora	Le gusta.	No le gusta.	No le gusta.	
Cortar el césped	No le gusta.			
Regar las plantas		Le gusta.		

8.25 Las actividades favoritas Irma y Mario tienen que cuidar a varios niños todo el sábado. Irma quiere ir de excursión con la mitad de los niños, pero Mario quiere cuidarlos desde su casa porque tiene que trabajar. Trabaja con un compañero para saber qué actividades le gustan a los niños y después decidir cuáles son los niños que van a ir con Irma y quiénes se van a quedar con Mario. Un compañero debe mirar la tabla en la página 277.

Modelo *¿Cuál es la actividad favorita de Manuela?*
¿A quién le gusta volar cometas?

Niño	Actividad favorita	¿Con quién debe pasar el sábado?
Manuela	volar cometas	
	ir de paseo	
Nadia	nadar	
Alejandro	navegar por Internet	
	dibujar	
	trepar árboles	
Humberto	jugar juegos de mesa	

8.41 Regalos Tu compañero necesita comprar regalos para el cumpleaños de los hijos gemelos *(twins)* de un amigo (un niño y una niña). Encontró buenos regalos en un sitio web, pero no dan los precios. Tu compañero llama y pregunta cuánto cuestan los juguetes para decidir qué les va a comprar. Mira la lista de precios y contesta sus preguntas.

Modelo *¿Cuánto cuesta el muñeco azul?*
Cuesta $32.

Capítulo 9

9.5 Las tradiciones Hay muchas tradiciones interesantes con las que las personas reciben el año nuevo. Trabaja con un compañero. Uno de ustedes va a ver la ilustración en esta página y el otro va a describir la ilustración en página 301. Describan sus ilustraciones (sin ver la otra) para encontrar las seis diferencias.

9.22 Contradicciones Tu compañero y tú son testigos de un accidente, pero hay diferencias entre sus dos versiones. Uno de ustedes va a observar la ilustración en esta página y el otro va a observar la ilustración en la página 315. Encuentren las cinco diferencias.

9.39 El periodista Un periodista habla con un testigo sobre el accidente que vio. Trabaja con un compañero. Uno de ustedes es el periodista y hace las preguntas en la página 331, prestando atención al uso del pretérito o el imperfecto. El otro es el testigo y mira los dibujos en esta página para responder las preguntas.

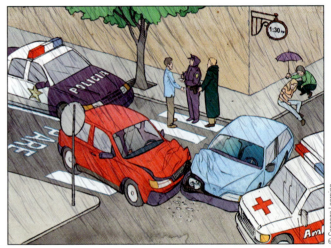

Capítulo 10

10.6 ¿Vamos por tren o por avión? Tu compañero y tú están estudiando en Quito, Ecuador y quieren viajar este fin de semana. Deben decidir si van a viajar por avión a Cuenca, o por tren a Latacunga. Uno de ustedes puede ver la información para viajar por tren en esta página y el otro va a ver la información para viajar por avión en la página 337. Intercambien la información y tomen notas. Después van a ponerse de acuerdo *(agree)* en cómo van a viajar y a qué hora. Compartan toda la información antes de decidir.

TREN ECUADOR.COM			
Ruta "Avenida de los volcanes", Quito–Machachi–El Boliche–Latacunga–Quito			
Salida	Llegada	Regreso*	Precio por pasajero
4:20 AM	12:00 PM	3:30 PM	$38,00
8:00 AM	1:00 PM	3:30 PM	$40,00
10:00 AM	2:45 PM	5:45 PM	$44,95
*Regreso el mismo día			

10.24 ¿Qué hotel elegir? Tu compañero y tú están planeando unas vacaciones en Costa Rica y hablan por teléfono para decidir qué hotel elegir. Hay solamente dos hoteles que tienen habitaciones disponibles. Uno de ustedes va a mirar la información en esta página y el otro debe mirar la página 351. Pregúntense sobre los servicios y decidan al final en qué hotel van a quedarse.

Hotel Bellavista Monteverde

Descripción: 40 habitaciones, localizado en el centro de Monteverde, cerca de bancos y restaurantes.

Servicios: baño privado, televisor, Internet inalámbrico, cafetería abierta de 6:00 AM a 10:00 PM.

Precio: 115.000 colones (habitación doble/triple).

10.42 En la agencia de viajes Trabaja con un compañero. Uno de ustedes es el agente de viajes y mira la información en la página 367. El otro es el cliente y mira la información en esta página. El cliente llama al agente de viajes para comprar un boleto. El agente de viajes debe intentar encontrar el mejor boleto para el cliente y conseguir su información (nombre, teléfono, etcétera) y su tarjeta de crédito.

El cliente
Necesitas viajar a Santiago, Chile para una reunión el viernes por la mañana.

- Quieres viajar el jueves.
- Prefieres viajar por la tarde.
- No quieres tener escalas.
- Te gusta sentarte al lado de la ventanilla.
- No quieres pagar más de $750.

Capítulo 11

11.5 Diferencias Trabaja con un compañero para encontrar las ocho diferencias. Uno de ustedes va a mirar la ilustración en esta página y el otro va a mirar el dibujo en la página 375. Túrnense para describir la escena y encontrar las diferencias.

11.23 Una exhibición de arte

Un museo local quiere montar una exhibición con obras de diferentes artistas hispanos, pero solo tiene el presupuesto *(budget)* para tres artistas diferentes. Tu compañero y tú deben compartir la información sobre los artistas y después decidir qué artistas presentar. Estén preparados para explicar por qué.

Artista	Medio	País	Año	Nombre del cuadro y estilo
1. Oswaldo Guayasamín		Ecuador		*El Presidente,* cubista
2. Mario Carreño			1981	*Mascarón de Proa,* surrealista
3. Joan Miró	pintura, escultura			
4. Marisol Escobar	escultura		2006	*El Padre Damian,* ecléctico
5. Diego Rivera		México	1928	
6. Roberto Matta	pintura	Chile		

11.39 Un pedido

Trabaja con un compañero. Uno de ustedes es el vendedor y el otro es el cliente. El cliente necesita ropa para un viaje a la playa. Debe ver la información del catálogo en la página 405 y llamar para hacer un pedido. Necesita comprar tres prendas. El vendedor necesita ver esta página para contestar las preguntas del cliente y conseguir su información (nombre, teléfono, etcétera) y su tarjeta de crédito.

Modelo Estudiante 1: *Buenas tardes.*
Estudiante 2: *Buenas tardes. Necesito una camiseta de algodón azul en talla extra grande.*
Estudiante 1: *Lo siento. No la tenemos en talla extra grande.*
Estudiante 2: *¿Qué colores tienen en talla extra grande?*

INFORMACIÓN DEL INVENTARIO:

C1050 Camiseta de algodón
Colores: azul (P, M, G), amarillo (P, M, G, XG), negro (agotado *sold out*), beige (M, G, XG)
Precio: 25 € (Rebajado a 20 €)

C4325 Camisa con estampado hawaiano
Colores: azul (agotado), verde (M, G, XG), rojo (P, XG)
Precio: 35 €

B2219 Blusa de lunares
Colores: blanco/negro (P, G, XG); negro/rosado (P, M, XG), rojo/blanco (P, M, G, XG)
Precio: 42 €

P6750 Pantalones cortos a rayas
Colores: blanco/azul (P, M, G), blanco/verde (P, M, G, XG), gris/negro (agotado), café/beige (M, G)
Precio: 55 €

P7382 Pantalones cortos a cuadros
Colores: azul/verde (P, M, G, XG), negro/rojo (P, G, XG), rosado/gris (P, M)
Precio: 48 €

F9124 Falda con estampado de flores
Colores: blanco/rosado (P, G, XG), azul marino/rojo (P, M, XG), anaranjado/amarillo (P, M, G, XG)
Tallas: P, M, G, XG
Precio: 57 €

S5320 Sandalias de cuero
Colores: café (35, 37, 39, 41, 43), negro (36, 38, 40, 42)
Precio: 70 €

Capítulo 12

12.5 Las descripciones Trabaja con un compañero. Uno de ustedes (Estudiante 1) va a describirle el dibujo en la página 411 a su compañero (Estudiante 2) quien debe dibujar lo que escucha sin ver la ilustración. Al terminar comparen el original y el nuevo dibujo. Después el Estudiante 2 debe describir el dibujo en esta página, y el Estudiante 1 va a dibujarlo.

12.25 Donaciones Imagina que un compañero y tú trabajan para el *World Wildlife Fund*. Uno de ustedes va a trabajar con la tabla en esta página, y el otro va a completar la tabla en la página 425. Compartan la información para completarla, y después decidan para qué animal deben hacer la siguiente campaña para recibir más donaciones.

ESPECIE	DONACIONES	PAÍS/ REGIÓN
1. Pingüino imperial		
2. El orangután		Indonesia
3. El jaguar		Latinoamérica
4. El oso frontino	$129.467,00	
5. El cóndor andino	$871.034,00	
6. El oso polar	$1.209.654,00	El ártico

12.41 La granja Mira uno de los dibujos y tu compañero va a mirar el otro en la página 441. Túrnense para describir las granjas y encontrar las cinco diferencias.

Capítulo 13

13.6 Una relación La siguiente es una historia ilustrada de cómo evolucionó la relación entre Mercedes y Juan Sebastián. Trabaja con un compañero y túrnense para describir sus dibujos (numerados del 1 al 8) y completar la historia. Uno de ustedes va a describir las imágenes en esta página, y el otro las de la página 449.

13.24 En familia Trabaja con un compañero para descubrir las cinco diferencias. Uno de ustedes mira este dibujo y el otro mira el dibujo en la página 463. Túrnense para describirlos y encontrar las cinco diferencias.

13.41 ¿Cuál es la pregunta? Trabaja con un compañero. Uno de ustedes debe ver las preguntas en esta página, y el otro debe verlas en la página 479. Es una competencia y el ganador *(winner)* es quien tenga más puntos. Obtienes puntos cuando adivinas la pregunta <u>exacta</u> que tiene tu compañero. Para ayudarte, tu compañero te va a decir la respuesta a la pregunta. Tienes tres oportunidades para adivinar cada pregunta.

Modelo ¿Qué es extrañar?
        Estudiante 1: *Es cuando no estás con una persona y estás triste. Piensas mucho en la persona.*
        Estudiante 2: *¿Qué es extrañar?*

Puntos	Preguntas
10	¿Qué es el noviazgo?
20	¿Qué hay en una recepción?
30	¿Qué es la unión libre?
40	¿Qué hacemos en la vejez?
50	¿Quién es la prometida?
100	¿Qué es comprometerse?

Capítulo 14

14.5 **Diferencias** Trabaja con un compañero. Uno mira el dibujo en esta página y el otro mira el dibujo en la página 485. Túrnense para describir sus dibujos y encontrar las cinco diferencias.

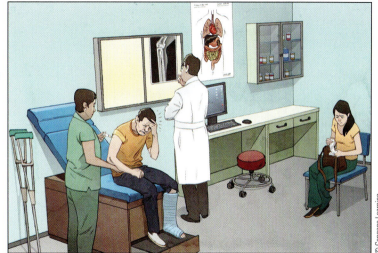

14.23 **El Mundial** Un amigo y tú quieren sorprender a todos sus amigos con fiestas para ver los juegos del Mundial de Fútbol. Tu compañero debe mirar la información en la página 499. Túrnense para completar las nacionalidades de sus amigos y el horario de los partidos. Al final encontrarán las cinco fechas cuando deberán tener las fiestas.

Preguntas posibles: *¿Cuál es la nacionalidad de Juan José?*
¿Cuándo es el juego número uno? / ¿Quiénes juegan el juego número uno?

Amigos:

NOMBRE	Mundo	Jazmín	Marco	Pío	Marcelo	Yolanda
PAÍS		colombiana			ecuatoriano	paraguaya

Horario de juegos:

Juego 1		10 de junio	Juego 5	España vs. EEUU	
Juego 2	Colombia vs. México		Juego 6		19 de junio
Juego 3	Argentina vs. Chile		Juego 7	Bélgica vs. Paraguay	
Juego 4		16 de junio	Juego 8		24 de junio

¿Cuáles son los cinco partidos que deben ver y cuándo?

14.39   **Un diagnóstico** Imagínate que eres médico y que vas a consultar con otro médico sobre algunos pacientes. Trabaja con un compañero para completar la información. Uno va a mirar la información en esta página y el otro va a mirar la información en la página 515.

Modelo Olivia Aragón estornudos, ojos irritados
Estudiante 1: *Olivia Aragón estornuda mucho y tiene ojos irritados.*
Estudiante 2: *Debe tomar pastillas para las alergias y no salir al jardín en la primavera.*

Nombre	Síntomas	Remedio
Bruno Medina		tomar pastillas, reducir el sodio
Lourdes Montes	falta de energía, insomnio	
Saúl Reyes		tomar jarabe para el resfriado
Aranza Rivera	náusea, mareos	
Ileana Castro		tomar antibióticos, quedarse en cama
Esteban Peña	dolor de cabeza, mareos	

Appendix C

Acentuación

In Spanish, as in English, all words of two or more syllables have one syllable that is stressed more forcibly than the others. In Spanish, written accents are frequently used to show which syllable in a word is the stressed one.

Words without written accents

Words without written accents are pronounced according to the following rules:

A. Words that end in a vowel (**a, e, i, o, u**) or the consonants **n** or **s** are stressed on the next to last syllable.

tardes   capi**tales**   **gran**de   es**tu**dia   **no**ches   **co**men

B. Words that end in a consonant other than **n** or **s** are stressed on the last syllable.

bus**car**   ac**triz**   espa**ñol**   liber**tad**   ani**mal**   come**dor**

Words with written accents

C. Words that do not follow the two preceding rules require a written accent to indicate where the stress is placed.

ca**fé**   sim**pá**tico   fran**cés**   na**ción**   Jo**sé Pé**rez

Words with a strong vowel (a, o, u) next to a weak vowel (e, i)

D. Diphthongs, the combination of a weak vowel (**i, u**) and a strong vowel (**e, o, a**), or two weak vowels, next to each other, form a single syllable. A written accent is required to separate diphthongs into two syllables. Note that the written accent is placed on the weak vowel.

s**ei**s   estu**dia**   inter**ior**   **ai**re   **au**to   c**iu**dad
re**í**r   d**í**a   r**í**o   ma**í**z   ba**ú**l   veint**iú**n

Monosyllable words

E. Words with only one syllable never have a written accent unless there is a need to differentiate it from another word spelled exactly the same. The following are some of the most common words in this category.

Unaccented	Accented	Unaccented	Accented
como *(like, as)*	cómo *(how)*	que *(that)*	qué *(what)*
de *(of)*	dé *(give)*	si *(if)*	sí *(yes)*
el *(the)*	él *(he)*	te *(you D.O., to you)*	té *(tea)*
mas *(but)*	más *(more)*	tu *(your)*	tú *(you informal)*
mi *(my)*	mí *(me)*		

F. Keep in mind that in Spanish, the written accents are an extremely important part of spelling since they not only change the pronunciation of a word, but may change its meaning and/or its tense.

publico *(I publish)*   **público** *(public)*   **publicó** *(he/she/you published)*

Los verbos regulares

Simple tenses

	Present Indicative	Imperfect	Preterite	Future	Conditional	Present Subjunctive	Past Subjunctive	Commands
hablar (to speak)	hablo	hablaba	hablé	hablaré	hablaría	hable	hablara	
	hablas	hablabas	hablaste	hablarás	hablarías	hables	hablaras	habla (no hables)
	habla	hablaba	habló	hablará	hablaría	hable	hablara	hable
	hablamos	hablábamos	hablamos	hablaremos	hablaríamos	hablemos	habláramos	hablemos
	habláis	hablabais	hablasteis	hablaréis	hablaríais	habléis	hablarais	hablad (no habléis)
	hablan	hablaban	hablaron	hablarán	hablarían	hablen	hablaran	hablen
aprender (to learn)	aprendo	aprendía	aprendí	aprenderé	aprendería	aprenda	aprendiera	
	aprendes	aprendías	aprendiste	aprenderás	aprenderías	aprendas	aprendieras	aprende (no aprendas)
	aprende	aprendía	aprendió	aprenderá	aprendería	aprenda	aprendiera	aprenda
	aprendemos	aprendíamos	aprendimos	aprenderemos	aprenderíamos	aprendamos	aprendiéramos	aprendamos
	aprendéis	aprendíais	aprendisteis	aprenderéis	aprenderíais	aprendáis	aprendierais	aprended (no aprendáis)
	aprenden	aprendían	aprendieron	aprenderán	aprenderían	aprendan	aprendieran	aprendan
vivir (to live)	vivo	vivía	viví	viviré	viviría	viva	viviera	
	vives	vivías	viviste	vivirás	vivirías	vivas	vivieras	vive (no vivas)
	vive	vivía	vivió	vivirá	viviría	viva	viviera	viva
	vivimos	vivíamos	vivimos	viviremos	viviríamos	vivamos	viviéramos	vivamos
	vivís	vivíais	vivisteis	viviréis	viviríais	viváis	vivierais	vivid (no viváis)
	viven	vivían	vivieron	vivirán	vivirían	vivan	vivieran	vivan

Compound tenses

Present progressive	estoy / estás / está / estamos / estáis / están	hablando	aprendiendo	viviendo
Present perfect indicative	he / has / ha / hemos / habéis / han	hablado	aprendido	vivido
Past perfect indicative	había / habías / había / habíamos / habíais / habían	hablado	aprendido	vivido

Appendix E

Los verbos con cambios en la raíz

Infinitive Present Participle Past Participle	Present Indicative	Imperfect	Preterite	Future	Conditional	Present Subjunctive	Past Subjunctive	Commands
pensar *to think* **e → ie** pensando pensado	**pienso** **piensas** **piensa** pensamos pensáis **piensan**	pensaba pensabas pensaba pensábamos pensabais pensaban	pensé pensaste pensó pensamos pensasteis pensaron	pensaré pensarás pensará pensaremos pensaréis pensarán	pensaría pensarías pensaría pensaríamos pensaríais pensarían	**piense** **pienses** **piense** pensemos penséis **piensen**	pensara pensaras pensara pensáramos pensarais pensaran	**piensa (no pienses)** **piense** pensemos pensad (no penséis) **piensen**
acostarse *to go to bed* **o → ue** acostándose acostado	me **acuesto** te **acuestas** se **acuesta** nos acostamos os acostáis se **acuestan**	me acostaba te acostabas se acostaba nos acostábamos os acostabais se acostaban	me acosté te acostaste se acostó nos acostamos os acostasteis se acostaron	me acostaré te acostarás se acostará nos acostaremos os acostaréis se acostarán	me acostaría te acostarías se acostaría nos acostaríamos os acostaríais se acostarían	me **acueste** te **acuestes** se **acueste** nos acostemos os acostéis se **acuesten**	me acostara te acostaras se acostara nos acostáramos os acostarais se acostaran	**acuéstate (no te acuestes)** **acuéstese** acostémonos acostaos (no os acostéis) **acuéstense**
sentir *to feel* **e → ie, i** sintiendo sentido	**siento** **sientes** **siente** sentimos sentís **sienten**	sentía sentías sentía sentíamos sentíais sentían	sentí sentiste **sintió** sentimos sentisteis **sintieron**	sentiré sentirás sentirá sentiremos sentiréis sentirán	sentiría sentirías sentiría sentiríamos sentiríais sentirían	**sienta** **sientas** **sienta** **sintamos** **sintáis** **sientan**	**sintiera** **sintieras** **sintiera** **sintiéramos** **sintierais** **sintieran**	**siente (no sientas)** **sienta** **sintamos (no sintáis)** sentid **sientan**
pedir *to ask for* **e → i, i** pidiendo pedido	**pido** **pides** **pide** pedimos pedís **piden**	pedía pedías pedía pedíamos pedíais pedían	pedí pediste **pidió** pedimos pedisteis **pidieron**	pediré pedirás pedirá pediremos pediréis pedirán	pediría pedirías pediría pediríamos pediríais pedirían	**pida** **pidas** **pida** **pidamos** **pidáis** **pidan**	**pidiera** **pidieras** **pidiera** **pidiéramos** **pidierais** **pidieran**	**pide (no pidas)** **pida** **pidamos** pedid **(no pidáis)** **pidan**
dormir *to sleep* **o → ue, u** **durmiendo** dormido	**duermo** **duermes** **duerme** dormimos dormís **duermen**	dormía dormías dormía dormíamos dormíais dormían	dormí dormiste **durmió** dormimos dormisteis **durmieron**	dormiré dormirás dormirá dormiremos dormiréis dormirán	dormiría dormirías dormiría dormiríamos dormiríais dormirían	**duerma** **duermas** **duerma** **durmamos** **durmáis** **duerman**	**durmiera** **durmieras** **durmiera** **durmiéramos** **durmierais** **durmieran**	**duerme (no duermas)** **duerma** **durmamos** dormid (no durmáis) **duerman**

Appendix F

Los verbos con cambios de ortografía

Infinitive / Present Participle / Past Participle	Present Indicative	Imperfect	Preterite	Future	Conditional	Present Subjunctive	Past Subjunctive	Commands
comenzar (e → ie) *to begin* **z → c before e** comenzando comenzado	comienzo comienzas comienza comenzamos comenzáis comienzan	comenzaba comenzabas comenzaba comenzábamos comenzabais comenzaban	**comencé** comenzaste comenzó comenzamos comenzasteis comenzaron	comenzaré comenzarás comenzará comenzaremos comenzaréis comenzarán	comenzaría comenzarías comenzaría comenzaríamos comenzaríais comenzarían	**comience comiences comience comencemos comencéis comiencen**	comenzara comenzaras comenzara comenzáramos comenzarais comenzaran	comienza (**no comiences**) **comience comencemos** comenzad (**no comencéis**) **comiencen**
conocer *to know* **c → zc before a, o** conociendo conocido	**conozco** conoces conoce conocemos conocéis conocen	conocía conocías conocía conocíamos conocíais conocían	conocí conociste conoció conocimos conocisteis conocieron	conoceré conocerás conocerá conoceremos conoceréis conocerán	conocería conocerías conocería conoceríamos conoceríais conocerían	**conozca conozcas conozca conozcamos conozcáis conozcan**	conociera conocieras conociera conociéramos conocierais conocieran	conoce (**no conozcas**) **conozca conozcamos** conoced (**no conozcáis**) **conozcan**
pagar *to pay* **g → gu before e** pagando pagado	pago pagas paga pagamos pagáis pagan	pagaba pagabas pagaba pagábamos pagabais pagaban	**pagué** pagaste pagó pagamos pagasteis pagaron	pagaré pagarás pagará pagaremos pagaréis pagarán	pagaría pagarías pagaría pagaríamos pagaríais pagarían	**pague pagues pague paguemos paguéis paguen**	pagara pagaras pagara pagáramos pagarais pagaran	paga (**no pagues**) **pague paguemos** pagad (**no paguéis**) **paguen**
seguir (e → i, i) *to follow* **gu → g before a, o** siguiendo seguido	**sigo** sigues sigue seguimos seguís siguen	seguía seguías seguía seguíamos seguíais seguían	seguí seguiste siguió seguimos seguisteis siguieron	seguiré seguirás seguirá seguiremos seguiréis seguirán	seguiría seguirías seguiría seguiríamos seguiríais seguirían	**siga sigas siga sigamos sigáis sigan**	siguiera siguieras siguiera siguiéramos siguierais siguieran	sigue (**no sigas**) **siga sigamos** seguid (**no sigáis**) **sigan**
tocar *to play, to touch* **c → qu before e** tocando tocado	toco tocas toca tocamos tocáis tocan	tocaba tocabas tocaba tocábamos tocabais tocaban	**toqué** tocaste tocó tocamos tocasteis tocaron	tocaré tocarás tocará tocaremos tocaréis tocarán	tocaría tocarías tocaría tocaríamos tocaríais tocarían	**toque toques toque toquemos toquéis toquen**	tocara tocaras tocara tocáramos tocarais tocaran	toca (**no toques**) **toque toquemos** tocad (**no toquéis**) **toquen**

Appendix G

Los verbos irregulares

Infinitive / Present Participle / Past Participle	Present Indicative	Imperfect	Preterite	Future	Conditional	Present Subjunctive	Past Subjunctive	Commands
andar *to walk* andando andado	ando andas anda andamos andáis andan	andaba andabas andaba andábamos andabais andaban	**anduve** **anduviste** **anduvo** **anduvimos** **anduvisteis** **anduvieron**	andaré andarás andará andaremos andaréis andarán	andaría andarías andaría andaríamos andaríais andarían	ande andes ande andemos andéis anden	anduviera anduvieras anduviera anduviéramos anduvierais anduvieran	anda (no andes) ande andemos andad (no andéis) anden
*dar *to give* dando dado	**doy** das da damos dais dan	daba dabas daba dábamos dabais daban	di diste dio dimos disteis dieron	daré darás dará daremos daréis darán	daría darías daría daríamos daríais darían	**dé** des **dé** demos deis den	diera dieras diera diéramos dierais dieran	da (**no des**) **dé** demos dad (**no deis**) den
*decir *to say, tell* diciendo dicho	**digo** **dices** **dice** decimos decís **dicen**	decía decías decía decíamos decíais decían	**dije** **dijiste** **dijo** **dijimos** **dijisteis** **dijeron**	**diré** **dirás** **dirá** **diremos** **diréis** **dirán**	**diría** **dirías** **diría** **diríamos** **diríais** **dirían**	diga digas diga digamos digáis digan	dijera dijeras dijera dijéramos dijerais dijeran	di (**no digas**) diga digamos decid (**no digáis**) digan
*estar *to be* estando estado	**estoy** **estás** **está** estamos estáis **están**	estaba estabas estaba estábamos estabais estaban	estuve estuviste estuvo estuvimos estuvisteis estuvieron	estaré estarás estará estaremos estaréis estarán	estaría estarías estaría estaríamos estaríais estarían	**esté** **estés** **esté** estemos estéis **estén**	estuviera estuvieras estuviera estuviéramos estuvierais estuvieran	está (**no estés**) esté estemos estad (**no estéis**) estén
haber *to have* habiendo habido	**he** **has** **ha [hay]** **hemos** **habéis** **han**	había habías había habíamos habíais habían	hube hubiste hubo hubimos hubisteis hubieron	habré habrás habrá habremos habréis habrán	habría habrías habría habríamos habríais habrían	haya hayas haya hayamos hayáis hayan	hubiera hubieras hubiera hubiéramos hubierais hubieran	he (**no hayas**) haya hayamos habed (**no hayáis**) hayan
*hacer *to make, to do* haciendo hecho	**hago** haces hace hacemos hacéis hacen	hacía hacías hacía hacíamos hacíais hacían	hice hiciste hizo hicimos hicisteis hicieron	haré harás hará haremos haréis harán	haría harías haría haríamos haríais harían	haga hagas haga hagamos hagáis hagan	hiciera hicieras hiciera hiciéramos hicierais hicieran	haz (**no hagas**) haga hagamos haced (**no hagáis**) hagan

*Verbs with irregular *yo* forms in the present indicative

(continued)

Infinitive Present Participle Past Participle	Present Indicative	Imperfect	Preterite	Future	Conditional	Present Subjunctive	Past Subjunctive	Commands
ir	voy	iba	fui	iré	iría	vaya	fuera	
to go	vas	ibas	fuiste	irás	irías	vayas	fueras	ve (no vayas)
yendo	va	iba	fue	irá	iría	vaya	fuera	vaya
ido	vamos	íbamos	fuimos	iremos	iríamos	vayamos	fuéramos	vamos (no vayamos)
	vais	ibais	fuisteis	iréis	iríais	vayáis	fuerais	id (no vayáis)
	van	iban	fueron	irán	irían	vayan	fueran	vayan
*oír	oigo	oía	oí	oiré	oiría	oiga	oyera	
to hear	oyes	oías	oíste	oirás	oirías	oigas	oyeras	oye (no oigas)
oyendo	oye	oía	oyó	oirá	oiría	oiga	oyera	oiga
oído	oímos	oíamos	oímos	oiremos	oiríamos	oigamos	oyéramos	oigamos
	oís	oíais	oísteis	oiréis	oiríais	oigáis	oyerais	oíd (no oigáis)
	oyen	oían	oyeron	oirán	oirían	oigan	oyeran	oigan
poder	puedo	podía	pude	podré	podría	pueda	pudiera	
(o → ue)	puedes	podías	pudiste	podrás	podrías	puedas	pudieras	puede (no puedas)
can, to be able	puede	podía	pudo	podrá	podría	pueda	pudiera	pueda
pudiendo	podemos	podíamos	pudimos	podremos	podríamos	podamos	pudiéramos	podamos
podido	podéis	podíais	pudisteis	podréis	podríais	podáis	pudierais	poded (no podáis)
	pueden	podían	pudieron	podrán	podrían	puedan	pudieran	puedan
*poner	pongo	ponía	puse	pondré	pondría	ponga	pusiera	
to place, to put	pones	ponías	pusiste	pondrás	pondrías	pongas	pusieras	pon (no pongas)
poniendo	pone	ponía	puso	pondrá	pondría	ponga	pusiera	ponga
puesto	ponemos	poníamos	pusimos	pondremos	pondríamos	pongamos	pusiéramos	pongamos
	ponéis	poníais	pusisteis	pondréis	pondríais	pongáis	pusierais	poned (no pongáis)
	ponen	ponían	pusieron	pondrán	pondrían	pongan	pusieran	pongan
querer	quiero	quería	quise	querré	querría	quiera	quisiera	
(e → ie)	quieres	querías	quisiste	querrás	querrías	quieras	quisieras	quiere (no quieras)
to like	quiere	quería	quiso	querrá	querría	quiera	quisiera	quiera
queriendo	queremos	queríamos	quisimos	querremos	querríamos	queramos	quisiéramos	queramos
querido	queréis	queríais	quisisteis	querréis	querríais	queráis	quisierais	quered (no queráis)
	quieren	querían	quisieron	querrán	querrían	quieran	quisieran	quieran
*saber	sé	sabía	supe	sabré	sabría	sepa	supiera	
to know	sabes	sabías	supiste	sabrás	sabrías	sepas	supieras	sabe (no sepas)
sabiendo	sabe	sabía	supo	sabrá	sabría	sepa	supiera	sepa
sabido	sabemos	sabíamos	supimos	sabremos	sabríamos	sepamos	supiéramos	sepamos
	sabéis	sabíais	supisteis	sabréis	sabríais	sepáis	supierais	sabed (no sepáis)
	saben	sabían	supieron	sabrán	sabrían	sepan	supieran	sepan

*Verbs with irregular *yo* forms in the present indicative

Appendix G

(continued)

Infinitive Present Participle Past Participle	Present Indicative	Imperfect	Preterite	Future	Conditional	Present Subjunctive	Past Subjunctive	Commands
*salir	salgo	salía	salí	saldré	saldría	salga	saliera	
to go out	sales	salías	saliste	saldrás	saldrías	salgas	salieras	sal (no salgas)
saliendo	sale	salía	salió	saldrá	saldría	salga	saliera	salga
salido	salimos	salíamos	salimos	saldremos	saldríamos	salgamos	saliéramos	salgamos
	salís	salíais	salisteis	saldréis	saldríais	salgáis	salierais	salid (no salgáis)
	salen	salían	salieron	saldrán	saldrían	salgan	salieran	salgan
ser	soy	era	fui	seré	sería	sea	fuera	
to be	eres	eras	fuiste	serás	serías	seas	fueras	sé (no seas)
siendo	es	era	fue	será	sería	sea	fuera	sea
sido	somos	éramos	fuimos	seremos	seríamos	seamos	fuéramos	seamos
	sois	erais	fuisteis	seréis	seríais	seáis	fuerais	sed (no seáis)
	son	eran	fueron	serán	serían	sean	fueran	sean
*tener	tengo	tenía	tuve	tendré	tendría	tenga	tuviera	
(e → ie)	tienes	tenías	tuviste	tendrás	tendrías	tengas	tuvieras	ten (no tengas)
to have	tiene	tenía	tuvo	tendrá	tendría	tenga	tuviera	tenga
teniendo	tenemos	teníamos	tuvimos	tendremos	tendríamos	tengamos	tuviéramos	tengamos
tenido	tenéis	teníais	tuvisteis	tendréis	tendríais	tengáis	tuvierais	tened (no tengáis)
	tienen	tenían	tuvieron	tendrán	tendrían	tengan	tuvieran	tengan
*traer	traigo	traía	traje	traeré	traería	traiga	trajera	
to bring	traes	traías	trajiste	traerás	traerías	traigas	trajeras	trae (no traigas)
trayendo	trae	traía	trajo	traerá	traería	traiga	trajera	traiga
traído	traemos	traíamos	trajimos	traeremos	traeríamos	traigamos	trajéramos	traigamos
	traéis	traíais	trajisteis	traeréis	traeríais	traigáis	trajerais	traed (no traigáis)
	traen	traían	trajeron	traerán	traerían	traigan	trajeran	traigan
*venir	vengo	venía	vine	vendré	vendría	venga	viniera	
(e → ie, i)	vienes	venías	viniste	vendrás	vendrías	vengas	vinieras	ven (no vengas)
to come	viene	venía	vino	vendrá	vendría	venga	viniera	venga
viniendo	venimos	veníamos	vinimos	vendremos	vendríamos	vengamos	viniéramos	vengamos
venido	venís	veníais	vinisteis	vendréis	vendríais	vengáis	vinierais	venid (no vengáis)
	vienen	venían	vinieron	vendrán	vendrían	vengan	vinieran	vengan
ver	veo	veía	vi	veré	vería	vea	viera	
to see	ves	veías	viste	verás	verías	veas	vieras	ve (no veas)
viendo	ve	veía	vio	verá	vería	vea	viera	vea
visto	vemos	veíamos	vimos	veremos	veríamos	veamos	viéramos	veamos
	veis	veíais	visteis	veréis	veríais	veáis	vierais	ved (no veáis)
	ven	veían	vieron	verán	verían	vean	vieran	vean

*Verbs with irregular *yo* forms in the present indicative

Functional Glossary

Asking questions
Question words

¿Adónde? To where?
¿Cómo? How?
¿Cuál(es)? Which? What?
¿Cuándo? When?
¿Cuánto/¿Cuánta? How much?
¿Cuántos/¿Cuántas? How many?
¿Dónde? Where?
¿Para qué? For what reason?
¿Por qué? Why?
¿Qué? What?
¿Quién(es)? Who? Whom?

Requesting information

¿Cómo es su (tu) profesor(a) favorito(a)? What's your favorite professor like?
¿Cómo se (te) llama(s)? What's your name?
¿Cómo se llama? What's his/her name?
¿Cuál es su (tu) facultad? What's your school/department?
¿Cuál es su (tu) número de teléfono? What's your telephone number?
¿De dónde es (eres)? Where are you from?
¿Dónde hay...? Where is/are there...?
¿Qué estudia(s)? What are you studying?

Asking for descriptions

¿Cómo es...? What is...like?
¿Cómo son...? What are...like?

Asking for clarification

¿Cómo? What?
Dígame (Dime) una cosa. Tell me something.
Más despacio. More slowly.
No comprendo./No entiendo. I don't understand.
¿Perdón? Pardon me?
¿Qué? Otra vez, por favor. What? One more time, please.
Repita (Repite), por favor. Please repeat.
¿Qué significa...? What does...mean?

Asking about and expressing likes and dislikes

¿Te (le) gusta(n)? Do you like it (them)?
No me gusta(n). I don't like it (them).
Sí, me gusta(n). Yes, I like it (them).

Asking for confirmation

...¿de acuerdo? ...agreed? (Used when some type of action is proposed.)
...¿no? ...isn't that so? (Not used with negative sentences.)
...¿no es así? ...isn't that right?
...¿vale? ...okay?
...¿verdad? ¿cierto? ...right?
...¿está bien? ...OK?

Complaining

Es demasiado caro/cara (costoso/costosa). It's too expensive.
No es justo. It isn't fair.
¡No, hombre/mujer! No way!
No puedo esperar más. I can't wait anymore.
No puedo más. I can't take this anymore.

Expressing belief

Es cierto/verdad. That's right./That's true.
Estoy seguro/segura. I'm sure.
Lo creo. I believe it.
No cabe duda de que... There can be no doubt that...
No lo dudo. I don't doubt it.
No tengo la menor duda. I haven't the slightest doubt.
Tiene(s) razón. You're right.

Expressing disbelief

Hay dudas. There are doubts.
Es poco probable. It's doubtful/unlikely.
Lo dudo. I doubt it.
No lo creo. I don't believe it.
Estás equivocado(a). You're wrong.
Tengo mis dudas. I have my doubts.

Expressing frequency of actions and length of activities

¿Con qué frecuencia...? How often...?
de vez en cuando from time to time
durante la semana during the week
frecuentemente frequently
los fines de semana on the weekends
nunca never
por la mañana/por la tarde/por la noche in the morning/afternoon/evening
siempre always
todas las tardes/todas las noches every afternoon/evening
todos los días every day
Hace un año/dos meses/tres semanas que... for a year/two months/three weeks

Listening for instructions in the classroom

Abran los libros en la página... Open your books to page...
Cierren los libros. Close your books.
Complete (Completa) (Completen) la oración. Complete the sentence.
Conteste (Contesta) (Contesten) en español. Answer in Spanish.
Escriban en la pizarra. Write on the board.
Formen grupos de... estudiantes. Form groups of... students.
Practiquen en parejas. Practice in pairs.
¿Hay preguntas? Are there any questions?
Lea (Lee) en voz alta. Read aloud.
Por ejemplo... For example...
Preparen... para mañana. Prepare... for tomorrow.
Repita (Repite), (Repitan) por favor. Please repeat.
Saquen el libro (el cuaderno, una hoja de papel). Take out the book (the notebook, a piece of paper).

Greeting and conversing
Greetings

Bien, gracias. Fine, thanks.
Buenas noches. Good evening.
Buenas tardes. Good afternoon.
Buenos días. Good morning.
¿Cómo está(s)? How are you?
¿Cómo le (te) va? How is it going?
Hola. Hi.
Mal. Bad./Badly.
Más o menos. So so.
Nada. Nothing.
No muy bien. Not too well.
¿Qué hay de nuevo? What's new?
¿Qué tal? How are things?
Regular. Okay.
¿Y usted (tú)? And you?

Introducing people

¿Cómo se (te) llama(s)? What is your name?
¿Cómo se llama(n) él/ella/usted(es)/ellos/ellas? What is (are) his/her, your, their name(s)?
¿Cuál es su (tu) nombre? What is your name?
El gusto es mío. The pleasure is mine.
Encantado(a). Delighted.
Igualmente. Likewise.
Me llamo... My name is...
Mi nombre es... My name is...
Mucho gusto. Pleased to meet you.
Quiero presentarle(te) a... I want to introduce you to...
Se llama(n)... His/Her/Their name(s) is/are...

Entering into a conversation

Escuche (Escucha). Listen.
(No) Creo que... I (don't) believe that...
(No) Estoy de acuerdo porque... I (don't) agree because...

Pues, lo que quiero decir es que... Well, what I want to say is . . .
Quiero decir algo sobre... I want to say something about . . .

Saying goodbye

Adiós. Goodbye.
Chao. Goodbye.
Hasta la vista. Until we meet again.
Hasta luego. See you later.
Hasta mañana. Until tomorrow.
Hasta pronto. See you soon.

Chatting

(Bastante) bien. (Pretty) well, fine.
¿Cómo está la familia? How's the family?
¿Cómo le (te) va? How's it going?
¿Cómo van las clases? How are classes going?
Fenomenal. Phenomenal.
Horrible. Horrible.
Mal. Bad(ly).
No hay nada de nuevo. There's nothing new.
¿Qué hay de nuevo? What's new?
¿Qué tal? How's it going?

Reacting to comments

¡A mí me lo dice(s)! You're telling me!
¡Caray! Oh! Oh no!
¿De veras?/¿De verdad? Really? Is that so?
¡Dios mío! Oh, my goodness!
¿En serio? Seriously? Are you serious?
¡Estupendo! Stupendous!
¡Fabuloso! Fabulous!
¡No me diga(s)! You don't say!
¡Qué barbaridad! How unusual! Wow! That's terrible!
¡Qué bien! That's great!
¡Qué desastre! That's a disaster!
¡Qué dijo (dijiste)? What did you say?
¡Qué gente más loca! What crazy people!
¿Qué hizo (hiciste)? What did you do?
¡Qué horrible! That's horrible!
¡Qué increíble! That's amazing!
¡Qué lástima! That's a pity! That's too bad!
¡Qué mal! That's really bad!
¡Qué maravilla! That's marvelous!
¡Qué pena! That's a pain! That's too bad!
¡Ya lo creo! I (can) believe it!

Extending a conversation using fillers and hesitations

A ver... Let's see . . .
Buena pregunta... That's a good question . . .
Bueno... Well . . .
Es que... It's that . . .
Pues... no sé. Well . . . I don't know.
Sí, pero... Yes, but . . .
No creo. I don't think so.

Expressing worry

¡Ay, Dios mío! Good grief!
¡Es una pesadilla! It's a nightmare!
¡Eso debe ser horrible! That must be horrible!
¡Pobre! Poor thing!
¡Qué espanto! What a scare!
¡Qué horror! How horrible!
¡Qué lástima! What a pity!
¡Qué mala suerte/pata! What bad luck!
¡Qué terrible! How terrible!
¡Qué triste! How sad!
¡Qué pena! What a shame!

Expressing agreement

Así es. That's so.
Cierto./Claro (que sí)./Seguro. Certainly. Sure(ly).
Cómo no./Por supuesto. Of course.
Correcto. That's right.
Es cierto/verdad. It's true.
Eso es. That's it.
(Estoy) de acuerdo. I agree.
Exacto. Exactly.
Muy bien. Very good. Fine.
Perfecto. Perfect.
Probablemente. Probably.

Expressing disagreement

Al contrario. On the contrary.
En absoluto. Absolutely not. No way.
Es poco probable. It's doubtful/not likely.
Incorrecto. Incorrect.
No es así. That's not so.
No es cierto. It's not so.
No es verdad. It's not true.
No es eso. That's not it.
No está bien. It's no good/not right.
No estoy de acuerdo. I don't agree.
Todo lo contrario. Just the opposite./Quite the contrary.

Expressing sympathy

Es una pena. It's a pity.
Lo siento mucho. I'm very sorry.
Mis condolencias. My condolences.
¡Qué lástima! What a pity!

Expressing obligation

Necesitar + *infinitive* To need to . . .
(No) es necesario + *infinitive* It's (not) necessary to . . .
(No) hay que + *infinitive* One must(n't) . . ., One does(n't) have to . . .
(Se) debe + *infinitive* (One) should (ought to) . . .
Tener que + *infinitive* To have to . . .

In the hospital
Communicating instructions

Aplicar una pomada. Apply cream/ointment.
Bañarse con agua fría/caliente. Take a bath in cold/hot water.
Lavar la herida. Wash the wound.
Llamar al médico. Call the doctor.
Pedir información. Ask for information.
Poner hielo. Put on ice.
Poner una tirita/una venda. Put on a Band-Aid®/a bandage.
Quedarse en la cama. Stay in bed.
Sacar la lengua. Stick out your tongue.
Tomar la medicina/las pastillas después de cada comida (dos veces al día/antes de acostarse). Take the medicine/the pills after each meal (two times a day/before going to bed).

Describing symptoms

Me duele la cabeza/la espalda, etc. I have a headache/backache, etc.
Me tiemblan las manos. My hands are shaking.
Necesito pastillas (contra fiebre, mareos, etc.). I need pills (for fever, dizziness, etc.).
Necesito una receta (unas aspirinas, un antibiótico, unas gotas, un jarabe). I need a prescription (aspirin, antibiotics, drops, cough syrup).

Invitations
Extending invitations

¿Le (Te) gustaría ir a... conmigo? Would you like to go to . . . with me?
¿Me quiere(s) acompañar a...? Do you want to accompany me to . . . ?
¿Quiere(s) ir a...? Do you want to go to . . . ?
Si tiene(s) tiempo, podemos ir a... If you have time, we could go to . . .

Accepting invitations

Sí, con mucho gusto. Yes, with pleasure.
Sí, me encantaría. Yes, I'd love to.
Sí, me gustaría mucho. Yes, I'd like to very much.

Declining invitations

Lo siento mucho, pero no puedo. I'm very sorry, but I can't.
Me gustaría, pero no puedo porque... I'd like to, but I can't because . . .

Making reservations and asking for information

¿Dónde hay...? Where is/are there . . . ?
¿El precio incluye...? Does the price include . . . ?
Quisiera reservar una habitación... I would like to reserve a room . . .

Opinons
Asking for opinions

¿Cuál prefiere(s)? Which do you prefer?
¿Le (Te) gusta(n)...? Do you like . . . ?

¿Le (Te) interesa(n)...? Are you interested in . . . ?
¿Qué opina(s) de...? What's your opinion about . . . ?
¿Qué piensa(s)? What do you think?
¿Qué le (te) parece(n)? How does/do . . . seem to you?

Giving opinions

Creo que... I believe that . . .
Es bueno. It's good.
Es conveniente. It's convenient.
Es importante. It's important.
Es imprescindible. It's indispensable.
Es mejor. It's better.
Es necesario./Es preciso. It's necessary.
Es preferible. It's preferable.
Me gusta(n)... I like . . .
Me interesa(n)... I am interested in . . .
Me parece(n)... It seems . . . to me. (They seem . . . to me.)
Opino que... It's my opinion that . . .
Pienso que... I think that . . .
Prefiero... I prefer . . .

Adding information

A propósito/De paso... By the way . . .
Además... In addition . . .
También... Also . . .

Negating and contradicting

¡Imposible! Impossible!
¡Jamás!/¡Nunca! Never!
Ni hablar. Don't even mention it.
No es así. It's not like that.
No está bien. It's not right.

Making requests

¿Me da(s)...? Will you give me . . . ?
¿Me hace(s) el favor de...? Will you do me the favor of . . . ?
¿Me pasa(s)...? Will you pass me . . . ?
¿Me puede(s) dar...? Can you give me . . . ?
¿Me puede(s) traer...? Can you bring me . . . ?
¿Quiere(s) darme...? Do you want to give me . . . ?
Sí, cómo no. Yes, of course.

In a restaurant
Ordering a meal

¿Está incluida la propina? Is the tip included?
Me falta(n)... I need . . .
¿Me puede traer..., por favor? Can you please bring me . . . ?
¿Puedo ver la carta/el menú/la lista de vinos? May I see the menu/the wine list?
¿Qué recomienda usted? What do you recommend?
¿Qué tarjetas de crédito aceptan? What credit cards do you accept?
Quisiera hacer una reservación para... I would like to make a reservation for . . .
¿Se necesitan reservaciones? Are reservations needed?
¿Tiene usted una mesa para...? Do you have a table for . . . ?
Tráigame la cuenta, por favor. Please bring me the check/bill.

Shopping
Asking how much something costs and bargaining

¿Cuánto cuesta...? How much is . . . ?
El precio es... The price is . . .
Cuesta alrededor de... It costs around . . .
¿Cuánto cuesta(n)? How much does it (do they) cost?
De acuerdo. Agreed. All right.
Es demasiado. It's too much.
Es una ganga. It's a bargain.
No más. No more.
No pago más de... I won't pay more than . . .
solo only
última oferta final offer

Describing how clothing fits

Me queda(n) bien/mal. It fits (They fit) me well/badly.
Te queda(n) bien/mal. It fits (They fit) you well/badly.
Le queda(n) bien/mal. It fits (They fit) him/her/you well/badly.

Getting someone's attention

Con permiso. Excuse me.
Discúlpeme. Excuse me.
Oiga (Oye). Listen.
Perdón. Pardon.

Expressing satisfaction and dissatisfaction

El color es horrible. The color is horrible.
El modelo es aceptable. The style is acceptable.
Es muy barato(a). It's very inexpensive.
Es muy caro(a). It's very expensive.
Me gusta el modelo. I like the style.

Thanking

De nada./Por nada./No hay de qué. It's nothing. You're welcome.
¿De verdad le (te) gusta? Do you really like it?
Estoy muy agradecido(a). I'm very grateful.
Gracias. Thanks./Thank you.
Me alegro que le (te) guste. I'm glad you like it.
Mil gracias. Thanks a lot.
Muchas gracias. Thank you very much.
Muy amable de su (tu) parte. You're very kind.

Spanish-English Vocabulary

This vocabulary includes all the words and expressions listed as active vocabulary in **Exploraciones**. The number following the definition refers to the chapter in which the word or phrase was first used actively. For example, an entry followed by **13** is first used actively in **Capítulo 13**. Nouns that end in -o are maculine and in -a are feminine unless unless otherwise indicated.

All words are alphabetized according to the 1994 changes made by the Real Academia: **ch** and **ll** are no longer considered separate letters of the alphabet.

Stem-changing verbs appear with the vowel change in parentheses after the infinitive: **(ie)**, **(ue)**, **(i)**, **(ie, i)**, **(e, i)**, **(ue, u)**, or **(i, i)**. Most cognates, conjugated verb forms, and proper nouns used as passive vocabulary in the text are not included in this glossary.

The following abbreviations are used:

adj. adjective	*n.* noun	*dem.* demonstrative	*prep.* preposition	*form.* formal	*s.* singular
adv. adverb	*pl.* plural	*dir. obj.* direct object	*pron.* pronoun	*indir. obj.* indirect object	*subj.* subject
art. article	*pp.* past participle	*f.* feminine	*refl.* reflexive	*interj.* interjection	*v.* verb
conj. conjunction	*poss.* possessive	*f.* feminine		*m.* masculine	

A

a to, at; **a causa de** on account of; **a cuadros** checkered; plaid (11); **a fin de que** so that (14); in order that (14); **a la derecha de** to the right of (4); **a la izquierda de** to the left of (4); **a lo largo (de)** along; **a lunares** polka-dotted; **a menos que** unless (14); **a menudo** frequently, often; **a pesar de** in spite of; **a propósito** by the way; **a rayas** striped (11); **a tiempo completo** full-time; **a tiempo** on time (10); **al horno** baked (7); **al igual que** like; **al lado (de)** alongside (of); beside, next to (4); **al mes** per month
abajo *adv.* below; **abajo de** under
abogado(a) lawyer (5); attorney
abordar to board (10); **pase** *m.* **de abordar** boarding pass (10)
abrazar (c) to hug (13)
abrigo coat (3)
abril *m.* April (3)
abrir to open (3)
abstracto(a) abstract (11); **arte** *m.* **abstracto** abstract art (11)
abuelo(a) grandfather/grandmother (2)
aburrido(a) bored (5); boring (1)
aburrir to bore (8); **aburrirse** to become bored (9)
acabar to finish (11); **acabar de** (+ *inf.*) to have just (*done something*)
acampar to go camping
acaso perhaps
acción *f.* action
aceite *m.* oil
aceituna olive
aceptar to accept
acera sidewalk (9)
acercarse (qu) to approach
acompañar to accompany
acondicionado(a): aire acondicionado *m.* air-conditioning
acontecimiento event
acostarse (ue) to lie down (6); to go to bed (6)
actividad activity
actor *m.* actor (5)
actriz *f.* actress (5)
actual current
acuerdo agreement; **de acuerdo** agreed, all right; **estar de acuerdo** to agree
adelgazar (c) to lose weight
además besides; furthermore; in addition
adiós goodbye (1)
adolescencia adolescence (13)
adolescente *m. f.* adolescent (13)
¿adónde? to where? (4)
aduana customs (10)
adulto adult (13)

aéreo(a) *adj.* air; **línea aérea** airline
aeropuerto (internacional) airport (4); (international) airport (10)
afeitarse to shave (6)
aficionado(a) fan (6)
afuera *adv.* outside
agente *m. f.* agent; **agente de aduana** customs official; **agente de seguridad** security agent (10); **agente de viajes** travel agent (5)
agosto August (3)
agradecido(a) grateful
agresivo(a) aggressive (1)
agua *f.* (*but* **el agua**) water
aguacate *m.* avocado
águila *f.* (*but* **el águila**) eagle
ahí there
ahora now (3) (6); **hasta ahora** up to now, so far
ajedrez *m.* chess (8)
ajo garlic
alberca swimming pool
albergue estudiantil *m.* youth hostel
alegrarse to become happy (9)
alegre happy (5)
alemán *m.* German (*language*) (2)
alergia allergy (14)
alfombra carpet (4); rug
algo something
algodón *m.* cotton (11)
alguien someone, somebody
aliviar to relieve, alleviate
allá over there
allí there
almacén *m.* department store
almohada pillow
almorzar (ue) (c) to have lunch (4)
almuerzo lunch (7)
aló hello (*telephone response in some countries*)
alojamiento lodging (10)
alojarse to lodge, to stay (*in a hotel*) (10)
alpinismo mountain climbing; **hacer alpinismo** to climb mountains (6)
alquilar to rent (4)
alto(a) high; tall (1); **presión** *f.* **alta** high blood pressure (14)
amable kind (1)
amar to love (13)
amarillo(a) yellow (3)
ambiente *m.* atmosphere, environment
ambulancia ambulance (9)
amigo(a) friend (2)
amo(a) de casa homemaker (5)
anaranjado(a) orange (3)
ándale there you go
andar to walk; **andar en** to ride (8); **andar en bicicleta** to ride a bike (6)

andén *m.* platform (10)
anfibio amphibian (12)
anfitrión(-ona) host
anillo ring (13)
animado(a) excited; **dibujos animados** cartoons (13)
aniversario (wedding) anniversary (9)
anoche last night (6)
ante todo first of all, first and foremost
anteayer the day before yesterday
anterior before, prior
antes previously; **antes de** (+ *inf.*) before (*doing something*) (6); **antes (de) que** before (14)
antipático(a) unfriendly (1)
anuncio comercial commercial (13)
añadir to add
año year; **Año Nuevo** New Year (3); **el año pasado** last year; **los quince años** girl's fifteenth birthday celebration (9); **tener... años** to be . . . years old (2)
apagar (gu) to turn off (11)
aparcamiento parking lot
apartamento apartment (4)
aplicarse (qu) to apply
apreciar to appreciate; to enjoy (11)
aprender (a +*inf.*) to learn (*to do something*) (3)
apretado(a) tight (11)
aprobar (ue) to approve
aquel(la) *adj.* that (over there); *pron.* that (one) (over there)
aquello *pron.* that (one)
aquellos(as) *adj.* those (over there); *pron.* those (over there)
aquí here; **hasta aquí** up to now, so far
árbol *m.* tree (12); **trepar un árbol** to climb a tree (8)
ardilla squirrel (12)
arena sand (12)
argentino(a) Argentine (14)
armario closet, armoire (4)
arquitecto(a) architect (5)
arreglar to arrange; **arreglarse** to fix oneself up (6); to get ready (6)
arriba up (with)
arroz *m.* rice (7)
arte *m.* art (2); **arte abstracto** abstract art (11); **arte dramático** theater; **artes marciales** *f. pl.* martial arts; **bellas artes** *f. pl.* fine arts
arterial: presión *f.* **arterial** blood pressure
artesanías handicrafts
artículo article; **artículos de limpieza** cleaning materials
asado(a) grilled (7)
ascensor *m.* elevator (10)

así like this, thus, in this manner; **así es** that's so; **así que** thus, therefore; **¿no es así?** isn't that so?
asiento seat (10)
asistente *m. f.* **de vuelo** flight attendant (5)
asistir (a) to attend (3)
aspiradora vacuum cleaner; **pasar la aspiradora** to vacuum (8)
aspirante *m. f.* job candidate
aspirina aspirin (14)
asustado(a) scared (5)
asustarse to become frightened (9)
atender (ie) a to wait on; to attend to; to pay attention to (*other people*)
aterrizar (c) to land (10)
ático small attic apartment
atlético(a) athletic (1)
atletismo track and field (6)
atracción *f.* attraction; **parque** *m.* **de atracciones** amusement park
atrasado(a) late; **estar atrasado(a)** to be late
atravesar (ie) to cross (9)
atropellar to run over (9)
atún *m.* tuna
audiencia audience (13)
audífonos headphones (13)
auditorio auditorium (2)
aumento increase
aunque although, though
auto car
autorretrato self-portrait (11)
auxilio help; **primeros auxilios** first aid (14)
ave *f.* (*but* **el ave**) poultry; bird (12)
avergonzado(a) embarrassed (5)
avión *m.* plane
ayer yesterday (6)
ayudar to help (2)
ayuntamiento city hall
azafata *f.* flight attendant
azúcar *m.* sugar (7)
azul blue (3)

B

bádminton *m.* badminton (6)
bahía bay (12)
bailar to dance (2)
bailarín/bailarina dancer
bajar de to get out of (*a vehicle*) (9)
bajo(a) short (1); **presión** *f.* **baja** low blood pressure (14)
ballena whale (12)
balneario spa
balón *m.* (volley)ball
baloncesto basketball
banco bank (4)
bandera flag (1)
banderines streamers (9)
bañarse to bathe, to take a bath; to shower (*Mex.*) (6)
bañera bathtub (4)
baño bath; bathtub; bathroom (4); **traje de baño** bathing suit
bar *m.* bar (4)
barato(a) inexpensive, cheap (11)
barbilla chin
barco ship, boat
barrer to sweep (8)
básquetbol *m.* basketball (6)
bastante rather
basura trash, garbage, litter (8); **bote** *m.* **de basura** trashcan (8); **sacar (qu) la basura** to take the trash out (8)
batido(a) whipped
bautizo baptism (9)
beber to drink (3)

bebida drink (7)
beca scholarship (14)
béisbol *m.* baseball (6)
bellas artes *f. pl.* fine arts
beneficios benefits
besar to kiss (13)
biblioteca library (2)
bibliotecario(a) librarian
bicicleta bicycle; **andar en bicicleta** to ride a bike (6)
bien fine (1); well; **llevarse bien** to get along well (13); **pasarlo bien** to have a good time; **¡qué bien te queda esa falda!** that skirt really fits you well! (11); **sentirse (e, i) bien** to feel well
billete *m.* ticket
biología biology (2)
birth nacimiento (13)
bisabuela great grandmother
bisabuelo great grandfather
blanco(a) white (3); **vino blanco** white wine (7)
blusa blouse (3)
bluyíns *m., pl.* blue jeans (3)
boca mouth (6)
bocadillo snack (9)
boda wedding (9)
boleto ticket (10)
bolígrafo pen (1)
boliviano(a) Bolivian (14)
bolsa bag; purse (3); handbag
bolso bag; beach bag; purse; handbag
bombero(a) firefighter; **estación** *f.* **de bomberos** fire station
bonito(a) pretty (1); **¡qué color tan bonito!** what a pretty color! (11)
borracho(a) drunk (5)
borrador *m.* (chalk) eraser
bosque *m.* forest (12); wood(s)
bota boot (3)
bote *m.* **de basura** trashcan (8)
botella bottle
botones *m. f., sing. pl.* bellhop (10)
brazo arm (6)
brindar to toast (9)
brindis *m.* toast (*with a drink*) (9)
brócoli *m.* broccoli (7)
bucear con tubo de respiración to snorkel
bucear to scuba dive (6)
buen/bueno(a) good (1); **buen provecho** enjoy your meal; **buenas noches** good night (1); **buenas tardes** good afternoon (1); **buenos días** good morning (1); **hace buen tiempo** it's nice weather (3); **¡que tengas un buen día!** have a nice day! (1)
bufanda scarf (3)
buscador *m.* search engine (13)
buscar (qu) to look for (2)
butaca seat (*theater*) (13)

C

caballero gentleman
caballo horse (2); **montar a caballo** to ride horseback
cabello hair
caber to fit; **no cabe duda** there can be no doubt
cabeza head (6); **me duele la cabeza** I have a headache
cabo: al fin y al cabo after all; when all is said and done
cada each, every
cadera hip
caer(se) to fall (9); **caer bien (mal)** to like (dislike) a person (8)
café *m.* coffee (7); café (4); brown (3); **tomar café** to drink coffee

cafetera coffee maker (4)
cafetería cafeteria (2)
caja cash register (11)
calabacita zucchini
calabaza squash; pumpkin
calcetines *m. pl.* socks (3)
calefacción *f.* heat
caliente warm, hot
calle *f.* street (4)
calor *m.* warmth; heat; **hace calor** it's hot; **tener (mucho) calor** to be (very) hot (2)
calvo(a) bald (1)
cama bed (4); **cama matrimonial** double bed; **coche** *m.* **cama** sleeping car (10); **hacer la cama** to make the bed (8)
camarero(a) (hotel) maid (10)
camarón *m.* shrimp (7)
cambiar to change
cambio change; **en cambio** on the other hand
camilla stretcher (9)
caminar to walk (2)
camisa shirt (3)
camiseta T-shirt (3)
campo field (6)
cáncer *m.* cancer (14)
cancha court (*sports*) (6)
cansado(a) tired (5)
cantante *m. f.* singer (5)
cantar to sing (2)
cara face (6)
¡caray! oh!; oh no!
cariñoso(a) loving (1)
carne *f.* meat (7); **carne de res** beef; **carne de vacuno** beef
carnicería butcher shop
caro(a) expensive (11); **¡qué caro(a)!** how expensive! (11)
carretera highway (9)
carrito toy car (8)
carta letter (4); menu; *pl.* playing cards (8)
cartel *m.* poster (1)
cartera billfold, wallet
casa house
casarse (con) to get married to (9)
cascada waterfall (*small*) (12)
caso: en caso (de) (que) in case (that) (14)
catarata waterfall (12)
catorce fourteen (1)
catsup *f.* ketchup (7)
causa cause; **a causa de** on account of
causar to cause
caza hunting (12)
cazar (c) to hunt (12)
CD *m.* CD; **reproductor de CDs** CD player (13)
cebolla onion (7)
cebra zebra (12)
ceja eyebrow
celebrar to celebrate (9)
celos *m. pl.* jealousy; **tener celos** to be jealous
celoso(a) jealous (5)
cena dinner (7)
cenar to eat dinner (7)
censurar to censor (13)
centro center; **centro comercial** shopping center; **centro estudiantil** student center (2); **centro de negocios** business center (10)
cepillarse to brush (6)
cerca (de) close (to) (4)
cerdo pork (7); pig (12)
ceremonia ceremony (13)
cereza cherry
cero zero (1)
cerrar (ie) to close (4); to shut

cerro hill
certeza certainty
cerveza beer (7)
césped *m.* lawn; **cortar el césped** to mow the lawn (8)
ceviche (cebiche) *m.* raw fish marinated in lime juice
chalet *m.* villa
champán *m.* champagne (9)
champú *m.* shampoo (6)
chao Bye (1)
chaqueta jacket (3)
charlar to chat
charlatán(-ana) gossipy
chatear to chat (*online*) (8)
cheque *m.* check; **cheque de viaje** traveler's check; **cheque de viajero** traveler's check
chico(a) child; *adj.* small (11)
chileno(a) Chilean (14)
chimenea fireplace
chismear to gossip
chiste *m.* joke (8)
chocar (qu) (con) to crash (*into something*) (9)
ciclista *m. f.* cyclist (9)
cielo sky (12)
cien/ciento one hundred (1) (7); **cien mil** (one) hundred thousand; **cien millones** (one) hundred million; **ciento uno** one hundred one (1) (7); **por ciento** percent (11)
ciencias *f. pl.* science; **ciencias naturales** natural science (2); **ciencias políticas** political science (2); **ciencias sociales** social science (2)
científico(a) scientist (5)
cierto(a) *adj.* sure, certain, true; *adv.* certainly, surely; **¿cierto?** right?
cinco five (1)
cincuenta fifty (1)
cine *m.* movie theater (4); cinema
cintura waist
cinturón *m.* belt; **cinturón de seguridad** safety (seat) belt (10)
cirugía surgery (14)
cita date (13)
ciudadano(a) citizen (14)
claro(a) *adj.* sure; clear; light, pale (11); *adv.* certainly, surely; **claro que no** of course not; **claro que sí** certainly, surely, of course
clase *f.* class; **compañero(a) de clase** classmate (2); **primera clase** first class (10); **salón** *m.* **de clases** classroom (1); **segunda clase** second class (10)
clasificación *f.* rating
clic: hacer clic (en) to click on (13)
cliente *m. f.* client
clínica clinic
club *m.* club (4)
coche *m.* car; **coche cama** sleeping car (10)
cochera garage (4)
cocina kitchen (4); **papel de cocina** paper towel
cocinar to cook (2)
cocinero(a) cook
cocodrilo crocodile (12)
coctel *m.* cocktail (7)
codo elbow (6)
cognado cognate
cola line, queue; **hacer cola** to stand in line
coleccionar to collect
colegio school (*secondary*)
colgar (ue) to hang (8)

colina hill (12)
collar *m.* necklace
colmo height; **¡esto es el colmo!** this is the last straw!
colombiano(a) Colombian (14)
color *m.* color; **¡qué color tan bonito!** what a pretty color! (11)
columna vertebral spinal column
comedor *m.* dining room (4)
comenzar (ie) (c) to begin (4); to start
comer to eat (3)
comercial: anuncio comercial commercial (13); **centro comercial** shopping center (4)
comerciante *m. f.* merchant
comercio: tratado de comercio trade agreement (14)
comestibles *m. pl.* groceries
cometa kite (8)
cómico(a) funny (1); **tira cómica** comic strip (8)
comida meal; food (7); lunch (7)
como like, as; **como consecuencia** as a consequence; **como resultado** as a result
¿cómo? how? (4); what?; **¿cómo está usted?** how are you? (*form.*) (1); **¿cómo estás?** how are you? (*fam.*) (1); **cómo no** of course
cómoda chest of drawers; bureau
cómodo(a) comfortable (3)
compañero(a) companion, significant other, partner; **compañero(a) de clase** classmate (2); **compañero(a) de cuarto** roommate
comparado(a) con compared with
compartir to share
competencia competition
competir (i, i) to compete (4)
completar to complete; to fill out
completo(a) complete; **a tiempo completo** full-time; **pensión** *f.* **completa** full board
complicado(a) complex (11)
comprar to buy (2)
comprender to understand (3)
comprobante *m.* voucher, credit slip
comprometerse (con) to get engaged (to) (13)
compromiso engagement (13)
computación: ciencias de la computación computer science
computadora computer (1)
con with; **con mucho gusto** with pleasure; **con tal (de) que** provided (that) (14)
concluir (y) to conclude
concurso contest; game show (13)
conducir (zc) to drive (5)
conductor(a) driver (9); TV host (13)
conejo rabbit (12)
conexión *f.* connection (10)
conferencia lecture; **sala de conferencias** conference center (10)
confundido(a) confused (5)
conjunto outfit
conmigo with me
conocer (zc) to know; to be acquainted with (5)
conocimiento knowledge
consecuencia consequence; **como consecuencia** as a consequence
conseguir (i, i) to get, obtain
consejero(a) adviser
conserje *m. f.* concierge
conservador(a) conservative (1)
construir (y) to build, construct
consultar to look up (a webpage, a text, etc.); to consult

consultorio doctor's office
contabilidad *f.* accounting
contable *m. f.* accountant
contador(a) accountant (5)
contaminación pollution; contamination (12)
contar (ue) to count; to tell (a story) (8)
contener (*like* **tener**) to contain
contento(a) happy (5)
contestar to answer
contra against
contradecir to contradict
contrario(a) opposite, contrary; **al contrario** on the contrary; **al contrario de** unlike
control *m.* control; **control de pasaporte** passport control; **control de seguridad** security check; **control remoto** remote control (13)
copa wine glass (7)
corazón *m.* heart (14)
corbata tie (3)
cordero lamb
cordillera mountain range
correcto(a) that's right
correo mail; post office (4); **oficina de correos** post office
correr to run (3); **pista de correr** track
cortacésped *m.* lawnmower (8)
cortar to cut (8); **cortarse** to cut (oneself) (6) (14); **cortar el césped** to cut, to mow the lawn (10)
cortina curtain (4)
corto(a) short (1); **pantalones** *m. pl.* **cortos** shorts
cosa thing
costa coast (12)
costar (ue) to cost (4)
costarricense *m. f.* Costa Rican (14)
costoso(a) expensive
crédito credit; **tarjeta de crédito** credit card (11)
creer to believe (3); to think
crema cream (7); **crema batida** whipped cream
cremoso(a) creamy
criminología criminology (2)
cruce *m.* crosswalk (9)
crucigrama *m.* crossword puzzle
cruel cruel (1)
cruzar (c) to cross (9)
cuaderno notebook (1)
cuadro square; painting (4); picture (4); **a cuadros** checkered; plaid (11)
¿cuál(es)? which? (4)
cuando when
¿cuándo? when? (1)
cuanto: en cuanto as soon as (14)
¿cuánto(a)? how much? (4)
¿cuántos(as)? how many? (4)
cuarenta forty (1)
cuarto quarter (*of an hour*); room; **cuarto de baño** bathroom; **cuarto oscuro** darkroom
cuarto(a) *adj.* fourth (4)
cuatro four (1)
cuatrocientos(as) four hundred (7)
cubano(a) Cuban (14)
cubierto(a) covered
cubiertos *m. pl.* table setting; cutlery
cubista *m. f.* cubist (11)
cuchara soupspoon (7)
cucharita teaspoon
cuchillo knife (7)
cuello neck (6)

cuenta bill *(restaurant)* (7); check
cuento story (8)
cuerda jumping rope (8)
cuero leather
cuerpo body
cuidado care; **tener (mucho) cuidado** to be (very) careful (2)
cuidar (de) to take care (of)
culpa fault
cultivar el jardín to garden *(flowers)*
cumpleañero(a) birthday boy (girl)
cumpleaños *m. sing., pl.* birthday (3) (9); **fiesta de cumpleaños** birthday party
curita small adhesive bandage (14)
cuyo(a), cuyos(as) whose

D

dama lady; *pl.* checkers (8)
dañado(a) damaged; **estar dañado(a)** to be damaged (9)
dañar to damage (9)
dar to give (5); **dar a luz** to give birth (13); **darse cuenta de** to realize; **dar la vuelta** to take a walk or a ride (8)
de of, from; **de acuerdo** agreed, all right; **¿de dónde eres tú?** where are you *(fam.)* from? (1); **¿de dónde?** from where? (4); **de lunares** with polka dots (11); **de moda** fashionable (11); **de nuevo** new; again; **de paso** by the way; **de repente** suddenly (9); **¿de veras?** really, is that so?; **de verdad** really; **del mismo modo** similarly
debajo (de) below; under (4)
deber (+ *inf.*) should/ought to (*do something*) (3)
décimo(a) tenth (4)
decir to say, to tell (5); **querer decir** to mean
declarar to declare; **algo que declarar** something to declare
decorar to decorate (9)
dedo finger (6); **dedo del pie** toe (6)
definido(a) definite
deforestación *f.* deforestation (12)
dejar to leave; **dejar una propina** to leave a tip (7)
delante (de) in front (of)
delantero(a) front
delgado(a) thin (1)
demasiado(a) too, too much
dentro (de) inside (of) (4)
dependiente(a) clerk (5)
deportes *m. pl.* sports; **practicar (qu) deportes** to play sports (2)
deportivo(a) related to sports, sporting
deprimido(a) depressed (5)
derecha right; **a la derecha (de)** to the right (of) (4)
derecho law; right; **derechos humanos** human rights (14); **seguir (i) derecho** to go straight (10)
desacuerdo disagreement
desayunar to eat breakfast (7)
desayuno breakfast (7)
descansar to rest (14)
descomponer to break down (*a machine*) (11)
descuento discount (11)
desear to wish (2) (13); to desire (13); to want
desechos industriales industrial waste (12)
desembarcar (qu) to deplane
desempleado(a) unemployed
desempleo unemployment (14)
desfile *m.* parade (9)
deshacer la maleta to unpack one's suitcase
desierto desert (12)

desmayarse to faint (14)
desmayo faint (14)
despacio slowly
despedida farewell; **despedida de soltera** bridal shower; **despedida de soltero** bachelor party
despedir (i, i) to fire; **despedirse** to say goodbye
despegar (gu) to take off (10)
despejado(a) clear *(weather)* (3)
despertador *m.* alarm clock (6)
despertarse (ie) to wake up (6)
después then, next; **después de (que)** after (14); **después de** (+ *inf.*) after (*doing something*) (6)
destino destination
destruir (y) to destroy (12)
desván *m.* attic
detergente *m.* **para platos** dish detergent
detrás (de) in back (of); behind (4)
devolver (ue) to return (*something*) (4)
día *m.* day (3); **al día** per day; **día de santo** saint's day; **día feriado** holiday (3); **¡que tengas un buen día!** have a nice day! (1); **todos los días** every day (3)
diabetes *f.* diabetes (14)
diario(a) daily
diarrea diarrhea (14)
dibujar to draw (8)
dibujos animados cartoons (13)
diccionario dictionary (1)
dictadura dictatorship (14)
diciembre *m.* December (3)
diecinueve nineteen (1)
dieciocho eighteen (1)
dieciséis sixteen (1)
diecisiete seventeen (1)
diente *m.* tooth (6)
diez ten (1)
diferencia difference; **a diferencia de** unlike; in contrast to
diferente different; **diferente de** unlike
dinero money (4); **el dinero en efectivo** cash (11)
Dios *m.* God; **Dios mío** oh, my goodness
dirección *f.* direction; address (4)
discoteca nightclub (4)
disculparse to excuse oneself
diseñador(a) designer (5)
diseñar to design (11)
disfrutar to enjoy (9)
disponible available (10)
distraerse to get distracted (9)
diversión *f.* entertainment; hobby, pastime
divertido(a) funny (5); fun
divertirse (ie, i) to have fun (6)
divorciarse (de) to divorce (13)
doblar to bend; to turn (10)
doble double (10); **habitación doble** double room
doce twelve (1)
docena dozen
documental *m.* documentary (13)
doler (ue) to hurt (14); **me duele la cabeza** I have a headache
dolor *m.* pain (14); ache
doméstico(a) domestic, household
domingo *m.* Sunday (3)
dominicano(a) Dominican (14)
dominó *sing.* dominos (8)
donde where
¿dónde? where? (1) (4); **¿de dónde?** from where? (4); **¿de dónde eres tú?** where are you *(fam.)* from? (1)
dormir (ue, u) to sleep (4); **dormirse (ue, u)** to fall asleep (6); **saco de dormir** sleeping bag (6)

dormitorio bedroom (4)
dos two (1)
doscientos(as) two hundred (7)
dramático(a) dramatic; **arte** *m.* **dramático** theater
ducha shower (4)
ducharse to shower (6)
duda doubt; **no cabe duda** there can be no doubt
dudar to doubt (12)
dudoso(a) doubtful
dulce sweet; **salsa de tomate dulce** tomato sauce; ketchup; *n. pl.* candies (9)
durazno peach (7)
duro(a) tough, hard

E

ecología ecology (12)
economía economics; economy (2)
económico(a) *adj.* economical; inexpensive; **ciencias económicas** economics; **hotel** *m.* **económico** inexpensive hotel
ecuatoguineano Equatorial Guinean (14)
ecuatoriano(a) Ecuadorian (14)
edificio building (4)
efectivo cash (11); **el dinero en efectivo** cash (11)
eficiente efficient
egoísta selfish (1)
ejemplo example; **por ejemplo** for example
ejercicio exercise; **ejercicios aeróbicos** aerobics
el *def. art. m.* the; **el cual(es)** which, whom; **el que** that, which, whom, the one
él *sub. pron.* he
elefante *m.* elephant (12)
elegante elegant; **¡qué pantalones tan elegantes!** what elegant pants! (11)
elegir (i, i) (j) to elect; to choose (11)
ella she
embarazada pregnant; **estar embarazada** to be pregnant (13)
embargo: sin embargo nevertheless; however
emergencia: sala de emergencias emergency room (14)
emigración *f.* emigration (14)
emigrar to emigrate (14)
emisora de radio radio station
empatar to tie *(score)*
empezar (ie) (c) to begin (4); **empezar a** to begin to do something (4); to start; **para empezar** to begin with
empresa firm, business; **administración** *f.* **de empresas** business and management
en in; on; at; **en cambio** on the other hand; **en caso (de) (que)** in case (that) (14); **en conclusión** in conclusion; **en particular** in particular; **en principio** in principle; **en resumen** in summary; **en suma** in conclusion; **en venta** on sale; **en voz alta** aloud
enamorado(a) (de) in love *(with)* (5)
encantado(a) delighted; nice to meet you (1)
encantador(a) enchanting
encantar to love, to be delighted (8)
encender (ie) to turn on (4)
encerrar (ie) to lock up
encima (de) on top (of) (4)
encontrar (ue) to find (4)
enero January (3)
enfermero(a) nurse (5)
enfermo(a) sick (5)
enfrente (de) in front (of) (4)
engordar to gain weight
enojado(a) angry (5)
enojarse to become angry (9)

ensalada salad (7)
enseñar to teach (2)
entender (ie) to understand (4)
entonces then, next
entrada entrance; cover charge; ticket (6)
entrar to enter
entre among; between (4)
entregar (gu) to hand in, hand over
entremés *m.* appetizer (7)
entrenador(a) coach
entrenar to train, to coach
entreplanta loft
entrevista interview (5)
entusiasta enthusiastic
envolver (ue) to wrap
equipaje *m.* luggage (10); **facturar equipaje** to check luggage (10); **reclamo de equipaje** baggage claim (10); **revisión** *f.* **de equipaje** luggage screening (10)
equipo team (6); equipment (6); **equipo escolar** school supplies
equivocado(a) wrong (5)
equivocarse (qu) to make a mistake
escala layover (10); **hacer escala** to make a stop, layover
escalera stairs (7)
escoba broom (8)
escolar *adj.* school; **equipo escolar** school supplies
escondidas *f.* hide and seek (8)
escribir (un mensaje) to write (a message) (3)
escritor(a) writer (5)
escritorio desk; teacher's desk (1)
escuchar to listen (2)
escuela school (4)
esculpir to sculpt (11)
escultura sculpture (11)
ese(a) *adj.* that; *pron.* that (one)
esmog *m.* smog (12)
eso *pron.* that (one); **por eso** therefore
esos(as) *adj.* those; *pron.* those
espalda back (6)
espanto fright
España Spain
español *m.* Spanish (*language*)
español(a) *m.* (*f.*) native of Spain; *adj.* Spanish (14)
espejo mirror
espera: sala de espera waiting room (10)
esperar to hope (for) (13); to expect; to wait (9)
espinaca spinach
esponja sponge
esposo(a) husband/wife; spouse (2)
esqueleto skeleton (14)
esquí acuático *m.* water-skiing
esquiar to ski (2); **esquiar en el agua** to water ski (6); **esquiar en tabla** to snowboard (6)
esquina corner (9)
estación *f.* station; season; **estación de autobuses** bus station; **estación de bomberos** fire station; **estación de ferrocarril** train station; **estación de policía** police station
estacionarse to park (9)
estadio stadium (2)
Estados Unidos United States
estadounidense *m. f.* citizen of the United States
estampado(a) patterned (11)
estante *m.* shelf
estar to be (4); **¿cómo está usted?** how are you (*form.*)? (1); **¿cómo estás?** how are you (*fam.*)? (1); **estar embarazada** to be pregnant (13); **estar atrasado(a)** to be late; **estar dañado(a)** to be damaged (9); **estar de acuerdo** to agree; **estar de moda** to be in style; **estar herido(a)** to be injured (9); **estar mareado(a)** to be dizzy (14); **está lloviendo** it's raining; **está nevando** it's snowing; **está nublado** it is cloudy (3); **está despejado** it is clear (3); **fuera de** outside of (4)
estatura height
este(a) *adj.* this; *pron.* this (one)
estilográfico(a): pluma estilográfica fountain pen
estirarse to stretch (6)
esto *pron.* this (one); **¡esto es el colmo!** this is the last straw!
estómago stomach (6)
estornudar to sneeze (14)
estornudo sneeze (14)
estos(as) *adj.* these
éstos(as) *pron.* these
estrecho strait
estreñimiento constipation
estudiante *m. f.* student (1)
estudiantil *adj.* student; **albergue estudiantil** *m.* youth hostel; **centro estudiantil** student center (2)
estudiar to study (2)
estudio efficiency apartment, studio
estufa stove (4)
exacto(a) exactly
examen *m.* exam (2); **examen médico** medical examination
examinar to examine (14)
excursión: ir de excursión to hike (6)
excusarse to make an excuse
exhibición *f.* exhibition (11)
exhibir to exhibit (11)
éxito success; **éxito de taquilla** box office hit (13); **tener (mucho) éxito** to be (very) successful (2)
expresión *f.* expression; **expresión oral** speech (2)
extinción: peligro de extinción danger of extinction (12)
extranjero: al extranjero abroad
extranjero(a) foreigner
extrañar to miss (13)
extraño strange, odd (11)
extremidad *f.* extremity
extrovertido(a) extrovert

F

fábrica factory
fácil easy (1)
facturar equipaje to check luggage (10)
facultad *f.* school, college
falda skirt (3); **¡qué bien te queda esa falda!** that skirt really fits you well! (11)
falta lack
famoso(a) famous (1)
farmacéutico(a) pharmacist
farmacia pharmacy (4)
fascinante fascinating
fascinar to fascinate, be fascinated by (8)
favor *m.* favor; **por favor** please
febrero February (3)
fecha date (*calendar*) (3)
felicitar to congratulate (7)
feliz happy (5); **ponerse feliz** to become happy
feo(a) ugly (1)
ferrocarril *m.* railroad; **estación** *f.* **de ferrocarril** train station
festejado(a) guest of honor
festejar to entertain, to celebrate
festejo party, celebration (9)
festival *m.* festival
festivo: día *m.* **festivo** holiday
fiambre *m.* luncheon meat, cold cut
fiebre *f.* fever
fiesta party; **fiesta de canastilla** baby shower; **fiesta de cumpleaños** birthday party; **fiesta sorpresa** surprise party
filosofía philosophy (2); **filosofía y letras** liberal arts
fin *m.* end; **fin de semana** weekend (3); **a fin de que** so (that), in order that (14); **al fin y al cabo** after all; when all is said and done; **por fin** finally
final *m.* end; **al final** in the end
finalmente finally
física physics (2)
físico(a) physical
flan *m.* flan (7)
flojo(a) loose
flor *f.* flower (4); **de flores** floral, flowered
forma shape; **mantenerse** (*like* **tener**) **en forma** to stay fit, keep in shape
foto *f.* photo(graph); **revelar fotos** to develop photos; **sacar (qu) fotos** to take photos
fotógrafo(a) photographer (5)
fracturarse to fracture (14)
francés *m.* French (*language*) (2)
frase *f.* phrase
fregadero kitchen sink (4)
fregar (ie) (gu) to mop; to scrub
frente a facing
frente *f.* forehead
fresa strawberry (7)
fresco(a) fresh, cool; **hace fresco** it's cool (*weather*)
frijol *m.* bean
frío(a) cold; **hace frío** it's cold (*weather*); **tener (mucho) frío** to be (very) cold (2)
frito(a) fried (7)
frustrado(a) frustrated (5)
frustrarse to become frustrated (9)
fruta fruit (7)
frutería fruit store
fuego fire; **fuegos artificiales** fireworks (9)
fuera (de) outside (of) (4)
fútbol *m.* soccer (6); **fútbol americano** football
futbolista *m. f.* football (soccer) player

G

gafas *pl.* glasses; **gafas de sol** sunglasses
galería gallery (11)
gallina hen (12)
gallo rooster (12)
gamba shrimp
gana desire, wish; **tener ganas de** (+ *inf.*) to feel like (*doing something*) (2)
ganar to earn (5); to win
ganga bargain
garganta throat; **dolor** *m.* **de garganta** sore throat; **inflamación** *f.* **de la garganta** strep throat
gastar to spend
gato(a) cat (2)
gemelo(a) twin
general: por lo general generally
generalmente generally
generoso(a) generous (1)
gente *f.* people
geografía geography (2)
gerente *m. f.* manager
gimnasio gym(nasium) (2)
gis *m.* chalk

globalización *f.* globalization (14)
globo balloon (9)
gobierno government (14)
golf *m.* golf (6)
golfo gulf
golosina candy (13)
goma (pencil) eraser
gordo(a) fat (1); plump
gorila gorilla (12)
gorra cap
gorro cap (3)
gota drop (14)
grabado engraving (11); print (11)
grabadora tape recorder
gracias thanks, thank you
gracioso(a) funny; charming
graduación *f.* graduation (9)
gran/grande great; big (1); large (11)
granja farm (12)
gripe *f.* flu (14)
grupo group; **grupo de música** music group (9); band (9)
guante *m.* glove (3)
guapo(a) handsome (1)
guardar to keep; to put away (8)
guatemalteco(a) Guatemalan (14)
guerra war (14)
guisante *m.* pea
gustar to like; to please; to be pleasing; **me gusta** I like (3); **le gusta** he/she likes (3); **te gusta** you (*fam. sing.*) like (3)
gusto pleasure; taste; **con mucho gusto** with pleasure; **mucho gusto** nice to meet you (1)

H

habitación *f.* room (4) (10); **habitación doble** double room; **habitación sencilla** single room; **servicio a la habitación** room service (10)
hablar to talk (2); to speak; **hablar por teléfono** to talk on the phone (2)
hacer to do (5); to make (5); **hace buen tiempo** the weather is nice (3); **hace calor** it's hot (3); **hace fresco** it's cool (*weather*) (3); **hace frío** it's cold (*weather*) (3); **hace mal tiempo** the weather is bad (3); **hace sol** it's sunny (3); **hace viento** it's windy (3); **hacer alpinismo** to climb mountains (6); **hacer clic (en)** to click on (13); **hacer juego** to match (11); **hacer la cama** to make the bed (8); **hacer la maleta** to pack one's suitcase; **hecho(a) a mano** handmade (11); **¿qué tiempo hace?** what's the weather like?
hambre *f.* hunger; **tener (mucha) hambre** to be (very) hungry (2)
hamburguesa hamburger (7)
hasta until; **hasta ahora** up to now, so far; **hasta aquí** up to now, so far; **hasta hace poco** until a little while ago; **hasta luego** see you later (1); **hasta mañana** see you tomorrow (1); **hasta pronto** see you soon (1); **hasta que** until
hay there is/are (1); **hay que** (+ *inf.*) one should (+ *verb*); it's necessary to (+ *verb*); **¿qué hay de nuevo?** what's new? (1)
helada frost
helado ice cream (7)
hembra female (12)
herida wound
herido(a): estar herido(a) to be injured (9)
hermanastro(a) stepbrother/stepsister
hermano(a) brother/sister (2); **medio(a) hermano(a)** half brother/half sister (2)
hermoso(a) beautiful

hielo ice; **patinar sobre hielo** to ice skate
hierba grass
hígado liver (14)
hijastro(a) stepson/stepdaughter
hijo(a) son/daughter (2)
hipertensión *f.* hypertension; high blood pressure (14)
historia history (2); **historia médica** medical history
hogar *m.* home
hoja de papel piece of paper
hola hello (1)
holandés(esa) Dutch
hombre *m.* man (1)
hombro shoulder (6)
hondureño(a) Honduran (14)
honesto(a) honest (1)
hora time (*of day*)
hornear to bake (7)
horno oven (4); **al horno** baked (7)
hospital *m.* hospital (4)
hostal *m.* hostel
hotel *m.* hotel (4); **hotel económico** inexpensive hotel; **hotel de lujo** luxury hotel; **hotel de primera clase** first-class hotel
hoy today (3) (6)
huelga strike
hueso bone (14)
huésped *m. f.* guest (10)
huevo egg (7)

I

ida: de ida one-way; **de ida y vuelta** round-trip
idealista idealist (1)
identificación *f.* identification
idioma *m.* language (14)
iglesia church (4)
igual equal; **al igual que** like
igualmente likewise
impaciente impatient (1)
impermeable *m.* raincoat (3)
importancia importance
importante important
importar to be important (8)
imposible impossible
imprescindible indispensable
impresionante impressive
impresionista impressionist (11)
impresora printer
impuesto tax
incluido(a) included
incluir (y) to include
incorrecto(a) not right, incorrect
infantil childish, for children (13)
inferior lower
infinitivo infinitive
inflamación *f.* **de la garganta** strep throat
informática computer science (2)
ingeniería engineering (2)
ingeniero(a) engineer
inglés *m.* English (*language*)
inicialmente initially
inmigración *f.* immigration (14)
inmigrar to immigrate (14)
inodoro toilet (4)
insistir (en + *inf.*) to insist (*on*) (13)
insomnio insomnia (14)
inteligente intelligent (1)
interesado(a) interested (5)
interesante interesting (1)
interesar to interest, be interested in (8)
internacional international; **aeropuerto internacional** international airport

(10); **organismo internacional** international organization (14)
Internet inalámbrico *m.* wireless Internet (10)
interno(a) internal
intestino intestine (14)
introvertido(a) introvert
invierno winter (3)
invitación *f.* invitation (9)
invitado(a) guest (9)
inyección *f.* injection (14); shot; **poner(le) una inyección** to give (him/her) an injection
ir to go (3); **irse** to leave, go away (6); **ir de excursión** to hike (6); **ir de pesca** to go fishing (6)
isla island (12)
italiano Italian (2)
izquierda left; **a la izquierda (de)** to the left (of) (4)

J

jabón *m.* soap (6); **jabón para platos** dish soap (8)
jade *m.* jade; **objeto de jade** jade object
jaguar *m.* jaguar (12)
jamás never (6)
jamón *m.* ham (7)
jarabe *m.* cough syrup (14)
jardín *m.* yard; garden (4); **jardín botánico** botanical garden; **cultivar el jardín** to garden (*flowers*)
jardinería gardening; **hacer jardinería** to do yardwork (8)
jaula cage (12)
jirafa giraffe (12)
joven (*pl.* **jóvenes**) young (1)
jubilado(a) retired
judía verde green bean
juego game; **juego de mesa** board game (8); **hacer** *irreg.* **juego** to match (11)
jueves *m.* Thursday (3)
jugar (ue, u) (gu) to play (4); **jugar a los bolos** to go bowling (8)
jugo juice (7)
juguete *m.* toy (8)
juicio judgment
julio July (3)
junio June (3)
junto a beside, next to
jurar to swear, give one's word
justo(a) fair
juventud *f.* youth (13)

K

kiosco kiosk, stand

L

la *f.* the; *d.o.* her/it/you (*form. sing.*)
labio lip
laboratorio laboratory (2)
lado side; **al lado (de)** alongside (of); beside, next to (4)
lago lake (6)
lámpara lamp (4)
lana wool (11)
langosta lobster
lápiz *m.* (*pl.* **lápices**) pencil(s) (1)
largo(a) long (1); **a lo largo (de)** along
las *f. pl.* the; *d.o. pron.* you (*form. pl.*) them
lástima pity
lavabo bathroom sink (4)
lavadora washing machine (4)

lavandería laundry, laundry room
lavaplatos *m. sing., pl.* dishwasher (4)
lavar(se) to wash (6); **lavar platos** to do dishes (8); **lavar ropa** to do laundry (8)
le *i.o.* you (*form. sing.*); to/for him, her, it; **le presento a...** I'd like to introduce you (*form.*) to . . . (1)
leal loyal
lección *f.* lesson
leche *f.* milk (7)
lechería dairy store
lechuga lettuce (7)
leer to read (3)
lejos (de) far (from) (4)
lengua language (2); tongue; **lenguas modernas** modern languages; **sacar (qu) la lengua** to stick out one's tongue
lentes *m. pl.* glasses (3)
león *m.* lion
les *i.o. pron.* to, for you (*form. pl.*), them
letras: filosofía y letras liberal arts
levantar to lift; **levantarse** to get up (6); **levantar pesas** to lift weights (6)
ley *f.* law (14)
liberal liberal (1)
libra pound
libre free; **unión** *f.* **libre** common-law union (13)
librería bookstore (2)
libro book (1)
licuado smoothie made with fruits, juices, and ice
limitar to limit (13)
límite *m.* **de velocidad** speed limit (9)
limón *m.* lemon; lime
limpiador *m.* liquid cleaner; **limpiador para el hogar** all-purpose cleaner
limpiar to clean (8)
limpieza: artículos de limpieza cleaning materials
limpio(a) clean
lindo(a) pretty; **¡qué lindos zapatos!** what pretty shoes! (11)
línea aérea airline
lino linen (11)
liquidación *f.* sale
liso(a) solid (*color*) (11)
lista list
litera bunk (bed)
literatura literature (2)
litro liter
llama llama (12)
llamar to call (2); **llamarse** to be called/named; **me llamo...** my name is . . . (1)
llano plains (12)
llave *f.* key (10)
llegada arrival (10)
llegar (gu) to arrive (2)
lleno(a) full
llevar to take (3); to carry (3); to wear (3); to take along (7); **llevar puesto** to be wearing (3)
llevarse bien/mal to (not) get along (13)
llover (ue) to rain (4); **está lloviendo** it's raining; **llueve** it is raining, it rains (3)
lluvia rain
lo *m. d.o.* you (*form. sing.*); him,/it; **lo cual** which; **lo que** what, which; **lo siento (mucho)** I'm (very) sorry
lobo wolf (12)
loco(a) crazy (5); **volverse loco(a)** to go crazy
locutor(a) announcer (13)
los *def. art. m. pl.* the; *d.o.* them/you (*form. pl.*)
lucha fight, struggle

luchar to fight, struggle
lucir (zc) to wear; to show off, sport (*wear*)
luego then, next (6); **hasta luego** see you later (1)
lugar *m.* place; **tener lugar** to take place
lujo luxury; **de lujo** luxurious (10); **hotel** *m.* **de lujo** luxury hotel
luna de miel honeymoon (13)
lunar: de lunares polka-dotted (11)
lunes *m.* Monday (3)
luz *f.* (*pl.* **luces**) light (11); **dar a luz** to give birth (13)

M

macho male (12)
madrastra stepmother
madre *f.* mother (2)
madrina godmother (13)
maestro(a) teacher; **maestro(a) de ceremonias** master of ceremony
maíz *m.* corn (7); **palomitas de maíz** popcorn (13)
mal *adv.* badly; bad (1), not well; **hace mal tiempo** the weather is bad (3); **llevarse mal** to not get along (13); **sentirse (e, i) mal** to feel bad, ill
mal, malo(a) bad (1)
maleta suitcase (10); **deshacer la maleta** to unpack one's suitcase; **hacer la maleta** to pack one's suitcase
maletero porter
mamá mother (2)
mamífero mammal (12)
manantial *m.* spring (of water)
mandar to order (13); **mandar (un mensaje)** to send (a message) (2)
mandato command
manejar to drive (2)
manera way
manguera hose (8)
mano *f.* hand (6); **equipaje** *m.* **de mano** hand luggage (10); **hecho(a) a mano** handmade (11)
mantel *m.* tablecloth
mantenerse (*like* **tener**) **en forma** to stay fit, keep in shape
mantequilla butter (7)
manzana apple (7)
mañana tomorrow (3) (6); morning; **de la mañana** A.M.; **hasta mañana** see you tomorrow (1); **por la mañana** in the morning (3)
mapa *m.* map (1)
maquillarse to put on make-up (6)
mar *m.* sea (12)
maravilla marvel, wonder
marca: de marca name brand (11)
marcador *m.* marker
marcharse to leave, to go away
marcial: artes marciales *f. pl.* martial arts
mareado dizzy; **estar mareado(a)** to be dizzy (14)
marearse to feel dizzy
mareo dizziness; **tener mareos** to be dizzy
mariscal *m.* raw shellfish marinated in lime juice
mariscos shellfish
marrón brown
martes *m.* Tuesday (3)
marzo March (3)
más more; plus (*in mathematical functions*); **más que** more than; **más tarde** later (6)
máscara mask (11)
masticar (qu) to chew
matemáticas *pl.* mathematics (2)

materia course, subject
matrimonial: cama matrimonial double bed
matrimonio: marriage **proponer matrimonio** to propose marriage (13)
mayo May (3)
mayonesa mayonnaise (7)
mayor older (11); **el/la mayor** the oldest
me *d.o., i.o. pron.* me
mecánico(a) mechanic (5)
media stocking
mediano(a) medium (11)
medianoche *f.* midnight (3)
medias *pl.* panty hose
medicamento medication
médico(a) *adj.* medical; **examen** *m.* **médico** medical examination; **historia médica** medical history; **receta médica** prescription (14)
médico(a) *n.* doctor (5)
medio(a) half; **medio(a) hermano(a)** half brother/half sister (2); **media pensión** half board (*breakfast and one other meal*)
mediodía *m.* noon (3)
mejilla cheek
mejillón *m.* mussel
mejor better (11); **el/la mejor** the best
melón *m.* melon (7)
menor younger (11); **el/la menor** the youngest
menos less; minus (*in mathematical functions*); **menos que** less than; **a menos que** unless (14)
mentir (ie, i) to lie (4)
menudo: a menudo frequently, often (6)
mercado market
merecer (zc) to deserve
merendar (ie) to eat a snack
merienda snack
mermelada jam
mes *m.* month
mesa table; **poner la mesa** to set the table (8); **recoger (j) la mesa** to pick up the table (8); to clear the table (8)
mesero(a) (*Mex.*) (*restaurant*) waitperson; waiter (5)
meseta plateau
mesita coffee table (4); end table; **mesita de noche** night table
metro subway
mexicano(a) Mexican (14)
mezclilla denim (11)
mezquita mosque (4)
mi my
microondas *m.* microwave (4)
miedo fear; **tenerle miedo a** to be afraid of (*person*); **tener (mucho) miedo** to be (very) afraid (2)
miel *f.* honey; **luna de miel** honeymoon (13)
miembro member
mientras while (6)
miércoles *m.* Wednesday (3)
mil one thousand (7); **cien mil** (one) hundred thousand; **dos mil** two thousand (7)
millón *m.* million (7); **cien millones** (one) hundred million
mío(a) mine
mirar (la tele) to watch (TV) (2); to look (at)
misa mass
mismo(a) same; **del mismo modo** similarly
mochila backpack (1)
moda fashion, style; **de moda** fashionable (11); **estar de moda** to be in style (11); **pasado(a) de moda** out of style

modelo *m. f.* model (5)
moderno(a) modern; **lenguas modernas** modern languages
modista dressmaker
modo way; **del mismo modo** similarly
molestar to bother (8), be bothered by
mono monkey (12)
montaña mountain (12)
montañoso(a) mountainous
montar to climb; get on; **montar a** to ride (an animal) (6)
morado(a) purple (3)
moreno(a) dark-skinned/dark-haired (1), brunette
morir (ue, u) to die (4)
mostaza mustard (7)
mostrador *m.* counter (10)
mostrar (ue) to show (8)
moto(cicleta) motorcycle (8)
mover (ue) to move (*something*)
MP3 *m.* MP3 (13)
mucho(a) much; many; a lot (2); **lo siento (mucho)** I'm (very) sorry; **mucho gusto** nice to meet you (1)
mudarse to move (14)
muebles *m. pl.* furniture
muerte *f.* death (13)
muerto(a) dead; **naturaleza muerta** still life (11)
mujer *f.* woman (1); **mujer policía** police officer (5)
multa fine (9); ticket (9)
municipalidad *f.* city hall
muñeca wrist
muñeco(a) doll (8)
mural *m.* mural (11)
muscular muscular; **dolor** *m.* **muscular** muscle ache
museo museum (4)
música music (2)
músico(a) musician (5)
muslo thigh (6)
muy very (1)

N

nacer (zc) to be born (13)
nacionalidad *f.* nationality
nada nothing (1)
nadar to swim (2)
nadie no one, nobody
naipes *m. pl.* (playing) cards
naranja orange (7) (8)
nariz *f.* nose (6)
natación swimming (6)
natural natural; **recursos naturales** natural resources (12)
naturaleza nature (12); **naturaleza muerta** still life (11)
navegar (gu) a la vela to sail; **navegar el Internet** to surf the web (8)
Navidad Christmas (3)
necesario(a) necessary
necesitar to need (2)
negar (ie) (gu) to deny, to negate
negocio business (4); **negocios** *pl.* business (2); **centro de negocios** business center (10)
negro(a) black (3)
nevar (ie) to snow (4); **está nevando** it's snowing; **nieva** it is snowing, it snows (3)
ni... ni neither . . . nor
nicaragüense *m. f.* Nicaraguan (14)
niebla fog
nieto(a) grandson/granddaughter (2)
nieve *f.* snow
nilón *m.* nylon
ningún/ninguno(a) none, not any
niñera babysitter (8)
niñez *f.* childhood (13)
no no; **¿no?** isn't that so?; **¿no es así?** isn't that right?; **no obstante** however
noche *f.* night; **de la noche** P.M.; **mesita de noche** night table; **por la noche** in the evening (3)
nombre *m.* name
noreste *m.* northeast
normalmente normally (6)
noroeste *m.* northwest
norte *m.* north
norteamericano(a) North American
nos *d.o.* us; *i.o.* to/for us; *refl. pron.* ourselves; **nos vemos** see you later (1)
nosotros(as) *subj. pron.* we
nota grade (2); **nota adhesiva** sticky note; **sacar (qu) una buena/mala nota** to get a good/bad grade
noticiario news (13)
novecientos(as) nine hundred (7)
novelista *m. f.* novelist
noventa ninety (1)
noviazgo engagement (13); relationship (13)
noviembre *m.* November (3)
novio(a) groom/bride; fiancé(e); boyfriend/girlfriend (2); *pl.* bride and groom (9)
nube *f.* cloud (12)
nublado(a) cloudy; **está nublado** it is cloudy (3)
nuboso(a) cloudy
nuera daughter-in-law
nuestro(a) *poss.* our
nueve nine (1)
nuevo(a) new; **Año Nuevo** New Year (3); **de nuevo** new; again; **¿Qué hay de nuevo?** What's new? (1)
número number; size (*shoe*) (11)
nunca never (6)

O

o or; **o...o** either . . . or
obesidad *f.* obesity (14)
objeto object; **objeto directo** direct object; **objeto indirecto** indirect object
obligación *f.* obligation
obra work (*of art, literature, theater, etc.*) (11)
obscuro(a) dark (11)
obstante: no obstante however
obstinado(a) obstinate, stubborn
obtener to get
obvio(a) obvious
océano ocean
ochenta eighty (1)
ocho eight (1)
ochocientos(as) eight hundred (7)
octubre *m.* October (3)
ocupado(a) busy (5)
ocurrir to occur
odiar to hate (13)
oferta offer; sale (event, reduction of prices) (11)
oficina office (4); **oficina de correos** post office
oficio occupation
oído inner ear
oír to hear (5)
ojalá (que) I hope (that)
ojo eye
ola wave (12)
óleo oil painting (11)
oler (ue) to smell
olfato sense of smell
olla de cerámica ceramic pot
olvidar to forget (11)
once eleven (1)
onomástico saint's day
opinar to give one's opinion
opinión *f.* opinion
optimista *m., f.* optimist (1)
oración *f.* sentence
orden *f.* order (7)
ordenador *m.* computer
ordenar to tidy up (8); to straighten up (8)
oreja (*outer*) ear (6)
organismo internacional international organization (14)
organizar (c) to organize, to tidy up
órgano organ; **órgano vital** vital organ (14)
orgulloso(a) (de) proud (of)
origen *m.* origin
oro gold
os *d.o.* (*Sp.*) you (*fam. pl.*); *i.o.* (*Sp.*) to/for you (*fam. pl.*); *refl. pron.* (*Sp.*) yourselves (*fam. pl.*)
oscuro(a) dark; **cuarto oscuro** darkroom
osito teddy bear (8)
oso bear (12)
otoño autumn (3)
otro(a) other; **otra vez** again; **por otra parte** moreover; on the other hand
oveja sheep (12)

P

pachanga (rowdy) party
paciente patient (1) (14)
padrastro stepfather (2)
padre *m.* father (2); *pl.* parents
padrino best man, godfather (13)
pagar (gu) to pay; **pagar y marcharse** to check out (10)
página page
país *m.* country (14)
paisaje *m.* landscape (11)
pájaro bird
palabra word
palacio palace
paleta pallet (11)
palmera palm tree (12)
palomitas de maíz popcorn (13)
pampa grasslands (12)
pan *m.* bread (7)
panadería bakery
panameño(a) Panamanian (14)
pantalla screen (13)
pantalones *m. pl.* pants (3); **pantalones cortos** shorts (3)
papá *m.* father (2)
papa potato (7)
papel *m.* paper (1); **hoja de papel** piece of paper; **papel de cocina** paper towel
paperas mumps
paquete package (4)
para for; in order to; to (*in the direction of*); **para empezar** to begin with; **para que** so (that) (14); **¿para qué?** for what reason?
parada stop (10)
paraguas *m. sing., pl.* umbrella (3)
paraguayo(a) Paraguayan (14)
paramédico paramedic (9)
parcial partial; **a tiempo parcial** part-time
PARE: pasarse una señal de PARE to run a STOP sign (9)
parecer (zc) to seem

parecerse a to look like; to be similar/like
pared *f.* wall
pareja pair; couple (2) (13); partner (2)
pariente relative (2)
párpado eyelid
parque *m.* park (4); **parque de atracciones** amusement park
parquímetro parking meter (9)
parte *f.* part; **por otra parte** moreover; on the other hand
particular: en particular in particular
partido match; game (*sports*) (6)
pasa raisin
pasado(a) past; last; **el año pasado** last year; **la semana pasada** last week (6); **pasado(a) de moda** out of style
pasaje *m.* ticket (*transportation*)
pasajero(a) passenger (10)
pasaporte *m.* passport (10); **control de pasaporte** passport control
pasar to pass; to happen; **pasar la aspiradora** to vacuum (8); **pasarlo bien** to have a good time; **pasar por seguridad** to go through security (10); **pasar tiempo** to spend time (8); **pasarse un semáforo en rojo** to run a red light (9); **pasarse una señal de PARE** to run a STOP sign (9); **¿qué pasa?** what's going on? (1)
pase: pase *m.* **de abordar** boarding pass (10)
pasear to walk
paseo: ir de paseo to go for a walk (8)
pasillo hallway; aisle (10)
paso: de paso by the way
pasta de dientes toothpaste (6)
pastel *m.* pastry; cake (7) (9)
pastelería pastry shop
pastilla pill (14)
pasto grass, pasture (12)
patín *m.* skate
patinar to skate (6); **patinar en hielo** to ice skate (6); **patinar sobre ruedas** to roller-skate, roller-blade
patineta skateboard (8)
patio patio (4); courtyard; yard; flower garden
pato duck (12)
patrulla police car (9)
pavo turkey (7) (12)
paz *f.* peace (14)
pecho chest (6)
pedagogía pedagogy; **ciencias de la pedagogía** education
pedir (i, i) to ask for (4); to request
peinarse to comb/style one's hair (6)
pelear to fight (8); to argue (8)
película movie (4); film
peligro (de extinción) danger (of extinction) (12)
pelirrojo(a) red-haired (1)
pelo hair (6)
pelota ball (6)
península peninsula (12)
pensar (ie) to think (4); to intend
peor worse (11); **el/la peor** the worst
pepinillo pickle (8)
pepino cucumber (7)
pequeño(a) small (1)
pera pear
perder (ie) to lose (4); to miss (a flight, a train) (10)
perdón *m.* pardon
perdonarse to excuse oneself
perezoso(a) lazy (1)

periodismo journalism (2)
periodista *m. f.* journalist (5)
permiso permission (8)
pero *conj.* but
perro dog (2)
persona person
peruano(a) Peruvian (14)
pesa weight; **levantar pesas** to lift weights (6)
pesadilla nightmare
pésame *m. sing.* condolences
pesar to weigh
pesar: a pesar de in spite of
pesca: ir de pesca to go fishing (6)
pescadería fish store, fish market
pescado fish (*food*) (7)
pescar (qu) to fish (6)
pesimista *adj. m. f.* pessimist (1)
pestaña eyelash
petróleo oil (12)
pez *m.* (*pl.* **peces**) fish (2)
piano piano; **tocar (qu) el piano** to play the piano
picar (qu) to snack
pico mountain peak
pie *m.* foot (6)
piel *f.* skin; leather (11)
pierna leg (6)
pijama *m. sing.* pajamas (3)
piloto *m. f.* pilot (5)
pimienta pepper (7)
pincel *m.* paintbrush (11)
ping-pong *m.* ping-pong; **jugar al ping-pong** to play ping-pong (6)
pingüino penguin (12)
pintor(a) painter (5)
pintura paint
piña pineapple (7)
piñata piñata (9)
Pirineos Pyrenees
piscina swimming pool (4)
piso apartment; floor (*of a building*) (4)
pista (de correr) track
pizarra chalkboard (1)
planchar to iron (8); **tabla de planchar** ironing board (8)
planta plant (4); floor (*building*)
plata silver
plátano banana (7)
platillo saucer
plato plate; dish; **detergente** *m.* **para platos** dish detergent; **jabón** *m.* **para platos** dish soap (8); **lavar platos** to wash the dishes (8); **plato principal** main dish (7)
playa beach (4)
plaza city square (4)
pluma (estilográfica) (fountain) pen
pobre poor (1)
pobreza poverty (14)
poco(a) little, few (2); **hasta hace poco** until a little while ago
poder to be able to (4)
policía *f.* police (*force*); **estación** *f.* **de policía** police station
policía *m.* police officer (5); **mujer** *f.* **policía** police officer (5)
poliéster *m.* polyester
político(a) *n.* politician (5); *adj.* political; **ciencias políticas** political science (2)
pollo chicken (7); chick (12)
pomada cream; ointment
poner to put, place; to put on; to put up; **poner la mesa** to set the table (8); **poner(le) una inyección** to give (him/

her) an injection; **ponerse** to get (+ *adj.*); to become (+ *adj.*); **ponerse feliz** to become happy; **ponerse la ropa** to put on clothing (6); **ponerse triste** to become sad
por by; through; because of; due to; on account of; times (*in mathematical functions*); **por adelantado** in advance; **por ciento** percent (11); **por ejemplo** for example; **por eso** therefore; **por favor** please; **por fin** finally; **por lo general** generally; **por otra parte** moreover; on the other hand; **por otro lado** on the other hand; **¿por qué?** why? (1); **por supuesto** of course; **por último** lastly, finally
porque because
portero door attendant
posada inn; *pl.* nine-day celebration before Christmas
posar to pose (11)
posesivo(a) possessive
postre *m.* dessert (7)
postura posture
práctica activity; practice
practicar (qu) to practice; **practicar deportes** to play sports (2)
prado meadow
precio price
precioso(a) precious; lovely; beautiful
preferible preferable
preferir (ie, i) to prefer (4)
pregunta question
preguntar to ask (2)
preguntón(-ona) inquisitive
prenda garment (11); article of clothing
preocupación *f.* worry
preocupado(a) worried (5)
preocuparse to worry
preposición *f.* preposition
presentar to introduce; **le presento a...** I'd like to introduce you (*form.*) to . . . (1); **te presento a...** I'd like to introduce you (*fam.*) to . . . (1)
preservar to preserve (12)
presidente *m. f.* president
presión *f.* **arterial** blood pressure; **presión alta/baja** high/low blood pressure (14); **tomar la presión** to take someone's blood pressure (14)
prestar to lend (8)
pretérito preterite
previamente previously
primavera spring (3)
primer, primero(a) first; **hotel** *m.* **de primera clase** first-class hotel; **primera clase** first class (10); **Primera Comunión** *f.* First Communion; **primeros auxilios** first aid (14)
primo(a) cousin (2)
principal main; **plato principal** main dish (7)
principio beginning; principle; **al principio** at the beginning; **en principio** in principle
prisa hurry, haste; **tener (mucha) prisa** to be in a (big) hurry (2)
privado(a) private
probablemente probably
probador *m.* dressing room (11); fitting room
probar(se) (ue) to try (on) (11); to test
problema *m.* problem
problemático(a) problematic
profesión *f.* profession
profesor(a) professor (1)
profundo(a) deep
programación *f.* programming (13)

programador(a) programmer
prohibir to prohibit
prometer to promise
prometido(a) fiancé(e) (13)
pronombre *m.* pronoun
pronto soon (6); **hasta pronto** see you soon (1); **tan pronto como** as soon as (14)
propina tip; **dejar una propina** to leave a tip (7)
proponer (matrimonio) to propose (marriage) (13)
propósito: a propósito by the way
propuesta proposal
proteger (j) to protect (12)
protesta protest
provecho: buen provecho enjoy your meal
prueba test
psicología psychology (2)
psicólogo(a) psychologist (5)
público(a) public; **funcionario(a) público(a)** public official
puerta door (1); **puerta de salida** gate (10)
puerto port, harbor
puertorriqueño(a) Puerto Rican (14)
puesto de trabajo position, job
pulgar *m.* thumb
pulmón *m.* lung (14)
pulpo octopus
pulsera bracelet
punto point
pupitre *m.* student desk (1)

Q

que that, which; than; **¡que tengas un buen día!** have a nice day (1)
¡qué! what!; **¡qué bien te queda esa falda!** that skirt really fits you well! (11); **¡qué caro(a)!** how expensive! (11); **¡qué color tan bonito!** what a pretty color! (11); **¡qué lindos zapatos!** what pretty shoes! (11); **¡qué pantalones tan elegantes!** what elegant pants! (11)
¿qué? what? (1); **¿qué hay de nuevo?** what's new? (1); **¿qué pasa?** what's going on? (1); **¿qué tal?** how's it going? (1); **¿qué tiempo hace?** what's the weather like?
quedar to remain (11); to fit (11); **quedarse** to stay (10); **¡qué bien te queda esa falda!** that skirt really fits you well! (11)
quedarle to fit
quehacer *m.* chore (8)
quejarse to complain
quemadura de sol sunburn
querer to want (4); to love (7) (13); **querer decir** to mean; **quisiera** I would like
queso cheese (7)
quien(es) who, whom
¿quién(es)? who? (1) (4)
química chemistry (2)
quince fifteen (1); **los quince años** girl's fifteenth birthday celebration (9)
quinceañera girl celebrating her fifteenth birthday (9)
quinientos(as) five hundred (7)
quitarse to take off (*clothing*)
quizá(s) perhaps

R

racional rational
radio: emisora de radio radio station
radiografía X-ray (14)
raíz *f.* (*pl.* **raíces**) root
rana frog (12)
rápido fast

raqueta racket (6)
ráquetbol *m.* racquetball
raro(a) strange
ratón *m.* mouse (2)
raya stripe; **a rayas** striped (11)
rayos X X-rays; **sacar (qu) rayos X** to take X-rays
razón *f.* reason; **no tener razón** to be wrong; **tener razón** to be right (2)
realista realist (1)
rebajado(a) on sale (11); **estar rebajado(a)** to be on sale (11)
recepción *f.* reception (desk) (10); wedding reception (13)
recepcionista *m. f.* desk clerk; receptionist (10)
receta médica prescription (14)
rechazar (c) to decline, reject
recibir to receive (3); **recibir un regalo** to receive a gift (3)
recibo receipt
reciclaje *m.* recycling (12)
recién casado(a) newlywed (13)
recinto campus
reclamo de equipaje baggage claim (10)
recoger (j) la mesa to clear the table (8); to pick up the table (8)
recomendación *f.* recommendation
recomendar (ie) to recommend
recordar (ue) to remember (4)
recreación *f.* recreation; **sala de recreación** rec room
recuperarse to recover (14)
recursos naturales natural resources (12)
red *f.* net
redacción *f.* writing (2)
redes *f. pl.* **sociales** social networks (13)
refresco soda (7)
refrigerador *m.* refrigerator (4)
refugiado(a) refugee (14)
regalo gift (3); **recibir un regalo** to receive a gift (3)
regar (ie) (gu) to water (8)
regatear to bargain
registrarse to register (10)
regla ruler
regresar (a casa) to return (home) (2)
regular so-so (1); okay
reír (í, i) to laugh (4)
relación *f.* relationship
relacionado(a) related
relámpago lightning
rellenar to fill out
reloj *m.* clock (1); watch
remediar to remedy
remedio remedy
remoto: control *m.* **remoto** remote control (13)
renunciar to resign
reparar to repair
repente: de repente suddenly (9)
repetir (i, i) to repeat (4)
representante *m. f.* representative
reproductor: reproductor de CDs CD player (13); **reproductor de DVDs** DVD player (13)
reptil *m.* reptile (12)
res: carne de res beef
resaca hangover
reservación *f.* reservation
resfriado cold (*illness*) (14)
resguardo voucher; credit slip
residencia residence hall (2)
resistir to resist
resolución *f.* resolution
resolver (ue) to solve

respiración *f.* breathing; **bucear con tubo de respiración** to snorkel
respirar to breathe (14)
responder to respond
responsabilizar (c) to make (someone) responsible
responsable responsible
respuesta reply, answer
restaurante *m.* restaurant (4)
resultado result; **como resultado** as a result
resultar (de/en) to result (in)
resumen *m.* summary
retrasado(a) delayed (10)
retrato portrait (11)
revelar fotos to develop photographs
revisar to inspect
revisión *f.* **de equipaje** luggage screening (10)
revisor *m.* controller
revista magazine (13)
rezar (c) to pray (4)
rico(a) rich (1); delicious
riñón *m.* kidney
río river (12)
riqueza wealth (14)
rocoso(a) rocky
rodilla knee (6)
rojo(a) red (3); **pasarse un semáforo en rojo** to run a red light (9)
romántico(a) romantic
romper(se) to break (9) (11); **romper con** to break up with (relationship) (13)
ropa clothes; clothing; **lavar ropa** to do laundry (8)
ropero closet
rosado(a) pink (3); **vino rosado** rosé wine
rotulador *m.* marker
rubio(a) blond(e) (1)
rueda wheel; **patinar sobre ruedas** to roller-skate, roller-blade
rutina routine

S

sábado *m.* Saturday (3)
saber to know (*facts, how to do something*) (5)
sabroso(a) delicious
sacar (qu) to take (out); **sacar fotos** to take photographs; **sacar la basura** to take the trash out (8); **sacar la lengua** to stick out one's tongue; **sacar una buena/mala nota** to get a good/bad grade; **sacar rayos X** to take X-rays
saco suit coat; sport coat; **saco de dormir** sleeping bag
sacudidor *m.* duster (8)
sacudir to dust (8)
sal *f.* salt (7)
sala living room (4); **sala de conferencias** conference center (10); **sala de emergencias** emergency room (14); **sala de espera** waiting room (10); **sala de recreación** rec room; **sala de recreo** rec room
salado(a) salty
salchicha sausage
salida departure (10); **puerta de salida** gate (10)
salir to leave, to go out; **salir (a + *inf.*)** to go out (to do something) (8)
salmón *m.* salmon
salón *m.* living room; sitting room; hall; **salón de clases** classroom (1)
salsa de tomate (dulce) tomato sauce; ketchup
saltar to jump (8)
salud *f.* health (5) (14)
saludar to greet (7)

saludo greeting
salvadoreño(a) Salvadorian (14)
salvaje wild
sandalia sandal (3)
sandía watermelon
sándwich *m.* sandwich (7)
sangrar to bleed (14)
sangre *f.* blood
sano(a) healthy
santo saint; saint's day (9); **día** *m.* **de santo** saint's day
sastre *m.* tailor
satisfacción *f.* satisfaction
satisfecho(a) full (*stomach*); satisfied
sauna *m.* sauna (10)
secadora dryer (4)
secar(se) (qu) to dry (oneself) (6); to dry (8)
secretario(a) secretary (5)
sed *f.* thirst; **tener (mucha) sed** to be (very) thirsty (2)
seda silk (11)
seguir (i, i) to follow (5); **seguir (i) derecho** to go straight (10)
segundo(a) second; **segunda clase** second class (10)
seguridad *f.* security; **agente de seguridad** security agent (10); **cinturón** *m.* **de seguridad** safety (seat) belt (10); **control de seguridad** security check; **pasar por seguridad** to go through security (10)
seguro(a) *adj.* sure (5); *adv.* certainly; surely
seis six (1)
seiscientos(as) six hundred (7)
selva jungle (12); **selva tropical** tropical rain forest
semáforo stoplight; **pasarse un semáforo en rojo** to run a red light (9)
semana week (3); **fin de semana** weekend (3); **semana pasada** last week (6)
semestre semester (2)
sencillo(a) single (*room*) (10); simple (11); **habitación** *f.* **sencilla** single room
sensacional sensational
sensible sensitive
sentarse (ie) to sit (down)
sentido sense
sentir (ie, i) to feel; **lo siento (mucho)** I'm (very) sorry; **sentirse bien** to feel well; **sentirse mal** to feel bad, ill
señal *f.* sign; **pasarse una señal de PARE** to run a STOP sign (9)
separarse (de) to separate (from) (13)
septiembre *m.* September (3)
ser *m.* **humano** human being
ser to be (1); **¿de dónde eres tú?** where are you (*fam.*) from? (1); **yo soy de...** I'm from . . . (1)
serenata serenade (9)
serio(a) serious (1)
serpiente *f.* snake (12)
servicio a la habitación room service (10)
servicios utilities
servilleta napkin (7)
servir (i, i) to serve (4)
sesenta sixty (1)
setecientos(as) seven hundred (7)
setenta seventy (1)
si if, whether
sí yes
sicología psychology
sicólogo(a) psychologist
SIDA *m. sing.* AIDS (14)
siempre always (6); **casi siempre** almost always (6); **siempre y cuando** as long as (14)

sierra mountain range
siete seven (1)
silla chair (1)
sillón *m.* armchair (4)
sin without; **sin embargo** nevertheless; however; **sin que** without (14)
sino but (rather), instead; **sino (que)** *conj.* but
sobre on; on top of; over; about
sobremesa after-dinner conversation
sobrino(a) nephew/niece (2)
social social; **redes** *f. pl.* **sociales** social networks (13)
sociología sociology
sofá *m.* couch (4)
sol *m.* sun; **gafas de sol** sunglasses; **hace sol** it's sunny; **quemadura de sol** sunburn
solicitar to apply
solicitud *f.* application (5); want ad (5)
solidaridad *f.* solidarity
solo only
soltero(a) single person; unmarried person (13); **despedida de soltera** bridal shower; **despedida de soltero** bachelor party
solución *f.* solution
solucionar to solve
sombrero hat (3)
sombrilla beach umbrella
sonreír (í, i) to smile (4)
soñar (ue) to dream (*about*) (4)
sopa soup (7)
sorprenderse to be surprised (9)
sorprendido(a) surprised (5)
sorpresa surprise; **fiesta sorpresa** surprise party
sostener to support
sótano basement
su *poss.* your (*form. sing., pl.*); his; her; its; their
subir to go up, to take something up (10); **subir a** to get into (*a vehicle*) (9)
sucio(a) dirty (8)
suegro(a) father-in-law/mother-in-law (2)
sueldo salary (5)
suelo floor
sueño dream; sleep; **tener (mucho) sueño** to be (very) sleepy (2)
suerte *f.* luck; **tener (mucha) suerte** to be (very) lucky (2)
suéter *m.* sweater (3)
sugerencia suggestion
sugerir (ie, i) to suggest (13)
suma sum; summary; **en suma** in conclusion
súper super (*used as prefix*)
superar to overcome
superior superior; upper
supermercado supermarket (4)
supersticioso(a) superstitious
supuesto: por supuesto of course
sur *m.* south
sureste *m.* southeast
suroeste *m.* southwest
surrealista *m. f.* surrealist (11)
suspender to fail

T

tabla: esquiar en tabla to snowboard (6); **tabla de planchar** ironing board (8)
tablero keyboard (13)
tacto touch
tal vez perhaps
tal: ¿qué tal? how's it going? (1); **con tal (de) que** provided that (14)
taller *m.* workshop; garage
también also (1); in addition
tan so; **tan... como** as . . . as; **tan pronto como** as soon as (14); **¡qué color tan bonito!** what a pretty color! (11); **¡qué pantalones tan elegantes!** what elegant pants! (11)
tanto(a) *adj.* so much; *pl.* so many; **tanto(s)/tanta(s)... como** as many . . . as
tapete *m.* throw rug
taquilla ticket window (10); box office; **éxito de taquilla** box office hit (13)
tarde *adv.* late (6)
tarde *f.* afternoon; **de la tarde** P.M.; **más tarde** later (6); **por la tarde** in the afternoon (3)
tarea homework
tarjeta de crédito credit card (11)
tarta pie
taza cup
tazón *m.* soup bowl
te *d.o.* you (*fam. sing.*); *i.o.* to/for you (*fam. sing.*); *refl.* yourself; **te presento a...** I'd like to introduce you (*fam.*) to . . . (1)
té *m.* tea, afternoon tea
teatro theater (2) (4)
techo ceiling
técnico(a) technician
tejer to knit (8)
tela fabric
teléfono telephone; **teléfono celular** cell phone (8)
telenovela soap opera (13)
televidente *m. f.* television viewer (13)
televisión *f.* television (*medium*); **televisión por satélite** satellite television (13)
televisor *m.* television set (1)
temblar (ie) to shake; **me tiemblan las manos** my hands are shaking
temer to fear
temperatura temperature
templo temple (4)
temprano early (6)
tenedor *m.* fork (7)
tener to have; **tener que** (+ *inf.*) to have to (+ *verb*) (2); **no tener razón** to be wrong; **¡que tengas un buen día!** have a nice day (1); **tener (mucha) hambre** to be (very) hungry (2); **tener (mucha) prisa** to be in a (big) hurry (2); **tener (mucha) sed** to be (very) thirsty (2); **tener (mucha) suerte** to be (very) lucky (2); **tener (mucho) calor** to be (very) hot (2); **tener (mucho) cuidado** to be (very) careful (2); **tener (mucho) éxito** to be (very) successful (2); **tener (mucho) frío** to be (very) cold (2); **tener (mucho) miedo** to be afraid of (2); **tener (mucho) sueño** to be (very) sleepy (2); **tener celos** to be jealous; **tener ganas de** (+ *inf.*) to feel like (*doing something*) (2); **tener lugar** to take place; **tener mareos** to be dizzy; **tener razón** to be right (2); **tener... años** to be . . . years old (2); **tenerle miedo a** to be afraid of (*person*)
tenis *m.* tennis (6); tennis shoes (3)
terminar to finish (3) (9)
ternera veal
terraza terrace
testigo *m. f.* witness
textura texture
tiburón *m.* shark (12)
tiempo time; weather; **a tiempo** on time (10); **a tiempo completo** full-time; **a tiempo parcial** part-time; **hace buen tiempo** the weather is nice (3); **hace mal tiempo** the weather is bad (3); **pasar tiempo** to spend time (8); **¿Qué tiempo hace?** What's the weather like?

tienda shop; store (4); **tienda de campaña** camping tent (6)
tierno(a) tender
Tierra Earth (*planet*) (12)
tierra land, earth
tigre *m.* tiger (12)
tinta ink (11)
tinto: vino tinto red wine (7)
tintorería dry cleaners
tío(a) uncle/aunt (2)
tiza chalk
toalla towel (6); **toalla de papel** paper towel
tobillo ankle (6)
tocador *m.* dressing table
tocar (qu) to touch; **tocar (el piano)** to play (*the piano*) (8); to touch
tocino bacon
todavía still (6)
todo(a) all, every; **todos los días** every day (6)
tomar to take (2); **tomar (café)** to drink (*coffee*) (2); **tomar la presión** to take someone's blood pressure (14)
tomate *m.* tomato (7); **salsa de tomate (dulce)** tomato sauce; ketchup
tonto(a) dumb (1)
topografía topography
torcerse (ue) (z) to twist (14)
tormenta storm
toro bull (12)
toronja grapefruit
torre *f.* tower
tortuga turtle (12)
toser to cough (14)
totopos *pl.* tortilla chips (7)
trabajador(a) *adj.* hardworking (1)
trabajador(a) social social worker (5)
trabajar to work (2)
trabajo work; job (5); **solicitud** *f.* **de trabajo** job application
tradicional traditional (11)
traductor(a) translator
traer to bring (5)
traidor(a) traitorous
traje *m.* suit (3); **traje de baño** swimming suit (3)
tranquilo(a) tranquil; calm
transicional transitional
transmitir to broadcast (13)
transporte *m.* transportation (10)
trapeador *m.* mop (8)
trapear to mop (8)
trapo dust cloth; rag (8); cloth (8)
tratado de comercio trade treaty (14)
tratamiento treatment (14)
trece thirteen (1)
treinta thirty (1)
tren *m.* train
trepar (un árbol) to climb (a tree) (8)
tres three (1)
trescientos(as) three hundred (7)
trimestre quarter (2)
triple triple (10)
triste sad (5); **ponerse triste** to become sad
tronco trunk
tropezar (ie) (c) to trip (9)
tropical tropical; **selva tropical** tropical rain forest
trucha trout

trueno thunder
tú *subj. pron.* you (*fam. sing.*); **¿de dónde eres tú?** where are you (*fam.*) from? (1); **¿y tú?** and you (*fam.*)? (1)
tu(s) *poss.* your (*fam. sing.*)
tubo: bucear con tubo de respiración to snorkel
tuna cactus fruit
turista *m. f.* tourist (10)

U

ubicación *f.* location
último(a) final; last; **por último** lastly; finally
un/uno(a) a, an, one (1)
único(a) unique; only
unión *f.* **libre** common-law union (13)
universidad *f.* university
unos(as) some
urgente urgent
uruguayo(a) Uruguayan (14)
usado(a) used
usar to use (2)
usted *subj. pron.* you (*form. sing.*); **¿cómo está usted?** how are you (*form.*)? (1); **¿y usted?** and you (*form.*)? (1)
usualmente usually
uva grape (7)

V

vaca cow (12)
vacaciones *f. pl.* vacation
vacuna vaccine (14)
vacunar to vaccinate
vacuno: carne de vacuno beef
vagón *m.* car, wagon (10)
valer to be worth; to cost; **¿vale?** okay?
valiente valiant, courageous
valle *m.* valley (12)
valor *m.* value
vanguardista *m. f.* revolutionary (11); avant-garde (11)
varicela chicken pox
varios several (2)
vaso glass
veinte twenty (1)
veinticinco twenty-five (1)
veinticuatro twenty-four (1)
veintidós twenty-two (1)
veintinueve twenty-nine (1)
veintiocho twenty-eight (1)
veintiséis twenty-six (1)
veintisiete twenty-seven (1)
veintitrés twenty-three (1)
veintiuno twenty-one (1)
vejez *f.* old-age (13)
vela candle (9)
velocidad: límite *m.* **de velocidad** speed limit (9)
vena vein
venado deer (12)
venda bandage
vendaje *m.* bandage (14)
vendedor(a) salesperson (5)
vender to sell (3)
venezolano(a) Venezuelan (14)
venir to come (5)
venta sale (transaction) (11); **en venta** on sale

ventana window (1); **limpiador para ventanas** window cleaner
ventanilla window (10)
ver to see (5); **verse** to see oneself (6); **a ver** let's see; **nos vemos** see you later (1)
verano summer (3)
verbo verb
verdad *f.* truth; **¿verdad?** right?; **de verdad** really
verde green (3)
verduras *f. pl.* vegetables
vestido dress (3)
vestirse (i, i) to get dressed (6)
veterinaria veterinary medicine
veterinario(a) veterinarian (5)
vez *f.* time; **a veces** sometimes (6); **de vez en cuando** from time to time; **dos veces** two times, twice
viajar to travel (2)
viaje *m.* trip; **agente de viajes** travel agent (5); **cheque** *m.* **de viaje** traveler's check; **viaje todo pagado** all-inclusive trip
viajero(a) traveler; **cheque** *m.* **de viajero** traveler's check
videojuego videogame (8)
viejo(a) old (1)
viento wind; **hace viento** it's windy
viernes *m.* Friday (3)
VIH *m.* HIV
vinagre *m.* vinegar
vino wine; **vino blanco** white wine (7); **vino rosado** rosé wine; **vino tinto** red wine (7)
visa visa
visitar to visit
vista view; sight
viudo(a) widower/widow (13)
vivienda housing
vivir to live (3)
volar (ue) to fly (8)
volcán *m.* volcano (12)
voleibol *m.* volleyball (6)
voleibolista *m. f.* volleyball player
volver (ue) to return; to come back (4); **volverse loco(a)** to go crazy
vomitar to vomit (14)
vosotros(as) *subj. pron.* you (*fam. pl.*) (*Sp.*)
votar to vote (14)
voz *f.* voice; **en voz alta** aloud
vuelo flight (10); **asistente** *m. f.* **de vuelo** flight attendant
vuestro(a) *poss.* your (*fam. sing.*) (*Sp.*)

Y

y and; **¿y tú?** and you (*fam.*)? (1); **¿y usted?** and you (*form.*)? (1)
ya already (6); **ya no** no longer (6)
yerno son-in-law
yeso cast (14)
yo I; **yo soy de...** I'm from . . . (1)
yogur yogurt (7)

Z

zanahoria carrot (7)
zapatilla slipper
zapato shoe (3); **¡qué lindos zapatos!** what pretty shoes! (11)
zona area
zoológico zoo (4)
zorro fox (12)

Index

A
a personal. *See* personal **a**
a veces, 195
abrir, 417
acabar, 393
academic subjects, 54, 73
accents. *See* written accents
acostarse, 588
adjective clauses, 469, 492
adjectives
    agreement of, 25, 62, 166, 392
    changed meaning with **ser** or **estar**, 160
    defined, 25, 61, 597
    demonstrative adjectives, 597
    past participles as, 392
    placement of, 61
    possessive adjectives, 44–45, 70, 193, 597
    of quantity, 61, 128
    stressed possessive adjectives, 594–595, 597
    using more than one, 61
adonde, 502
¿adónde?, 96
adverbial clauses, 502
adverbial conjunctions, 502
adverbs
    defined, 195, 502, 597
    list of common, 195, 220
    relative adverbs, 340
    subjunctive needed with, 502
    of time and frequency, 195–196
agreement, defined, 598
ahora, 195
air travel, 336, 347, 364-365, 368
al, 96
algo, 269
alguien, 269, 469
algún (alguno/a), 269, 270
alguna vez, 418
"Algunas ciudades únicas de Latinoamérica," 126–127
"Los alimentos del Nuevo Mundo," 238–239
almorzar, 118, 595
alphabet, Spanish, 5
andar, 590
"Animales fantásticos," 434–435
animals, 72, 424, 425, 426–427, 434–435, 437, 443
anoche, 207
antes, 196
antes de, + infinitive, 196
antes (de) que, 502
apagar, 393
aprender, 587
aquel, 375
-ar verbs
    command forms of, 343, 344, 354, 355
    conditional tense of, 488
    future tense of, 414
    imperfect subjunctive of, 491
    imperfect tense of, 266
    list of common, 47
    past participle of, 392
    past perfect tense of, 505
    present participle of, 156
    present subjunctive of, 428, 595
    present tense of, 48–49
    preterite of, 206
    stem-changing, 118, 119, 135–136, 588
    tenses reviewed, 587
architecture, 131
Argentina, 339, 526–527
art, 20, 42, 94, 154, 168, 190, 264, 316, 388, 390–391, 398–399, 401, 407, 412
articles
    definite articles, 11, 92, 598
    indefinite articles, 11, 79, 166, 598
astrological signs, 27
aunque, 502
auxiliary verbs, 603
ayudar, 354

B
bajar, 354
barrer, 266
beber, 86, 344, 392, 417
Benedetti, Mario, 444
"Bésame mucho" (song), 450
bien, 382
biodiversity, 413
body, parts of, 188, 220
Bolivia, 21, 528–529
Botero, Fernando, 42, 390
bueno, 61, 382
bullfights, 302
El burro y la flauta (Monterroso), 426
buscar, 343, 469, 595

C
caer, 393
caer bien, **gustar** vs., 82
calendars, 92
Canción de invierno (Jiménez), 149
Cántico (Ndongo-Bidyogo), 222–223
capitalization, months and days of the week, 92
-car verbs, 207, 343, 429, 595
carnivals, 303, 338
Una carta a Dios (López y Fuentes), 518–521
celebrations, 43, 300, 302–303, 312, 332, 338
cerrar, 135, 207, 344, 355
Chile, 530–531
cities, 117–118, 126–127
"La ciudad es nuestra casa," 274–275
clauses
    adjective clauses, 469, 492
    adverbial clauses, 502
    conditional "**si**" clauses, 492, 596
    dependent clauses, 466, 491, 492
    main clauses, 466, 491, 492, 598
    subordinate clauses, 598
cleanliness, 265, 273, 274–275, 294
clothing, 78–81, 90–91, 110, 374, 376–377, 379, 386–387, 402, 406
cognates, 16, 28
Colombia, 532–533
colors, 78
comenzar, 589
comer, 156, 206, 428
comics, 276, 279
"La comida rápida en Latinoamérica," 250–251
commands (imperatives), 599
    affirmative, 343–344, 354–355, 357, 429
    formal, 343–344, 599
    informal, 354–355, 599
    irregular command forms, 343
    nosotros commands, 343–344
    pronoun placement in, 357
    reviewed, 587–592
    vosotros commands, 355
como, 502
comparisons, 598
    of equality/inequality, 381–382, 598
    superlatives, 382, 603
compound tenses, reviewed, 587
comprar, 596
con, 234
con tal (de) que, 503
conditional perfect tense, 593
conditional tense, 488, 587–592
conducir, 170, 354
conjugation, 598
conjunctions, 503, 599
conmigo/contigo, 234
conocer, 173, 319, 589
contar, 595
contractions, 45, 96, 599
correr, 354
Costa Rica, 422, 534–535
creer, 417, 431
¿cuál(es)?, 133

¿cuándo?, 600
Cuba, 339, 353, 536–537
cubrir, 417

D
daily chores. *See* household chores
daily routine, 188, 192, 220
Dalí, Salvador, 168
dance, 278
dar, 170, 230, 343, 429, 590, 596
dates, 51
days of the week, 92, 111
de
    preposition of place, 121
    showing possession, 45, 594
    with superlatives, 382
    uses of, 170, 382
deber, 378
decir, 171, 231, 354, 415, 417, 488, 590
definite articles, 11, 92, 598
del, 45, 96, 121
demonstrative adjectives, 597
demonstrative pronouns, 375, 597
Denevi, Marco, 370
dependent clause, 466, 491, 492
"Deportistas famosos," 212–213
desear, 455
despertar, 417
después, 196
después (de) que, 502
"El día de los muertos," 312–313
El Día de los Muertos (Posada), 94
diminutives, 18
direct object pronouns, 244–245, 247
    agreement of, 244
    with conjugated form of **haber**, 418
    defined, 244
    double object pronouns, 283
    placement of, 245, 247
direct objects, 599
Dominican Republic, 562–563
donde, 340, 502
¿dónde?, 600
"¿Dónde quedarse: hoteles, moteles, pensiones o albergues?," 360–361
dormir, 118, 209, 344, 588
dormirse, 192, 193
double object pronouns, 283
dudar (que), 431

E
ecology, 438
Ecuador, 538–539
Equatorial Guinea, 546–547
education, 17, 54, 56, 57, 64–65
e→i stem-changing verbs, 135–136, 588
e→ie stem-changing verbs, 135–136, 588
El Salvador, , 540–541
ellos(as), 23
emotions
    impersonal expressions to convey, 429
    verbs to express changes in, 318–319, 321, 466–467, 492
    vocabulary, 152, 154
empezar, 207, 343
en caso de que, 503
environment, 265, 279, 410, 421, 438, 442
-er verbs
    command forms of, 343, 344, 354, 355
    conditional tense of, 488
    future tense of, 414
    imperfect subjunctive of, 491
    imperfect tense of, 266
    list of common, 85
    past participle of, 392
    past perfect tense of, 505
    present participle of, 156
    present subjunctive of, 428, 595

present tense of, 86
preterite of, 206
stem-changing, 118, 135–136, 588
tenses reviewed, 587
escribir, 86, 206, 417
"La escuela es para todos," 17
ese/este, 375
esperar, 455
estar
changes in meaning of adjectives, 160
command form of, 343
expressions with, 159, 184
future tense of, 415
past participle of, 418
past progressive tense formed with, 594
with prepositions of place, 121
present progressive formed with, 156, 159, 267
present tense of, 121, 156
tenses reviewed, 590
uses of, 156, 159–160
exclamatory words, 599

F

La familia de Carlos IV (Goya), 20
La familia presidencial (Botero), 42
"La familia típica latinoamericana," 52–53
family, 40, 43, 52–53, 54, 72
flags, 498
food and meals, 103, 226, 228–229, 237–243, 250–253, 258, 259
formal commands, 343–344, 599
Fuertes, Gloria, 75
future perfect tense, 593
future plans, **ir a** + infinitive, 99, 156
future tense, 414–415, 488, 587–592

G

Galápagos Islands, 423, 427
games and toys, 276, 295
-gar verbs, 207, 343, 429, 595
Gaudí, Antonio, 131
gender
of adjectives, 25, 62, 166
of animals, 424
noun expressions and, 58
of nouns, 8
of professions, 166
gerunds, 599
gordo/gordito, 18
Goya, Francisco de, 20
greetings, 4, 36
Guantanamera (song), 296
Guatemala, 544–545
gustar, 82, 281, 466

H

haber
conditional perfect formed with, 593
conditional tense of, 488
future perfect formed with, 593
future tense of, 415
imperfect subjunctive of, 491
imperfect tense of, 266
past perfect formed with, 505
past perfect subjunctive formed with, 593
perfect tenses formed with, 601
present perfect formed with, 417
present perfect subjunctive with, 593
present perfect tense of, 417
present subjunctive of, 429, 596
preterite of, 231
tenses reviewed, 590
uses of, 319
hablar
conditional tense of, 488
future tense of, 414
past participle of, 392, 417
present participle of, 156
present subjunctive of, 428
preterite of, 206
tenses reviewed, 587

hacer
command forms of, 354, 355
conditional tense of, 488
future tense of, 415
past participle of, 417
present tense of, 170
preterite of, 231
tenses reviewed, 590
uses of, 99
hasta que, 502
hay, 11–12, 266
health topics, 199, 484, 486, 496–497, 512, 516
Herrera, Carolina, 377
hobbies and pastimes, 202, 276, 286
holidays and special occasions, 43, 92–95, 102–103, 300, 302–303, 312, 332, 338
Hombre pequeñito (Storni), 155
El hombre que aprendió a ladrar (Benedetti), 444–445
home and furnishings, 126, 127, 130, 134, 138–139, 147
Honduras, 229, 548–549
hotels, 350, 352–353, 360–361, 369
household chores, 262, 264, 266, 269, 273, 278, 294
hubo, 231
hypothetical situations, 492, 596

I

Ida de otoño (Jiménez), 148
idiomatic expressions, 599
"if" clauses, 492, 596
illnesses, 516
immigration, 500, 501, 508–509
imperative mood, 600, 601
imperatives. *See* commands
imperfect subjunctive, 491–492
imperfect tense, 599–600
forming, 266, 587–592
preterite vs., 304, 307, 318–319, 321, 602
reviewed, 587–592
uses of, 267, 304, 307, 318–319, 321
impersonal expressions, 429, 491, 600
impersonal **se**, 378
indefinite articles, 11, 79, 166, 598
indefinite words, 266, 600
indicative mood, 428, 600
indigenous peoples, 90–91, 451, 501
indirect object pronouns
with conjugated form of **haber**, 418, 505
double object pronouns, 283
with **quedar**, 374
in **se** constructions, 395–396
uses of, 280
verbs used with, 281, 466, 484
indirect objects, 600
infinitives, 47
antes de +, 196
defined, 600
después de +, 196
future tense formed with, 414
ir a +, 99, 156
reflexive pronouns with, 193
saber +, 173
uses of, 48
informal commands, 354–355, 599
international relations, 498, 500–501, 517
interrogative words, 4, 36, 132, 600
introductions, 5, 36
inverted question mark, 132
inverted word order, 48, 86, 132
ir
command forms of, 343, 344, 354, 355
conditional tense of, 488
expressions with, 97
future tense of, 415
imperfect tense of, 266
present participle of, 156
present subjunctive of, 429, 596
present tense of, 96
preterite of, 208, 230
tenses reviewed, 591

uses of, 96–97
ir a + infinitive, 99, 156
-ir verbs
command forms of, 343, 344, 354, 355
conditional tense of, 488
future tense of, 414
imperfect subjunctive of, 491
imperfect tense of, 266
list of common, 85
past participle of, 392
past perfect tense of, 505
present participle of, 156, 157
present subjunctive of, 428, 595
present tense of, 85, 86
preterite of, 206, 209
stem-changing, 118, 135–136, 588
tenses reviewed, 587
irregular past participles, 392, 417, 505
irregular verbs
with changes in the first person, 170–171, 173
command forms of, 343–344, 354–355
conditional tense of, 488
future tense of, 415
imperfect tense of, 266
nosotros commands of, 344
past perfect tense of, 505
present perfect tense of, 417
present subjunctive of, 429, 596
present tense of, 85, 86, 170
tenses reviewed, 590
See also stem-changing verbs
irse, meaning of, 193

J

jamás, 269
Jiménez, Juan Ramón, 148–149
joven, 382
jugar, 119, 207, 595

K

Kahlo, Frida, 154, 316

L

la/las, as direct object pronouns, 244
El laberinto de la soledad (Paz), 302
languages, 20–21, 54, 501
last names, 41
"Latinoamérica y la inmigración," 508–509
Lavabo y espejo (López García), 190
lavar, 266
lavarse, 192
learning strategies
avoiding direct translation, 298, 307, 319
gaining exposure to the language, 450, 464
guessing intelligently, 150, 163, 180
listening to and repeating vocabulary, 38, 40, 54
memorization, 224, 230
participating in class, 112, 115, 145
reviewing earlier materials, 260
studying frequently, 2, 18
studying with a partner, 186, 193
thinking in Spanish, 482
understanding, 76, 88, 89, 92, 109
using a good dictionary, 408, 422, 436
using Spanish in class, 334
using Spanish in real-life settings, 372, 375
using Spanish outside the classroom, 446
leer, 157, 207, 417
"Leyendas urbanas," 324–325
literature, 302, 391
active reading, 371
interpretation, 75
irony, 518
metaphor, 445
poetic voice, 74
theme of a text, 223
tone, 149
verse, 296
llegar, 48, 343
"La Llorona," 94
lo/los, as direct object pronouns, 244

location, indicating, 159, 160
López García, Antonio, 190
López y Fuentes, Gregorio, 518

M
Machu Picchu, 558
main clause, 466, 491, 492, 598
malo, 61, 382
maquiladoras, 169
marriage, 451, 460–461
Martí, José, 296
más, 10, 603
más... que, 381, 598
más tarde, 195
math, addition and subtraction, 10
mayor, 382, 598
media, 279, 385
mejor, 382, 598, 603
menor, 382, 598
menos, 10
menos... que, 381, 598
mental state, expressing change in, 318–319
mentir, 135
Menzel, Peter, 487
Mexico, 21, 550–551
mí, 234
mientras (que), 503
Mistral, Gabriela, 391
molas, 390
Monterroso, Augusto, 426
months, 92, 111
morir, 417, 595
movies, 462, 464, 476, 481
mucho, 61, 128
museums, 116
music, 191, 204, 278

N
nada, 269
nadie, 269, 469
national parks, 412, 413, 422–423, 427
nationalities, 498, 517
natural sciences, 54
nature, 410, 412, 413, 442
"La Navidad en algunos países hispanos," 102–103
Ndongo-Bidyogo, Donato, 222
necesitar, 469
negar, 431
negative statements, 48, 86, 269, 601
negative words, 266, 267, 270
Neruda, Pablo, 130, 391
ni... ni, 269
Nicaragua, 552–553
ningún(o)/(a), 269, 270, 469
Niños de Somalia (Fuertes), 75
no... todavía, 418
No hay que complicar la felicidad (Denevi), 370–371
nosotros(as), 23
nosotros commands, 343–344
noun expressions, 58
nouns, 8, 23, 40, 601
nuestro(a)(os)(as), 44
numbers
    from 0 to 20, 9
    from 21 to 101, 12
    100 and above, 226, 258
    más or **menos** used with, 382
    phone numbers, 14
nunca, 115, 195, 269, 418

O
o... o, 269
Oblang, Teodoro, 222
oír, 157, 171, 207, 417, 591
ojalá (que), 456
orthography, 601
"Otros sistemas universitarios," 64–65
o→ue stem-changing verbs, 118–119, 588

P
pagar, 589
Panama, 554–555

Panamerican Highway, 317
para, uses, 234
para que, 503
Paraguay, 556–557
"Los parques nacionales de Costa Rica y de Ecuador," 422–423
passive **se**, 378
passive voice, 601
past
    expressions about, 207
    imperfect vs. preterite, 267, 304, 307, 318–319, 321
past participles
    agreement of, 418
    conditional perfect tense formed with, 593
    forming, 392, 601
    future perfect tense formed with, 593
    past perfect formed with, 505
    past perfect subjunctive formed with, 593
    perfect tenses formed with, 601
    present perfect formed with, 417
    present perfect subjunctive formed with, 593
    uses of, 392, 601
past perfect subjunctive, 593
past perfect tense, 505, 587
past progressive tense, 594
past subjunctive, 587–592, 596
pastimes, 286–287
Paz, Octavio, 302
pedir, 136, 209, 344, 354, 455, 588, 595
Pensando en la muerte (Kahlo), 154
pensar, 136, 431, 588
peor, 382, 598
perder, 394, 595
perfect tenses, 593, 601
Persistencia de la memoria (Dalí), 168
person, 601
personal **a**, 48, 173, 340, 378, 469, 602
Peru, 558–559
pets, 72
phone numbers, 14
Picasso, Pablo, 391
placement
    of adjective, 392
    of direct object pronouns, 245, 247, 505
    of double object pronouns, 283
    of indirect object pronouns, 280, 505
    of negative words, 267
    of pronouns with commands, 357
    of pronouns with conjugated form of **haber**, 418
    of reflexive pronouns, 192, 505
plural nouns, 8, 40
poco, 61, 128
poder, 319, 378, 415, 488, 591
poetry, 75, 148–149, 155, 222–223, 313, 391
poner
    command forms of, 354
    conditional tense of, 488
    future tense of, 415
    past participle of, 417
    present tense of, 170
    preterite of, 231
    tenses reviewed, 591
ponerse, uses of, 318
por, uses, 233
Posada, José Guadalupe, 94
possessive adjectives, 44–45, 70, 193, 597
preferir, 455, 595
preguntar, 136
prepositional pronouns, 234, 280
prepositions
    defined, 602
    of place, 121, 146
    in questions, 132
    quien(es) following, 340
    verbs after, 196
present participles (gerunds), 156, 594, 599, 602
present perfect subjunctive, 593
present perfect tense, 417, 418, 587
present progressive tense, 156, 157, 267, 587
present subjunctive
    forming, 428–429, 587–592, 595
    of irregular verbs, 429, 596

reviewed, 587–592
    of spelling-changing verbs, 595
    of stem-changing verbs, 595
    uses of, 429, 455–456, 466–467, 469
present tense
    of -**ar** verbs, 48–49, 597
    of -**er** verbs, 86, 597
    of -**ir** verbs, 85, 86, 597
    reviewed, 587–592
    of stem-changing verbs, 118, 135–136, 588
preterite tense
    defined, 206, 602
    forming, 206–207, 230–231, 587–592
    imperfect subjunctive formed from, 491
    imperfect vs., 304, 307, 318–319, 321, 602
    of irregular verbs, 230–231
    reviewed, 587–592
    uses of, 304, 307, 318–319, 321
primer/primero(a), 128
professions, 166, 176, 180, 254, 290, 328, 364, 402, 438, 476, 512
pronouns
    after prepositions, 234
    commands with, 357
    defined, 602
    demonstrative, 375, 597
    direct object, 244–245, 247, 418
    double object, 283
    indirect object, 280–281, 418, 466, 484, 505
    prepositional, 234, 280
    reflexive, 192, 418, 452, 505
    relative pronouns, 340
    stressed possessives, 594–595
    subject pronouns, 23, 601
proteger, 595
Puerto Rico, 560–561

Q
que, 340
¿qué?, 133, 600
quedar, 374, 394
querer
    conditional tense of, 488
    future tense of, 415
    present tense of, 135
    tenses reviewed, 591
    uses of, 319, 455, 469
question words. *See* interrogative words
questions, 132–133
    forming without helping words, 48
    interrogative words, 4, 36, 132
    inverted word order for, 48, 86, 132
quien(es), 340
"¿Quiénes son más felices?," 164–165
quinceañera celebration, 43

R
radio, 385
reading strategies
    cognates, 16, 28
    combining strategies, 286
    guessing verb tenses, 164
    identifying patterns, 398, 508
    interpretation, 75
    paying attention to parts of speech, 176
    predicting, 52, 64
    questioning the reading, 460
    re-reading, 126
    reading interactively, 312, 324
    reading out loud, 250
    recognizing root words, 274, 286
    review strategies, 138
    skimming, 90
    taking notes, 200, 212
    testing comprehension after reading, 422, 434
    underlining words, 102
    visualizing and paraphrasing, 348, 360, 508
recientemente, 418
reciprocal verbs, 452
reflexive pronouns, 192, 418, 452, 505
reflexive verbs, 192–193, 220, 467, 603

regular verbs
    command forms of, 343–344, 354–355
    conditional tense of, 488
    future tense of, 414–415
    imperfect subjunctive of, 491
    imperfect tense of, 266
    nosotros commands of, 344
    past participle of, 392
    past perfect tense of, 505
    present participle of, 156
    present perfect tense of, 417
    present subjunctive of, 428
    present tense of, 48–49, 85, 86
    preterite tense of, 206–207
    tenses reviewed, 587
reír, 136
relationships, 448, 450–451, 480
relative adverbs, 340
relative pronouns, 340
repetir, 136
restaurants, 242, 253
Rivera, Diego, 316
romper, 394, 417
rooms of the house, 129, 147
"La ropa tradicional," 90–91

S

saber, 173, 319, 343, 415, 429, 488, 591, 596
salir, 170, 415, 488, 592
se, 283, 378, 395–396
seasons, 110
seguir, 171, 589
sentir, 588
sentirse, 318
ser
    changes in meaning of adjectives, 160
    command form of, 343
    future tense of, 415
    imperfect tense of, 266
    past subjunctive of, 596
    present subjunctive of, 429, 596
    present tense of, 23
    preterite of, 230
    tenses reviewed, 592
    uses of, 23, 159–160
shopping, 114, 374, 406
"si" clauses, 492, 596
siempre, 269
siempre y cuando, 503
"La siesta," 200–201
simple tenses, reviewed, 587–592
sin, 234
sin que, 503
"Soluciones a la vivienda," 138–139
Spain, 20, 353, 542–543
Spanish, 4-6, 25, 456
spelling-changing verbs, 207, 595
sports, 158, 202, 203, 204–205, 212–213, 216, 221, 287
stem-changing verbs
    command forms of, 343, 354
    defined, 603
    imperfect of, 266
    -**ir** verbs, 136, 157
    nosotros commands of, 344
    present subjunctive of, 429, 595
    present tense of, 118, 135-136, 588
    preterite of, 207, 209
    tenses reviewed, 588
Storni, Alfonsina, 155
stressed possessives, 594–595, 597
subject, 48, 602
subject pronouns, 23, 601
subjunctive mood
    with adjective clauses, 469, 492
    with adverbial clauses and conjunctions, 502–503
    adverbs requiring, 502
    conjunctions requiring, 503
    defined, 428, 600, 601
    expressing desire, 455–456, 492
    imperfect subjunctive, 491–492
    with impersonal expressions, 429
    uses of, 428, 602

subordinate clauses, 598
superlatives, 382, 603
su(s), 44

T

también, 269
tampoco, 269
tan... como, 381, 598
tanto como, 381
"Las tapadas: una moda escandalosa," 386–387
technology, 462, 481
telenovelas, 279, 464, 465, 472–473, 475
"Las telenovelas latinoamericanas: más que un entretenimiento," 472–473
telephone numbers, 14
television, 462, 464, 465, 472–473, 475, 481
tener, 58, 73, 173, 415, 488, 592, 596
tenses, 600, 603
ti, 234
Tiempos modernos (Totoro), 401
time, 92, 93, 115, 195–196, 502
tocar, 207, 589
"Todos necesitamos un pasatiempo," 286–287
tomar, 48
tourism, 106, 126–127, 130, 338, 339, 348–349, 350, 352–353, 360–361, 412, 511
"Tradiciones nupciales," 460–461
traditional culture, 90–91, 486
traer, 157, 170, 417, 592
traffic, 314, 327, 328, 333
travel, 336, 347, 350, 368
tú, **usted** vs., 23
tú commands. *See* informal commands
tu(s), 44

U

United States, 548–549
universities, 54, 56, 64–65, 73
unos(as), 270
Uruguay, 564–565
usted (Uds.), 23
usted commands. *See* formal commands

V

vacations, 348–349
"El valor de la salud," 496–497
varios, 61, 128
Varo, Remedios, 398–399
vehicles and traffic, 314, 316, 327, 328, 333
Velázquez, Consuelo, 450
Venegas, Julieta, 97
Venezuela, 566–567
venir, 171, 344, 415, 488, 592
ver, 170, 230, 266, 417, 592
verbs
    after prepositions, 196
    agreement of conjugated verb, 598, 602
    auxiliary verbs, 603
    changed meaning with reflexive pronouns, 193
    changes in first person, 170–171, 173
    command forms of, 343–344
    conjugating, 23, 598
    defined, 603
    with impersonal **se**, 378
    infinitives, 47
    past participles, 392
    present participles, 156
    reciprocal, 452
    reflexive, 192–193, 220, 467, 603
    root verbs with prefixes, 449
    used with indirect object pronouns, 281, 466, 484, 505
    using two verbs together, 48, 86
    See also irregular verbs; regular verbs; stem-changing verbs
Versos sencillos (Martí), 296–297
vez, 115, 196
vivir, 85, 156, 392, 417, 428, 587
vocabulary
    academic subjects, 54, 73
    airport security, 364, 368
    animals, 72, 424, 425, 443
    architecture, 142

    art, 388, 407
    celebrations, 300, 332
    classroom, 36
    cleanliness, 265, 273, 274–275, 294
    clothing, 78, 110, 374, 379, 402, 406
    colors, 78
    daily routines, 188, 220
    days and dates, 51, 92, 111
    emotions, 152
    entertainment, 462
    environment, 410, 442
    family members, 40, 72
    floors of a building, 128
    food and mealtimes, 226, 237, 240, 241, 252, 254, 258, 259
    games and toys, 276, 295
    government, 498
    greetings and farewells, 4, 36
    health and medical care, 199, 484, 512, 516
    hobbies and pastimes, 202, 276, 286
    holidays, 92, 93, 94, 95
    home and furnishings, 126, 127, 147
    hotels, 350, 369
    household chores, 262, 264, 266, 269, 273, 278, 294
    interrogatives, 4, 36
    introductions, 5, 36
    languages, 54
    learning strategy for, 38, 40, 54
    months, 92, 111
    movies, 462, 476, 481
    museums, 388
    nationalities, 498, 517
    nature, 54, 410, 442
    parts of the body, 188, 220
    personality characteristics, 18, 37
    pets, 72
    physical descriptions, 18, 37
    professions, 166, 185, 290, 328
    radio, 385
    relationships, 448
    rooms of the house, 129, 147
    sales, 402, 406
    seasons, 110
    shopping, 114, 374
    sports, 202, 203, 221
    technology, 462, 481
    telephone numbers, 14
    television, 462, 481
    tourism, 106
    travel, 336, 347, 350, 368
    urban places, 114, 146
    vehicles and traffic, 314, 316, 327, 328, 333
    weather, 78, 110
    workplace, 68, 185
    workspace, 32
volcanos, 412, 413
volver, 118, 207, 344, 414, 417, 488
vos, 23
vosotros(as), 23
vosotros commands, 355
vuestro(a)(os)(as), 44

W

weather, 78, 110
writing strategies, 30, 288
written accents, 4, 586
    double object pronouns attached to verb form, 283
    in imperfect subjunctive, 491
    monosyllable words, 586
    with numbers, 12
    with past participles, 417
    plural nouns, 8
    pronoun attached to present participle, 245
    pronouns in commands, 357
    words with and without, 586

Y

y, becomes **e**, 25
ya, 320, 418

Z

-**zar** verbs, 207, 343, 429, 595

CAPÍTULO 1

Vocabulario 1

 1–8

Saludos

bien	fine
Buenas noches.	Good night.
Buenas tardes.	Good afternoon.
Buenos días.	Good morning.
¿Cómo estás (tú)?	How are you? (informal)
¿Cómo está (usted)?	How are you? (formal)
gracias	thank you
hola	hello
mal	bad
nada	nothing
¿Qué hay de nuevo?	What's new?
¿Qué pasa?	What's going on?
¿Qué tal?	How's it going?
regular	so-so
¿Y tú?	And you? (informal)
¿Y usted?	And you? (formal)

Presentaciones

Encantado(a).	Nice to meet you.
Me llamo...	My name is . . .
Mucho gusto.	Nice to meet you.
Le presento a...	I'd like to introduce you to . . . (formal)
Te presento a...	I'd like to introduce you to . . . (informal)

Despedidas

Adiós.	Goodbye.
Chao.	Bye.
Hasta luego.	See you later.
Hasta mañana.	See you tomorrow.
Hasta pronto.	See you soon.
Nos vemos.	See you later.
¡Que tengas un buen día!	Have a nice day!

El salón de clases

la bandera	flag
el bolígrafo	pen
el cartel	poster
la computadora	computer
el cuaderno	notebook
el diccionario	dictionary
el escritorio	teacher's desk
el (la) estudiante	student
el lápiz	pencil
el libro	book
el mapa	map
la mesa	table
la mochila	backpack
el papel	paper
la pizarra	chalkboard
el (la) profesor(a)	professor
la puerta	door
el pupitre	student desk
el reloj	clock
el salón de clases	classroom
la silla	chair
el televisor	television set
la ventana	window

Gramática

Gender and number of nouns

1. A noun is a person, place, or thing. In order to make a noun plural, add an **-s** to words ending in a vowel. Add **-es** to words ending in a consonant, unless that consonant is **-z** in which case the **-z** changes to **-c** before adding **-es**. (lápiz → lápices)

2. Some nouns lose an accent mark or gain an accent mark when they become plural. (examen → exámenes) You will learn more about accents in **Capítulo 2**.

3. Nouns have gender (masculine / feminine) whether or not they refer to people. In general, if they are not referring to people, nouns that end in **-o** are masculine, and nouns that end in **-a** are feminine. Exceptions include **el** día (m.), **el** mapa (m.), **el** problema (m.), **la** mano (f.), **la** foto (f.), and **la** moto (f.).

Definite and indefinite articles

1. Definite articles mean *the*, and are used to refer to specific nouns or nouns already mentioned. They agree in gender and number with the noun they modify.

	masculino	femenino
singular	el	la
plural	los	las

2. Indefinite articles mean *a, an* or *some*, and are used to refer to non-specific nouns or nouns not yet mentioned. They also agree in gender and number with the noun they modify.

	masculino	femenino
singular	un	una
plural	unos	unas

Hay

1. **Hay** means *there is* when followed by a singular noun and *there are* when followed by a plural noun.

> Hay un libro en el pupitre.
> *There is a book on the desk.*

> Hay veinte estudiantes en la clase.
> *There are twenty students in the class.*

Palabras adicionales

¿De dónde eres tú?	Where are you from?
hay	there is/there are
Yo soy de...	I am from . . .

Palabras interrogativas

¿Dónde?	Where?
¿Cuándo?	When?
¿Cuántos(as)?	How many?
¿Qué?	What?
¿Quién?	Who?
¿Por qué?	Why?

Los números

uno	one
dos	two
tres	three
cuatro	four
cinco	five
seis	six
siete	seven
ocho	eight
nueve	nine
diez	ten
once	eleven
doce	twelve
trece	thirteen
catorce	fourteen
quince	fifteen
dieciséis	sixteen
diecisiete	seventeen
dieciocho	eighteen
diecinueve	nineteen
veinte	twenty
veintiuno	twenty-one
veintidós	twenty-two
veintitrés	twenty-three
veinticuatro	twenty-four
veinticinco	twenty-five
veintiséis	twenty-six
veintisiete	twenty-seven
veintiocho	twenty-eight
veintinueve	twenty-nine
treinta	thirty

CAPÍTULO 1

Vocabulario 2
🔊 1–9

Adjetivos para describir la personalidad

aburrido(a)	boring
agresivo(a)	aggressive
amable	kind
antipático(a)	unfriendly
atlético(a)	athletic
bueno(a)	good
cariñoso(a)	loving
cómico(a)	funny
conservador(a)	conservative
cruel	cruel
egoísta	selfish
famoso(a)	famous
generoso(a)	generous
honesto(a)	honest
idealista	idealist
impaciente	impatient
inteligente	intelligent
interesante	interesting
liberal	liberal
malo(a)	bad
optimista	optimist
paciente	patient
perezoso(a)	lazy
pesimista	pessimist
pobre	poor
realista	realist
rico(a)	rich
serio(a)	serious
simpático(a)	nice
sociable	sociable
tímido(a)	timid, shy
tonto(a)	dumb
trabajador(a)	hardworking

Adjetivos para describir el aspecto físico

alto(a)	tall
bajo(a)	short
bonito(a)	pretty
calvo(a)	bald
delgado(a)	thin
feo(a)	ugly
gordo(a)	fat
grande	big
guapo(a)	good-looking
joven	young
moreno(a)	dark-skinned/dark-haired
pelirrojo(a)	red-haired
pequeño(a)	small
rubio(a)	blond(e)
viejo(a)	old

Otros adjetivos

corto(a)	short (length)
difícil	difficult
fácil	easy
largo(a)	long

Gramática

Subject pronouns

1. The subject pronouns in Spanish are **yo, tú, él, ella, usted, nosotros/nosotras, vosotros/vosotras, ellos, ellas,** and **ustedes.**

2. **Tú** and **usted (Ud.)** both mean *you*. **Tú** is informal, **usted** is formal.

3. The subject pronouns **nosotros, vosotros,** and **ellos** must be made feminine when referring to a group of only females (**nosotras, vosotras, ellas**). If there is a mixed-gender group, the subject pronouns remain in the masculine form.

4. **Vosotros** and **ustedes** both mean *you* (plural). **Vosotros** is used in Spain with a familiar group of people, and **ustedes** is always used to address a group formally. In Latin America, it is also used to address a familiar group.

Ser

1. The verb **ser** means *to be*, and its forms are as follows:

yo *(I)*	soy	nosotros / nosotras *(we)*	somos
tú *(you)*	eres	vosotros / vosotras *(you, plural)*	sois
usted *(you)*	es	ustedes *(you, plural)*	son
él *(he)* / ella *(she)*	es	ellos / ellas *(they)*	son

2. **Ser** is used when describing someone's traits (tall, intelligent, etc.) and to say where someone is from.

Adjective agreement

1. Adjectives describe a person, place, or thing. In Spanish, adjectives must agree in gender and number with the nouns that they modify.

2. If a singular masculine adjective ends in **-o,** the ending must be changed to **-a** when modifying a feminine noun (**alto → alta**).

3. If a singular masculine adjective ends in **-a** or **-e,** it does not need to be changed when modifying a feminine noun (**idealista, paciente**).

4. If a singular masculine adjective ends in a consonant, it does not need to be made feminine, unless the ending is **-or,** in which case you would add an **-a** (**trabajador → trabajadora**).

5. Once you have made the adjective agree in gender, you must make it also agree in number. To modify plural nouns, you add **-s** to adjectives that end in vowels or **-es** to adjectives that end in consonants (**bajos, liberales**).

Verbos

ser	to be

Palabras adicionales

el hombre	man
la mujer	woman
muy	very
el (la) niño(a)	child
pero	but
un poco	a little
también	also
y	and

CAPÍTULO 2

Vocabulario 1

 1-14

La familia

el (la) abuelo(a)	grandfather / grandmother
el (la) amigo(a)	friend
el (la) esposo(a)	spouse
el (la) hermanastro(a)	stepbrother / stepsister
el (la) hermano(a)	brother / sister
el (la) hijo(a)	son / daughter
la madrastra	stepmother
la madre (mamá)	mother
el (la) medio(a) hermano(a)	half brother / half sister
el (la) nieto(a)	grandson / granddaughter
el (la) novio(a)	boyfriend / girlfriend
el padrastro	stepfather
el padre (papá)	father
la pareja	couple; partner
el pariente	relative
el (la) primo(a)	cousin
el (la) sobrino(a)	nephew / niece
el (la) suegro(a)	father-in-law / mother-in-law
el (la) tío(a)	uncle / aunt

Las mascotas

el caballo	horse
el (la) gato(a)	cat
el pájaro	bird
el (la) perro(a)	dog
el pez	fish
el ratón	mouse

Los verbos

ayudar	to help
bailar	to dance
buscar	to look for
caminar	to walk
cantar	to sing
cocinar	to cook
comprar	to buy
desear	to wish
enseñar	to teach
escuchar	to listen
esquiar	to ski
estudiar	to study
hablar (por teléfono)	to talk (on the phone)
limpiar	to clean
llamar	to call
llegar	to arrive
mandar (un mensaje)	to send (a message)
manejar	to drive
mirar (la tele)	to look, to watch (TV)
nadar	to swim
necesitar	to need
practicar (deportes)	to practice; to play (sports)
preguntar	to ask
regresar (a casa)	to return (home)
tomar (café)	to take; to drink (coffee)
trabajar	to work
usar	to use
viajar	to travel

Gramática

Possessive adjectives

1. The possessive adjectives in Spanish are as follows:

mi(s)	my	nuestro(a)(s)	our
tu(s)	your	vuestro(a)(s)	your (plural, informal)
su(s)	his, her, its, your (formal)	su(s)	their, your (plural, informal or formal)

2. Possessive adjectives, like other adjectives, must agree in gender and number with the nouns that they modify. **Nuestro** and **vuestro** are the only possessive adjectives that need to change for gender.

   Nuestra familia es muy grande. **Our family** is very big.
   Mis primos son jóvenes. **My cousins** are young.

3. In Spanish, the 's does not exist. Instead, if you want to be more specific about who something belongs to, it is necessary to use **de**.

   Elena es la hija **de** Juan.
   Elena is Juan's daughter.

4. When **de** is followed by **el** in Spanish, you form the contraction **del**.

   Anita es una amiga **del** profesor.
   Anita is the professor's friend.

Regular -ar verbs

1. The verbs presented on the left are in the *infinitive* form. This form identifies the action, and is translated as *to (do something)* in English. (**Bailar** means <u>to</u> dance.)

2. Verbs in the infinitive form need to be conjugated when you are identifying the person who is doing the action. Regular **-ar** verbs are all conjugated in the same way. To form a present tense verb, the **-ar** is dropped from the infinitive and an ending is added that reflects the subject (the person doing the action).

nadar					
yo	-o	nad**o**	nosotros(as)	-amos	nad**amos**
tú	-as	nad**as**	vosotros(as)	-áis	nad**áis**
él / ella / usted	-a	nad**a**	ellos / ellas / ustedes	-an	nad**an**

3. When using two verbs together that are dependent upon each other, the second verb remains in the infinitive.

   Los estudiantes **necesitan estudiar.**
   The students need to study.

   However, both verbs are conjugated if they are not dependent on each other.

   Mi primo **trabaja, practica** deportes y **estudia** en la universidad.
   My cousin works, plays sports, and studies at the university.

4. Place the word **no** before the conjugated verb to make a statement negative.

   Mis padres **no** toman café.
   My parents **don't** drink coffee.

5. To form a yes/no question, you simply use intonation to raise your voice and place the subject after the conjugated verb. There is no need for a helping word in Spanish.

   ¿**Cocinas tú** bien?
   Do you cook well?

CAPÍTULO 2

Vocabulario 2

🔊 1-15

Las materias académicas

el alemán	German
el álgebra	algebra
el arte	art
la biología	biology
el cálculo	calculus
las ciencias naturales	natural science
las ciencias políticas	political science
las ciencias sociales	social science
la criminología	criminology
la economía	economy
la educación física	physical education
la expresión oral	speech
la filosofía	philosophy
la física	physics
el francés	French
la geografía	geography
la geometría	geometry
la historia	history
la informática	computer science
la ingeniería	engineering
el inglés	English
el italiano	Italian
las lenguas	languages
la literatura	literature
las matemáticas	mathematics
la música	music
los negocios	business
el periodismo	journalism
la psicología	psychology
la química	chemistry
la redacción	writing
el teatro	theater
la veterinaria	veterinary medicine

Los lugares en la universidad

el auditorio	auditorium
la biblioteca	library
la cafetería	cafeteria
el centro estudiantil	student center
el estadio	stadium
el gimnasio	gymnasium
el laboratorio	laboratory
la librería	bookstore
las residencias	residence halls

Expresiones con *tener*

tener... años	to be . . . years old
tener (mucho) calor	to be (very) hot
tener (mucho) cuidado	to be (very) careful
tener (mucho) éxito	to be (very) successful
tener (mucho) frío	to be (very) cold
tener ganas de + infinitive	to feel like doing something
tener (mucha) hambre	to be (very) hungry
tener (mucho) miedo	to be (very) afraid
tener (mucha) prisa	to be in a (big) hurry
tener que + infinitive	to have to do something
tener (mucha) razón	to be right
tener (mucha) sed	to be (very) thirsty
tener (mucho) sueño	to be (very) sleepy
tener (mucha) suerte	to be (very) lucky

Gramática

The verb *tener*

1. The verb **tener** means *to have*, and its forms are as follows:

yo	tengo	nosotros(as)	tenemos
tú	tienes	vosotros(as)	tenéis
él / ella / usted	tiene	ellos / ellas / ustedes	tienen

2. The verb **tener** can also mean *to be* when used in certain expressions. See **expresiones con *tener*** in the left-hand column of this page.

> Mi mejor amiga **tiene** diecinueve años.
> My best friend **is** nineteen years old.

> Yo siempre **tengo** hambre antes del almuerzo.
> I **am** always hungry before lunch.

3. As you remember from **Capítulo 2,** other than adjectives of quantity, adjectives are generally placed behind the noun they modify. However, there are some other exceptions. **Bueno** and **malo** are often used in front of the noun they modify, and they drop the **o** when used in front of a masculine singular noun.

> La señora es una **buena** profesora.
> The woman is a **good** teacher.

> Es un **mal** día.
> It is a **bad** day.

Adjective Placement

1. In Spanish, adjectives are generally placed after the noun they describe.

> La química no es una clase **fácil**.
> Chemistry is not an **easy** class.

2. Adjectives such as **mucho, poco,** and **varios** that indicate quantity or amount are placed in front of the object.

> Tengo **varias** clases los jueves, pero no tengo clase los viernes.
> I have **several** classes on Thursdays, but I don't have class on Fridays.

3. When using more than one adjective to describe a noun, use commas between adjectives and **y** (*and*) before the last adjective.

> Mis clases son largas, difíciles **y** aburridas.
> My classes are long, difficult, **and** boring.

Palabras adicionales

el (la) compañero(a) de clase	classmate
el examen	exam
mucho	a lot
la nota	grade
poco	few
el semestre	semester
la tarea	homework
el trimestre	quarter
varios	several

Capítulo 2 • Repaso

CAPÍTULO 3

Vocabulario 1
🔊 1–20

La ropa y los accesorios

el abrigo	coat
la blusa	blouse
los bluyines	blue jeans
la bolsa	purse
las botas	boots
la bufanda	scarf
los calcetines	socks
la camisa	shirt
la camiseta	T-shirt
la chaqueta	jacket
la corbata	tie
la falda	skirt
el gorro	cap
los guantes	gloves
el impermeable	raincoat
los lentes	glasses
los pantalones	pants
los pantalones cortos	shorts
el paraguas	umbrella
la pijama	pajamas
las sandalias	sandals
el sombrero	hat
el suéter	sweater
los tenis	tennis shoes
el traje	suit
el traje de baño	swimming suit
el vestido	dress
los zapatos	shoes

El tiempo

Está despejado.	It is clear.
Está nublado.	It is cloudy.
Hace buen tiempo.	The weather is nice.
Hace calor.	It's hot.
Hace fresco.	It is cool.
Hace frío.	It's cold.
Hace mal tiempo.	The weather is bad.
Hace sol.	It's sunny.
Hace viento.	It is windy.
Llueve.	It rains. / It is raining.
Nieva.	It snows. / It is snowing.

Las estaciones

el invierno	winter
el otoño	fall
la primavera	spring
el verano	summer

Los verbos

abrir	to open
aprender (a + infinitive)	to learn (to do something)
asistir (a)	to attend
beber	to drink
comer	to eat
comprender	to understand
correr	to run
creer	to believe
deber	should, ought to
decidir	to decide
escribir	to write
leer	to read
recibir (un regalo)	to receive (a gift)
vender	to sell
vivir	to live

Palabras adicionales

cómodo(a)	comfortable
llevar	to wear, to carry; to take
llevar puesto(a)	to be wearing

Gramática

The verb *gustar*

1. The Spanish equivalent of *I like* is **me gusta,** which literally means *it pleases me.* The expression **me gusta** (*I like*) is followed by singular nouns.

   Me gusta la clase.
   I like the class. (The class pleases me.)

   No me gusta la pizza.
   I don't like pizza. (Pizza doesn't please me.)

2. When followed by a plural noun, the verb becomes **gustan.**

   No me gustan los exámenes.
   I don't like exams.

   Me gustan el francés y el italiano.
   I like French and Italian.

3. When followed by a verb or a series of verbs, the singular form **gusta** is used.

   A Julio **le gusta** practicar deportes y leer.
   Julio likes to play sports and read.

4. **Gustar** can also be used to ask about or indicate what other people like.

me gusta(n)	I like
nos gusta(n)	we like
te gusta(n)	you like
os gusta(n)	you like (plural, Spain)
le gusta(n)	he/she likes
les gusta(n)	they, you (plural) like

5. When using **gustar** with a noun, you must use the definite article as well.

   No me gusta **el** invierno.
   I don't like winter.

6. To clarify who he or she is, it is necessary to use an **a** in front of the name.

   A Marta le gusta correr.
   Marta likes to run.

7. To express different degrees, use the terms **mucho** (*a lot*), **poco** (*a little*), and **para nada** (*not at all*).

   No me gusta trabajar **para nada.**
   I don't like working at all.

Regular *-er* and *-ir* verbs

1. Regular *-er* and *-ir* verbs follow a pattern very similar to that of regular *-ar* verbs.
2. The endings for regular *-er* verbs are as follows:

comer					
yo	-o	como	nosotros(as)	-emos	com**emos**
tú	-es	comes	vosotros(as)	-éis	com**éis**
él / ella / usted	-e	come	ellos / ellas / ustedes	-en	com**en**

3. The endings for regular *-ir* verbs are as follows:

vivir					
yo	-o	vivo	nosotros(as)	-imos	viv**imos**
tú	-es	vives	vosotros(as)	-ís	viv**ís**
él / ella / usted	-e	vive	ellos / ellas / ustedes	-en	viv**en**

Expresiones importantes

me gusta	I like
te gusta	you like
le gusta	he/she likes
nos gusta	we like
os gusta	you (plural) like (Spain)
les gusta	they, you (plural) like

CAPÍTULO 3

Vocabulario 2

🔊 1-21

Los días de la semana

el lunes	Monday
el martes	Tuesday
el miércoles	Wednesday
el jueves	Thursday
el viernes	Friday
el sábado	Saturday
el domingo	Sunday

Los meses

enero	January
febrero	February
marzo	March
abril	April
mayo	May
junio	June
julio	July
agosto	August
septiembre	September
octubre	October
noviembre	November
diciembre	December

Los verbos

ir	to go
terminar	to finish

Palabras adicionales

ahora	now
el Año Nuevo	New Year
el cumpleaños	birthday
el día	day
el día feriado	holiday
la fecha	date
el fin de semana	weekend
hoy	today
mañana	tomorrow
la medianoche	midnight
el mediodía	noon
Navidad	Christmas
la semana	week
por la mañana / tarde / noche	in the morning / afternoon / evening
todos los días	every day

Gramática

The verb *ir*

1. The verb **ir** means *to go*:

voy	vamos
vas	vais
va	van

2. To tell where someone is going, it is necessary to use the preposition **a** *(to)*. When asking where someone is going, the preposition **a** is added to the word **dónde (adónde).** When **a** is followed by the definite article **el,** you must use the contraction **al.**

¿**Adónde** van?
*(To) **Where** are they going?*

Mis amigos van **al** museo.
*My friends are going **to the** museum.*

3. It is common to use the verb **ir** in the present tense to tell where someone is going at that moment.

Mi amiga **va** a la universidad ahora.
*My friend **is going** to the university now.*

4. The verb **ir** is used in a variety of expressions.

ir de compras *to go shopping*
ir de excursión *to go hiking*
ir de paseo *to go for a walk*
ir de viaje *to take a trip*

Ir + a + infinitive

1. Similar to English, the verb **ir** can be used to talk about the future. To tell what someone is going to do use the structure **ir** + **a** + infinitive.

El viernes **vamos a bailar.**
On Friday we're going to dance.

Miguel **va a estudiar** este fin de semana.
Miguel is going to study this weekend.

2. To ask what someone is going to do, use the verb **hacer** in the question. When responding, the verb **hacer** is not necessary.

¿Qué vas a hacer (tú)?
What are you going to do?

(Yo) Voy a estudiar (trabajar, comer, etcetera).
I am going to study (work, eat, etc.).

CAPÍTULO 4

Vocabulario 1

🔊 1–26

Los lugares

el aeropuerto	airport
el banco	bank
el bar	bar
el café	cafe
la calle	street
el centro comercial	mall
el cine	movie theater
el club	club
el correo	post office
la discoteca	nightclub
el edificio	building
la escuela	school
la farmacia	pharmacy
el hospital	hospital
el hotel	hotel
la iglesia	church
el mercado	market
la mezquita	mosque
el museo	museum
el negocio	business
la oficina	office
el parque	park
la piscina	swimming pool
la playa	beach
la plaza	city square
el restaurante	restaurant
la sinagoga	synagogue
el supermercado	supermarket
el teatro	theater
el templo	temple
la tienda	store
el zoológico	zoo

Los verbos

almorzar	to have lunch
alquilar	to rent
costar	to cost
depositar	to deposit
devolver	to return (something)
dormir	to sleep
encontrar	to find
estar	to be
jugar	to play
llover	to rain
morir	to die
poder	to be able to
recordar	to remember
rezar	to pray
soñar (con)	to dream (about)
volver	to come back

Palabras adicionales

la carta	letter
el dinero	money
el paquete	package
la película	movie

Gramática

Stem changing verbs (o → ue)

1. Most of the verbs that appear in the **verbos** section of vocabulary to the left are stem-changing verbs. That means there is a change in the stem or the root of the verb. All of the endings are the same as other **-ar, -er,** and **-ir** verbs.

2. **Poder** is an **o → ue** stem-changing verb. Notice that **o** changes to **ue** in all forms except **nosotros** and **vosotros.**

p**ue**do	podemos
p**ue**des	podéis
p**ue**de	p**ue**den

3. The verb **jugar** follows the same pattern, but its stem changes from **u → ue:**

j**ue**go	jugamos
j**ue**gas	jugáis
j**ue**ga	j**ue**gan

Estar with prepositions

1. **Estar** means *to be* and is used to talk about position or location. Its forms are as follows:

estoy	estamos
estás	estáis
está	están

2. You will always use **estar** when using any of the prepositions listed on the left of this page.

> El café **está entre** la farmacia y la biblioteca.
> *The coffee shop is (located) between the pharmacy and the library.*

3. Note that most of the prepositional phrases listed in this chapter include the word **de.** Remember to form the contraction **del** when **de** is followed by the definite article **el.**

> Vivo lejos **del** supermercado.
> *I live far from the supermarket.*

Las preposiciones

a la derecha de	to the right of
al lado de	beside, next to
a la izquierda de	to the left of
cerca de	near
debajo de	under
dentro de	inside
detrás de	behind
en	in, on, at
encima de	on top of
enfrente de	in front of
entre	between
fuera de	outside
lejos de	far from

CAPÍTULO 4

Vocabulario 2

🔊 1-27

Habitaciones de la casa

el baño	bathroom
la cochera	garage
la cocina	kitchen
el comedor	dining room
el dormitorio	bedroom
el jardín	garden
el patio	patio
la sala	living room

Muebles, utensilios y aparatos electrodomésticos

la alfombra	carpet
el armario	closet, armoire
la bañera	bathtub
la cafetera	coffee maker
la cama	bed
las cortinas	curtains
el cuadro	painting, picture
la ducha	shower
el espejo	mirror
la estufa	stove
la flor	flower
el fregadero	kitchen sink
el horno	oven
el (horno de) microondas	microwave (oven)
el inodoro	toilet
la lámpara	lamp
el lavabo	bathroom sink
la lavadora	washer
el lavaplatos	dishwasher
la mesita	coffee table
las plantas	plants
el refrigerador	refrigerator
la secadora	dryer
el sillón	armchair
el sofá	couch

Los verbos

cerrar	to close
comenzar (a)	to begin (to do something)
competir	to compete
empezar (a)	to begin (to do something)
encender	to turn on
entender	to understand
mentir	to lie
nevar	to snow
pedir	to ask for
pensar	to think
perder	to lose
preferir	to prefer
reír	to laugh
repetir	to repeat
querer	to want
servir	to serve
sonreír	to smile

Gramática

Interrogatives

1. In most questions:
   - the subject is placed after the verb.
   - the question word is often the first word of the question.
   - it is not necessary to have a helping word such as *do* or *does*.
   - it is necessary to have an inverted question mark at the beginning of the questions and another question mark at the end.

2. Prepositions (**a, con, de, en, por, para,** etc.) cannot be placed at the end of the question. They must be in front of the question word.

   ¿**Con** quién estudias?
   With whom do you study?

Stem-changing verbs e → ie and e → i

1. Most of the verbs that appear in the **verbos** section of vocabulary to the left are stem-changing verbs. That means there is a change in the stem or the root of the verb. All of the endings are the same as other **-ar, -er,** and **-ir** verbs.

2. **Querer** is an e → ie stem-changing verb. Notice that **i** changes to **ie** in all forms except **nosotros** and **vosotros**.

quiero	queremos
quieres	queréis
quiere	quieren

3. The e → ie stem-changing verbs **comenzar** and **empezar** are followed by the preposition **a** when used with an infinitive.

3. **Quién** and **cuál** must agree in number with the noun that follows, and **cuánto** and **cuántos** must agree in gender with the preceding noun.

4. There are two ways to express *What?* or *Which?*: When asking *which,* use **qué** in front of a noun and **cuál** in front of a verb or with the preposition **de.** When asking *what,* use **cuál** with the verb **ser** with the exception of the question ¿**Qué es?** *(What is it?).* Use **qué** with all other verbs.

   ¿**Qué** electrodomésticos necesitas?
   What (Which) appliances do you need?

   ¿**Cuáles** de los libros te gustan más?
   Which of the books do you like the most?

   Empieza a llover.
   It's starting to rain.

4. **Pedir** is an e → i stem-changing verb. Note that **pedir** means to ask *for* something or to order, where as **preguntar** means to ask a question. Here are the forms of **pedir:**

pido	pedimos
pides	pedís
pide	piden

5. The verbs **reír** and **sonreír** require accents on the **í** in the conjugated forms.

   Los niños **sonríen** en la foto.
   The children smile in the photo.

Palabras adicionales

el apartamento	apartment
la dirección	address
la habitación	room
el mueble	furniture
la planta baja	ground floor
el (primer) piso	(first) floor

Palabras interrogativas

¿adónde?	to where?
¿cómo?	how?
¿cuál(es)?	which?
¿cuándo?	when?
¿cuánto(a)?	how much?
¿cuántos(as)?	how many?
¿de dónde?	from where?
¿dónde?	where?
¿por qué?	why?
¿qué?	what?
¿quién(es)?	who?

CAPÍTULO 5

Vocabulario 1

🔊 1–32

Los estados de ánimo y otras expresiones con el verbo *estar*

aburrido(a)	bored
alegre	happy
asustado(a)	scared
avergonzado(a)	embarrassed
borracho(a)	drunk
cansado(a)	tired
celoso(a)	jealous
confundido(a)	confused
contento(a)	happy
deprimido(a)	depressed
divertido(a)	entertained; in a good mood
enamorado(a) (de)	in love (with)
enfermo(a)	sick
enojado(a)	angry
equivocado(a)	wrong
feliz	happy
frustrado(a)	frustrated
interesado(a)	interested
loco(a)	crazy
nervioso(a)	nervous
ocupado(a)	busy
preocupado(a)	worried
sano(a)	healthy
seguro(a)	sure
sorprendido(a)	surprised
triste	sad

Palabras adicionales

la salud	health

Gramática

Estar with adjectives and present progressive

1. Remember that **estar** is an irregular verb:

   estar

estoy	estamos
estás	estáis
está	están

2. Apart from indicating location, the verb **estar** is also used to express an emotional, mental, or physical condition.

   Mis padres **están** felices.
   My parents **are** happy.

3. The verb **estar** is also used with present participles to form the present progressive. The present progressive is used to describe actions in progress. To form the present participle, add **-ando** (**-ar** verbs) or **–iendo** (**-er** and **-ir** verbs) to the stem of the verb.

   El profesor **está hablando** con Tito ahora.
   The professor **is talking** to Tito now.

4. The present participle of the verb **ir** is **yendo**. However, it is much more common to use the present tense of the verb when the action is in progress.

5. When the stem of an **-er** or an **-ir** verb ends in a vowel, **-yendo** is used instead of **-iendo**.

leer – le**yendo**	oír – o**yendo**

6. Stem-changing **-ir** verbs have an irregular present participle. An **e** in the stem becomes an **i**, and an **o** in the stem becomes a **u**.

mentir – m**i**ntiendo	dormir – d**u**rmiendo

7. In the present progressive, the verb **estar** must agree with the subject; however, you will notice that the present participle does NOT agree in gender (masculine/feminine) or number (singular/plural) with the subject.

   Mis hijos están estudiando inglés.
   My children are studying English.

Ser and *estar*

1. The verb **ser** is used in the following ways:
   a. to describe characteristics of people, places, or things

      La profesora **es** inteligente.
      The professor **is** intelligent.

   b. to identify a relationship, occupation, or nationality

      Mi novia **es** peruana.
      My girlfriend **is** Peruvian.

   c. to express origin

      Yo **soy** de Bolivia.
      I **am** from Bolivia.

   d. to express possession

      El libro **es** de Álvaro.
      The book **belongs** to Álvaro.

   e. to tell time and give dates

      Son las dos.
      It **is** two o'clock.

2. The verb **estar** is used in the following ways:
   a. to indicate location

      Ella **está** en la casa.   She **is** in the house.

   b. to express an emotional, mental, or physical condition

      Mi madre **está** enferma hoy.
      My mother **is** sick today.

   c. in the present progressive

      Estoy estudiando.   I **am** studying.

3. It is important to realize that the use of **ser** and **estar** with some adjectives can change the meaning of the adjectives. The use of **ser** indicates a characteristic or a trait, while the use of **estar** indicates a condition. Some common adjectives that change meaning are: **aburrido(a), alegre, feliz, bueno(a), malo(a), guapo(a), listo(a),** and **rico(a).**

   Carlos **es** aburrido.
   Carlos is boring. (personality)

   Graciela **está** aburrida.
   Graciela is bored. (present condition)

CAPÍTULO 5

Vocabulario 2

🔊 1-33

Las profesiones

el (la) abogado(a)	lawyer
el actor	actor
la actriz	actress
el (la) agente de viajes	travel agent
el amo(a) de casa	homemaker
el (la) arquitecto(a)	architect
el (la) asistente de vuelo	flight attendant
el bailarín/ la bailarina	dancer
el (la) cantante	singer
el (la) científico(a)	scientist
el (la) cocinero(a)	cook
el (la) consejero(a)	adviser
el (la) contador(a)	accountant
el (la) dependiente	clerk
el (la) deportista	athlete
el (la) diseñador(a)	designer
el (la) enfermero(a)	nurse
el (la) escritor(a)	writer
el (la) fotógrafo(a)	photographer
el (la) ingeniero(a)	engineer
el jefe/la jefa	boss
el (la) maestro(a)	elementary/high school teacher
el (la) mecánico(a)	mechanic
el (la) médico(a)	doctor
el (la) mesero(a)	waiter
el (la) modelo	model
el (la) músico(a)	musician
el (la) periodista	journalist
el (la) piloto	pilot
el (la) pintor(a)	painter
el policía/la mujer policía	police officer
el (la) político(a)	politician
el (la) psicólogo(a)	psychologist
el (la) secretario(a)	secretary
el (la) trabajador(a) social	social worker
el (la) vendedor(a)	salesperson
el (la) veterinario(a)	veterinary

Palabras adicionales

el (la) cliente	client
la entrevista	interview
la solicitud	application; want ad
el sueldo	salary
el trabajo	job

Los verbos

conducir	to drive
conocer	to know, to be acquainted with
dar	to give
decir	to say, to tell
ganar	to earn
hacer	to do, to make
oír	to hear
poner	to put; to set
saber	to know (facts; how to do something)
salir	to go out, to leave
seguir	to follow
traer	to bring
venir	to come
ver	to see

Gramática

Verbs with changes in the first person

1. The following verbs have irregular first person forms:

poner →	pongo	conducir →	conduzco
salir →	salgo	dar →	doy
traer →	traigo	ver →	veo

2. The following verbs are not only irregular in the first person form, but also have other changes:

decir			venir	
digo	decimos		vengo	venimos
dices	decís		vienes	venís
dice	dicen		viene	vienen

seguir			oír	
sigo	seguimos		oigo	oímos
sigues	seguís		oyes	oís
sigue	siguen		oye	oyen

Saber and *conocer*

1. *Saber* and *conocer* are irregular in the first person form.

saber			conocer	
sé	sabemos		conozco	conocemos
sabes	sabéis		conoces	conocéis
sabe	saben		conoce	conocen

2. While the verbs **saber** and **conocer** both mean *to know*, they are used in different contexts. **Saber** is used to express knowledge of facts or information as well as skills. **Conocer** is used to express acquaintance or familiarity with a person, place or thing.

Ana **conoce** Chile.   (*familiarity*)
Ana **sabe** dónde está Chile.   (*fact*)

3. When using **saber** to mean to *know how to do something*, it is followed by the infinitive.

El profesor **sabe** enseñar.
*The professor **knows how to** teach.*

4. When expressing knowledge or familiarity with general concepts or subjects, the verb **conocer** is used.

El artista conoce el arte prehispánico.
*The artist **knows** (is familiar with) pre-Hispanic art.*

La enfermera conoce la medicina.
*The nurse **knows** (is familiar with) medicine.*

5. Remember to use the *personal a* with **conocer** when referring to a person or a pet.

Conozco al piloto.   *I **know** the pilot.*

CAPÍTULO 6

Vocabulario 1

🔊 1–37

Los verbos reflexivos

acostarse (ue)	to lie down; to go to bed
afeitarse	to shave
arreglarse	to fix oneself up; get ready
bañarse	to bathe; to shower (Mex.)
cepillarse	to brush
cortarse	to cut
despertarse	to wake up
divertirse	to have fun
dormirse	to fall asleep
ducharse	to shower
estirarse	to stretch
irse	to leave, to go away
lavarse	to wash
levantarse	to get up
maquillarse	to put on make-up
peinarse	to comb or style one's hair
ponerse (la ropa)	to put on (clothing)
quitarse (la ropa)	to take off (clothing)
secarse	to dry oneself
sentarse	to sit down
verse	to look at oneself
vestirse	to get dressed

Las partes del cuerpo

la boca	mouth
el brazo	arm
la cabeza	head
la cara	face
el codo	elbow
el cuello	neck
el dedo	finger
el dedo (del pie)	toe
el diente	tooth
la espalda	back
el estómago	stomach
el hombro	shoulder
la mano	hand
el muslo	thigh
la nariz	nose
el ojo	eye
la oreja	ear
el pecho	chest
el pelo	hair
el pie	foot
la pierna	leg
la rodilla	knee
el tobillo	ankle

Adverbios

a menudo	often
a veces	sometimes
ahora	now
antes de + infinitive	before (doing something)
después de + infinitive	after (doing something)
hoy	today
luego	later
mañana	tomorrow
más tarde	later
mientras	while
normalmente	normally, usually
(casi) nunca	(almost) never
pronto	soon
(casi) siempre	(almost) always

Gramática

Reflexive verbs

1. Reflexive verbs are verbs whose subject also receives the action performed. Simply put, they describe what one does to oneself. In Spanish, these verbs are characterized by the reflexive pronoun **se** that follows the infinitive form of the verb. Many of the verbs used to talk about daily routine are reflexive verbs.

2. Reflexive verbs are conjugated like regular verbs, except that the reflexive pronoun **se** must also be changed to reflect the subject.

levantarse	
me levanto	**nos** levantamos
te levantas	**os** levantáis
se levanta	**se** levantan

3. The reflexive pronoun can always go in front of the conjugated verb. If you are using two verbs, it will precede the first verb.

> **Nos lavamos** las manos antes de comer.
> *We wash our hands before eating.*

> Paula **se está estirando**.
> *Paula is stretching.*

4. When using a reflexive verb with the infinitive, you can attach the pronoun to the infinitive.

Adverbs of time and frequency

1. One of the functions of an adverb is to tell when an action occurs. The following common adverbs of time may be used either before or after the action:

ahora	luego	pronto
a menudo	mañana	todos los días
hoy	más tarde	

2. The following adverbs of time usually come before the verb:

a veces*	(casi) siempre
mientras*	todavía
normalmente	ya
(casi) nunca	ya no

*If using a subject in the sentence, these adverbs are placed in front of the subject.

When using a reflexive verb with the present participle, you can attach the pronoun to the present participle, but you must then add an accent to maintain the original stress. The pronoun will still always agree with the subject.

> ¿Vas a **ducharte** antes de salir?
> Gilberto **está poniéndose** la ropa en su habitación.

5. Verbs may be reflexive or nonreflexive depending on who receives the action.

> Roberto **se lava**.
> Roberto **lava** a su perro.

6. Use the definite article rather than the possessive adjective after a reflexive verb.

> Mariana **se cepilla** los dientes.

7. Using a reflexive pronoun changes the meaning of some verbs.

> Vivián **se va** porque está enojada con su novio.
> *Vivian left because she was angry at her boyfriend.*

> Mi prima **va** a la iglesia a las diez.
> *My cousin goes to church at ten.*

3. To say what someone does before or after another activity, use the expressions **antes de** + *infinitive* and **después de** + *infinitive*.

> **Antes de acostarse**, mi hijo lee un libro.
> *Before going to bed, my son reads a book.*

When using a verb after a preposition, such as **de**, it is necessary to use the infinitive. **Antes** and **después** can be used without the preposition **de** and followed by a conjugated verb; however, the meaning changes slightly, and they are translated as *beforehand* and *afterwards*, respectively.

> Me ducho y **después** me acuesto.
> *I shower and afterwards I go to bed.*

4. When saying how often you do something, use the word **vez**.

> Me cepillo los dientes **dos veces al día**.
> *I brush my teeth **twice a day**.*

Notice that the adverbial expression comes after the activity.

todavía	still
todos los días	every day
ya	already
ya no	no longer

Palabras adicionales

el champú	shampoo
la pasta de dientes	toothpaste
el despertador	alarm clock
el jabón	soap
tarde	late
temprano	early
la toalla	towel

Capítulo 6 • Repaso

CAPÍTULO 6

Vocabulario 2

🔊 1-38

Los deportes

el atletismo	track and field
el bádminton	badminton
el básquetbol	basketball
el béisbol	baseball
el fútbol	soccer
el fútbol americano	American football
el golf	golf
la natación	swimming
el tenis	tennis
el voleibol	volleyball

El equipo

el equipo	equipment, team
el patín	skate
la pelota	ball
la raqueta	racquet
la red	net
el saco de dormir	sleeping bag
la tienda de campaña	camping tent

Verbos

acampar	to go camping
andar en bicicleta	to ride a bicycle
bucear	to scuba dive
esquiar en el agua	to water-ski
esquiar en tabla	to snowboard
hacer alpinismo	to climb mountains
ir de excursión	to hike
ir de pesca	to go fishing
jugar al ping-pong	to play ping-pong
levantar pesas	to lift weights
montar a	to ride (an animal)
patinar	to skate
patinar en hielo	to ice skate
pescar	to fish

Palabras adicionales

el (la) aficionado(a)	fan (of a sport)
anoche	last night
ayer	yesterday
el campo	field
la cancha	court
la entrada	ticket
el lago	lake
el partido	game
la semana pasada	last week

Gramática

The preterite

1. The preterite is used to discuss actions completed in the past. To form the preterite of regular **-ar** verbs, add these endings to the stem of the verb.

bailar			
yo	bail**é**	nosotros(as)	bail**amos**
tú	bail**aste**	vosotros(as)	bail**asteis**
él / ella / usted	bail**ó**	ellos / ellas / ustedes	bail**aron**

José **viajó** a México.   José **traveled (did travel)** to Mexico.

2. The preterite endings for regular **-er** and **-ir** verbs are identical. They are as follows:

beber / vivir			
yo	beb**í** / viv**í**	nosotros(as)	beb**imos** / viv**imos**
tú	beb**iste** / viv**iste**	vosotros(as)	beb**isteis** / viv**isteis**
él / ella / usted	beb**ió** / viv**ió**	ellos / ellas / ustedes	beb**ieron** / viv**ieron**

¿**Escribiste** tú una carta?   **Did you write** a letter?

3. **-Ar** and **-er** verbs that have stem changes in the present tense do not change in the preterite tense. You will learn about stem-changing **-ir** verbs below.

4. Verbs ending in **-car, -gar,** and **-zar** have spelling changes in the **yo** form in the preterite. Notice that the spelling changes preserve the original sound of the infinitive for **-car** and **-gar** verbs.

    car → qué   **Busqué** el libro. **I looked for** the book.

    gar → gué   **Llegué** tarde a la fiesta. **I arrived** late to the party.

    zar → cé   **Empecé** a estudiar español el año pasado. **I started** studying Spanish last year.

5. The third person singular and plural of **oír** and **leer** also have spelling changes when conjugated in the preterite tense. These verbs carry accents in all forms of the preterite except for the third person plural.

    oír → **oyó, oyeron**   leer → **leyó, leyeron**

Stem-changing verbs in the preterite

1. **-Ir** verbs that have stem changes in the present tense also have stem changes in the preterite. The third person singular and plural change **e → i** and **o → u**.

pedir		**dormir**	
pedí	pedimos	dormí	dormimos
pediste	pedisteis	dormiste	dormisteis
p**i**dió	p**i**dieron	d**u**rmió	d**u**rmieron

Mi hermano **pidió** pollo, pero yo **pedí** la sopa.
My brother **ordered** chicken, but I ordered soup.

2. Other common stem-changing verbs:

conseguir (i)	morir (u)	repetir (i)	servir (i)
divertirse (i)	preferir (i)	seguir (i)	vestirse (i)

Capítulo 6 • Repaso

CAPÍTULO 7

Vocabulario 1

🔊 2-5

Frutas

el durazno	peach
la fresa	strawberry
la manzana	apple
el melón	melon
la naranja	orange
la piña	pineapple
el plátano	banana
la sandía	watermelon
las uvas	grapes

Verduras

el brócoli	broccoli
la cebolla	onion
la lechuga	lettuce
el maíz	corn
la papa	potato
el pepino	cucumber
el tomate	tomato
la zanahoria	carrot

Lácteos y otros alimentos

la catsup	ketchup
el cereal	cereal
la crema	cream
el huevo	egg
el jamón	ham
la leche	milk
la mantequilla	butter
la mayonesa	mayonnaise
la mermelada	jam
la mostaza	mustard
el pan	bread
el pepinillo	pickle
el queso	cheese
el yogur	yogurt

Verbos

hornear	to bake

Palabras adicionales

la rebanada	slice

Los números

cien	100
ciento uno	101
doscientos	200
trescientos	300
cuatrocientos	400
quinientos	500
seiscientos	600
setecientos	700
ochocientos	800
novecientos	900
mil	1000
dos mil	2000
un millón	1 000 000

Gramática

Irregular verbs in the preterite

1. There are a number of verbs that are irregular in the preterite. **Ser** and **ir** have the same forms in the preterite.

ser/ir	
fui	fuimos
fuiste	fuisteis
fue	fueron

2. The verbs **dar** and **ver** have similar conjugations in the preterite.

dar		ver	
di	dimos	vi	vimos
diste	disteis	viste	visteis
dio	dieron	vio	vieron

3. Other irregular verbs can be divided into three groups. Notice that there are no accents on these verbs and that they all take the same endings (with the exception of the 3rd person plural of the verbs with **j** in the stem).

Verbs with *u* in the stem: tener	
tuv**e**	tuv**imos**
tuv**iste**	tuv**isteis**
tuv**o**	tuv**ieron**

Verbs with *i* in the stem: venir	
vin**e**	vin**imos**
vin**iste**	vin**isteis**
vin**o**	vin**ieron**

Verbs with *j* in the stem: traer	
traj**e**	traj**imos**
traj**iste**	traj**isteis**
traj**o**	traj**eron**

Other verbs with **u** in the stem: **andar** (**anduv-**), **estar** (**estuv-**), **poder** (**pud-**), **poner** (**pus-**), **saber** (**sup-**) and **tener** (**tuv-**)

Other verbs with **i** in the stem: **hacer** (**hic-**) and **querer** (**quis-**)

Other verb with **j** in the stem: **conducir** (**conduj-**), **decir** (**dij-**), **producir** (**produj-**) and **traducir** (**traduj-**)

4. The preterite tense of **hay** is **hubo**.

   Hubo mucha información para estudiar.

Por and para and prepositional pronouns

1. **Por** and **para** can both be translated as *for* in English, but they have different uses in Spanish. **Por** is used to indicate:

   a. cause, reason, or motive *(because of, on behalf of)*
      Nos tuvimos que poner los abrigos **por** el frío.

   b. duration, period of time *(during, for)*
      El presidente habló **por** una hora y media.

   c. exchange *(for)*
      Mi padre pagó diez mil dólares **por** el coche.

   d. general movement through space *(through, around, along, by)*
      Pasamos **por** el parque porque es más bonito.

   e. expressions:

por ejemplo	for example
por eso	that's why
por favor	please
por fin	finally
por supuesto	of course

2. **Para** is used to indicate:

   a. goal or purpose *(in order to, used for)*
      Fueron al cine **para** ver una película.
      *They went to the movie theater **to** see a film.*

   b. recipient *(for)*
      La abuela preparó la comida **para** sus nietos.
      *The grandmother prepared the food **for** her grandchildren.*

   c. destination *(to)*
      Vamos **para** la playa este verano.
      *We're going **to** the beach this summer.*

   d. deadline *(for, due)*
      Tenemos que leer el texto **para** el lunes.
      *We have to read the text **for** Monday.*

   e. contrast to what is expected.
      Para estar a dieta, come mucho.
      ***For** being on a diet, he eats a lot.*

   f. expressions:

para colmo	to top it all off
para nada	not at all
para siempre	forever
para variar	for a change

3. After a preposition, use the same pronoun that you use as a subject pronoun, except for **yo** and **tú**. **Yo** becomes **mí** after a preposition, and **tú** becomes **ti**.

   La habitación grande es **para ti**.
   *The large room is **for you**.*

4. Instead of **mí** or **ti** with **con**, **conmigo** and **contigo** are used.

   ¿Puedo ir **contigo**?
   Can I go with you?

   ¡Claro que sí! Puedes venir **conmigo**.
   Of course! You can come with me.

CAPÍTULO 7

Vocabulario 2

🔊 2-6

Los utensilios

la copa	wine glass
la cuchara	spoon
el cuchillo	knife
el mantel	tablecloth
el plato	plate
el plato hondo	bowl
la servilleta	napkin
la taza	cup
el tazón	serving bowl
el tenedor	fork
el vaso	glass

La comida

el arroz	rice
el azúcar	sugar
la bebida	drink
el café	coffee
el camarón	shrimp
la carne	meat
el cerdo	pork
la cerveza	beer
el coctel	cocktail
la ensalada	salad
el entremés	appetizer
el flan	flan
la fruta	fruit
la hamburguesa	hamburger
el helado	ice cream
el jugo	juice
la naranja	orange
el pastel	cake
el pavo	turkey
el pescado	fish
la pimienta	pepper
el pollo	chicken
el postre	dessert
el refresco	soda
la sal	salt
el sándwich	sandwich
la sopa	soup
los totopos	tortilla chips
el vino blanco	white wine
el vino tinto	red wine

Verbos

cenar	to eat dinner
dejar (una propina)	to leave (a tip)
desayunar	to eat breakfast
felicitar	to congratulate
llevar	to take along
querer	to love
saludar	to greet

Palabras adicionales

al horno	baked
el almuerzo	lunch
asado(a)	grilled
la cena	dinner
la comida	food, lunch
la cuenta	bill
el desayuno	breakfast
frito(a)	fried
la orden	order
el plato principal	main dish

Gramática

Direct object pronouns I

1. Direct object pronouns are used to replace the direct object, or the noun that receives the action of the verb. In Spanish, the direct object pronoun must agree in gender and number with the noun that it replaces.

> Esteban dejó **la propina.**
> Esteban left the tip. (Tip is the direct object.)
>
> Esteban **la** dejó.
> Esteban left it. (**La,** to reflect the feminine gender of **la propina.**)

2. Here are the direct object pronouns for the third person:

	singular	plural
masculino	**lo** it, him, you	**los** them, you
femenino	**la** it, her, you	**las** them, you

3. Note that the direct object pronoun is placed before the conjugated verb.

> ¿Comiste el pescado?
> Did you eat the fish?
>
> Sí, **lo** comí.
> Yes, I ate it.
>
> ¿Hiciste la tarea?
> Did you do the homework?
>
> **La** estoy haciendo ahora.
> I am doing it now.

4. The direct object pronoun can also be attached to the infinitive or the present participle. An accent is necessary when adding the pronoun to the end of the present participle.

> ¿Quieres ver**los** mañana?
> Do you want to see them tomorrow?
>
> **Lo** está preparando. / Está prepar**á**ndo**lo.**
> She is preparing it.

Direct object pronouns II

1. The direct object pronouns outlined above are only for the third person. Here are all of the direct object pronouns:

	singular	plural
first person	**me** me	**nos** us
second person	**te** you	**os** you (plural)
third person	**lo / la** it, him, her, you	**los / las** them, you (plural)

2. The following verbs are frequently used with direct object pronouns:

ayudar	escuchar	querer
buscar	felicitar	saludar
conocer	invitar	ver
creer	llamar	visitar
encontrar	llevar	

CAPÍTULO 8

Vocabulario 1

 2-11

La limpieza

la basura	trash, garbage, litter
el bote de basura	trash can
el cortacésped	lawnmower
la escoba	broom
el jabón para platos	dish soap
la manguera	hose
la plancha	iron
el quehacer	chore
el sacudidor	duster
la tabla de planchar	ironing board
el trapeador	mop
el trapo	cloth, rag

Verbos

barrer	to sweep
colgar (ue)	to hang
cortar (el césped)	to cut, to mow (the lawn)
guardar	to put away
hacer la cama	to make the bed
lavar platos	to wash the dishes
lavar ropa	to do laundry
ordenar	to tidy up, to straighten up
pasar la aspiradora	to vacuum
planchar	to iron
poner la mesa	to set the table
recoger (la mesa)	to pick up (to clear the table)
regar (ie)	to water
sacar la basura	to take the trash out
sacudir	to dust
secar	to dry
trapear	to mop

Adjetivos

limpio(a)	clean
sucio(a)	dirty

Palabras negativas

nadie	no one, nobody
nada	nothing
nunca	never
jamás	never
tampoco	neither, either
ningún (ninguno), ninguna	none, any
ni... ni	neither . . . nor

Palabras indefinidas

alguien	someone, somebody
algo	something
siempre	always
también	also
algún (alguno), alguna	some
o... o	either . . . or

Gramática

The imperfect

1. To conjugate regular verbs in the imperfect, add the following endings to the stem:

-ar verbs *trabajar*	-er/-ir verbs *vivir*
trabaj**aba**	viv**ía**
trabaj**abas**	viv**ías**
trabaj**aba**	viv**ía**
trabaj**ábamos**	viv**íamos**
trabaj**abais**	viv**íais**
trabaj**aban**	viv**ían**

2. Only three verbs have irregular imperfect forms:

ser	ir	ver
era	iba	veía
eras	ibas	veías
era	iba	veía
éramos	íbamos	veíamos
erais	ibais	veíais
eran	iban	veían

3. There are no stem-changing verbs in the imperfect. Except for the three verbs mentioned above, all conjugations are regular.
4. The imperfect of the verb **haber (hay)** is **había**.
5. The imperfect is used to tell what one used to do in the past. Phrases such as **siempre, todos los días, todos los años, con frecuencia, a menudo, normalmente, generalmente, a veces,** etc. may elicit the use of the imperfect.

> Cuando era niña, hacía mi tarea **todos los días.**
> *When I was young, I did (used to do) my homework **every day.***

> Mi hermana **siempre hacía** su cama.
> *My sister **always made (used to make)** her bed.*

6. The imperfect is also used to describe an action in progress at a particular moment in the past where there is no emphasis on when the action began or ended. It is also possible to use the imperfect with the helping verb **estar** and a present participle.

> El año pasado, mi tío **trabajaba** en Puerto Rico.
> *Last year my uncle **was working** in Puerto Rico.*

> A las dos de la mañana, mi familia y yo **estábamos durmiendo.**
> *At two in the morning, my family and I **were sleeping.***

Indefinite and negative words

1. Indefinite and negative words are listed on the left-hand side of this page.
2. In Spanish, it is correct to use a double negative. When using a negative expression after a verb, be sure to put **no** before the verb.

> Jaime **no** estudia **nunca**.
> **No** tengo **ninguna** camisa limpia.

3. **Nadie, jamás, nunca,** and **tampoco** can all be placed before the verb. **Nada** can go before the verb only if it is used as the subject.

> Andrés no quiere ir, y yo **tampoco** quiero ir.
> *Andrés doesn't want to go, and I don't want to go either.*

> **Nada** es mejor que la familia.
> *Nothing is better than family.*

4. The words **ningún** and **algún** are used before singular masculine nouns. The words **ninguno** and **alguno** must agree in gender and number with the nouns that they modify.

> ¿Tienes **algunos amigos** que puedan venir con nosotros?
> No tengo **ninguna idea** dónde está la escoba.

While it is correct to use **algunos(as)** in front of a noun, it is much more common to use **unos(as)** or to omit the article. **Algunos(as)** tends to be used more frequently as a pronoun: **Necesito plantas para el jardín. ¿Tiene algunas?**

CAPÍTULO 8

Vocabulario 2

🔊 2-12

Juegos y juguetes

el ajedrez	chess
el carrito	toy car
las cartas	playing cards
el chiste	joke
la cometa	kite
el cuento	story
la cuerda	(jumping) rope
las damas	checkers
el dominó	dominos
las escondidas	hide and seek
la historieta	comic book
el juego de mesa	board game
la motocicleta	motorcycle
la (el) muñeca(o)	doll
el osito	teddy bear
la patineta	skateboard
el videojuego	video game

Verbos

aburrir	to bore
andar en	to ride
caer (bien / mal)	to like / dislike a person
chatear	to chat (online)
contar (ue)	to tell (a story); to count
dar la vuelta	to take a walk or a ride
dibujar	to draw
encantar	to really like, to enjoy immensely
fascinar	to fascinate
hacer jardinería	to garden
importar	to be important
interesar	to interest
ir de paseo	to go for a walk
jugar a los bolos	to go bowling
molestar	to bother
mostrar (ue)	to show
navegar el Internet	to surf the web
pasar tiempo	to spend time
pelear	to fight; to argue
portarse (bien / mal)	to behave (well / badly)
prestar	to lend
salir (a + infinitive)	to go out (to do something)
saltar	to jump
tejer	to knit
tocar (el piano / la guitarra)	to play (the piano / the guitar)
trepar (un árbol)	to climb (a tree)
volar	to fly

Palabras adicionales

el juguete	toy
la niñera	baby-sitter
el permiso	permission
el teléfono celular	cell phone

Gramática

Indirect object pronouns

1. An indirect object pronoun indicates **to whom** or **for whom** an action takes place.

   > Marcos siempre **les** dice la verdad a sus padres.
   > *Marcos always tells the truth **to his parents**.*

2. In Spanish, the indirect object pronoun must always be used when mentioning the indirect object, even though it may seem redundant. This is true even if you clarify or emphasize the indirect object pronoun using the preposition **a**.

   > Lola **les** sirvió la cena **a su familia**.
   > *Lola served dinner **to her family**.*

   > Mis amigos **me** dieron el dinero **a mí**.
   > *My friends gave the money **to me**.*

3. The indirect object pronouns are:

yo **me**	nosotros(as) **nos**
tú **te**	vosotros(as) **os**
él / ella **le**	ellas / ellos **les**
usted	ustedes

4. An indirect object pronoun can be placed before a conjugated verb or attached to the end of an infinitive or present participle.

   > **Te** voy a comprar una muñeca.
   > *I'm going to buy a doll **for you**.*

Double object pronouns

1. When using both indirect and direct object pronouns with the same verb, the indirect object pronoun comes before the direct object pronoun.

   > —Me gusta tu suéter.
   > *I like your sweater.*

   > —Gracias. Mi abuela **me lo** tejió.
   > *Thanks. My grandmother knitted it for me.*

2. When using double object pronouns, the pronouns must always be placed together. Just as when they are used individually, they may be placed before a conjugated verb or attached to the end of the present participle or infinitive. When adding the two pronouns to a present participle or infinitive, an accent must also be added.

   > Mi hermana está contándo**les** un cuento.
   > *My sister is telling **them** a story.*

5. The following verbs are frequently used with indirect object pronouns:

contar (ue)	pedir
dar	preguntar
decir	prestar
devolver (ue)	preguntar
mostrar (ue)	servir

6. The verb **gustar** is always conjugated with an indirect object pronoun. The following verbs work just like **gustar**:

   aburrir *to bore*
   caer (bien/mal) *to like/dislike a person*
   encantar *to really like, to enjoy immensely*
   fascinar *to fascinate*
   importar *to be important*
   interesar *to interest*
   molestar *to bother*

   > No **les** gusta limpiar.
   > *They don't like to clean. (Cleaning is not pleasing **to them**.)*

   > A Julián **le** fascina hacer jardinería.
   > *Julián really likes gardening (Gardening is fascinating **to Julián**.)*

   > ¿Te gusta este osito? **Te lo** voy a regalar para tu cumpleaños.
   > *Do you like this teddy bear? I am going to give **it to you** for your birthday.*

   > ¿La lección? No la oí. El profesor ya estaba **dándosela** a la clase cuando yo entré.
   > *The lesson? I didn't hear it. The teacher was already **giving it to the class** when I entered.*

3. When using a double object pronoun, the third person indirect object pronouns (**le, les**) change to **se** before the third person direct object pronouns.

   > Laura no tiene dinero. **Se lo** prestó a su amigo.
   > *Laura doesn't have any money. She lent it to her friend.*

Capítulo 8 • Repaso

CAPÍTULO 9

Vocabulario 1

🔊 2-16

En la fiesta

los banderines	streamers
los bocadillos	snacks
el brindis	toast
el champán	champagne
el desfile	parade
los dulces	candies
el festejo	party, celebration
los fuegos artificiales	fireworks
los globos	balloons
el grupo de música	music group/band
la invitación	invitation
el invitado	guest
los novios	bride and groom
el pastel	cake
la piñata	piñata
la quinceañera	girl celebrating her fifteenth birthday
el regalo	gift
la serenata	serenade
la vela	candle

Las celebraciones

el aniversario	anniversary
el bautizo	baptism
la boda	wedding
el cumpleaños	birthday
la graduación	graduation
las posadas	nine-day celebration before Christmas
los quince años	a girl's fifteenth birthday celebration
el santo	saint's day

Verbos

brindar	to toast
casarse (con)	to get married (to)
celebrar	to celebrate
cumplir años	to be/to turn years old
decorar	to decorate
disfrutar	to enjoy
romper	to break
terminar	to finish

Gramática

A comparison of the preterite and the imperfect

1. The **imperfect** is used in the following situations:

   a. to describe past actions in progress

   > Miguel **trabajaba** el viernes por la noche, y no pudo venir a la fiesta.
   > *Miguel was working Friday night, and couldn't come to the party.*

   b. to describe habitual actions in the past

   > Al regresar de la escuela, siempre **comíamos** un bocadillo.
   > *When we got home from school, we always used to eat a snack.*

   c. to describe conditions, people, and places in the past

   > Cuando **era** joven, mi abuela **era** muy bonita.
   > *When she was young, my grandmother was very pretty.*

   d. to give the background information or details when telling a story

   > **Hacía** mal tiempo y **llovía** el día que tuve mi accidente.
   > *The weather was bad and it was raining the day I had my accident.*

2. The **preterite** is used in the following situations:

   a. to describe completed actions in the past

   > Mi familia y yo **fuimos** a México el año pasado.
   > *My family and I went to Mexico last year.*

   b. to narrate the main events of a story

   > José **entró** en el salón, **buscó** a sus amigos y **empezó** a hablar con María.
   > *José came into the room, looked for his friends, and started talking to María.*

Uses of the preterite and the imperfect

When relaying a past event, the actions can usually be expressed in one of three ways:

1. **Two simultaneous actions:** When talking about two actions that are going on at the same time in the past, use the imperfect, as both actions are *in progress*.

   > Mientras Juan **preparaba** los bocadillos, Pilar **ponía** las decoraciones.
   > *While Juan was preparing the snacks, Pilar was putting up decorations.*

2. **A series of completed actions:** When listing a series of events that occurred, use the preterite.

   > Primero **mandamos** invitaciones. Después **compramos** globos y velas. Por fin **hicimos** el pastel.
   > *First we sent invitations. Then we bought balloons and candles. Finally we made the cake.*

3. **One action in progress when another begins:** In the past when an action is in progress and a second action begins or is completed, both the preterite and the imperfect are used. The imperfect is used for the action in progress and the preterite is used for the new action that began or interrupted the first action.

   > Mis amigos **estaban** en la cocina cuando yo **llegué**.
   > *My friends were in the kitchen when I arrived.*

CAPÍTULO 9

Vocabulario 2

🔊 2-17

En la calle

la acera	sidewalk
la ambulancia	ambulance
la camilla	stretcher
la carretera	highway
el (la) ciclista	cyclist
el (la) conductor(a)	driver
el cruce	crosswalk
la esquina	corner
el límite de velocidad	speed limit
la multa	fine, ticket
el paramédico	paramedic
el parquímetro	parking meter
la patrulla	police car
el peatón (la peatona)	pedestrian
el poste	post
el puente	bridge
el semáforo	traffic light
la señal	sign
el servicio de emergencias	emergency service
el (la) testigo	witness

Los verbos

aburrirse	to become bored
alegrarse	to become happy
asustarse	to become frightened
atravesar (ie)	to cross
atropellar	to run over
bajar de	to get out of (a vehicle)
caer(se)	to fall
chocar (con)	to crash (into something)
cruzar	to cross
dañar	to damage
distraerse	to get distracted
enojarse	to become angry
esperar	to wait
estacionarse	to park
frustrarse	to become frustrated
pasarse un semáforo en rojo	to run a red light
pasarse una señal de PARE	to run a stop sign
sentirse	to feel
sorprenderse	to be surprised
subir a	to get into (a vehicle)
tropezar (ie)	to trip

Expresiones adicionales

de repente	suddenly
estar dañado(a)	to be damaged
estar herido(a)	to be injured

Gramática

Preterite and imperfect with emotions and mental states

1. When describing emotions or mental states in the past, use the same guidelines as with past actions. To express that someone was feeling a certain way over time, use the imperfect. To express that someone felt a certain way during a specific period, or reacted emotionally to something, use the preterite.

   Nora **estaba contenta** porque hacía sol.
   Nora **was happy** because it was sunny.

   Mi primo **estuvo enfermo** por dos meses.
   My cousin **was ill** for two months.

   El Señor López **se enojó** cuando vio la ventana rota.
   Mr. López **got angry** when he saw the broken window.

2. The following verbs are generally used in the preterite, as they describe a specific change in emotion or feeling:

aburrirse	asustarse	frustrarse
alegrarse	enojarse	sorprenderse

3. The verb **sentirse** (e → ie) is used to express how one feels.

   Me **sentí deprimida** después de la película porque era muy triste.
   I **felt depressed** after the movie because it was very sad.

   ¿Te **sentías** cansado anoche?
   Were you **feeling** tired last night?

4. Use **ponerse** in the preterite followed by an adjective to express a change in emotion.

   Cecilia **se puso** nerviosa porque no podía encontrar su tarea.
   Cecilia **became** nervous because she couldn't find her homework.

5. Verbs that express mental states function similarly to action verbs; using them in the imperfect implies an ongoing condition, whereas using them in the preterite indicates the beginning or completion of the condition.

	Imperfect	Preterite
conocer	to know, to be acquainted with	to meet
saber	to know (about)	to find out
haber	there was/were (descriptive)	there was/there were (occurred)
poder	was able to (circumstances)	succeeded in
no poder	was not able to (circumstances)	failed to
querer	wanted	tried to
no querer	didn't want	refused to

Preterite and imperfect: A summary

1. To summarize, the **preterite** is used to express:

   a. a past action or a series of actions that are completed as of the moment of reference.

   Anoche **fui** al cine y **vi** una buena película.
   Last night, I **went** to the movies and **saw** a good movie.

   b. an action that is beginning or ending

   Empezó a llover a las cuatro de la tarde.
   It **began** to rain at four in the afternoon.

   c. a change of condition or emotion

   Esteban **se frustró** con el examen y no lo terminó.
   Esteban **got frustrated** with the exam and didn't finish it.

2. The **imperfect** is used to express:

   a. an action in progress with no emphasis on the beginning or end of the action

   Los estudiantes **estaban trabajando** duro.
   The students **were working** hard.

   b. a habitual action

   Siempre **salía** con mis amigos, pero ahora solo salimos un día a la semana.
   I always **used to go** out with my friends, but now we only go out one day a week.

   c. a description of a physical or mental condition

   Javier **se sentía** feliz con su novia.
   Javier **felt** happy with his girlfriend.

   d. other descriptions such as, time, date, and age

   Mi madre **tenía** diez años en 1970.
   My mom **was** ten years old in 1970.

CAPÍTULO 10

Vocabulario 1

🔊 2-21

De viaje

a tiempo	on time
la aduana	customs
el asiento	seat
el boleto	ticket
la conexión	connection
el equipaje	luggage
el equipaje de mano	hand luggage
la llegada	arrival
el (la) pasajero(a)	passenger
el pasaporte	passport
el pasillo	aisle
la primera clase	first class
retrasado(a)	delayed
la sala de espera	waiting room
la salida	departure
la segunda clase	second class
la ventanilla	window

En el aeropuerto

el aeropuerto internacional	international airport
el (la) agente de seguridad	security agent
el cinturón de seguridad	safety (seat) belt
la escala	layover
la maleta	suitcase
el mostrador	counter
el pase de abordar	boarding pass
la puerta (de salida)	gate (departure)
el reclamo de equipaje	baggage claim
la revisión de equipaje	luggage screening
la visa	visa
el vuelo	flight

En la estación de tren

el andén	platform
el coche cama	sleeping car
la litera	bunk
la parada	stop
el (la) revisor(a)	controller
la taquilla	ticket window
el vagón	car, wagon

Los verbos

abordar	to board
aterrizar	to land
despegar	to take off
doblar	to turn
facturar equipaje	to check luggage
pasar por seguridad	to go through security
perder	to miss (a flight, a train)
seguir derecho	to go straight

Gramática

Relative pronouns and adverbs

1. The relative pronouns **que** and **quien** are used to combine two sentences with a common noun or pronoun into one sentence. When used as relative pronouns, **que** and **quien** do not carry accents.

    El vuelo estaba retrasado. El vuelo despegó a las nueve, no a las ocho.

    El vuelo **que** estaba retrasado despegó a las nueve, no a las ocho.

2. **Que** is the most commonly used relative pronoun. It can be used to refer to people or things.

    El tren tiene un coche cama **que** es muy pequeño.

3. In English, the relative pronoun can sometimes be omitted; in Spanish, however, it must be used.

    Los boletos **que** compraste son para primera clase.

    *The tickets **(that)** you bought are for first class.*

4. **Quien(es)** refers only to people and is used after a preposition (**a, con, de, para, por, en**).

    El agente de seguridad es la persona **con quien** debes hablar.

5. **Quien(es)** may replace **que** when the dependent clause is set off by commas.

    Andrés y Julián, **quienes** viajaron en primera clase, no se sentaron con nosotros.

6. When referring to places, you will need to use the relative adverb **donde**, without an accent.

    La parada **donde** debes esperar está al otro lado de la calle.

    *The stop **where** you should wait is on the other side of the street.*

Formal and *nosotros* commands

Commands, or **mandatos** in Spanish, are used to tell someone to do something. You do not use the subject when giving a command.

1. Formal commands are used with people you would address with **usted** or **ustedes**. To form these commands, drop the **-o** from the present tense first person (**yo** form) and add the opposite ending (**-e(n)** for **-ar** verbs, and **-a(n)** for **-er** and **-ir** verbs).

	trabajar	tener	dormir
usted	trabaje	tenga	duerma
ustedes	trabajen	tengan	duerman

   Aborden el avión a tiempo.
   ***Board** the plane on time.*

2. Negative formal commands are formed by placing **no** before the verb.

    No traigan demasiado equipaje.
    ***Don't bring** too much luggage.*

3. Infinitives that end in **-car** and **-gar** have spelling changes in order to maintain the same sound as the infinitive. Infinitives that end in **-zar** also have a spelling change.

    tocar → to**que**(n)   almorzar → almuer**ce**(n)
    llegar → lle**gue**(n)

    Escojan los asientos de ventanilla, si es posible.
    ***Choose** window seats if it's possible.*

4. These verbs have irregular command forms:

dar	dé (den)
estar	esté(n)
ir	vaya(n)
saber	sepa(n)
ser	sea(n)

   Sea paciente con los empleados.
   ***Be** patient with the employees.*

5. To make suggestions with *Let's*, use commands in the **nosotros** form. **Nosotros** commands are very similar to formal commands. Add **-emos** for **-ar** verbs, and **-amos** for **-er** and **-ir** verbs.

    Almorcemos antes de irnos.
    ***Let's eat** lunch before leaving.*

6. Note the irregular verbs in number 4. They follow a similar pattern for **nosotros** commands, but they use the **nosotros** endings.

    Seamos tranquilos. No vamos a llegar tarde.
    ***Let's be** calm. We're not going to arrive late.*

7. **Ir** has two different forms. While it is possible to use **vayamos**, the present tense **vamos** is often used with affirmative commands and **vayamos** with negative commands.

8. **-Ar** and **-er** verbs with stem changes do <u>not</u> change in **nosotros** command. However, **-ir** verbs do stem change.

    Juguemos cartas mientras esperamos.
    ***Let's play** cards while we wait.*

    Pidamos algo para tomar.
    ***Let's order** something to drink.*

Capítulo 10 • Repaso

CAPÍTULO 10

Vocabulario 2

 2-22

El hotel

el alojamiento	lodging
el ascensor	elevator
el (la) botones	bellhop
el (la) camarero(a)	housekeeping
el centro de negocios	business center
las escaleras	stairs
el (la) gerente	manager
la habitación	room
el (la) huésped	guest
el Internet inalámbrico	wireless Internet
la llave	key
la recepción	reception (desk)
el (la) recepcionista	receptionist
la sala de conferencias	conference center
el sauna	sauna
el servicio a la habitación	room service
el transporte	transportation
el (la) turista	tourist

Verbos

alojarse	to lodge, to stay (in a hotel)
bajar	to go down, to take something down
pagar (y marcharse)	to check out
quedarse	to stay
registrarse	to register
subir	to go up, to take something up

Palabras adicionales

la clase turista	economy class
disponible	available
doble	double
de lujo	luxurious
sencillo(a)	single
triple	triple

Gramática

Informal commands

1. Informal commands are used with anyone you would address using **tú**, such as family members or friends. To form the affirmative informal **(tú)** commands, use the third person singular **(él/ella)** of the present tense.

Tiende la cama.   *Make the bed. (Note that stem-changing verbs keep their changes in the informal command forms.)*

2. The following verbs have irregular forms for the affirmative informal commands:

decir **di**	ir **ve**	salir **sal**	tener **ten**
hacer **haz**	poner **pon**	ser **sé**	venir **ven**

3. When forming negative informal commands, use the formal **usted** commands and add an **–s**.

Verb	*Usted* command	Negative *tú* command
comer	coma	no comas
tener	tenga	no tengas
ir	vaya	no vayas

No **pongas** la maleta en la cama.
*Don't **put** the suitcase on the bed.*

4. In Spain, the **ustedes** commands are formal. To give commands to two or more friends or family members, they use **vosotros** commands. **Vosotros** affirmative commands are formed by dropping the **–r** from the infinitive and replacing it with **–d**. Negative commands are formed by using the base of the **usted** commands and adding the **vosotros** ending (**-éis, -áis**).

Verb	Affirmative *vosotros* command	Negative *vosotros* command
hablar	hablad	no habléis
ir	id	no vayáis
poner	poned	no pongáis

No **uséis** el ascensor, **subid** por las escaleras.   *Don't **use** the elevator; **go** up the stairs.*

Commands with pronouns

1. When using affirmative commands, the pronouns are attached to the end of the verb.

No sé dónde está la llave. **Búsquenla** por favor.
*I don't know where the key is. **Look for it** please.*

Allí está el botones. **Llámalo.**
*There is the bellhop. **Call him.***

2. When using negative commands, the pronouns are placed directly before the verb.

El huésped está durmiendo. No **lo moleste.**
*The guest is sleeping. Don't **bother him.***

3. When adding the pronoun(s) creates a word of three or more syllables, an accent is added to the syllable where the stress would normally fall.

lava	lávalos
limpia	límpiala
da	dámelo

Capítulo 10 • Repaso

Learning Strategies

Capítulo 1: Hola, ¿qué tal?

Study frequently
When learning a foreign language it is important to study every day. Aside from any written homework you may have, plan to spend some time each day learning the current vocabulary. For most students, it is more effective to study for 15-20 minutes three times a day than to spend a full hour on the subject. It might also be a lot easier for you to find time to study if you break it into smaller periods of time.

How did you apply this strategy? _____
_____

How useful did you find this strategy? Why? _____
_____
_____

Capítulo 2: ¿Cómo es tu vida?

Listen to and repeat vocabulary
When studying vocabulary, take time to listen to and repeat the pronunciation of the words. It will help your pronunciation, which in turn will help you learn to spell the words properly. You may click on the vocabulary in the eBook to hear it pronounced or you may want to download the audio files onto your MP3 player or cell phone, so they will be more accessible.

How did you apply this strategy? _____
_____

How useful did you find this strategy? Why? _____
_____
_____

Capítulo 3: ¿Qué tiempo hace hoy?

Understand before moving on
Learning a foreign language is like learning math; you will continue to use what you have already learned and will build upon that knowledge. Therefore, if you find you don't understand something, make an appointment to see your instructor or a tutor right away in order to get some extra help. For help with grammar topics, you can also watch the tutorials in iLrn.

How did you apply this strategy? _____
_____

How useful did you find this strategy? Why? _____
_____
_____

Capítulo 4: ¿Dónde vives?

Participate
Participate in class. You cannot learn another language simply by observing. You must be willing to use the language actively, and to learn from the mistakes you make.

How did you apply this strategy? _____

_____

How useful did you find this strategy? Why? _____

_____

Capítulo 5: ¿Estás feliz en el trabajo?

Guess intelligently
When you are listening to audio recordings or your instructor, or when watching a video, make intelligent guesses as to the meaning of words you do not know. Use context, intonation, and if possible, visual clues such as gestures, facial expressions and images to help you figure out the meaning of words.

How did you apply this strategy? _____

_____

How useful did you find this strategy? Why? _____

_____

Capítulo 6: ¿Cómo pasas el día?

Study with a partner
Study with a friend or form a study group. Not only will you benefit when someone in your group understands a concept that you may have difficulty with, but you can also increase your own understanding by teaching others who need extra help. Group study will provide you with more opportunities to speak and listen to Spanish as well.

How did you apply this strategy? _____

_____

How useful did you find this strategy? Why? _____

_____

Capítulo 7: ¿Qué te gusta comer?

Try a variety of memorization techniques
Use a variety of techniques to memorize vocabulary and verbs until you find the ones that work best for you. Some students learn better when they write the words, others learn better if they listen to recordings of the words while looking over the list, and still others prefer to rely on flashcards.

How did you apply this strategy? _____

_____

How useful did you find this strategy? Why? _____

_____

Capítulo 8: ¿Qué haces dentro y fuera de la casa?

Review material from previous chapters

Because you continue to use vocabulary, verbs, and grammar that you learned in past chapters, it is important to review this material. Make flashcards for each chapter and review them often, go back to the **Exploraciones de repaso** section in earlier chapters to be sure you can still do the activities, and complete the **Hora de reciclar** activities in your *Student Activities Manual* or iLrn.

How did you apply this strategy? _____

_____

How useful did you find this strategy? Why? _____

_____

Capítulo 9: ¿Qué pasó?

Remember that Spanish and English have different structures

Grammar is an essential part of any language. While it is helpful to understand and compare basic concepts of the English language such as pronouns and direct objects, it is important to learn the new structures and avoid translating directly from English to Spanish.

How did you apply this strategy? _____

_____

How useful did you find this strategy? Why? _____

_____

Capítulo 10: ¿Adónde vas a viajar?

Use Spanish every time you talk in class

Try to use Spanish for all your classroom interactions, not just when called on by the instructor or answering a classmate's question in a group activity. Don't worry that your sentences may not be structurally correct; the important thing is to begin to feel comfortable expressing yourself in the language. You might even initiate a conversation with your instructor or another classmate before or after class.

How did you apply this strategy? _____

_____

How useful did you find this strategy? Why? _____

_____